KB174442

죽기는 싫으면서
천국엔 가고 싶은

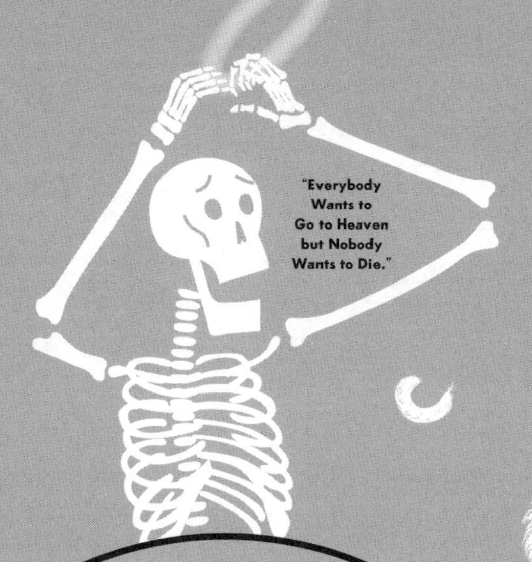

에이미 거트먼 · 조너선 D. 모레노 지음 / 박종주 옮김

†

생명윤리학의
쟁점들

죽기는 싫으면서 천국엔 가고 싶은

후마니타스

추천의 글

흔히 사람들은 과학기술의 세계에서 이뤄지는 결정들이 객관적인 증거에 기반해 논리적인 과정을 거쳐 도출된다고 생각한다. 다양한 감정과 욕망, 또 복잡한 윤리적 딜레마로 점철된 인간사와는 무관할 것이라 생각한다. 그러나 모든 과학은 진공 속에서 행해지지 않고 특정한 시공간 안에서 특정한 사람에 의해 수행된다. 언제나 육체를 가진 인간을 통해 실생활에 그 모습을 드러낸다.

생명윤리학은 과학과 윤리학이 결합된 분야로서 두 학문의 특성을 모두 반영한다. 과학적 세계관을 바탕으로 일상의 문제를 현실적으로 풀게 돕는다. 코로나, 동물실험, 장기이식, 연명치료, 대리모나 인공수정과 같은 재생산 기술 등 우리 앞에는 이전 인류는 한 번도 겪어 보지 못한 문제들이 산적해 있다. 이런 문제에 제대로 응답하지 못할 때, 인류는 또 한 번의 신종 바이러스는 물론이고 어쩌면 자기 자신의 멸종까지 초래하게 될지 모른다. 이 책은 한 번도 만나 본 적 없던 세계를 탐색할, 우리에게 주어진 다정하고도 현실적인 지도이다.

— 하미나, 작가

한국의 보통 시민에게 '생명윤리'는 전혀 생소하거나 몇몇 논란만 연상되는 어려운 말일 터. 연명치료와 '낙태죄' 논쟁은 제법 알려졌지만, 코로나 백신의 불평등과 생명윤리를 연결하기는 쉽지 않다. 기술 발전과 사회 변화에 따라 생명과 건강, 질병을 둘러싼 판단과 결정은 점점 더 어려워지는데, 옳고 그름을 가리는 사회적 토대는 부실하다고 할까. 전문가보다는 보건의료 이용자 관점에서, 그리고 이론에 기초하되 현실 문제를 생생하게 다루는 이 책이 삶과 죽음, 건강과 병듦, 회복과 치유를 둘러싼 우리 사회의 '공론' 형성에 크게 이바지하리라 믿는다.

의료 전문직과 그 대상으로서의 개인으로 좁아지기 쉬운 생명윤리를 사회와 공동체, 구조까지 확대한 관점이 더 좋다. 안락사와 같은 전통적 주제부터 인공지능과 뇌과학을 둘러싼 새로운 불평등까지, 이 책은 생명윤리의 오랜 원칙과 함께 특히 사회정의라는 관점과 그 조건을 강조한다. 오늘 코로나 팬데믹이라는 (질병이나 보건의료 체계보다 더 넓고 깊은) '생명 체제'가 우리의 삶과 죽음을 규정한다고 할 때, 이 책이 말하려는 생명윤리는 곧 지금 필요한 사회정의의 원리이자 도덕적 책임과 다르지 않다.

— 김창엽, 서울대학교 보건대학원 교수

미국에서 가장 예리하고 영향력 있으면서도 실용적인 사유를 하는 두 저자가 지난 30년간 보건의료 분야에서 가장 중요했던 윤리적 난제들과 맞붙는다. 이 책은 병상과 정책의 난제들을 어떻게 심사숙고할지 분석하고, 매우 논쟁적인 화두들을 합리적으로 논의하기 위한 틀과 보건의료 체제가 나아가야 할 방향에 관한 건전한 조언을 제시한다. 미국이 첨단 의료가 제기하는 가혹한 도덕적 시험에 들게 된 과정을 설명하고 우리와 우리 아이들을 찾아올 논의에서 중대한 역할을 할 공평성의 가치를 논증한다.

—아서 캐플런Arthur Caplan, 뉴욕대학교 의과대학 생명윤리학 교수

생명윤리학에 대한 훌륭한 입문서. 읽기 쉽고 유익하며 신중하다. 에이미 거트먼과 조너선 D. 모레노는 의료윤리를 고민하도록 독자들을 초대한다.

— 글렌 C. 알트슐러Glenn C. Altschuler, 코넬대학교 역사학과 미국학 교수

역작이다. 잘 읽히고 이해하기 쉽다. 누가 봐도 좋도록 섬세하고 폭넓다. 공평하게 다루면서도 입장을 밝힌다. 진지한 문제를 제기하는 연구·실천 전 영역의 역사를 중요한 사례들과 함께 빠짐없이 짚는 책이다. 누구라도 이 책에서 제기되는 난제 가운데 무언가를 마주하게 될 것이다. 우리 모두 이 책으로부터 큰 도움을 얻을 수 있다.

—노먼 온스타인Norman Ornstein, 미국기업연구소 연구위원

정치 현실의 피상적이고 이항대립적인 주장들은 지금껏 의미 있는 보건의료

논의를 가로막아 왔다. 이 빼어난 책은 의학과 보건의료의 발전이 제기하는 아주 중요한 윤리적 선택들을 사회적·의학적 증거를 토대로 역사적으로 고찰한다. 이 엄격한 학자 정신이 시의 적절하게 관련 논의를 바로잡아 정치적 속박에서 해방시키는 모습이 그려진다.

—켄 번즈Ken Burns, 영화감독

이 획기적인 책은 무엇을 바쳐서라도 수명을 늘리려는 우리의 문화적 집착에 새겨 있는 윤리적·실천적 모순들을 이해하고 싶은, 모든 이들을 위한 필독서다. 두 탁월한 생명윤리학 전문가가 전하는 보건의료의 역사는 몰입도가 높으며, 미국의 인구 대비 높은 의료비 지출과 다른 고소득 국가에 비해 형편없는 성과 사이의 부조화를 설득력 있게 분석한다. 학자와 독자 모두가 읽을 수 있는 기본 지침서다.

—앤드리아 미첼Andrea Mitchell, <NBC 뉴스> 앵커

터스키기 흑인 남성 매독 실험이나 불치의 암을 갖고 사느니 차라리 죽고 싶다고 했던 브리트니 메이너드부터 경이로운 의학의 진보가 요구하는 뼈아픈 대가에 이르기까지. 현대 생명윤리학의 전개를 가로지르는 놀라우면서도 술술 읽히는 여행으로 이끄는 책이다. 저자들은 찬란한 과학적 발견의 최신 정치·정책 논쟁의 핵심에 인류와 미래 세대에 영향을 미치는 결과들이 놓여 있음을 일깨운다. 우리 자신을 위해, 우리가 사랑하는 이들을 위해 관심을 기울여야 할 책이다.

—주디 우드러프Judy Woodruff, <PBS 뉴스아워> 앵커

날카롭다. 저자들은 의사가 '노골적인 거짓말이 아닌 이상 환자들을 호도해도 된다는 암묵적 허락'이 공공연했던 지난 시대의 의료와 근본적인 인식 변화와 환자의 자기 임파워링으로 대변되는 이 시대의 의료—더 건강한 식단의 '선택 설계'와 정신보건 체제 개혁은 그 몇 가지 예에 지나지 않는다 —의 차이점을 예리하게 개관한다. 저자들은 '미끄러운 비탈길'이라고 할 만한 논쟁적인 화두들, 여전히 양극화된 정치체제의 먹잇감으로 남아 있는 화두들을 대담하게 다루고 있다. 배울 바가 많다.

—『커커스 리뷰』*Kirkus Reviews*

폭넓은 독자를 겨냥한 이 책은 복잡한 주제들과 그것들을 마주하는 일이 얼마나 중요한지를 분명하면서도 따스하게 보여 준다.

—『도서관 저널』*Library Journal*

저자들은 과학의 발전과 새로운 치료법의 근간에 있는 윤리적 원칙들의 복잡성을 생생하게 탐구한다. 문화사, 철학적 검토, 정중한 논쟁이 한데 어우러진 이 귀중한 책은 미국 보건의료 현장의 필독서가 되어야 한다.

—『퍼블리셔스 위클리』*Publishers Weekly*

차례

일러두기

- *Everybody Wants to Go to Heaven but Nobody Wants to Die*(2019)를 우리말로 옮긴 책이다.
- 후주는 원주이고, 본문의 대괄호([ ])나 각주는 옮긴이의 첨언이다. 본문이나 각주에 저자가 첨언한 경우에는 [— 인용자] 또는 [원주]로 표시했다.
- 본문에 직접 인용된 문헌 가운데 국역본이 있는 경우에는 이를 참조했으며, 국역본의 서지 사항은 참고 문헌에 밝혔다.
- 단행본·정기간행물에는 겹낫표(『 』)를, 논문·기고문, 기사에는 홑낫표(「 」)를, 노래·영화·방송 프로그램에는 홑화살괄호(< >)를 사용했다.

서문

말할 의무

<죽기는 싫으면서 천국엔 가고 싶은>Everybody Wants to Go to Heaven but Nobody Wants to Die은 미국 사회가 사후의 삶을 바라보는 아이러니한 방식을 포착한 오래된 블루스 곡의 제목이다.[1] 미국인들은 그곳을 아무 대가도 치르지 않고 영원한 완전성을 성취할 수 있는 이상적인 장소로 여긴다. 하지만 우리 삶 앞에 놓인 선택지들은 우리가 얼마나 기꺼이 대가를 치를지를 시험한다. 보건의료의 경우에는 많은 것—장수, 삶의 질, 그리고 종종 삶 자체—이 걸려 있다. 걸려 있는 게 큰 만큼 최고의 패를 쥐는 수밖에 없지만 이 '최고'라는 것은 온갖 비용이나 최고를 손에 넣는 데 따르는 다른 어려운 선택들과 경합할 수밖에 없다.

더없이 분명한 예를 들어 보자. 미국의 보건의료 지출에는 한도가 없다. 보건의료와 의학에 있어 미국의 1인당 지출은 다른 어느 사회보다 훨씬 많으며 그 규모는 점점 커지고 있다. 이런 지출에 상응하는 결과가

나온다면 딱히 불평할 이유가 없을 것이다. 하지만 안타깝게도 그만한 돈이 미국을 세계에서 가장 건강한 나라로 만들어 주지는 않았다. 오히려 그 반대다. 다른 고소득 국가 인구와 비교하면 오늘날 미국인들은 기대수명은 가장 낮고 영아 사망률은 가장 높은 축에 속한다. 미국은 다른 부유한 국가들보다 1인당 의료 지출이 두 배나 많으면서도 상대적으로 더 낮은 비율의 인구에게만 보험을 제공한다. 미국의 보건의료는 비효율적이고 불공평해서, 어느 쪽으로 보나 최악이다.

다른 사회 변화들과 한데 얽힌 기술혁신은 어려운 질문들 — 예컨대 새로운 인간 재생산 수단들, 그리고 어린이의 안녕이나 부모의 자유나 책임이나 때로는 누구를 부모로 여길지에 대한 그 함의에 관한 질문들 — 을 제기한다. 우리가 갈구하는 건강과 장수는 결코 공적 논쟁 없이 찾아오지 않았으며, 또한 그 과정에서 경합하는 가치들을 두고 어려운 결단을 해야 하는 상황은 더욱 늘어나고 있다. 보건의료에 — 사회로서든 개인으로서든 — 더 많은 지출을 하면 보육, 초등·중등·고등교육, 대중교통이나 사적인 교통수단, 주거, 혹은 삶의 질을 높이기 위한 선택재 등 우리가 가치를 두는 다른 무언가에는 더 적게 지출할 수밖에 없다는 사실을 직시해야 한다. 이런 어려운 선택들은 피할 수 없으며 그 대가는 재정적인 것에 그치지 않는다. 보편적 의료보험, 공중보건이나 정신 건강에의 투자, 새로운 재생산 기술, 유전자공학, 말기 의료, 장기 기증 등을 둘러싼 대립 등 그것이 어떤 식으로 나타나든, 보건의료 문제에서 우리 자신과 사회를 위해 내린 결정은 우리의 우선순위와 도덕적 가치관을, 우리가 얼마나 기꺼이 의견 충돌을 해결할지를 시험한다.

사실, 복잡하게 '균형'[맞교환]trade-offs을 따지지 않고 할 수 있는 모든 것을 다 하는 매우 드물면서도 특별한 경우도 있다. 이 책을 쓰던

중에 우리는 물이 불어 길이 막힌 동굴 속에 2주 넘게 갇혀 있었던 태국 유소년 축구부원들과 젊은 부코치가 구출되는 과정을 보며 전율을 느꼈다. 태국 해병대부터 국제 자원봉사자 그룹에 이르기까지 전 세계에서 구조대원 수백 명이 모여들었다. 구조가 완료된 뒤 축구부원들과 코치는 헬리콥터로 가까운 병원에 이송되어 한 주간 격리 병동에서 치료를 받았다. 비용을 전혀 아끼지 않고, 모든 정보와 전문 지식을 동원했다. 한 자원봉사자 다이버는 헌신적인 구조 작업을 펼치다 목숨을 잃기도 했다.

무엇이 이런 상황을 그처럼 예외적인 것으로 만드는가? 직접적으로 생사가 걸려 있다. 게다가 여기에 달린 생명들이 누구인지를 확인할 수 있을 정도로 우리는 그들과 구체적으로 이어져 있었다. 심리학자 대니얼 카너먼Daniel Kahneman의 말대로 "천천히 생각"하기보다는 "빨리 생각"해야 하는 상황이었고, 행동에 돌입해 비용을 아끼지 않고 구조를 위해 할 수 있는 모든 것을 했다.[2] 다행히도, 모두를 구할 수 없다면 누구부터 살려야 할지를 묻는 '구명보트 윤리'의 상황도 아니었다. 하지만 보건의료 분야에서 구명보트 윤리의 문제는 얼마 안 되는 장기이식 대상자에 자신이 선택되기만을 바라는 미국을 비롯해 전 세계적으로 수천 명에 이르는 우리가 모르는 사람들 사이에서 매일 발생한다.[3]

구조가 필요할 때 인간의 심리는 누구인지 알 수 있는 피해자에게로 기운다. 하지만 우리가 아는 일상적인 보건의료 가운데 대부분은 천천히 생각하고 모두에게 더 길고 건강한 삶을 가져다 줄 어려운 결정을 내린 결과다. 열세 사람을 구조하는 데 소요되는 총비용에 대해 아무도 문제 삼지 않았던 태국에서의 구조 활동을 모든 미국인을 위한 건강보험 재정 편성을 달가워하지 않는 미국 의회의 태도와, 보건의료와 관련해 미국 내 취약한 저소득층 주민 수백만 명에게 매일 일어나는 일과 비교해 보라. 미국에서 보건의료 지출 가운데 얼마만큼이 응급실 방문에 쓰일까?† 이를 두고 논란이 일어나지만(대략 2~10퍼센트 사이다), 정확한 규모를 안다고 해도, 응급실이 일상적 진료에 쓰일 위험이 있다고 해서 진성 응급 의료의 필요성을 부정하고 싶은 이가 있겠는가?[4] 응급 상황에 전력을 쏟는 것은 인간적 연민의 증거이지만, 보험이 없는 수백만 명의 진료에 일상적으로 응급실을 활용하는 것은 해당 보건의료 체제가 낭비적이고 비인도적이라는 증거다. 이 책에서는 평범한 상황, 즉 수백만 명이 걸려 있기는 해도 그리 직접적으로 드러나지 않은 상황에서, 보건의료의 어려운 결정들을 어떻게 윤리적으로 다룰 수 있을지 탐색해 보고자 한다.

과거에는 대개 장수와 건강이 선택의 문제와 거의 상관이 없었기에 사람들은 좋은 일만 있기를 기원하며 그저 하늘만 올려다보았다. 반대로 오늘날에는 겨우 한 세기 전에 비해서도 의학의 힘이 엄청나게 강력해졌다. 당시에는 폴리오Polio††, 천연두, 홍역, 볼거리, 디프테리아

† 미국은 1차 진료로 관리할 수 있는 질병이나 증상으로 응급실을 이용하는 경우가 많아, 예산 낭비 문제가 지속적으로 제기되고 있다. 주된 원인은 낮은 의료 접근성으로, 메디케이드 가입자는 응급 상황에서 본인 부담금 없이 진료받을 수 있지만, 1차 진료의 경우 예약이나 전문의 면담이 쉽지 않고 지정된 병의원에서만 진료가 가능하다. 응급실을 제외하면 지정된 병원에서만 보험이 적용되는 일부 보험 형태 역시 원인으로 작용한다.

†† 폴리오바이러스가 일으키는 급성 이완성 마비 질환을 통칭한다. 다리 마비 등이 나타나는 (척수성) 소아마비가 널리 알려져 있지만 유형에 따라 호흡·순환 장애로 나타나기도 한다. 폴리오바이러스에 감염되면 대부분은 별다른 증상 없이 자연 치유되고 일부는 감기나 뇌막염 증상을 겪는다. 1퍼센트 미만에 해당하는 극소수가 마비성 폴리오로 진행된다. 예방접종 시행 이전에는 사망률이 5~7퍼센트였다.

등이 목숨을 흔하게 앗아 갔다. 이제는 백신과 항생제 덕에 그런 일이 사라지거나 크게 줄었다. 항생제나 뇌졸중·암·심장 질환에 대한 과학적 근거에 기반한 치료법들과 함께, 깨끗한 물이나 규칙적인 음식 공급, 그 밖의 환경 개선 관련 공중보건 조치들이 겨우 한 세기 전만 해도 공상과학소설처럼 보였을 치료를 가능케 했다는 사실은 더더욱 의미가 깊다. 하나만 들어 보자면, 익숙한 척도인 기대 수명은 지난 한 세기 동안 크게 늘어났다. 1900년생 미국인의 기대 수명은 겨우 47세였지만 20세기 초에 태어난 사람은 80세까지 살 것이다.

우리 삶의 모든 단계들이 현대 의학, 보건의료, 공중보건, 생명과학 연구가 제기하는 윤리적 난제들과 맞물려 있다. 우리가 제기하는 생명윤리학적 논제를 몇 개만 들어 보자. 우리의 선택에 영향을 미쳐, 우리가 좀 더 나은 공중보건 아래에서 살도록 유인하는 사회에 살기를 원하는가? 그렇다고 한다면 누가 어떻게 유인하기를 원하는가? 개개인이 자신의 삶뿐만 아니라 죽음에 대해서도 더 많은 통제권을 행사할 수 있도록 하는 법적 수단으로 무엇을 지지할 것인가? 우리 모두가 건강하게 장수하며 살 수 있게 될 때, 어떤 종류의 보건의료를 누가 제공받고 누가 그 비용을 지불해야 하는가? 개개인과 공동체는 서로와 미래 세대의 건강에 대해 어떤 책임을 져야 하는가? 장기이식 등 생명을 구하기 위한 모종의 치료 기회가 부족한 경우 누가 이에 접근할지를 우리 사회는 어떻게 결정해야 하는가? 치료 효능의 증거가 없는 상황에서 인체 실험은 언제 허가되어야 하는가? 어떤 치료법이 유효하다 밝혀진 뒤에는 누가 어떤 가격으로 그 혜택을 누려야 하는가? 심각한 질환의 치료법을 찾을 수 있을 기초 의학 연구를 위해 인간 세포를 동물의 뇌에 이식하는 것은 용납 불가능한 선을 넘는 것인가?

이런 물음들에 대한 답은 생명을 구하고 수명을 연장하며 삶을 향상시키는 것일 수도 있지만 삶의 끝을 앞당기거나 질을 떨어트릴지도 모른다. 보건의료, 공중보건, 생명과학 연구의 윤리학—생명윤리학이라는 이름으로 알려져 있는 분야—에 주목하는 것이 매우 중요하다고 여기는 것은 바로 그래서다. 생명윤리는 모두에 관하여 많은 것이 걸린 문제이며 냉정한 합리성이 아니라 정보에 기반한 사유를 요구한다. 개인적인 기획일 뿐만 아니라 사회적인 기획으로서, 그것은 또한 우리가 함께 여러 논제에 대해 충분히 사유할 것을 요청하기도 한다. 의료를 개선하고 의학을 발전시키기 위해 노력할 때 우리는 집합적으로 공동선을 찾아내는 데 토대를 둔, 좀 더 도덕적인 정치학을 창출한다.

제2차 세계대전 이후 의술과 의과학이 수십 년 동안 급속히 진보하는 가운데 등장한 생명윤리학은 보건의료 체제에 새로운 기회와 과제를 안겨다 주었다. 생명윤리학자들은 이런 배경에서 부상한 도덕적 문제들을 다루기 위해 원칙들을 구체화하고 적용해 왔다. 그들은 또한 종종 그런 대화를 진척시키는 일에 적극적으로 참여했다. 생명윤리학은 그저 다학제적 전문가 집단만의 일이 아니라, 그 본성상 우리 모두를 끌어들이는 사회적 기획이기도 하다. 미국이 폭넓은 생명윤리학적 쟁점들을 어떻게 다뤄 왔는지에 대한 탐구가 모든 이들을 자극해 각자 자신·가족·공동체·사회를 위해 이런 쟁점들을 따져 볼 수 있게 되기를 바란다.

이 글의 초점이 주로 미국의 생명윤리학과 보건의료의 변화이지만, 생명윤리학은 이제 전 지구적인 관심 분야이다. 빈곤한 나라들에서는 체외수정이나 유전자 편집 등 일부 첨단 기술의 문제보다는 대개 공중보건상의 수요—깨끗한 물, 영양, 백신 프로그램 같은—가 더욱 문제시된다. 하지만 우리가 논의하는 생명윤리학적 원칙들은 예를 들어 성적 삶을 스스로 통제하기 위한 여성의 평등권을 지지하는 데서 개인의 자유나 자율성이 호출되는 극빈 지역의 공적 논의에도 틀을 제공한다. 또한 최근 미국에서의 기대 수명 저하[5]가 시사하듯 수백만의 미국인은 공중보건에 보다 관심을 기울임으로써 미국 사회로부터 혜택을 받을 수 있을 것이다. 사람들이 생명윤리에 관심을 갖는 여러 이유들 사이의 차이만큼이나, 그 이유들이 경계를 넘어 상통한다는 점에도 주목할 만하다.

다음 몇 페이지에 걸쳐 전할 이야기들이 우리가 왜 이렇게나 생명윤리에 신경 쓰는지를 설명하는 데 도움이 될 것이다. 우리가 이 책을 쓰게 한 것과 같은 너무도 중요한 이야기를 누구나 지니고 있다. 지난 반세기에 걸쳐 생명윤리학이 눈에 띄게 성장하면서 보다 많은 이들이 환자 중심 의료를 믿고 또 실천하게 되었다. 우리 가족들에게 닥쳤던 의료 위기에 대한 오랜 기억을 나누는 것으로 시작하려 한다. 우리의 이야기들은 환자와 가족의 중요한 경험들이 언제나 제대로 받아들여지지는 않음을 보여 준다. 이 책 전체는 함께 썼지만, 서문에는 이 책의 협업에 기여한 많은 화두를 설명해 주는 우리의 개인적 이야기를 각각 담았다.

에이미의 기억

처음 눈치 챈 것은 냄새였다. 그것이 괴저라는 걸 알게 된 것은 그다음이었다.

1950년대 중반부터 말까지, 내 어머니 고故 비어트리스 거트먼과

나는 뉴욕시의 사촌들이 "촌 동네"라고 불렀던 곳—뉴욕 허드슨강 계곡의 먼로라는 작은 마을—에서 이스트강 바로 건너에 있는 퀸스 롱아일랜드시티까지 차를 몰아 할머니를 만나러 갔다. 이디시어와 이디시어 억양이 분명한 영어를 하는 이민자였던 내 할머니 에바 브레너는 강하고 따뜻하며 사교적이면서도 독립적인 여성이었다. 열 살 외동아이였던 나는 할머니와 함께 심부름 가는 게 좋았다. 시내에서 몇 블록을 가는 동안 에바는 내가 사는 시골 동네에선 몇 마일을 가야 만날 수 있는 수보다도 많은 이들에게 말을 걸고 나를 소개하곤 했기 때문이다.

어떤 냄새들은 어린 시절부터 줄곧 기억에 남아 있는데, 우리 할머니의 작은 아파트에서는 안 먹고는 못 배길 할머니가 만든 쿠키 향이 났다. 하지만 이번에는 아니었다. 이날의 냄새는 괴로워하며 카스트로 컨버터블 소파베드에 누워 있는 할머니에게서, 심각하게 부은 그녀의 종아리에서 나는 것이었다. 할머니가 2형 당뇨로 인슐린을 맞고 있다는 건 알았지만 언제나 즐거워 보였기에 심각하게 고민할 문제라는 생각은 해보지 않았다. 부모님의 가장 큰 고민은 할머니가 안심할 수 있도록 치료비를 마련하는 것이라고 생각했다. 그런데, 너무도 갑자기, 우리는 할머니의 생명을 걱정하고 그녀를 잃을까 두려워하게 되었다. 어머니가 구급차를 불렀다.

병원에서 의사는 어머니에게 에바의 다리를 절단하는 것이 그녀가 살 수 있는 유일한 길이라고 말했다. 그는 우리 어머니의 허락을 구했다. 그의 요청에 깜짝 놀란 어머니는 의사에게 다리를 절단하려면 에바의 허락을 받으라고 말했다. 고통스러워하고 있긴 했지만 에바는 의식이 온전했고 상황을 이해할 수 있었다. 에바는 자신의 목숨을 구하기 위해 다리를 절단할 것인지를 결정해야 했다. 어머니의 고집에 의사는 마지못해 할머니에게 그 심각한 상황을 설명했고 그녀는 수술에 동의하고 수술을 견뎌냈다. 그럼에도 에바는 며칠 뒤에 죽었다.

뒷날 어머니가 말하기를, 결과가 어찌 되었건 다리 절단 여부를 에바 스스로 결정하도록 의사에게 고집을 세우지 않았더라면 어머니 자신을 용서하지 못했을 것이라 했다. 나중에 드러났듯 그것은 에바의 인생에서 마지막 결정이 될 터였다. 이런 상황에서 다리를 절단한다는 게 다른 많은 이들에게는 당연해 보였겠지만 어머니는 에바가 다리 없이 살기를 원하리라고 쉽게 단정하면 안 된다는 걸 알았다.

조부모 가운데 유일하게 생존해 있던, 엄청나게 사랑했던 이를 잃는 일은 삶을 바꿔 놓는 경험이었다. 인생의 아주 이른 시기에 죽음이라는 고통스러운 현실과 삶의 소중함이 내 의식에 각인되었다. 더 분명한 변화는 어머니의 성격이 지극히 선명하게 드러났다는 점이었다. 사람을 대할 때 누구든 그에 걸맞게 존중한다는 것—필요하다면 권위 앞에서도 과하게 공손해지지 않는다는 뜻이다—을 그때 깨달았기 때문이다.

응급실 의사와의 만남에서 내 어머니에게 충격을 준 그 일이 실은 당시 의료의 일상사였다는 것은 한참이 지나서야 알았다. 1950년대에 의사였다면 아마 1956년에 출간된 『의료윤리』*Medical Ethics*라는 교재를 열심히 봤을 것이다.[6] 10번 사례에는 "환자에게 병의 성격을 숨기기"라는 제목이 붙어 있다.

> A에게는 연골육종[암의 일종]이 있다. A는 의사 B에게 "말해주세요, 정말 제가 암인가요?" 하고 간청한다. A에게 죽음을 준비할 충분한 시간이 있다는 것을 알고 있으며 불필요한 정신적 고통

을 줄여 주고 싶은 의사 B는 "관절염 통증입니다"라고 답한다.

이 교과서는 의사 B에게 이런 윤리적 조언을 한다. 아마도 당신이 기대한 말은 아닐 것이다.

> A에게 정말로 관절염이 있다면, 혹은 의사 B가 그녀 연령대라면 누구나 경미한 수준의 관절염을 갖고 있다고 확신한다면, 그의 대답은 도덕적으로 그르지 않다.

이 책은 이어서 이 놀라운 결론에 대한 '해설'을 제공한다.

> 의사 B는 A의 통증이 **오로지** 관절염 때문이라고는 하지 않았다. 그녀에게 경미한 형태로마나 관절염이 있다면 의사 B가 A의 통증이 부분적으로는 관절염 때문이라고 생각하는 것이 정당화될 수 있고 따라서 그의 대답은 거짓이 아니다. A가 정말로 진실을 모두 알고 싶었다면 "제 통증이 **전부** 관절염 때문인가요?"라고 물었을 것이다. 이런 경우 환자들은 종종 마음속으로는 진실을 알고 있는 경우조차 한 줄기 희망을 남겨 주는 대답을 더 믿고 싶어 하기 때문에 문제를 더 파고들려 하지 않는다.

조너선의 기억

오래된 그 책에서 A씨의 사례를 처음 보았을 땐 잠시 멍해졌다. 그

의료윤리 교재가 출간된 이듬해였던 1957년, 마흔인 내 어머니 제르카 모레노는 뼈와 그 주위의 연조직을 공격하는 희귀 암인 연골육종 진단을 받았다. 나는 다섯 살이었다. 진단을 받기까지 한 해 동안 어머니는 오른쪽 어깨에서 점점 커져 가는 달걀 모양의 혹 때문에 고통스러워했다. 부모님은 내게 불안감을 숨겼다. 스파 대기실에서 어머니를 기다린 날이 가장 생생한 기억 중 하나다. 어머니는 관절염이라는 의사의 말에 마사지를 받으러 갔지만 마사지사는 관절염은 아닌 것 같다고 했다.

나는 여러 해 동안 펜실베이니아대학교 생명윤리 강좌에서 A의 사례를 제시했다. 의사 B는 자기 환자에게 암이라고 말할 의무가 있었는가? 잠깐 망설인 학생들은 사실상 만장일치로 당연히 A에게 진실을 말해야 한다고 답했다. 그들 대부분에게는 어려운 문제가 아니었던 것 같다. 이 사례가 암묵적으로 의사 B에게 부과하는 딜레마에 대해 저자가 제시하는 답은 내 학생들이 기대하는 말과는 다르다. 학생들은 의료에 있어서 '진실 말하기'라는 문제를 1950년대가 아니라 21세기의 렌즈를 통해서 본다. "치료를 위한 특권" 혹은 "치료를 위한 예외"라는 관점은 어차피 별다른 수가 없을 땐 환자를 걱정시키지 않도록 나쁜 소식을 알리지 않는 것이 대개 윤리적으로 허락되며 심지어는 필요하다는 입장을 견지했다. 결과적으로 치료를 위한 특권은 의사들에게 '위증'에 관한 고래의 도덕적 전제[곧, 이웃에 대해 거짓 증언을 하지 말라는 계명]를 치워 둔 채 숨기고 기만하고 거짓말할 자격증을 발급한 것이다. 다른 전문가—예를 들면 회계사나 변호사 등—들은 그런 특권을 갖지 않으며 일반적인 사람들 역시 각자의 개인적 삶에서 그런 특권이 없다는 게 분명하다. 이것은 사소한 문제들에 관한 '선의의 거짓말'이 아니라 대개 생사의 결정이 걸린 고민을 둘러싼 의도적인 침묵, 기만이었다.

A의 사례에 대한 해당 책의 분석이 특이한 경우는 아니라고 여길 만한 다른 이유도 있다. 1961년, 『미국의사협회지』*Journal of the American Medical Association, JAMA*는 설문에 답한 의사들의 대다수가 암 진단을 거의 혹은 절대 밝히지 않는다는 조사 결과를 발표했다. 그 결론부에는 이런 말이 실려 있다. "완곡어법이 일반적인 원칙이다." "대표적인 방침은 치료법과 상통하는 최대한 일반적인 용어를 사용해 가능한 한 적게 말해 주는 것이다." "이런 의사 중 대다수는 사람들이 뭐라 하든 거의 모든 환자들이 정말로 알고 싶어 하지는 않는다고 여긴다." 하지만 자신이 그런 진단을 받으면 말해 주기를 바란다고 말한 의사의 수는 환자에게 말해 줄 것이라고 한 수보다 훨씬 많았다.

우리 어머니의 경우에는 진실을 숨긴 이는 없었으며 근본적으로 숨겨질 수 없는 것이기도 했다. 어깨의 종양은 실제로 생명을 위협했다. 뉴욕시 기념병원Memorial Hospital에서의 방사선 치료가 성과 없이 끝난 뒤 어머니는 오른쪽 쇄골에서 팔을 절단하는 데 동의했다. 그런데 어머니의 사연은 몇 군데가 더 꼬여 있다. 내 아버지는 유명한 정신과 의사였다. 어머니가 병원에서 방사선 치료를 받고 있었을 때 아버지가 그녀의 방에 들어갔다. 둘 뿐이었다. 그는 창문 쪽을 왔다 갔다 하며 허공을 바라보다 가벼운 대화를 나누었다. 아버지는 가벼운 대화를 하는 법이 없었으므로, 어머니는 무슨 일이 있음을 눈치 챘다. 마침내 그는 어머니에게 절단을 해야 한다고 말했다. 이렇게 되자 어머니는 사실 안도했다. "의사 형제"가 이런 정보를 알리기에 적합한 인물로 간주되었다는 사실은 그 당시에 대해 많은 것을 말해 준다.

몇 달 뒤 어머니는 아버지의 침실 탁자에서 무언가를 찾고 있었다.

서랍 뒤쪽에 어머니의 담당 외과의 이름으로 아버지에게 온 편지 하나가 구겨져 있었다. 5년 내로 그녀의 암이 재발하지 않으면 완치된 것으로 볼 수 있다는 내용이었다. 처음 듣는 이야기였다. 의사가 어머니와는 그런 대화를 한 적이 없었기 때문이다. 치료를 위한 특권이 또 다른 형태로 작동한 것이다. 물론 당시 나는 이런 걸 이해하기에는 너무 어렸다. 예나 지금이나 어린 아이들이 죽음이라는 개념을 알기는 어렵지만 신체 부위의 상실은 이해할 수 있다. 아버지는 내게 어머니가 팔 하나 없이 병원에서 돌아올 것임을 세심하게 설명해 주었다. 어린 아이였던 나는 피를 보게 되느냐고 물었다.

말할 의무

가족 누군가의 죽음이나 심각한 질환을 경험하지 않고 어른이 되는 일은 흔치 않다. 거의 인류 역사 내내 사람들은 집에서 죽었다. 지금은 수백만 명이 요양원이나 병원 등과 같은 기관에서 죽는다. 이런 커다란 변화 하나만 보더라도, 많은 이들이 죽음의 과정 자체에 덜 익숙하며, 죽음이 찾아오기 전에는 종종 첨단 기술, 복잡한 수술, 정밀한 투약 등과 같은 다양한 치료가 행해진다는 걸 알 수 있다. 바로 이 요소들이 우리의 증조부모 세대들을 놀라게 한 윤리적 문제들을 낳았다.

에바와 제르카는 세대 변화가 현대 의학의 밑바탕에 있는 윤리학의 윤곽을 바꾸어 놓기 몇 년 전에 그런 의료 위기를 마주했다. 여러 세대에 걸쳐 의사들은 환자에게 자신들이 아는 최대한의 진실을 말해 주기보다는 숨겼다. 히포크라테스 선서나 의사 윤리에 대한 다른 고전적인 글들에

개략되어 있듯 의사의 의무에는 비밀 유지와 환자의 안녕에 대한 고려가 포함되었다. 그 가운데는 환자들의 질환에 대해 진실을 말할 의무는 **없었다**. 정신과 의사이자 법학자인 제이 카츠Jay Katz에 따르면 "의사와 환자의 침묵의 세계"라는 것이 널리 퍼져 있었다.7 이 세계에서는 드러나는 것들보다는 숨겨져 있는 것들이 더 중요했다. 카츠는 "환자들은 최소한 히포크라테스 시대부터 '묻지 말고 의사를 신뢰하라'는 요구를 받았다. 의사들은 겨우 최근에야 '의학적 선택지들을 두고 대화하고 진행 방식에 대한 의견을 구할 때 환자를 신뢰하라'는 요구를 받고 있다"라고 썼다. 뒤에서 살펴볼 여러 이유로, 카츠가 묘사했던 의사와 환자 사이의 일방적인 대화 방식은 1960년대와 1970년대에 들어서 보다 다양하고 이질적인 목소리들에 우위를 내주었다. 이것이 구래의 '의사 윤리'를 '진실을 말할 의무'(우리는 '말할 의무'라고 약칭한다)를 옹호하는 새로운 생명윤리와 구분 지은, 의료윤리의 전환점이었다.

말할 의무는 종종 제대로 이행되지 않았으며 분명 모든 곳에서 받아들여지거나 시행되지도 않았다. 이제는 의무가 된 "정보에 기반한 동의"informed consent[사전 동의]라는 실천에는 여전히 부족한 점이 많다. 하지만 우리가 어렸을 때에 비하면 훨씬 발전되었고 널리 실천되고 있다. 말할 의무 또한 세계 어느 지역에서나 혹은 어느 문화에서나 받아들여지지는 않는다. 예컨대 많은 이들은 여전히 나쁜 소식은 모르는 게 낫다고 주장한다. 하지만 일반적으로 진실을 말할 의무는 의사-환자, 연구자-연구 참여자 관계에서 국제적으로 인정되는 표준이다. 알고 싶지 않은 것을 알라고 개개인이 강요받아서는 안 되지만, 오늘날의 보건의료를 폭넓게 관장하는 윤리가 요구하는 점은 매우 분명하다. 진실이 환자의 건강관리 및 결정과 관련되는 한—거짓말이나 기만적인 생략이 아니라 — 진실을 말해야 한다는 것이다. 강력하고 더 중요한 이유가 있어야만 예외가 인정된다. 에바나 제르카의 사례에서는 진실에 비추어 자기 삶을 계획하지 못하게 만들면서까지 진실을 알리지 않는 것을 정당화할 더 중요한 이유가 없었다.

말할 의무는 그저 시작이며, 환자의 말을 경청할 책임은 여전히 핵심적인 과제로 남아 있다. 경청은 환자에 대한 존중을 보여 주는 것일 뿐만 아니라 정확한 진단과 효과적인 치료에 지극히 중요하지만, 살인적인 병원 스케줄로 그 진가가 대체로 발휘되지 못하고 있다. 이런 점에서 현대 의료 업무의 압박 때문에 경청의 기술이 설 자리를 잃게 만든 듯하다. 꼼꼼한 이력 청취는 변함없이 숙련된 의료인의 핵심 요건이다. 많은 의료인들에게는 좌절스럽기 그지없게도 사실 환자의 말을 경청하는 것은 가능한 한 많은 환자를 봐야 한다는 의사의 재정적 책무에 반한다. 그리고 환자를 "보는" 것은[8] 현대의 진료실 어디에나 있는 모니터들과도 경쟁한다.[9] 모니터에 자료를 띄우고 읽는 데 시간을 보내느라 의사는 진단의 실마리가 될 수 있을 비언어적 신호를 놓칠지도 모른다. 조만간 그중 많은 모니터들이 수백만 명에게서 모은 방대한 양의 자료를 복잡한 알고리듬algorithm으로 분석해 개별 환자들에게 맞춤 정보도 띄워 줄 것이다. 역설적이게도 환자들은 이 '개인화된'personalized 의료가 오히려 비인간적impersonal이라고 느낄지도 모른다. 인터넷에서 가져온 자료를 적용할 뿐만 아니라, 환자들의 말을 경청하고 그들을 지켜봄으로써 환자를 어떻게 치료하는 게 최선인지 배우는 것은 중요한 생명윤리학적 문제들을 해결하는 일에 어째서 의사소통 심리학, 경제학, (보건의료 체제를 둘러싼) 정치학, 심지어 사이버 문화 등과 같은 수많은 분야들의 통합이 필요한지 생생히 보여 준다.

현대 생명윤리학은 임상의료 윤리를 훌쩍 넘어 공중보건, 인체 실험, 유전학, 신경과학을 비롯해 다른 많은 영역으로 뻗어 나가는 분야로 무르익었다. 그렇기에 이 책에서는 생명윤리학을 포괄적으로 설명하기보다는, 우리의 전 생애에 걸친 그 진화를 기록하고 독자에게 그 놀랍도록 넓은 폭과 복잡성에 대해 우리가 공유하는 감각을 전하고자 한다. 우리가 직접 다루지는 않는 내용이라도, 어느 독자에게나 각자 가장 좋아하는 이야기, 역사적 비유, 매력을 느끼는 사안이 있을 것이다. 보건의료와 인도주의 측면에서 우리 모두가 마주한 어떤 중요한 문제들에 대한 대화와 발견을 촉진하는 것이 우리의 목표다. 대화하고 찾지 않는다면 그 문제들은 정보에 기반한 우리의 개인적·집단적 동의 없이 대리로 결정되어 버릴 것이다.

어려운 결정들

우리는 개인적인 삶에서뿐만 아니라 공적인 삶에서도 이런 쟁점들을 맞닥뜨려 왔다. 우리는 오바마 정부의 '생명윤리학적쟁점연구대통령직속위원회'Presidential Commission for the Study of Bioethical Issues에서 (에이미는 의장으로서, 조너선은 선임 자문위원으로서) 보건의료, 공중보건, 일반 대중과 깊이 연관된 최첨단 연구에 관한 갖가지 다른 논쟁적 사안들을 공적으로 숙고하며 7년을 함께 보냈다. 그전에는 에이미는 정치철학자로서, 조너선은 사학자로서, 생명윤리학 논의의 참여자로 서른 해를 보냈다. 생명윤리학의 발흥과 미국 보건의료의 변화에 대해, 따로따로보다 함께해야 훨씬 풍부하게 쓸 수 있으리라 생각했다.

오늘날의 생명윤리학적 쟁점들은 착상부터 죽음까지 삶의 전 단계와 관계한다. 생명의 기본 구성 요소들을 재조립하는 것은 더 이상 머나먼 환상이 아니다. 유전학 등의 분야가 놀랍게 발전함에 따라 이 쟁점들은 심지어 인류의 미래에도 가 닿는다. 그 대부분은 개인이나 가족으로서만이 아니라 우리 사회와 세계에서 서로 연결된 시민인 우리에게 닥쳐온다. 사랑하는 이의 생명유지 장치를 연장할 것인지 중단할 것인지 같은 괴로운 개인적 결정들은 종종 기삿거리가 된다. 생명윤리적 결정이 갖는 사회적 차원들을 우리는 너무 자주 무시해 왔다. 이 책의 초점이 바로 그런 사회적 차원들이다. 대화에 다양한 공동체를 참여시키기, 경합하는 관점들을 이해하기, 논쟁의 와중에 몇 가지 공동선을 더 잘 성취하기 위해 공적 결정을 정당화하기 등.

어려운 결정들과 공적인 논쟁들은 보통 경합하는 가치와 목적을 반영한다. 예를 들어 유망한 의학 연구를 추구하는 일에 언제나 따르는 과제는 사회복지의 극대화라는 목표가 인권 존중보다 우선시되지 않게 하는 것이다. 연구 참여자들이 과도한 위험에 노출되어서는 안 되며 반드시 그들에게 정보에 기반한 동의를 구해야 한다. 생명윤리위원회에서 미국이 어린이 대상 탄저병 백신 실험을 시작해야 할지에 대해 판단해 달라는 요청을 받았을 때 이 과제를 특히 강렬히 마주했다. 그 백신은 성인들에게는 안전하다는 것이 확인되었지만 어린이에게 사용하는 것이 안전한지는 아직 확인되지 않은 상태였다. 이 실험은 본인이 백신의 혜택을 볼 가능성이 낮은 연구 대상인 소수의 어린이들에게 미지의 위험을 가함으로써 미래에 어린이 수백만 명을 보호하는 커다란 사회적 이익을 얻을 수 있는 것이었다. 부모, 소아과 전문의, 국가 안보 전문가 등이 최선의 진행 방식에 대해 상충하는 조언을 했다. 경합하는 주장들을 공개적으로 다룬 위원회의 숙의는 우리가 6장에서 논할 권고안을 도출하고 공적으로 방어하는 데 큰 도움이 되었다.

우리는 미국 사회에 닥쳐오는 폭넓은 생명윤리학적 쟁점에 독자들을 끌어들이고자 한다. 1부는 미국의 보건의료가 지난 60년에 걸쳐 '의사가 제일 잘 안다'에서 환자 중심 관점으로 놀랍도록 변화한 것을 연대기 순으로 기록한다. 생명윤리학이 등장하고 공적 참여를 확대하면서 더욱 많은 환자들의 목소리가 보건의료 논의에 들어왔다. 우리가 주목하는 것 중 하나는 너무도 자주 무시되어 온, 공중보건과 정신건강에 대한 미국의 투자 부족이다. 2부는 때로는 몇 사람에 그치지만 종종 수백만 명의 생사가 걸린 몇몇 주요 논쟁들을 직접 다룬다. 의사조력죽음physician-assisted death, 부담 없는 비용†의 보편적 건강보험, 장기이식 등이 여기에 포함된다. 3부와 에필로그는 유전자 편집, 합성생물학, 뇌 영상 등 흥미로운 가능성과 감당키 어려운 난제들을 낳는 첨단 의료기술이 부과하는 선택들을 다룬다. 일부는 인간 정체성의 본질 자체를 의문에 붙일 만큼 심오한 것들이다. 이상의 쟁점들을 한데 모으면 논의의 여지가 많지만 생명윤리학적 결정들이 우리 모두의 삶의 질에 강력한 영향을 미친다는 점에는 의심의 여지가 없다. 이것이 바로 우리가 고민하는 이유이며, 다른 이들 또한 절실히 고민해야 한다고 믿는 이유이다.

† 원어는 affordable로, '비용이 큰 부담이 되지 않는' '비용이 감당할 수 있는 수준인' 등으로 옮길 수 있다. 오바마케어로 통칭되는 환자보호 및 부담적정보험법(Patient Protection and Affordable Care Act)에서와 같이 '부담적정' 등으로도 번역된다. 보건의료의 맥락에서는 주로 보험 가입자나 의료 서비스 이용자의 경제적 상황과 관련되는 개념으로, 가독성을 고려하여 이 책에서는 '부담 없는 비용의' '비용이 부담 없는' 등 몇 가지 역어를 혼용했으며 맥락에 따라 '비용을 감당할 수 있는' '저렴한' 등으로 쓰기도 했다.

1부

새로운 목소리들

1장

전환의 시대

20세기 후반 미국은 부권주의적이고 의사 중심의 의료를 용인하는 윤리에서 의사-환자 간 대화를 처방하는 윤리로의 역사적 변화를 목도했다. 에이미의 어머니가 에이미의 할머니를 대신하여 동의서에 서명하라고 요구받거나 조너선의 어머니가 완치 전망을 자세히 듣지 못한 것같이 의사들이 예후가 나쁨을 대체로 알리지 않았던 지난 시절은 이제 과거가 되었다. 의료계는 이제 이런 기만이나 생략에 동조하지 않으며 환자 대중은 그런 일을 더는 참지 않는다. 구래의 의료윤리가 진실을 말하라는 새로운 생명윤리로 전환된 속도는 놀라운 수준이다. 1950년대에서 갑자기 날아오게 된 이가 있다면 '의사가 가장 잘 안다'고 생각해 왔던 수백 년의 시간이 지나 현대 생명윤리가 저절로 등장했다고 생각할지도 모르겠다. 그러나 의료부권주의의 붕괴와 [모든 것이] 빠르게 변화하는 시대에 적응할 수 있는 생명윤리의 등장에는 수많은 변수가 함께 작동했다.

의사들에게 오랫동안 — 노골적인 거짓말은 아니라고 해도 — 어느 정도 환자를 속이는 것이 암묵적으로 허락되어 왔다는 것은 역사적으로 의사와 환자의 관계가 어떠했는지 말해 준다. 19세기나 20세기 초, 낡은 의술medical arts에서 과학 기반의 새로운 의학medicine으로의 전환이 아직 완료되지 않았던 당시에는 환자의 상태에 대해 진실을 전부 밝히지 않았던 것이 어느 정도는 납득할 만하다. 우러러 존경받는 히포크라테스 선서조차 환자에게 진실을 말하는 일에 대해서는 전혀 언급하지 않는다. 하지만 의학이라는 학문이 줄 수 있는 것이 훨씬 많았던 20세기에도 숨기는 것을 넘어 거짓말하고 기만하기까지 하는 일은 꾸준히 벌어졌다. 왜 그랬을까?

이런 윤리적 예외가 계속 용인된 것은 의료계의 위상과 크게 관련 있다. 제1차 세계대전부터 1960년대에 이르는 동안 미국의 의료는 여러 면에서 황금기를 맞았다. 베트남전쟁과 워터게이트 사건이 아직 제도에 대한 미국인들의 신뢰나 적어도 우리의 믿음을 무너뜨리기 전이었다. 의료계나 의학에 대한 존경심이 전에 없이 높았다. 1928년에는 페니실린이 발견되어 선사시대부터 인류를 괴롭혀 온 질병들을 무찔렀다. 이 최초의 항생제는 "마법의 탄환"† 이라고 칭송받을 만했지만 페니실린을 널리 쓸 수 있게 되기까지는 스무 해가 더 걸렸다. 여러 세대를 초토화했던 또 하나의 병을 치유할 폴리오 백신이 1950년대 초에 대규모의

† 독일의 생화학자이자 화학요법의 창시자인 파울 에를리히(Paul Ehrlich)가 인체에 해를 가하지 않으면서 정확히 표적 — 예컨대 미생물 — 만을 공격하는 약물을 구상하며 제시한 개념. 정의상 여러 약물에 적용될 수 있는 말이지만 수은, 비소 등 기존에 항생제로 쓰이던 물질에 비해 획기적으로 부작용이 적었던 페니실린이 "마법의 탄환"으로 널리 불리게 되었다.

공개적인 [임상]시험을 마치고 널리 보급되었다. 심폐소생술cardiopulmonary resuscitation, CPR이 여러 생명을 구했다. 개선된 식단과 위생에 크게 힘입어 미국인 대부분이 더 오래 살게 되었다. 정부는 의학 연구에 전례 없는 투자를 했다. 사람들이 의료와 공중보건과 의사들의 전문성이 계속해서 진보하리라 믿을 만한 이유가 계속해서 늘었다.

그다지 행복하지 않은 나날

작은 마을에서 큰 도시에 이르기까지 1950년대는 의사들의 사회적 지위가 상승했다. 한때는 기껏해야 병의 경과를 예상하고 증상을 관리할 방법들을 제안할 수 있었다면, 이제는 실제로 치료법을 처방할 수 있게 되었다. 1950년대에 뉴욕 허드슨강 유역에서 서로 겨우 몇 마일 떨어져 자란 우리 둘은 의사들에 대한 애정 어린 기억을 갖고 있다. 그들은 종종 한밤중에 한결같이 검은 가방 하나만 챙겨 왕진을 왔다가, 다음 환자를 만나러 길을 나섰다. 그 시절 의사들은 위안을 주고, 지혜를 베풀며, 심지어 대학이나 진로에 대해 조언을 해주기도 하는 현명한 상담가였다.

그럼에도 의료비는 그리 비싸지 않았다. 1950년대에는 의료보건 부문이 미국 국내총생산의 4.5퍼센트 수준에 머물렀다. 지금은 18퍼센트 정도이며 더 커지는 추세다. 제2차 세계대전 후 수십 년 동안은 돈을 내지 않고, 적어도 많이 내지는 않고 천국에 갈 수 있었던 것 같다. 노동인구 대부분은 고용 기반 프로그램을 통해 건강보험에 가입해 그 혜택을 누렸다. 무직자는 가족이나 자선, 병원이나 의사의 양해에 기댔다. 많은 이들은 1935년 사회보장법 다음 수순이 프랭클린 루스벨트 대통령의 자유주의적 뉴딜 정신에 입각한 정부가 제공하는 건강보험 같은 것이리라고 생각했다. 1960년대 들어 일부 노령 빈곤층이 어느 정도 정부 건강보험 보장을 받긴 했지만 많은 수는 아니었다. 의료사학자 로즈메리 스티븐스Rosemary Stevens는 "1960년대 초에 병원 서비스가 필요한, 보험이 없거나 부족한 노인 환자들에게 주어진 선택지는 저축을 쓰거나, 자녀들의 지원에 기대거나, (낙인을 달고 오는) 복지서비스를 요청하거나, 병원의 자선을 기대하거나, 혹은 돌봄을 완전히 피하거나였다"라고 쓴 바 있다.[1]

1965년 메디케어Medicare[65세 이상 노인 건강보험]의 통과는 고령 미국인들의 이런 스트레스를 획기적으로 줄였지만 메디케이드Medicaid[65세 미만 저소득층 건강보험]는 완전히 다른 서사를 창출했다. 수천만 명의 저소득 미국인들이 메디케이드 수급 자격을 갖췄음에도 불구하고 여전히 보험이 없었다. 메디케이드 운용 규칙은 여전히 주마다 크게 달랐다. 메디케어의 경우에도 의료계는 통과를 막는 데 최선을 다했다. 미국 의회는 메디케어를 통과시키기 위해 또한 고도로 조직된 의료계, 그중에서도 강력한 미국의사협회American Medical Association, AMA의 보이콧 가능성을 미리 차단하기 위해 결국 미국 보건의료 상품·서비스에 대한 보상 구조에 행위별 수가제를 유지하는 입법안을 통과시켰다. 이 같은 새 법령들은 값비싼 병원 수속 및 수술 치료를 부추기고, 고비용의 첨단 의료 기술을 보험이 보장하도록 일조함으로써, 미국이 저렴한 또는 보편적인 일차 보건의료 서비스의 접근성에서가 아니라, 의료비용 면에서 선두 주자가 되도록 했다.

메디케어와 메디케이드가 이전에는 보험이 없었던 수백만 미국인들의 의료 접근성을 증대시키기는 했지만 여전히 수백만의 어린이들, 부모들, 여타 노동자들이 기본적인 돌봄에서조차 보험이 없는 채로 남겨져 있었다. 메디케어와 메디케이드는 행위별 수가제와 그 보상 구조 때문에 모든 사람의 보건의료 비용이 크게 상승하고, 의학 교육이 세분화되게 했으며, 역설적이게도 미국에서 보건의료를 갈수록 비용 부담이 줄고 접근성이 높아질 것이라는 한때 널리 퍼져 있었던 생각을 약화시키는 데 일조했다. 가격이 높아지면서 대중의 만족도가 떨어졌고, 폴 스타Paul Starr가 고전 격의 저작 『미국 의료의 사회사』*The Social Transformation of American Medicine*에 썼듯이 "의료는 미국의 다른 많은 제도들과 마찬가지로 1970년대 들어 놀라울 만큼 신뢰를 잃었다".[2]

의료경제학자 라시 파인Rashi Fein이 보여 주었듯 이후 수십 년에 걸쳐 의료 비용은 역사적인 상승률을 기록했다. 1988년 글에서 파인은 국가건강보험이 없는 경우에 대해 다음과 같이 경고했다. "기존의 건강보험 정책을 제한하고 환자의 비용 부담을 확대하며 혜택을 축소하라는 추가적인 압박을 받으리라 예상할 수 있다. 갈수록 더 많은 이들이 지금 우리는 거부하는 [질 낮은] 보험과 의료를 강요받을 것이다. 우리에게 필요한 의료비를 감당하기가 갈수록 어려워질 것이다."[3] 동시에 1차 진료를 하는 의사나 간호사에 대한 접근성과 (다른 대부분 전문직에 대해서와 마찬가지로) 의료계에 대한 신뢰도가 가파르게 떨어졌다.[4] 1966년에는 의료계의 지도자들을 신뢰한다고 말하는 이가 미국인의 73퍼센트였던 데 비해, 2012년에는 겨우 34퍼센트에 그쳤다.

의사-환자 관계에 또 하나의 큰 변화가 일어났다. 대다수의 의사가 편한 마음으로 치료를 위한 특권을 행사하고 환자에게 암 진단을 숨긴다는 사실을 보여 주었던 1961년 『미국의사협회지』 조사와 동일한 조사에서 변화가 나타난 것이다. 1979년, 『미국의사협회지』는 같은 문항으로 진행한 새 조사 결과를 발표했다.[5] 이번에는 거의 모든 의사들이 환자에게 '암'이라는 말을 한다고 답했다. 이 놀라운 문화 전환에 스무 해가 채 안 걸린 것이다. 오래 이어진 태도가, 특히나 인류의 질병과 거의 비슷하게 유구한 역사를 가진 전문 직종에서 이처럼 급변한 경우는 거의 없다. 무슨 일이 있었던 걸까?

답하기 복잡하지만, 한계가 없어 보이던 의학의 가능성과 의사들의 특권에 대한 미국인들의 신뢰를 뒤흔든 사건이 몇 있었다. 우선 1965년의 메디케어법 및 메디케이드법이 저소득층과 고령층 미국인들의 접근성을 확대하기는 했지만, 수천만 명의 미국인들이 여전히 커다란 공백 속에 남아 있었고, 의료비는 치솟고 있었으며, 저렴하면서도 양질의 보건의료 서비스는 명백히 부족해 보였다. 둘째, 미국인들은 의료윤리가 기본적으로 의사의 윤리인 것은 아니며 그래서도 안 된다고 생각하게 되었다. 오히려 의료윤리는 환자, 그 가족, 그리고 광범위한 시민들의 윤리이자, 그들에 의한, 그들을 위한 윤리여야만 한다고 생각하기 시작했다. 이 두 가지 정서가 점점 커지면서 병실을 둘러싼 많은 쟁점들이 강의실로 진입했으며 오늘날 생명윤리의 발흥에 힘을 보탰다.

검은색 가방을 들고 왕진을 오는 주치의 같은, 많은 미국인들이 한때 신뢰했던 권위의 원천은 추억이 되어 갔다. 달라진 태도가 대중문화에서, 특히 의사들에 대한 텔레비전 프로그램에서 나타났다. <마커스 웰비>Marcus Welby, M.D.는 1969년부터 1976년까지 방영되었는데, 프로그램의 인기는 어느 정도 남자 주인공 로버트 영 덕분이었다. 그는 1950년대 방영한 시트콤 <아버지가 제일 잘 알지>Father Knows Best에 출연했던 배우다. 왕진을 자주 나가는 인정 많고 현명한 의사로 그려진 닥터 웰비는 복잡하게 꼬인 의학적·인간적 문제들을 정통에 얽매이지 않은 방법을 사용해 해결했다. 그는—(황금시간대 닐슨 시청률 최고치를 기록한) 두 번째 시즌에서도—우울증, 뇌손상, 학습장애, 나병, 폐기종, 단핵증, 공수병, 독감 유행, 치명적 형태의 경화증, 궤양 등을 비롯해 절망적으로 보이는 상황들을 해결해 낸다. 후속 시즌에서, 닥터 웰비는 우울증을 앓는 중년 남성에게 자신의 동성애적 충동에 저항하라고 강력히 권하는 "해법"을 내놓았는데, 이런 해법은 게이 활동가들로부터 격렬한 항의를 받기도 했다. 동성애를 소아성애와 뒤섞었던 어느 방송편은 심지어 당시에도 광고주들이 광고를 내리고 지국 열일곱 곳이 해당 회차 방송을 거부하도록 만들었다. 대체로 성공적이었던 방영이 끝날 즈음에 이르자 <마커스 웰비>는 보다 덜 복잡했던 시대를 회상하는 것처럼 보이게 되었다. 사실 그런 시대가 실제로 존재한 적은 없지만 말이다.

<마커스 웰비> 첫 시즌이 방송될 무렵부터 이미 경제학자들은 보건의료 비용의 상승을 지적하고 있었다. 이 같은 의료비의 지속적인 상승이 통제될 수 있는지를 확인하기 위한 실험으로 1973년 닉슨 대통령은 건강관리기구Health Maintenance Organizations, HMO† 활성화 법안에 서명

† 사보험 중심인 미국에서 건강보험이 제공되는 방식 중 하나로 보험사가 의사나

했다. 양질의 의료를 저렴한 가격에 제공하기 위해 HMO 의사들은 점점 더 '의료 소비자'로 자주 지칭되는 환자들의 요구에 보다 민감해지는 한편, 의료비에 대해서도 더 잘 알아야 했다. 닥터 웰비에게는 그런 제약이 없었다. 우리 어린 시절의 다정했던 의사들처럼 닥터 웰비는 보험 급여를 청구를 할 수 없는 시간에 구애받거나, 자신의 의료 과실 보험을 걱정하지 않은 채 조언을 할 수 있었다. 하지만 시리즈가 끝나가는 무렵에 비친 그의 모습은 텔레비전엔 잘 나오지 않지만 현실에서는 점점 더 지배적이 되어 가는 1970년대 말 의료계의 복잡한 현실을 반영하기보다는 1950년대의 따스한 추억에 젖어 있는 것처럼 보였다.

1960년대 초에 묘사된 의사나 병원 환경을 1970년대 초의 것과 비교해 보면 차이가 드러난다. 케네디 대통령이 취임하고 오래 지나지 않아 텔레비전에서는 카리스마 넘치는 젊은 의사 두 사람 — 기운차고 잘 생긴 제임스 킬데어와 어두운 우수에 찬 벤 케이시 — 이 미국인들의 이목을 놓고 다투었다. 도시에 있는 병원에서 온갖 장벽을 마주하면서도 이 둘은 의심의 여지가 없는 헌신과 이상주의적인 열정으로 환자들을 돌보려 애썼다. 그런 정신에 더해, 둘은 기성 의료계를 대변하는 현명하고 나이 지긋한 백인 남성 멘토들 — 킬데어에게는 닥터 길레스피, 케이

의료 기관 등과 계약을 맺고, 가입자는 해당 계약을 맺은 병의원을 통한 진료 시 보험 혜택을 받는 형태이다. 세부적으로는 여러 방식으로 나뉘지만 초기에는 의사들이 진료 내용이나 횟수와 상관없이 담당 환자 수를 기준으로 급여를 받는 방식이 주를 이루었고 이들은 또한 자신이 속한 HMO를 통해서만 진료를 맡았다. 이를 통해 환자 유치 경쟁, 과잉 진료 등 문제의 해결과 전체적인 의료 지출 축소를 기대할 수 있었다. 환자 입장에서는 주치의 예약을 통해서만 진료가 가능하기에 대기 시간이 발생하고 전문의를 만나기가 어렵다는 단점과 적은 보험료로 일상적인 건강관리가 가능하다는 장점이 있다.

시에게는 닥터 조르바가 있었다—의 도움을 받았다.

백인 남성이 지배하는 세계였던 텔레비전 의학 드라마에서 특기할 만한 예외로 <줄리아>가 있었는데, 이 프로그램은 1968년 시작해 세 시즌 이어졌다. 다이앤 캐럴이 엄청나게 실력 좋고 동시에 여러 일을 해내는 미모의 아프리카계 미국인 간호사, 베트남에서 남편을 잃은 싱글맘 주인공 역할을 맡았다. 그녀의 멘토이자 우악스런 의사인 처글리는 인종차별은 용납하지 않으면서도, '예쁜' 간호사를 좋아한다는 걸 버젓이 드러냈다. [병원에서 일하는] 전문직 간호사로서 줄리아의 모습(당시 남성 의사 중심의 의료계는 여성들의 수행하는 간호직을 평가절하하고 있었다)보다는 그녀가 독신 육아로 고전하는 모습이 더 많이 전파를 탔다. 의식적으로 인종 불평등에 대한 메시지를 던지는 프로그램이었음에도 줄리아는 간호사이자 어머니로서의 고투를 당대 시트콤의 필수 요소였던 쾌활한 모습으로 보여 줘야 했다.

1960년대 의학 드라마에서 다른 여성들은 조연을 맡았다. 예외적인 시도—원래는 벤 케이시와 나란히 등장했던 여성 의사—에서조차 여성은 권력·명성·보수가 백인 남성보다 적으며, 힘 있는 유색인 남성은 대개 나오지 않는다는 법칙을 증명하는 것으로 끝을 맞았다. 닥터 케이시가 닥터 매기 그레이엄에게 연애 감정을 갖게 되는 구상이었지만 작가들은 이야기를 풀어 갈 방법을 찾지 못했다. 그녀는 화면에 덜 비치도록 마취과에서 신경과로 밀려났다.[6] 이 프로그램은 또한 제1기술 고문으로 공인 간호사 앨리스 로드리게스Alice Rodriguez를 고용했다는 점에서도 예외적이었지만, 그녀의 이름이 방송 크레디트에 오르지는 않았다. <벤 케이시>는 닥터 조르바가 칠판에 남자, 여자, 태어남, 죽음, 무한을 뜻하는 기호들을 손으로 그리는 오프닝 '원시 형이상학'을 통해 짐짓

"심오한" 척을 했는데, 이는 1960년대 텔레비전 드라마로서는 엄두도 내지 못했던 것이었다.

하지만 1971년 영화 <병원>은 길레스피와 조르바의 후임으로 지칠 대로 지쳤고 삶을 포기했으며, 성적으로 불능인 인물을 출연시켰다. 병원장 허버트 보크를 연기한 조지 C. 스콧은 흔히 영화사상 가장 훌륭한 독백 가운데 하나로 꼽히는 대목에서 "이제껏 상상할 수 있었던 것 가운데 가장 거대한 의료 기관"—장기를 이식하고 유전자를 찍어 내며 복제 인간을 착상시키는—이 주도하는 사회에서 "사람들이 그 어느 때보다도 더 많이 아프다!"는 사실을 질타한다. 닥터 보크의 성적 무능은 음흉한 소수자 커뮤니티, 돈만 밝히는 의사들, 시립병원을 모르는 체 하려 드는 시 당국으로 사면초가인데다 재원은 부족한 그곳을 지키려 사투를 벌이는, 한때 유망했던 과학자에 대한 은유다. 술에 취해 노한 그는 사무실 창가에서 가장 취약한 이들을 지키는 데 실패한 기성 의료계와 사회를 비난하는 열변을 토한다. 고통과 좌절—<마커스 웰비>의 세계와는 멀리 떨어져 있는 것—을 울부짖는다.

1980년대 방송 <세인트 엘스웨어>St. Elsewhere†에 나온, 일부는 우수하고 헌신적이지만, 일부는 도덕적으로나 의학적으로 실격인 의사들이 일하는 만년적자의 쇠락한 병원도 그랬다. 10년 뒤 조지 클루니가 분한 <ER>의 중심인물 닥터 더그 로스 역시 복잡한 개인사가 있음에도 끝까지 규칙에 매이지 않고 꿋꿋이 환자에게 가능한 한 최상의 돌봄을 제공한다. 21세기에 접어든 10년간, 닥터 그레고리 하우스††는 더더욱

† 장비 등을 충분히 갖추지 못한, 흔히 고급 병원에서 거부당한 환자들을 받는 낙후된 병원을 가리키는 은어.

반항적으로 나왔다. 1960년대 이후로 이어진, 인격적으로 흠 있는 의사를 계승하는 그는 진통제 중독이었다.

이디 팰코가 2009년부터 2015년까지 <간호사 재키>에서 훌륭히 그린 재키 페이턴도 마찬가지였다. 재키는 자금은 부족하며 노동량은 과중하고 관료주의적인 뉴욕시의 한 병원에서 어마어마한 동정심과 전문성을 갖춘 응급실 간호사로 일하지만 윤리에 있어서는 매우 문제적이다(자신의 중독으로 인해 밑바닥으로 떨어진다). 그녀의 중독은 다른 어느 전문 직종보다도 간호사를 괴롭히는 만성적인 허리 통증에서 비롯된다. 아이러니하게도, 시상식에서는 이 시리즈가 코미디로 분류되었지만, 재키의 개인적 삶과 직업적 삶은 모두 가슴 아프게도 무너져 내렸다. 방송 평론가 에릭 데건스가 "텔레비전 역사상 가장 솔직한 중독 묘사"라는 적확한 찬사를 바친 이 프로그램으로 이디 팰코는 2010년 에미상에서 최우수 희극 여자배우상을 받았다.[7]

<하우스>나 <간호사 재키>가 마약성 진통제 유행†을 예언한 것이라면, 보다 최근에는 <굿 닥터>의 닥터 숀 머피가 서번트의 의학적

†† 2004~12년까지 여덟 시즌이 방영된 드라마 <하우스>의 주인공. 휴 로리 분.

† 1990년대에 시작된 마약성 진통제 오피오이드(opioid) 사용 급증 현상을 가리킨다. 여기서는 2010년을 기점으로 한 헤로인 사용자 사망 급증, 2013년을 기점으로 한 합성 오피오이드 사용자 사망 급증 등의 최근 국면을 가리키는 듯하다. 미국 질병통제센터(CDC) 통계에 따르면 미국에서 1999년부터 2018년까지 약 45만 명이 오피오이드 남용으로 사망했다. 사용량 제한 제도의 부재, 높은 의료비 부담으로 인한 진통제 선호 등이 병원에서의 과잉처방 및 암시장 형성의 원인으로 꼽힌다. 현재 CDC는 남용 통계 작성 및 보건의료 체계 개선 등을 위한 프로그램을 시행하고 있다. 한편 최근 수년간 오피오이드를 판매한 제약사들을 상대로 수많은 소송이 진행되고 있으며 2019년 9월에는 미국 내 모든 주에서 소송에 걸린 거대 제약사 퍼듀 파마가 120억 달러 규모의 배상금 제안이 받아들여지지 않자 파산보호 신청을 하기도 했다.

통찰력을 보여 줌으로써 (그의 경우에는 자폐) 스펙트럼 장애의 매력을 포착했다. 이들 각각은 제2차 세계대전 이후 심리적인 안정을 느낄 만한 장소를 찾지 못한 미국 사회의 시대정신을 반영한다.

'생명윤리학자'

미국이 1960년대 말과 1970년대 초에 접어들면서 종교적인 것이건 세속적인 것이건 전통적인 제도들은 도덕적 권위의 원천으로서는 힘을 잃어 갔다. 온갖 불확실성 가운데에서 새로운 역할 ― '생명윤리학자' ― 이 등장했다. 생명윤리학자들은 의료에서 종교적·세속적 권위가 물러난 빈자리를 채우려 드는 대신, 점점 커져 가는 의료윤리와 보건의료 정치학에 대한 고민거리들에 곧장 말을 건넸다. 사실 히포크라테스 선서만 봐도 짐작할 수 있듯 의료윤리 연구는 의료만큼이나 오래되었다. 하지만 오늘날의 생명윤리학은 전통적인 의료윤리 연구와는 다르다.[8] 전통적인 의료윤리는 힐리의 1956년판 전공서와 마찬가지로 의사들을 위한 윤리였다. 우리 둘의 가족들이 경험한 바가 증언하듯 환자에게는 결정을 내리는 역할이 거의 혹은 전혀 주어지지 않았다.

카츠는 정신분석학적 방향성을 갖고 있었기에 그가 서술하는 전통적인 일방적 의사-환자 관계에서는 각자가 상대에게 추측과 기대를 투사하는 관계의 불충분성이 강조된다.[9] 그럼에도 그는 여러 판례를 인용하여, 의료가 점점 더 기술이기보다는 학문이 되어 갔던 19세기 말 이래로 그 관계에 대한 사회의 기대가 어떻게 변화해 왔는지를 보여 준다. 영국과 미국의 법정 모두, 자신이 부적절한 치료를 받았다고 생각하는 환자들의 문제 제기에 점차 귀를 기울이기 시작했다. 이 사례들 중 다수는 수술 관련이었는데, 아마도 이런 경우에 환자의 손해가 특히 분명하게 드러나기 때문일 것이다.

그중 가장 유명한 소송 한 가지는 1908년 뉴욕 병원에서 일어난 것으로, 당시 환자는 유섬유종 검사에 동의했지만 제거술은 사전에 거부했다. 그럼에도 의사는 환자가 마취되어 있는 동안 종양을 제거했다. 1914년 뉴욕주 상소법원은 병원에 불리한 판결을 내려 경종을 울렸다.

> 성인이며 건강한 정신을 가진 모든 인간은 그 자신의 몸에 무엇을 행할지를 결정할 권리를 갖고 있다. 의사가 환자의 동의 없이 수술하는 것은 공격을 하는 일이며 손해에 책임을 져야 한다.[10]

이는 환자의 권리를 지지한 역사적 사건이지만 카츠가 지적하듯 법원은 이 병원이 자선기관이라는 이유로 피고용인(이 경우에는 의사)의 행위에 대한 책임이 없다고 보았기에 실효성 없는 판결이기도 했다. 이 판례는 원칙적으로 환자들의 권리를 옹호하면서도 아무런 실질적인 제재를 가하지 않은 수많은 사례 중 하나이다. 이에 카츠는 의사와 환자 사이의 관계에서는 침묵이 유지되는 것이 여전히 허용되었다고 결론을 내린다.

1960년대에 이르자 의료에 적어도 두 가지 커다란 사회적 변화 ―비용의 증가 및 인간의 건강에 예상 가능한 증진을 가져오는 힘의 증대―가 일어나 의사와 환자 사이의 관계 자체를 바꿔 놓았다. 이 관계를 현대화할 길을 찾는 각고의 노력이 생명윤리학이라는 분야의 탄생을 촉진했다. 그저 환자에게 진실을 말하는 것, 카츠가 서술한 침묵의 공간을 열어젖히는 것이 핵심적인 역할을 했다. 법정의 경우,

환자에게 정보에 기반한 동의를 구할 의사의 의무를 분명히 밝힌 세건의 판례[11]가 나온 1972년이 전환점이 되었다.[12] 사법부에서 연이어 나온 이 같은 판례들은 1950년대 이래로 의사와 환자 사이의 관계를 바라보는 사고방식에서 나타난 변화를 확고히 하는 주목할 만한 법률적 합의를 대변했다.

생명윤리학이 전면으로 부상한 것은 언론들이 전에 없이 공격적으로 보도한 몇몇 대형 사건들에 대중적인 관심이 쏠린 덕이기도 했다. 언론은 많은 주요 기관들의 진실성과 신뢰성을 포함하여, 당대에 널리 퍼져 있던 몇 가지 전제들에 의문을 제기하기 시작했다. 신문이나 잡지는 탐사보도 비중을 늘리고 정치 기관뿐만 아니라 의료계를 비롯하여 흔히 의심받지 않던 전문 영역들에 관한 것까지, 이제껏 신성불가침이었던 전제들에 의문을 제기했다. 신문들은 쇠약하거나 연로한 환자에 대한 동의 없는 실험, 중증 장애아동 대상 간염 실험, 저소득층 아프리카계 미국인 남성 수백 명이 수십 년 동안 자신의 병에 대해 안내받거나 치료받지 못한 채 관찰당한 터스키기Tuskegee 매독 실험 등을 보도했다. 카츠는 이런 사례들의 윤리적 실패를 면밀히 검토했다. 신진 생명윤리학자들은 언론으로부터 급변하는 의료·윤리 환경을 논평해 달라는 요청을 받았다. 이 모든 일은 거의 대부분 제2차 세계대전 이후 경제적 특권을 지녔으며 정치적으로 지배적인 위치에 있었던 미국에서 일어났다.

이에 부응해 젊은 의사들이 받는 교육이 달라지기 시작했다. 역사적으로 의학도들은 독학으로 또는 자기 멘토의 사례를 통해 윤리를 배웠다. 이따금 시니어 의사가 흔히는 히포크라테스 선서에 기반해 한두 번 강의를 하기도 했다. 졸업반은 학위를 받기 전에 히포크라테스 선서를 읊는 의식을 하기도 했지만 의료윤리가 진지하게 교육하거나 깊이 연구할 만한 주제라고 생각하는 의료계 지도자는 거의 없었다. 1960년대 말경 의료윤리에 대해 강의실에서 배운 것 이상 언급할 필요가 있다고 느낀 의학 교육계 일각에서는 히포크라테스 선서를 수정하거나 12세기의 유대인 의사 겸 철학자가 쓴 「마이몬의 기도」the prayer of Maimonides† 로 대체해 졸업식을 진행했다. 많은 젊은 의사들은 자신들이 받은 의료윤리 교육이 불충분하다고 여겼다.

'사회적 의의'를 추구하기

의대생들은 의대 교육과정을 따라가는 데 급급했지만, 그들이 다니는 캠퍼스는 곳곳에서는 베트남전쟁에 항거하는 대규모 시위, 심지어는 폭력 시위가 벌어지고 있었다. 1960년대 말과 1970년대 초 사회적 격변을 의식한 여러 의대들은 의료윤리 교수를 채용하고 윤리학 프로그램을 개설했다. 학생들과 마찬가지로 의대의 신진 교원들도 전쟁이나 정치 스캔들을 둘러싸고 펼쳐지는 논쟁들에 응답해야 한다고, 나아가 그 응답은 공적으로 옹호할 수 있는 사실과 가치 양자에 기반해야 한다고 생각했다. 그들은 또한 '사회적으로 유의미'하기를 바랐다. 의학계의

† 인간을 창조한 신을 향해, 의사로서 환자를 사랑으로 대하고 의술을 잘 펼칠 수 있게 해달라고 간구하는 내용의 기도문이다. 지속적인 의술 연마와 이윤 배제 등 직업윤리, 의사와 환자 간의 신뢰를 비롯한 폭넓은 내용을 담고 있다. 「마이몬의 선서」와 함께 전해지며 1783년 독일어로 처음 공개되었다. 대개 실제 저자는 당시 번역자로 기재된 독일 의사 마르쿠스 헤르츠(Marcus Herz)인 것으로 여겨진다.

젊은 지도자들은 새로운 사회적 의식화 분위기로부터 힘을 얻었다. 그중 한 명이 에드먼드 펠러그리너Edmund Pellegrino로, 그는 저명한 의사이자 윤리학자로서 오랫동안 폭넓은 요직을 맡았으며 아마 미국 의대에서 윤리라는 대의를 진전시키는 데 그 누구보다 많이 기여했을 것이다. 펠러그리너 등의 영향으로, 갤버스턴 텍사스대학교와 같이 연방 정부 지원을 받는 오래된 일부 대학의 의료사 연구소가 점차적으로 윤리학 분야를 받아들이게 되었다. 신학자들의 주도로 건강과인간가치학회Society for Health and Human Values라는 신생 전문가 단체가 설립돼 연례회의를 열고 교육 자료를 발간했다.[13]

다른 선구자들은 생명윤리학 연구에 전념하는 조직을 만들었다. 케네디 가는 재단을 통해 조지타운대학교에 케네디윤리연구소Kennedy Institute of Ethics 설립 자금을 지원했다. 부와 명망에도 불구하고 케네디가 역시 케네디 대통령의 누나 로즈메리(1918년생)의 정신외과 수술이 잘못된 경험이 있어 의료윤리의 전장이 낯설지 않았다. 아홉 아이 중 하나로 태어난 로즈메리는 선천적 지적장애가 있었고 10대가 되자 문제가 더욱 두드러졌다. 로즈메리의 기분과 위험 감수 행동을 조절할 수 있으리라는 희망으로 아버지 조지프 P. 케네디는 전전두엽 절제술이라고 불리는—뇌 조직 일부의 절제를 수반하는— 상당히 새로운 수술법에 동의했다. 결과는 처참했다. 로즈메리는 스스로를 돌볼 수 없었고 여생을 시설에서 보냈다. 그녀는 86세에 사망했다.

독실한 로마가톨릭교 신자였던 케네디 가는 소아과 의사들이 아픈 아기들을 돌보는 과정에서 내리는 어려운 결정에 대해 알고 있었다. 1971년, 케네디 재단은 <누가 살아남아야 하는가? 우리의 양심에 따른 선택 하나>Who Should Survive? One of the Choices on Our Conscience라는 교육 영화를 후원했다. 존스홉킨스대학의 실제 사례들에 근거한 이 영화는 다운증후군—유전자 이상—을 갖고 태어난 신생아에게 섭식을 가로막는 기형 부위를 바로잡는 간단한 수술을 하는 대신 죽게 두기로 한 부모의 결정을 다룬다. 이런 사례들은 다운증후군을 가진 이들이 애정 어린 돌봄과 교육을 통해 만족스러운 삶을 살 수 있다는 걸 알았던 존스홉킨스 소아과 과장 로버트 쿡Robert Cooke에게 좌절감과 충격을 안겼다. 그러나 수술을 허락하지 않고 아이를 죽게 만드는 부모의 결정을 무시할 수는 없었다. 속수무책인 데 분노한 쿡은 케네디 가에 자신의 우려를 전했고, 그들은 그의 노력을 지지하고 재정을 지원했다. 케네디가 재단은 영화 제작과 케네디윤리연구소 설립을 후원했다.[14]

동시에 1969년, 뉴욕 헤이스팅스온허드슨에 이웃해 살던 철학자 대니얼 캘러핸Daniel Callahan과 정신과 의사 윌러드 게일린Willard Gaylin은 대학과는 독립된 싱크탱크를 설립하기로 했다. 유구한 도덕적 가치에 도전해 오는 의료와 과학의 발전에 대해 크리스마스 파티 때 나눈 대화가 불씨가 되었다. 그들에겐 돈이 없었고 그저 시대에 걸맞은 듯 보이는 신나는 아이디어뿐이었다. 몇 년 뒤 그들은 이를 다시 떠올리고 몇몇 흥미로운 인물들을 초청해 대관한 공간 한 곳과 캘러핸의 집에서 회의를 몇 차례 열었다. 그들의 노력은 곧 대형 재단 한 곳의 주목을 끌었다. 몇 년이 지나 가진 자원이 없는 다른 야심가들이 캘러핸에게 어떻게 시작했는지 물어 보면 그는 그저 "그냥 시작했지!"라고 대답했다. 고심 끝에 정한 이름이 자신들의 일을 프레이밍하는 데 그들이 얼마나 수고를 들였는지 드러낸다. 처음에는 가치연구·인간과학센터a Center for the Study of Value and the Sciences of Man, 그다음에는 사회·윤리·생명과학연구소the Institute of Society, Ethics, and the Life Sciences였다. 다행히도 입에 붙지 않는

저 긴 말은 그냥 헤이스팅스센터the Hastings Center로 바뀌었다.[15]

헤이스팅스센터와 케네디윤리연구소는 수많은 전통적 가치에 도전한 시대의 산물이다. 의사와 마찬가지로 철학자들도 역사적 사건들과 당대의 시급한 문제들이 제기한 윤리적 쟁점에 지적 관심을 기울였다. 신생 학술지 『철학과 공적 사안』*Philosophy & Public Affairs*은 "[공적인 관심을 끄는…… — 인용자] 쟁점들을 철학적으로 검토하는 것이 그 해명과 해결에 기여할 수 있다는 믿음으로 창간"되었다.[16] 가장 초창기 필진들은 임신중지권, 뉘른베르크 재판의 사회적 적절성, 전쟁 시의 정의, 풍요 속의 빈곤 등을 비롯한 쟁점을 두고 대체로 강경하며 대립적인 입장을 취했다. 플라톤으로 거슬러 올라가는 역사적 뿌리를 존중하면서도 현대적인 포부를 가지고 보다 사회적으로 유의미하게 됨으로써, 학계에서의 윤리학 연구는 운신의 폭을 넓혔다. 미국의 지적 환경은 생명윤리학을 위한 비옥한 토양이었다. 새내기 과학철학자이자 헤이스팅스 연구원인 아서 캐플런은 자신의 분야를 장기 기증, 중증 질환 신생아, 인체 실험 등의 쟁점에는 물론 사회생물학의 함의에도 적용했다. 여성과 소수자가 생명윤리학 분야의 장에 진입했다. 당시에는 거의 모든 기관을 백인 남성이 지배했지만, 1970년대의 생명윤리학은 심지어 지금 이상으로 시대 변화를 반영했다. 조지타운대학교의 선구적인 흑인 법학 교수 퍼트리샤 킹Patricia King은 최초의 국가생명윤리위원회에서 일했고 나중에는 인체 방사선 실험을 조사하는 대통령 직속 위원회에서 일했다. 헤이스팅스센터 연구원이자 철학자인 루스 매클린Ruth Macklin은 어린이가 관여되는 연구, 정신 질환이나 지적장애를 가진 이들에 대한 돌봄 등 새로 등장한 많은 쟁점을 다루는 데 앞장섰으며 이후 국제생명윤리협회International Association of Bioethics 협회장이 되었다.

저명한 학자들이 보건의료의 정당한 분배에 대한 공적 논의에 철학적으로 불을 지폈다. 1971년에 출간된 존 롤스John Rawls의 『정의론』*A Theory of Justice*은 위대한 철학적 전통을 되살린 것으로 널리 칭송받았다. 철학자이자 생명윤리학자인 노먼 대니얼스Norman Daniels는 롤스의 공정한 기회 평등 원칙을 적용해 사람이 정상적으로 기능하는 데 필요한 보건의료에의 평등한 접근성을 강력히 옹호했다.[17] 사람들이 필요로 하는 보건의료를 충족시키는 것은 공정한 기회 평등의 실질적 전제 조건이며 모두의 평등한 기본적 자유를 보호하는 일과도 일맥상통한다는 것이 대니얼스의 주장이다. 경제학자이자 철학자인 아마르티아 센Amartya Sen은 특유의 '역량 접근법'capability approach을 발전시켰다.[18] 센은 훗날 비용 부담 없는 보건의료는 삶의 다른 모든 중요한 일을 할 수 있게 해준다는 점에서 극히 중요하다고 주장하는, 보편적 보건의료의 전 세계적 옹호자가 되었다. 이런 자유주의 철학들은 모두가 비용 부담 없는 보건의료에 대한 보편적 인권을 강력히 지지했다.

롤스의 『정의론』과 강렬한 대비를 이루며 이에 직접 반박하는 자유지상주의 철학자 로버트 노직Robert Nozick의 『아나키에서 유토피아로』*Anarchy, State and Utopia*는 오직 폭력, 절도, 사기에 대해서만 사람들을 보호하는 최소국가를 옹호했다.[19] 최소국가인 야경국가는 보건의료를 필요에 따라 분배하지 않는다. 어떤 이들을 돕기 위해 다른 이들에게 세금을 걷는 것이 개입으로부터의 자유라는 자연권을 침해하기 때문이다. 독특하고 극적이게도, 이처럼 하나의 가치만을 중시하는 자유지상주의적 관점은 보건의료를 위한 과세를 — 심지어는 민주적으로 승인된다 해도 — 강제노역에 준하는 것으로 여긴다. 이 관점은 또한 환자의 치유를 도울 모든 윤리적 의무로부터 의사를 '자유롭게' 한다. 의사들은 시장에서 환자의 동의를 얻고자 경쟁해야 한다. 선택의 자유를 제외한 다른 어떤 가치도 윤리적 의료 실천에서 의무적·내재적인 것으로 간주되지 않는다.

많은 이들이 철학자들 사이의 이 논쟁이 지나치게 추상적이며 비용 부담 없는 보건의료를 고민하는 사람들 대부분에게 필요한 진짜 핵심을 비껴나 있다며 놀라워할지도 모르겠다. 하지만 이것은 의료 실천에서 무엇이 윤리적 쟁점인지를 드러내 줄 뿐만 아니라, 비용 부담 없는 보건의료·건강보험 접근성에 대해 고도로 양극화되어 있으며 중대한 현 시대 미국 정치 현장의 논쟁을 예고한다. 롤스와 노직, 자유주의적 입장과 자유지상주의적 입장은 각각 비용 부담 없는 보건의료를 누릴 보편 인권에 대한 민주당원 지지자들과 공화당원 반대자들이 당파적으로 극심하게 분열하게 만든 이론적 뿌리들을 보여 준다. 센이 주장하듯, 보편적 보건의료는 태국·스리랑카·코스타리카·쿠바·중국 등 상대적으로 빈곤한 나라들에서조차 "저렴한 비용으로 이룰 수 있는 꿈"이지만,

> 미국은 모든 미국인에게 상당히 높은 수준의 보건의료를 틀림없이 제공할 수 있다. [그럼에도] 보편적 보건의료에 관한 모든 공적 제도는 어떤 식으로든 사적 삶에 대한 용납 불가능한 침범을 수반할 것이라는 관점이 널리 퍼져 있다는 점에서 예외적이다.[20]

1980년대 초에 이르러 미국 대중은 의료 비용 상승을 경험했고, 자신과 가족을 위한 보건의료 비용을 감당할 수 없다는 것이 삶에 초래하는 엄청난 결과를 뼈저리게 깨달았다. 하지만 여전히 미국인들은 비용 부담 없는 보편적 보건의료라는 꿈을 보편적으로 공유하지는 않는다.

결과적으로, 공적 사안을 향한 철학의 전회는 아무 잘못이 없는데도 보건의료 접근 비용을 감당할 수 없었던 수백만 명에게 목소리를 주었다. 이것으로 보건의료 비용을 감당하지 못해 기본적인 삶의 기회를 박탈당한 이들과 보험료나 그 이상의 돈을 버는 직업을 가진 이들 사이의 차이가 선명히 드러났다.[21] 1981년, 대니얼스는 '의료 및 생의학·행동과학연구에서의 윤리적 문제 연구를 위한 대통령 자문위원회'President's Commission for the Study of Ethical Problems in Medicine and Biomedical and Behavioral Research에서의 발표를 통해 비용 부담 없는 보건의료는 평등한 기회의 필수조건임을 강력히 주장했다.[22]

평등한 기회에 필수적인 요소로 간주되든, 삶의 다른 모든 중요한 것들을 가능케 하는 필수적인 요소로 간주되든, 비용 부담 없는 보편적 보건의료는 미국 정치에서 "완전한 평등을 꾀하는 윤리와는 구별되기"[23] 위해 고전했다. 센이 지적하듯, 보편적 보건의료universal health care, UHC가 미국에서 작은 가능성이나마 얻으려면 "UHC가 필요로 하는 것보다 훨씬 더 급진적인 경제적·사회적 변화를 요구하는 불평등의 일소라는 가치와는 구별되어야"만 한다. 보편적 보건의료는 시행되더라도 돈이 더 많고 추가 보험을 든 이들이 가외 서비스를 받도록 허용하므로, 사람들의 기본적 자유를 제한하지 않는다.

사회적으로 유의미하기를 추구하며 생명윤리학자들은 이 같은 철학적 구별 짓기를 중시한다. 실천적으로 중요한 문제이기 때문이다. 미국에서 정치적 분열을 가로질러 보편적 보건의료를 옹호할 어떤 공통의 대의를 찾을 유일한 희망은 그것을 불평등을 제거하려는 보다 포괄적인 처방과 구별하는 데 있다. 예컨대 경제학자이자 철학자인 F.A. 하이에크F.A. Hayek의 자유지상주의는 더 많이 구매할 수 있는 개인의 시장 자유를 존중하면서 "포괄적인 사회보험 체계"를 제공하는 쪽을 선호한다.[24] 롤스가 『정의론』을 출간하고 얼마 지나지 않아 쓴 1970년대 글에서 하이에크는 "사회정의의 허상", 곧 사회에 포괄적인 상의하달식 재분배를 적용하려는 위험한 욕망을 맹비난했다. 하지만 그는 국가가 모두에게 사회보험을 제공하는 것과 개인적 자유를 보호하는 것의 양립 가능성을 일관되게 옹호했다. 5장에서 보겠지만, 거칠게 말해 이 양립 가능성이 당파의 선을 넘어 타협할 의향이 있는 미국인들이 수용하는 지점이다.

직업으로서의 생명윤리학

1970년대라는 전환의 시대에 생명윤리학이라는 전문 영역이 생겨났고 그 실천가들은 치료를 위한 의사의 특권과 같은 유구한 전통이나 모두에게 비용 부담 없는 보건의료를 보장하지 못한 보건 체계의 실패에 도전했다. 그런데 누군가가 생명윤리학 교수를 업으로 삼을 권리는 무엇이 부여하는가? 일부 비판자들은 '생명윤리학자'라는 용어를 비웃었다. 이 말이 윤리적 권위를 내비친다고 여겼기 때문이다. 누구든 어떤 특별한 도덕적 권위를 가졌음을 시사하는 말이라면 무엇이라도 의심스러울 수밖에 없으며 거의 모든 권위에 대한 신뢰가 극적으로 추락한 때였으니 더더욱 그러하다.

정보에 기반한 치료 동의, 보건의료 접근의 공정성, 인도적인 말기 의료와 같은 문제들에 둘러 싸여 의료윤리학자들은 철학자들이 철학을 공부하고 가르치는 것, 법학자들이 법을 공부하고 가르치는 것과 마찬가지로 의료윤리학의 핵심 주제들을 공부하고 가르친다. 예를 들어 미국의 모든 사람에게 비용 부담 없는 보건의료에의 접근권이 **있어야 한다**는 윤리적 원칙은 모든 사람이 실제로 그런 접근권과 돌봄을 받을 **수 있다는** 가능성 위에서야 성립한다. 철학자 임마누엘 칸트의 유명한 말대로, **당위는 가능을 함축한다**.[25] 보편적 보건의료의 '당위'를 이해하는 것이 도적철학·정치철학을 요구하듯 '가능'은 경제학·정치학·심리학·사회학, 그리고 보건의료계의 지식을 요구한다. 그러므로 생명윤리학은 지극히 다학제적이고 협업적인 영역이다. 어떤 단일 학제에도 쉽사리 들어맞지 않지만 생명윤리학은 '시대의 논쟁적인 사안을 고민하기'라는 철학의 전통적 임무와 강렬히 공명한다.

생명윤리학은 세속의 성직이 아니다. 어떤 전문 직종이라도 그저 지적 전문성과 교육 전문성에 기대어 무언가를 가르치는 것일 뿐, 실천에 있어서도 반드시 도덕적으로 고결하리라는 보장은 없다. 스스로 생명윤리학자 정체성을 갖는 사람 대부분이 도덕철학·정치철학·신학·의료·간호·공학 등 학문적 전문 영역을 연구하고 가르치지만, 사람들이 지침을 청할 성직자나 다른 도덕적 스승을 대신하려 들지 않는다는 건 분명하다. 많은 생명윤리학자들이 종교적 전통 속에서 교육받지만 그들 또한 전적으로 특정한 신학적 관점을 따르는 것이 아니라 다양한 독자를 위해 저술 활동을 한다는 점이 이 그림을 더 복잡하게 만든다.

법률가·철학자·신학자·의사·간호사·인문학자·사회과학자·과학자, 최근에는 공학자·신경과학자까지 생명윤리학 교육·연구·자문 역할에 열중하고 있다. 당연하게도 생명윤리학에 임하는 이들이 언제 자신의 전공 분야에서 말하고 언제 생명윤리학이라 불리는 폭넓은 다학제 영역에서 말하는지를 구분하는 것은 대개 불가능하다. 이것이 우리가 이 일을 즐거워하는 이유 중 하나다. 고도로 세분화되어 있는 어떤 세계에,

과학과 인간적 가치의 연구에 공통 언어가 생겨난다는 점 말이다.

아마도 1970년대 후반에 스스로를 '생명윤리학자'라고 불렀던 이는 기껏해야 수십 명이었을 것이다. 돌이켜 보건대 보건의료, 의과학, 기술, 그리고 그것들이 그렇잖아도 풍요 속의 빈곤이나 널리 퍼진 권위로부터의 소외감과 싸우고 있는 사회에 제시한 윤리적 과제 및 기회를 둘러싼 새로운 종류의 공적 대화가 필요하다는 건 분명했다. 생명윤리학은 그런 대화, 다시 말해 그 이래로 줄곧 이어지고 있는—때로 논쟁적이고 종종 건설적이며 결코 지루하지는 않은—대화를 위한 터로서 등장했다.

2장

생명윤리학, 널리 퍼지다

대중과 교수들, 생명윤리학적 쟁점들에 매료된 건 어느 쪽부터였을까? 사실 1970년대에는 교수들을 통해 대중도 관심을 갖게 되었다. 의료에 대한 일반 대중의 관심이 높아지면서, 특정 소수만이 받았던 생명윤리학 교육은 이제 대세가 되었다. 1970년대에는 드물었던 생명윤리학 강좌가 1990년대 초에 이르러서는 생명윤리학의 선구자 앨버트 존슨Albert Jonsen이 『생명윤리학의 탄생』*The Birth of Bioethics*에서 칭하기로 "의학 교육의 확고한 일부분"이 되었다.[1] 그 후 생명윤리학 교육에 대한 학생들의 관심이 높아지며 수강생 수도 치솟았다. 상당수 기초학문 학부에서 생명윤리학 전공이나 부전공을 개설했는데, 이는 미래의 보건의료 종사자뿐만 아니라 모든 학생들에게 생명의료적 의사결정의 엄청난 파급력을 이해할 수 있게 했다. 대개 새로운 복잡성을 보여 주는, 고대부터 이어져 왔지만 명백히 현대적인 틀을 가진 논쟁들이 줄을 지어 일반 대중의 상상력과 관심에 불을 댕겼다.

추문과 원칙

1972년 앨라배마주 메이컨 카운티(청사 소재지는 터스키기)에서 수백 명의 저소득층 아프리카계 미국인 남성을 대상으로 진행된 한 실험이 언론에 보도됐다. 미국 공중보건국Public Health Service은 1930년대 초부터 이들을 대상으로 '흑인 남성'의 매독을 연구했다. 그들이 성매개 질환sexually transmissible diseases, STDs을 갖고 있음을 알리지 않았으며 제2차 세계대전 이후 민간에서도 사용할 수 있게 된 페니실린을 제공하지 않는 등, 여러 잔혹 행위가 있었다. 몇몇 의원들이 인체 실험 관리를 위한 윤리 원칙을 수립하기 위해 국가위원회의 설치를 요구했다. 이 매독 연구 폭로가 변곡점이 되었다. 1974년에 의회가 '생의학·행동과학 연구 인간 피험자 보호를 위한 국가위원회'National Commission for the Protection of Human Subjects of Biomedical and Behavioral Research에 지시한 내용 중에는 "인간 피험자가 관여하는 생의학적 연구 및 행동과학적 연구 수행에 전제가 되어야 할 윤리 원칙의 확인, 그런 연구에서 준수되어야 할 가이드라인의 개발"이 있었다.[2] 기념비적 업적인 『벨몬트 보고서』*Belmont Report*를 통해 위원회는 인간 피험자를 이용한 연구를 수행할 때에는 개인과 기관을 막론하고 인간 존중, 선행, 정의라는 세 가지 근본 원칙을 고수할 것을 요구했다.[3] 셋 모두 매독 실험에서 심각하게 훼손된 원칙이었다. 이 세 가지 원칙은 여전히 모든 인체 실험 기획을 검토할 때의 주요한 틀이며 연방 규제 시에 참조된다.

터스키기 흑인 남성들이 겪은 이 잔혹한 이야기는 대중의 양심에 충격을 주었고 이는 『벨몬트 보고서』로 이어졌다. 이 충격과 보고서 모두, 인체 실험의 규제와 생명윤리라는 영역에 즉각적이고도 오래 지속되는 영향을 미쳤다. 인간 피험자가 있는 과학 연구가 반드시 따라야 하는 세 가지 상위원칙을 천명함으로써 위원회는 선한 과학에는 윤리적 토대가 있어야만 한다는 것을 분명히 했다. 이 중요한 순간은 생명윤리학적 원칙들 그 자체가 사람을 윤리적이게 만들어 주는 것도 아니고, 그렇게 만들어 줄 수도 없음에도 생명윤리학이 가치를 갖는 이유를 보여 주었다. 생명윤리학은 의료와 과학적 활동이 윤리적으로 수행되기 위한 필수조건들을 명확히 밝히고 널리 알린다.

『벨몬트 보고서』가 나오기 몇 해 전, 초안 작성을 맡은 철학자 톰 비첨Tom Beauchamp은 종교학 교수 제임스 칠드러스James Childress와 함께 교재를 집필하고 있었다. 『생명의료윤리의 원칙들』*Principles of Biomedical Ethics*에서 그들은 인체 실험에 국한되지 않는 윤리 틀을 제공하는 것을 목표로 자율성 존중, 해악 금지, 선행, 정의라는 네 가지 원칙을 구체화했다.[4] 때로는 농담조로 "생명윤리학의 만트라"라고 불리기도 하지만, 비첨과 칠드러스가 그 의의를 보다 상세히 설명하고 비판에 건설적으로 대응하는 과정을 거치며 이 원칙들은 의미상의 변화를 겪었다. 한 연구 분야에서 이만큼 크고 오랜 영향을 미친 교재를 찾기는 쉽지 않다.

생명윤리학 만트라의 원칙들 가운데 특히 정의는 공정하고 비용이 부담 없는 보건의료 체제를 요구한다. 그중에서도 인체 실험에 적용되는 정의란, 조작에 특히 취약한 사람들이 단지 쉽게 구할 수 있다는 이유만으로 연구에 이용당하지 않도록 자발적 참여자가 공정하게 선택되어야 함을 뜻한다. 정의는 또한 매독 연구에서 남성들이 그랬던 것처럼 그 결과로부터 이득을 볼 가능성이 없는 집단으로부터 자발적 연구 참여자를 끌어들이지 말 것을 요구한다. 생의학 연구에 희소 자원을 투입하는 것을 정당화하려면 사회는 또한 생의료과학의 결실에 공정하게 접근할 수 있게 할 의무를 받아들여야 한다. 수십 년간 이어져 온 미국 보건의료의 변화는 아직 그 목표를 달성하지 못했으며 어떤 면에서 미국은 퇴보하고 있다. 그런 의미로, 미국의 맥락에서 정의는 생명윤리학의 원칙들 가운데 성공과 가장 거리가 먼 것이자 가장 시급히 주목해야 하는 것이다.

댁스의 사례

1970년대에 대학이나 의대에 입학한 이들은 매독 연구를 비롯한 생명윤리적 추문들에 익숙했다. 일부 학교들은 '실험적인' 생명윤리 강좌를 새로 개설해 이에 응했다. 예를 들어 조지워싱턴대학교에서는 강좌 첫 시간에 영화를 상영하거나 강연을 한 뒤 두 번째 시간에는 소모임 토론을 했다. 학생들을 놀라게 한 사례 가운데 하나는 1970년대 초에 만들어진 단편 다큐멘터리 <제발 죽게 해줘>Please Let Me Die에 묘사되어 있다.[5] 제목도 적잖이 당황스럽지만 내용은 훨씬 더하다. 베트남 참전 군인인 한 젊은 전투기 조종사가 생살을 표백제에 담그는, 한눈에도 고통스러운 소독욕消毒浴을 하며 처음 등장한다. 그는 눈이 보이지 않으며 귀도 일부 들리지 않고 쇠약하지만, 참전의 결과로 이렇게 된 것은 아니다. 그의 귀와 안면 일부는 타들어갔고 양손도 마찬가지다. 전장에서가 아니라, 땅을 사려고 둘러보던 중에 아버지와 함께 사고를 당해

입은 부상이다. 누출된 프로판가스가 도랑에 고였고, 그들이 차에 시동을 걸자 불이 붙었다. 당시 스물다섯 살로 공군에 복무 중이던 예비 조종사 도널드(이후 댁스로 알려졌다) 코워트는 아버지는 죽고 자신은 중상을 입은 이 참사로 흉한 모습이 되었다. 이 이야기의 다른 아이러니 하나는, 일정 부분 베트남에서 생긴 부상들에 대응해 개발된 신요법이 아니었다면 댁스는 겨우 며칠, 몇 주 이상 살아남지 못했으리라는 점이다. 하지만 그는 살아남았다.

여러 차례의 수술과 표백제 목욕 뒤 죽어 가는 피부 제거를 비롯한 고통스러운 치료를 받으며(영화는 한 학생이 수업 중에 기절했을 정도로 보기 힘들었다) 그는 죽고 싶은 마음을 표하기 시작했다. 수개월간 치료를 진행한 후, 정신과 의사 로버트 화이트가 투입되어 그가 그런 의사결정을 할 능력이 있는지 평가했다. 이 짧은 영화의 상당 부분은 정신과 의사와 침대에 누운 댁스의 인터뷰로 구성되어 있다. 댁스의 추론은 설득력 있어 보인다. 한때 남성미 넘쳤고 잘생겼었으나 이제는 심각하게 흉해진 몸에 갇혀 버렸고 만족스러운 삶을 살 가망이 딱히 없어 보이는 청년, 그는 혹독한 고통 속에 있었다. 영화에서 의사 화이트는 당혹스러움을 고백한다. 그런 궁지에서라면 누구나 그럴 법하게 분명히 울부짖고 있었지만, 화이트가 보기에 댁스는 정신적으로 아픈 것 같지는 않았다. 하지만 소망대로 댁스에게 죽을 권한이 부여된들 실제로 어떻게 할 수 있을지는 그려 보기 어려웠다. 누군가 그에게 총을 주더라도 손가락을 움직일 수 없으므로 사용할 수 없다. 창밖으로 몸을 던지기는 더더욱 어렵다. 치료가 중단된다면 의료진은 그가 고통스레 죽어 가는 모습을 목도해야 할 뿐만 아니라 그 자체로 치명적일 수도 있는 진통제로 그 과정을 도와 줄 수 있을지 혹은 그래야 할지를 결정해야 할 터였다.

오늘날 우리는 공개된 곳에서의 죽음과 죽어 감[임종] 같은 문제, 또 진보된 의료 기술로 인해 생겨나거나 가중되는 문제 등에 훨씬 익숙하다. 하지만 1970년대에 이는 새로운 딜레마였다. 적어도 학생들은 마음이 극도로 불편한 사례들과 마주했다. 일부는 자신의 동의 없이 치료가 강요되고 있다는 댁스의 주장에 공감했지만 다른 일부는 여러 헌신적인 의사나 간호사가 자신을 치료하도록 허락한다면 만족스러운 삶을 구축할 수 있으리라는 사실에 초점을 맞췄다. 그렇다 한들 그가 왜 강요받아야 하며, 어떤 실질적인 대안이라도 있는가? 그의 결정 능력은 어쩌고 말인가?

사랑하는 우리 가족 에바 브레너, 제르카 모레노와 마찬가지로 댁스의 의사결정 능력은 의문시되었다. 그의 경우에는 노인에 대한 차별이나 성차별이 아니라 대체로 트라우마나 고통의 영향에 관한 불확실성에서 비롯된 것이었다. 담당 의사 일부의 생각대로, 어쩌면 트라우마와 고통이 그의 판단력을 흐리고 있었을 것이다. 1970년대 여전히 다소 실험적이었던 생명윤리학 수업에서 이 영화를 사용한 우리의 과제는 학생들이 그 상황의 모호성 자체를 받아들일 수 있게 돕는 것이었다. 표면적으로는 자율성 존중의 원칙이 댁스의 결정을 지지했지만 해악 금지의 원칙은 그에게 해를 입히는 일을 금했다. 생명윤리학의 원칙들은 딜레마를 만들어 냈지만, 대개의 경우가 그렇듯, 그와 같은 딜레마를 즉각적으로 해결해 주지는 않았다. 그럼에도 누구도 집단적으로 해소되지 않은 문제를 안고 교실을 나서고 싶어 하지 않았다. 강의 시간이 끝나고도 감정은 가라앉지 않았다.

초기의 생명윤리학자들 — 주로 의료·철학·신학 분야에서 온 — 에게 충격을 준 것은 그들의 도덕적 전통과 관념적인 정의론은 의료 기술로써 가능해진 신세계에서는 기껏해야 제한적인 도움을 줄 뿐이라는 점이었다. 생명윤리학적 쟁점들에 비추어 원칙들이 만들어졌지만 그 원칙들은 확실한 해법은커녕 기계적인 해법조차 제공해 주지 않았다. 댁스 본인이 감수監修한, 몇 년 뒤 제작된 훨씬 긴 다큐멘터리 영화도 쉬운 답은 전혀 주지 않았다.[6] 영화 <댁스의 사례>Dax's Case는 텍사스 어느 사무소의 변호사가 된 댁스 본인은 물론 그의 간병인, 고문 변호사, 절친한 친구, 어머니를 비롯해 그 사연에 등장하는 다양한 이들의 인터뷰를 담고 있다. 놀랍게도 그중 누구도 몇 년 전에 취했던 입장을 바꾸지 않았다. 결과가 비교적 좋았음에도 댁스는 여전히 자신의 죽을 권리를 주장했고, 많은 학생들이 이를 역설적으로 받아들이며 당황했다. 심지어 그는 치료를 강요받았다고 느껴 병원을 고소하고 싶다고 말하기도 했다. 댁스가 그런 말을 할 당시는 다른 이들 사이에서는 민권운동이 융성하고 있던 시기였지만 극심한 부상을 입은 환자의 권리는 아직 논의되지 않고 있었다.

계속 투쟁하면서도 이후 몇 년간 댁스는 치료를 받아들였다. 모습은 흉하고, 눈은 보이지 않고, 귀도 잘 들리지 않으며, 손가락은 겨우 몇 개만 남은 채로, (그는 갖가지 문제와 우울증으로 중단하기도 했지만) 끝내 로스쿨을 마쳤고, 몇 번인가 결혼을 했다. 영감을 주는 인기 강사로서 자신의 시를 낭독했고 고객의 요구에 더 민감해지고 법적 사건의 총체적 상황을 보다 잘 감지할 수 있도록 역할극 기법을 통해 변호사를 교육하는 일에 몰두했다. 댁스는 종종 환자의 권리에 대한 강연을 한다. 최근까지도 그는 자신의 의지에 반해 치료당하지 않았어야 마땅하다고 믿으며, 병원을 상대로 원치 않는 치료에 대한 환불 소송을 제기하지 않은 것을 후회한다고 밝힌 바 있다.

현대 생명윤리학의 첫 10년간 대중적 관심을 끈 사례가 모두 첨단 의료 기술이나 심각한 질환과 얽혀 있었던 것은 아니다. 심지어는 의사나 환자조차 얽히지 않은 경우도 있다. 주목받은 사건 가운데 어떤 것은 보건 전문가가 [환자나 내담자, 당사자뿐만 아니라] 일반 대중에 대해 갖는 의무를 재고하게 만들었다. 학부생들이 특히 혼란스러워했던, 지금까지도 보건의료 종사자의 의무에 관한 논의를 복잡하게 만들고 있는 한 가지는 타티아나 타라소프라는 버클리 캘리포니아주립대 학생의 사례다. 1969년, 타라소프는 정신 질환이 있는 프라센지트 포다라는 젊은 남성에게 살해당했다. 타라소프와 연애 관계를 맺고 싶었던 포다는 그녀가 거절하자 분노했다. 포다는 캘리포니아대학교 진료소에서 심리 상담사를 만나 타라소프 살해 계획에 대해 말했다. 이 학내 심리 상담사의 요청으로 포다는 학내 경찰에 잠시 구류되었다가 곧 풀려났다. 엽기적이게도, 포다는 상담 당시 타라소프의 오빠와 함께 살고 있었다. 타라소프도 그녀의 부모도 이 같은 살해 계획에 대해 통지받지 못했다.

법정에서 타라소프의 부모는 심리 상담사와 대학에 포다가 상세히 진술한 살인 의도를 자신들과 딸에게 알릴 의무가 있다고 주장했다. 1976년, 캘리포니아 대법원은 보건의료 종사자의 비밀 유지 의무보다 일반 대중에 대한 위험의 인지[와 그것을 알릴 의무]가 우선할 수 있다는 데 뜻을 모았다. 법원은 "타인이 처할 수 있는 위험을 막는 데 그 공개가 필수적인 한에는 환자-심리 상담사 간 소통의 비밀 유지적 성격은 제한되어야 한다"라고 판시했다.[7] 정신 건강 전문가가 환자와의 상담 내용을 비밀로 해야 할 의무에 중대한 제약을 가하는 것은 그 관행 자체의 기반을 약화할 것이라는 반대 의견이 있었다.[8] 2013년, 미국심리학협회 회장은 타라소프 판결을 "나쁜 법, 나쁜 사회과학, 나쁜 사회정책"이라며 맹비난했다.[9] 하지만 그 역시 환자가 다른 이를 위험에 빠트리는 것을 막는 데 필수적인 경우, 최후의 보루로서 비밀 유지 의무의 예외를 인정했다.

인명과 인권의 보호를 갈수록 강조하는 새 시대에 들어서자, 전문가의 비밀 유지 의무 같은 의료윤리에 관한 제아무리 오래된 관념이라도 공적 도전을 받게 되었다. 그 뒤로 미국의 많은 주들이 공공의 안전을 위해 보건의료 종사자의 비밀 유지 의무를 제한하는 타라소프 법을 받아들였지만 일부 주들은 보통법 판례를 통해 이를 제한하기도 했으며, 그 어떤 법적 제한도 인정하지 않은 주들도 있었다.[10] 그런 윤리적·법적 제한은 어떤 성격의 것이어야 하고, 누가 집행해야 할까? 목숨이 걸려 있는 이 문제에 대한 답은 여전히 고도로 논쟁적이며 이에 답하는 것은 이제 보건의료 전문가나 판사만이 아닌 모두의 일이 되었다.

학계의 논쟁 너머

초기의 생명윤리학도들에게 댁스의 사례가 인간의 고통을, 타라소프의 사례가 비밀 유지 의무의 잠정적 한계를 보여 주었다고 한다면, 1970년대 중반 갑자기 등장한 것처럼 보였던 한 베스트셀러 저작은 동물의 고통에 주목할 것을 촉구했다. 호주의 젊은 철학자 피터 싱어는 1975년에 『동물해방』*Animal Liberation* 초판을 출간했다.[11] 같은 세대의 많은 철학자들과 마찬가지로 싱어는 철학에 순수하게 이론적으로만 접근하는 것은 민권

운동이나 반전운동 등 학계 바깥에서 펼쳐지고 있는 투쟁에 무감한 일이라고 생각했다. 그는 윤리적 분석과 현실 세계 문제에 대한 이해를 융합해 문제가 되는 쟁점을 조명하는 영미 철학 전통을 되살리는 데 기여한 인물들 중 하나다. 싱어에게 있어 그 쟁점이란 동물을 윤리적으로 대우하는 것이었다.

동물을 인간적으로 대우하기 위한 운동은 호주에서 싱어의 책이 처음 나오기 한참 전부터 있었다. 하지만 싱어는 공장식 축산 농장과 화장품 산업을 지목하고, 동물이 관여되는 의료 연구에 의문을 제기함으로써 이 쟁점을 현대적인 관점에서 다뤘다. 철학책으로서는 놀랍게도 『동물 해방』은 심지어는 이 쟁점에 주목하지 않던 이들 사이에서도 필독서가 되었다. 이 책은 공리주의라는 철학 이론을 잘 정리했을 뿐만 아니라, 대체로 그리 중요하지 않은 이유들로 동물들에게 고통을 주는 관행을 생생히 묘사하는 데 이를 적용했다는 점에서 혁신적이었다. 예를 들어 싱어는 화장품 독성 실험에 사용되는 토끼는 자극적인 물질을 닦아 내지 못하도록 대개 묶여 있으며, 무엇이 가장 유해한지를 보기 위해 다양한 제제를 사용해 서로 비교한다고 설명했다. 사람들을 진저리치게 하는 이런 사례들은 대중이 철학적 논증에 주목하게 만들었다. 젊은 철학자가 이처럼 널리 읽히고 저명해지는 것은 흔치 않은 일이었지만 싱어의 거침없는 주장은 세상의 민감한 데를 건드렸다. 싱어의 지대한 공으로, 여전히 신생 분야였던 생명윤리학 관련 강의는 1970년대 말에 이르러서는 동물권 수업을 흔하게 포함하게 되었다. 대개는 싱어의 책에 실린 글을 필독 문헌으로 지정한 수업들이었다.

싱어는 불편한 질문을 던졌다. 왜 동물의 고통은 인간의 것만큼 중요하지 않단 말인가? 그는 '종차별주의'speciesism라는 용어를 대중화시켰고, 이것이 인종차별주의와 비슷하며 더 이상 옹호할 수 없는 것이라 주장했다. 싱어는 영국 철학자 제러미 벤담의 고전적 공리주의를 토대로 한 공리주의적 관점, 즉 어떤 동물이 느끼는 고통이든 인간이 느끼는 동일한 수준·양의 고통과 똑같이 진지하게 받아들여져야 한다는 관점을 견지했다. 자연권을 "죽마 위의 헛소리"라 여겼던 벤담의 유명한 (혹은 악명 높은) 입장을 상기시키는 싱어의 공리주의 철학은 동물에 있어서든 인간에 있어서든 권리에 대한 그 어떤 토대주의적[정초주의적] 관점도 거부했다.[12] 싱어 관점의 실질적 효과는 19세기 영국에서 전개된 동물의 인간적 대우를 위한 운동들과 비슷했지만, 그는 잘 알려진 철학 이론을 자기 관점의 기반으로 삼았다. 그의 공리주의적 접근에 동의하든 하지 않든(우리는 동의하지 않는다), 이는 철학 이론을 현실세계의 사례들에 적용하고 사회정책 변화로 이어질 수 있을 결론에 도달한 좋은 사례다. 싱어의 책은 닭이나 돼지 같은 식용 동물을 사육하는 방식은 물론 화장품 산업이 제품을 실험하는 방식을 바꾸도록 하는 데도 기여했다. 『동물 해방』은 현실의 관행에 대한 신세대 윤리학자의 영향력을 보여 준 놀라운 사례로 남았다.

'응용유전학'이라고도 불리는 것이 저 초기 생명윤리학 강좌들에서 또 다른 논점이 됐다. 유전자 검사 및 선별, DNA 조작이라는 두 개의 범주가 이에 속했다. 유전자 검사 및 선별의 경우, 1960년대 말엽이 되자 혈액검사로 페닐케톤뇨증phenylketonuria, PKU,† 겸상적혈구 증후군,††

† 페닐알라닌 분해 효소가 없어 체내 페닐알라닌 축적으로 경련과 발달장애 등을 일으키는 유전 대사 질환. 페닐알라닌을 낮추는 식이요법으로 관리한다.

†† 유전자 이상으로 헤모글로빈이 변형되어 낫 모양을 띠게 된 적혈구를 가리킨다. 산소 운반 기능이 저해되어 심한 빈혈 증상이 나타나며 혈관이 막혀 뇌졸중 등이

테이삭스병†을 진단할 수 있게 되었다. 뒤이어 헌팅턴병††을 검사할 수 있게 되었는데, 이 때문에 가족력이 있는 예비 부모는 괴로운 결단을 내려야 하게 되었다. 각각은 고유의 논의를 촉발했다. PKU는 제한적인 무자극 식단으로 관리할 수 있다. 겸상 적혈구 환자는 관리가 더 어렵다. 테이삭스병이 있는 아기는 짧고 힘든 삶을 산다. 헌팅턴병을 가진 사람들은 오랜 기간에 걸쳐 서서히 신체 기능이 악화되다가 치매에 걸리게 된다. 올더스 헉슬리의 『멋진 신세계』를 떠오르게 하는 뜨거운 논란도 있었다. 급속히 성장하는 유전과학은 고통을 방지하고 인간의 번영을 촉진할 기회의 전조인가, 아니면 그저 우리가 우리 운명을 통제할 수 있으리라는 환상을 줄 뿐인가?

대중적 생명윤리

이 모든 다양한 사례들 — [놀라울 정도로 발전한] 현대 의료가 낳은 고통[예컨대, 댁스의 사례], 환자 비밀 유지의 제한, 동물에 대한 윤리적 처우, 응용유전학의 결실 — 은 공통적으로, 생의학적 치료법과 기술의

발생할 수 있다. 통증과 합병증 관리를 위해 장기적인 복약이 필요하며 증상이 심할 경우 입원 치료와 교환수혈이 필요하다.

† 뇌에 비정상적인 화학물질이 축적돼 치명적인 뇌 손상을 일으키는 유전자 질환. 주로 독일·폴란드·러시아계 유태인에게 나타난다. 영아기에 발병할 경우 5세 이상 생존하기 어렵다.

†† 신경계에 영향을 미치는 유전성 뇌 질환으로, 1872년 조지 헌팅턴이라는 학자가 발견해 헌팅턴병으로 명명되었다. 일반적으로 발병 후 15~25년 내 신체적·정신적으로 심각한 무능력 상태에 이르며, 결과적으로 사망에 이르는 퇴행성 유전 질환이다.

폭이 계속 확장되고 이에 대한 대중들의 인지도가 올라감에 따라 우리에게 수많은 선택들이 제시되었지만 세계는 아무런 준비가 되어 있지 않았음을 폭로했다. 오랜 기성 제도권의 관행과 새롭고 피할 수 없는 선택들 사이의 충돌은 너무도 강력해 보였다. 신진 생명윤리학자들과 그 학생들이 만나 매력적이고도 새로운 잇따른 사례연구가 제기하는 쟁점들을 논의하는 곳, 소규모 세미나나 학술회의장에서 이런 불안감을 감지할 수 있었다. 이것이 학계 논의에 그치지 않는다는 분명한 신호가, 몇몇 최첨단 생물학 연구실에서 흘러나오고 있었다.

왓슨과 크릭이 게놈의 구조를 밝히고 거의 스무 해가 지난 1970년대 초, 생물학자들은 DNA를 '재조합'해 잠재적으로 식물이나 동물에게서 새로운 형질이 발현되게 할 수 있을 신규 단백질을 만들어 낼 방법을 찾아냈다. 기초적인 수준이었지만 과학자들은 생물학을 공학의 영역으로 바꿔 가고 있단 사실에 흥분했다. 모두가 그렇게 전율했던 것은 아니다. 특히 캠퍼스와 인접한 일부 지역사회의 구성원들은 길 건너 유명한 과학관에서 위험한 생명체가 새롭게 나타날 수도 있음을 두려워했다. 젊은 스티브 매퀸이 주연을 맡은 1950년대 B급 영화, 작은 마을을 집어삼켜 나가는 우주에서 온 콧물처럼 생긴 존재가 등장하는 <블롭>The Blob에 이런 공포가 반영되어 있다.

오래된 과학소설 역시 쉽게 가져다 쓸 수 있는 참조점이었다. 하버드 대학에 있는 한 시설을 지역 활동가들은 "프랑켄슈타인 연구소"라고 불렀다. 우려할 만한 이유는 있었다. 생쥐 세포 속에서 연구될 참이었던 암 유전자를 지닌 바이러스라든가, 어떤 인공 생명체가 연구실을 탈출해 공중보건 위기를 일으키지 않으리라고 아무도 확신할 수 없었다. 일련의 회의와 발표를 거쳐 과학계는 일을 자체적으로 해결하기로, 곧, 위험도가 평가될 때까지 재조합 DNA 연구에 자발적 모라토리엄을 선언함으로써 자신들의 공적인 책임감을 보여 주기로 했다. 캘리포니아의 아실로마 회의장에서 열린 1975년 학술회의가 생물학의 자기규제를 나타내는 이정표로 종종 인용된다.[13] 일부 과학자들은 모라토리엄은 과민 반응이라며 꺼림칙해한다. 하지만 수십 년 뒤 우리가 참여한, 어떻게 하면 크나큰 위험들을 피하면서도 신기술의 많은 이로운 결과들을 잘 실현할 수 있을 것인지를 두고 벌어진 논쟁들에서 그 중요성은 증명되었다.

베트남전쟁과 워터게이트사건 이후 미국에서 전통적인 사유 방식은 위기에 빠졌으며, 그 수호자들의 역할 역시 마찬가지였다. 특히 윤리 문제와 관련해 고조되고 있는 긴장을 더는 성직자들에게 믿고 맡길 수 없었다. 심지어는 각 종교 내에서도 훨씬 덜 통일된 목소리를 내고 있었다. 교황 요한 13세 치하 제2차 바티칸 공의회의 상대적인 자유화는 로마가톨릭교 내의 철학적 균열을 드러냈다(어쩌면 만들어 냈을 수도 있다). 상당수의 랍비들은 아프리카계 미국인 민권운동의 편에 섰다. 현대의 정치적인 이슬람이 출현하는 최초의 충격적인 조짐들 중 하나가 1979년 이란에서 혁명의 형태로 나타났다. 같은 시기, 한때 과학을 우주 프로그램이나 '원폭'과 연관 지어 생각했던 미국인들은 점차 1978년 최초로 탄생한 이른바 시험관 아기처럼 생명을 연장하거나 부여하는 새로운 기술과 연관해 생각하게 되었다. 새로운 윤리적 난제들 — 늘 그렇듯 쉬운 답이라곤 없는 — 이 대중들 사이에서 [공적인] 화두가 되면서 도덕적 지침의 전통적인 종교적 원천들은 훨씬 다원주의적이게 되었고 그 관점들도 분화되었다.

수백만 권의 책을 검색하는 구글 엔그램은 '윤리학자'라는 용어의 사용이 1975년을 기점으로 가파르게 급증함을 보여 준다. 이 용어는

1850년대에 처음 튀어나와 80년가량을 느긋하게 있다가 전쟁에 시달린 1940년대 들어 성장하다, 새로운 약·기술·생물학이 부상하기까지 다시 주저앉는다. '생명윤리학자'라는 용어('윤리학자'보다 보건의료에 더 밀접한)는 미 공중보건국이 진행한 끔찍이도 비윤리적인 터스키기 매독 실험—이에 대해서는 7장에서 논할 것이다—에 대한 내부 고발이 있던 시기인 1970년대 초에 막 동력을 얻기 시작했다(공개된 가장 기본적인 사실들만 보더라도, 이 실험이 역겹도록 비윤리적이라는 것은 더없이 분명한 판단이다).

1980년대에 들어 '생명윤리학자'라는 용어의 사용이 폭발적인 성장했다. 여기에는 언론이 의학적으로 극적인 사례들을 논평하는 이 새로운 전문가들의 정체를 확인하려 한 것이 한몫했다. 그들은 의사나 간호사, 철학자나 신학자, 변호사 등 익숙한 직종으로 교육받았다. 하지만 이런 이름들로는 윤리를 분석하거나 논평하는 이들의 역할을 설명할 수 없었다. 많은 이들이 처음으로 생명윤리학자들의 견해를 접해 본 것은 바니 클라크라는 예순한 살의 치과의사가 인공 심장(관계자들로부터 최초의 영구적인 삽입 인공 심장이 될 것이라는 기대를 한 몸에 받았던)을 이식받은 1982년의 일이었다. 당시는 이식용 심장의 부족을 자극제 삼아, 심각한 심장 질환이 있는 이들을 위한 기계 펌프 연구가 수십 년째 계속되어 온 시점이었다.

언론에서 클라크는 담당 외과의 윌리엄 드브리스와 함께 의학 분야를 발전시킨 개척자로 찬양받았기에, 이 실험에 대한 대중의 반응은 처음에는 대개 긍정적이었다. 하지만 곧, 자빅 7형 심장은 많은 이들이 기대했던 영구 삽입 인공 심장과는 전혀 다르다는 사실이 분명해졌다. 클라크는 가슴에 공기를 주입하는, 극심한 불편과 합병증을 유발하는

350파운드짜리[약 160킬로그램] 기계를 몸 밖에 달고 있어야 했다. 클라크는 이 사건을 각종 언론 매체들이 열광적으로 보도한 지 112일째 되던 날 사망했다. 인공 심장의 임상 적용에 대해 가장 두드러지게 경고하고 나선 이들 가운데 생명윤리학자들이 있었다. 역사가 셸리 매켈러는 말했다.

> 인공 심장의 임상 적용을 가장 대놓고 반대했던 생명윤리학자들은 정보에 기반한 동의, 환자의 자율성, 접근성과 비용, 삶의 질, 환자의 자기결정, 전반적인 성공 평가 기준 등을 놓고 논쟁했다. 의료계와 일반인들 사이에서 벌어지던 논의에 가시적인 변화가 나타났다. 이전에는 인공 심장의 현실적인 가능성이 주된 초점이었지만 논의는 이제 임상적으로 허용된 그와 같은 장비(그것이 완벽하든 아니든)를 [신체에 이식하는 게] 바람직한 것인지로 확대되었다.[14]

1990년대 초, 전체 인간 게놈 지도를 작성하는 국제 연구 프로젝트의 진보와 함께, 궁극적으로는 그 놀라운 성공과 더불어, '생명윤리학자'는 새로운 종류의 공적 지식인으로서 보다 더 굳건한 입지를 얻었다. 금세 이 기념비적 사건의 뒤를 이어 1997년에는 그 지난해에 성체 세포로부터 포유류(그 이름도 유명한 돌리)를 복제하는 데 성공했다는 사실이 알려졌다. 생명윤리학적 쟁점들에 대한 국가적·국제적 연구, 교육 프로그램, 전담 조직, 대중적 관심이 계속 확대되면서 '생명윤리학자'와 '생명윤리학'의 용례는 21세기 초에도 급증했다. 풀뿌리 그룹에서부터 연방 정부, 제약 산업, 과학계, 심지어는 군사 기관이나 정보기관에 이르기까지

사회 곳곳에서 관심을 쏟았다.

즉 생명윤리학은 변화하는 의사-환자 관계, 새로운 의학적 발견에의 접근 차단, 비용을 감당할 수 없는 보건의료, 인간 및 동물 대상 과학 연구의 위험천만한 결과들을 둘러싸고 고조된 논쟁과 우려로부터 태어난 것이다. 이 쟁점들은 지난 세기 말에 점차 제기되기 시작해 30년간 점차 그 중요성이 커졌다. 미국의 보건의료 비용이 치솟고, 도덕적 권위나 전문가의 권위, 나아가 권위 일반이 곤두박질친 것과 같은 시기에 생명윤리학의 위상이 점점 더 높아진 것이 우연은 아닐 것이다.

임신중지와 씨름하기

우리가 생명윤리학적 쟁점들을 의식하기 시작한 것은 어린 시절로 거슬러 올라간다. 우리는 거짓말을 하거나 남을 속이지 말라고 배웠지만, 생과 사라는 감정적으로 버거운 문제에서 의사들은 거짓말을 한다는 것을 알게 되었다. 개인의 자유, 개인의 자율성, 탄탄한 상호 신뢰, 인간 존중과 같은 다양한 여러 가치의 이름으로, 전문가가 환자에게 더더욱 솔직해져야 한다는 거대한 변화는 수십 년에 걸쳐 널리 받아들여지고 거의 보편적으로 옹호받게 되었다. 이런 가치들은 오랫동안 억눌려온 아프리카계 미국인, 아메리카 원주민, 게이, 레즈비언, 여성의 민권에 대한 요구와 함께 드러났다.

하지만 새로운 생명윤리학이 말하는 환자의 의사결정권이나 여성 권리 투쟁 자체와 일맥상통하는, 여성이 자신의 몸을 통제할 자유는 제대로 뿌리내리지 못했다. 1900년 이전에는 최소한 대체로 여성이 임신 4개월 즈음인 첫 태동 — '살림'quickening† 이라 불리는 — 을 느끼기 전까지 임신중지는 꽤 흔하고 용인되는 일이었다. 대법원이 로 대 웨이드 Roe v. Wade 판결을 낸 1973년 이전까지 임신중지는 대부분의 주에서 불법이 되어 있었다. 몇몇 주는 임신중지 제한을 완화하기도 했다. 1960년대 말을 기점으로 열 개 남짓의 주가 강간, 근친상간, 여성의 건강상 위험, 혹은 태아 기형 가능성 등의 경우(혹은 상기 사유가 중복되는 경우)에 임신중지를 허용하기 시작했고 네 개 주는 거의 모든 경우에 대해 임신중지를 합법화했다. 몇몇 다른 주에서는 법원이 임신중지 제한을 폐지했다.[15]

1969년, 스물한 살의 텍사스 빈곤 여성 노마 매코비는 앞의 두 아이를 입양 보낸 후 세 번째였던 임신을 중지하고자 했다.[16] 반임신중지법에 이의를 제기할 고소인을 찾고 있던 두 명의 텍사스 변호사가, 산모의 생명을 구하기 위한 경우를 제외하고는 임신중지를 금지하는 텍사스 법에 가로막힌 노마를 대리했고 그녀는 법원 문서에 '제인 로'로 기재되었다. 변호인들은 매코비의 거주지였던 댈러스 카운티의 지방 검사 헨리 웨이드를 상대로, 제인 로와 "임신 중이거나 임신할 가능성이 있고 모든 선택지를 고려하기를 원하는" **모든 여성**을 대리해 소를 제기했다. 텍사스 지방법원은 헌법에 기초하는 사생활의 권리를 침해하기에 임신중지 금지는 위법하다고 선언했지만 웨이드는 굴하지 않고 앞으로도 임신중지 시술을 하는 의사들을 기소할 것임을 밝혔다.

† 현대 영어에서 동사 quicken은 속도를 높이다, 가속하다 등의 뜻을 갖지만 어원적으로는 생명을 얻다, (되)살리다 등을 뜻한다. quickening은 첫 태동과 함께 비로소 생명이 깃든다는 관념을 담은 표현으로, 어원을 밝히자면 여기에서와 같이 살림 혹은 살아남 등으로 옮길 수 있겠다.

3년 뒤 이 건을 판결한 미국 대법원은 임신중지를 원하는 여성들뿐만 아니라 이를 제공해야 한다는 직업적 의무감을 느끼는 의사들 역시 임신중지 합법화에 많은 관심을 기울이고 있음을 뚜렷이 의식했다. 로 대 웨이드 재판의 7 대 2 대법원 판결에서, 재판관 해리 블랙먼은 헌법에 기초하는 사생활의 권리를 근거로 임신 3분기 중 제1분기에 임신을 중지하는 선택은 전적으로 여성과 의사에게 달려 있고 제1분기에서 태아 독자 생존 가능 시점 사이에는 모성 건강을 위해 임신중지를 규제할 수는 있으나 금지할 수는 없으며 태아 독자 생존 가능 시점 이후에는 여성의 건강이 위험하지 않은 한 국가가 임신중지를 금지할 수 있다는 다수 의견을 작성했다.†

우리가 살아오는 동안 의사-환자 관계 등 생명윤리와 관계된 관행의 대대적 변화들은 훨씬 덜 논쟁적이게 되었지만, 자기 임신의 운명을 결정하기 위한 여성의 법적 권리 강화empowerment는 사정이 다르다. 합법화된 임신중지에 대해서는 거의 보편적인 대중적 수용도 거의 보편적인 학문적 옹호도 이어지지 않았다. 1973년 이후로 임신중지라는 쟁점에서 미국의 여론은 '프로초이스'나 '프로라이프'로 정체화하는 방향으로 고르게 움직이기보다는 변덕을 부려 왔다.[17] (우리가 믿는 대로) 여성이

† 이 재판을 통해 처음으로 제시되어 이후 여러 나라의 임신중지 관련 논의에 인용되고 있는 이 입장은 '3분기설'로 통칭된다. 임신 기간을 태아가 고통을 느낄 수 있을 만한 구조나 기능이 형성되지 않은 초기(1~12주), 합병증이나 모성사상의 위험이 커지는 중기(13~24주), 태아의 독자 생존이 가능한 후기(24주 이후) 등 세 분기로 나누어 판단하는 방식이다. 일률적인 임신중지 금지에 반대하는 논거로서 역사적 의의가 있으나 연속적인 발달 과정을 임의로 구분해 처벌 근거로 삼는다는 점, 건강상의 다른 요소나 의료 환경의 문제와 긴밀히 연결되는 독자 생존 가능 시점을 주수만을 기준으로 설정한다는 점 등의 한계를 비판받고 있다.

스스로의 삶을 결정할 헌법적 권리를 가지며 또한 가져야 한다면, 그리고 여기에 태아가 생존할 수 있게 되기 전에 임신을 중지할 권리가 포함된다면, 그 권리의 본질상 이는 여론조사에 종속되어서는 안 된다.

그럼에도—이것은 (8장에서 논의할) 배아 줄기세포 연구를 비롯해 생명윤리학의 다른 많은 논쟁적 쟁점들에 너무도 깊이 관련되므로—생명윤리와 관계된 관행의 여타 변화들과는 달리 어째서 임신중지 합법화는 그렇게나 뜨겁고도 의견이 분분한 상태로 남아 있는지를 따져 보거나 붙들고 늘어지지 않고 넘어갈 수는 없다. 임신중지 클리닉들은 위법적인 공격을 받으며, 임신중지 시술을 하는 의사들은 살해당하곤 한다. 그런 가운데 임신중지 시술을 하는 의사의 수는 최고조에 이르렀던 1980년대 초 이후로 급격한 하락세에 있다. 많은 논란 속에서 일부는 성공적으로, 일부는 그렇지 않게, 추가적인 여러 임신중지 제한들이 두둔받고 있다.

합법화된 임신중지가 계속해서 여론을 분분하게 하는 이유는 그 자체로 의견이 분분한 논의거리이다. 어떤 이들은 대법원이 과하게 폭넓은 결정을 내려 전국적으로 임신중지를 합법화한 탓에 이처럼 극단적인 의견 분열이 일어났다고 여긴다. 보다 좁혀서 극히 제한적인 텍사스 법을 폐지한 후 다른 주 법들에 대해서는 점진적으로 보편적인 합법화로 나아갔어야 했다는 것이다. 다른 이들은 임신중지를 둘러싼 대립을 로 대 웨이드 탓으로 돌릴 수 없다는 증거를 인용하며, 어떤 경우든 대법원이 임신중지를 협소하게 해석해 판결을 내렸을 경우, 여성에게서 이미 오래전에 이뤄졌어야 했고—특히 빈곤 여성에게—절박하게 필요했던 자기 삶을 결정할 헌법적 권리(와 인권)를 부당하게 박탈했을 것이라 주장한다. (임신중지를 금지했던 주들에서, 재정적 자원이 없는 여성은 결과적으로 안전하게 임신중지를 할 수 없었다.) 또 다른 이들은 임신중지가 여전히 민주당과 공화당, 공직 후보자들이 ―(우리 생각에는) 너무나 자주 상대를 악마화함으로써 ― 열성 지지층의 표를 동원하고 끌어내는 경쟁에서 스스로를 차별화할 수 있는 정치적 '분열'[쐐기] 쟁점의 모든 요소를 갖고 있다고 주장한다. 이런 설명들은 상세한 증거들과 여러 권 분량의 논쟁을 토대로 하고 있지만, 다른 설명들과 마찬가지로 모두 논란이 많으며, 어떤 것들은 다른 설명들과 상호 배타적이지도 않다. 낙태를 둘러싼 법적 윤리의 논쟁성과 낙태를 둘러싼 민주주의 정치의 논쟁성은, 사회과학자들이 말하듯, 과잉 결정되어 있다.

임신중지를 둘러싼 논쟁의 윤리적 핵은 헌법적 권리와 인권을 전부 갖는 인간 개인의 생명이 언제 시작되는가 하는 문제에 있다.[18] "프로라이프 지지자들은 태아가 인간 ― 헌법적으로 보호되어야 하는 권리를 갖고 있는, 포괄적 의미에서의 인격체a person ― 이라고 믿는다. …… 프로초이스 지지자들은 [배아와 ― 인용자] 태아는 그저 잠재적인 헌법적 인격체일 뿐[이며 …… 따라서 ― 인용자] 여성에게는 아이를 낳을지를 결정할 자유가 있어야 한다고 믿는다." 블랙먼은 판결문에서 "생명이 언제 시작하는가 하는 어려운 문제를 우리가 풀 필요는 없다. 의학·철학·신학과 같은 각각의 분야에서 훈련받은 이들도 어떤 합의에도 이르지 못한 상황에서 …… 사법부는 그 답을 가늠할 위치에 있지 아니하다"라고 썼다.[19] 인간의 인격이 언제 시작되는지를 결정함 ― 이는 수없이 많은 빼어난 학자들과 미국의 전체 대중을 끝끝내 피해 갈 법원 측의 어떤 결론이나 윤리적 합의를 필요로 할 것이다 ― 에 있어 불가능한 것을 해내는 척 하는 대신 블랙먼은 "태중의 존재는 지금껏 …… 온전한 의미에서 인격체로 인정된 바 없다"라고, 다시 말해 그들은 수정헌법 제14조에 명시된 생명권에 의한 보호를 받지 않는다고 썼다. 국가는 독자 생존이 가능한 지점에서는 인간 생명에 대해 "필요 불가피한 이해관계"를 갖지만 그 이전에는 그렇지 않다는 것이다.[20]

우선은 임신중지에 대한 다른 법적·정치적 논쟁은 모두 제쳐 두고, 배아나 태아가 다 갖춰진 인간이며 착상(혹은 그 직후 어느 때든)에서부터 줄곧 헌법적 인격체로 대우받아야 한다고 — **옳건 그르건** — 굳게 믿는 이들에게 이 (혹은 이와 비슷한) 임신중지 합법화 판결이 얼마나 절대로 용납할 수 없는 일일 수 있는지 알아보자. 배아나 태아가 인격체라고 굳게 믿는 이들에게 합법화된 임신중지가 얼마나 용납할 수 없는 일일 "수밖에 없는지"가 아니라 "수 있는지"라고 말했다. 태아는 충분히 인간이지만 여성에게는 임신중지 여부를 스스로 결정할 권리가 있어야 한다고 믿는 것이 윤리적으로 말이 되기 때문이다. 이것이 윤리적으로 어떻게 가능한가? 대학 강의실이나 공개 토론회장에서 이런 물음을 던지면 활발하고 알찬 토론이 펼쳐진다. 결정적이지는 않지만 강력한 답변 하나는, 자신의 삶에 있어서는 '프로라이프'인 사람도 이 입장의 기반은 — 프로초이스 입장의 기반과 마찬가지로 — 논쟁에 열려 있으며, 태아의 지위는 (여성의 지위와는 달리) 합리적 의심 이상으로는 결코 입증할 수 없음을 인정할 수 있다는 것이다. 본인 스스로의 의심은 아니라 할지라도 합리적 의심이 존재한다면 여성이 자신의 삶을 통제할 권리가 우선시되어야 한다고 결론지을 수도 있다. 본질적으로 이는 도덕적으로 임신중지에 반대하지만 여성들이, 모든 상황에서는 아니더라도 대부분의 상황에서, 이처럼 삶을 바꿀 결정을 스스로 내릴 권리를 존중하는 많은 이들의 입장이다.

하지만 프로라이프 지지자는 일반적으로 대부분의 상황에서 임신중지 합법화를 용납하지 않는다. 프로초이스 지지자가 로 대 웨이드 판결이 인정한 임신중지 권리를 뒤집는 것에 격렬히 반대하는 것과 똑같이 말이다. 로 대 웨이드 판결이 나기 두 해 전, 철학자 로저 베르트하이머 Roger Wertheimer는 임신중지 논쟁의 핵심에 있는, 윤리학적·존재론적 논쟁에 있어 합리적으로는 해결 불가능한 지점에 주목했다.[21] "자유주의 측은 [배아에서 태아, 신생아에 이르는 태아 발달의 — 인용자] 서로 다른 단계들 사이의 차이점을 강조하는 반면, 보수 측은 [신생아에서 태아, 배아에 이르는 — 인용자] 연이은 단계들 간의 유사점을 강조한다"는 것이다. 베르트하이머의 결론은 임신중지 논의가 이성만으로는 해결 불가능한 이유를 설명하는 데 도움을 준다. 이성적으로 추론된 논지는 "그 자체로는 어느 방향도 가리키지 않는다. 방향을 정해야 하는 것은 **우리**이며, 그리로 따라가는 것도 **우리**이다. 당신이 다른 방향이 아니라 그 방향으로 간다면 이는 논리 때문이 아니라 당신이 [태아에 관한 — 인용자] 특정 사실들에 특정 방식으로 반응하기 때문이다."

지금도 이어지고 있는 임신중지 논의가 분명히 하는 바는 — 우리가 특정 (혹은 불확실한) 사실이나 가치에 어떻게 반응하든 — 관련된 실천을 풍성하게 하는 데 도움을 주는 사회참여적인 지적 전통들이 그러하듯 생명윤리학이 종종 윤리적 논쟁뿐만 아니라 정치적 논쟁에도 뛰어들게 된다는 점이다. 게다가 사실 저런 논쟁들에 가담하는 것은 모두의 일이다. 임신중지 논의에 생명과 자유, 생과 사가 걸려 있다는 점이 분명히 보여 주듯, 이는 단지 변호사와 판사, 철학자와 신학자, 보건의료 제공자, 고용인, 정치인만의 일이 아니다. 책임감 있는 생명윤리학 교육은 강의실에서 이런 주장들과 그 배후의 논거들을 제시한다. 그뿐만 아니라 그런 강력한 의견 충돌이 임신중지 자체의 맥락이나 임상 환경에서만이 아니라, 보다 일반적인 생명과학 윤리에 있어서 얼마나 흔한지를 알려준다. 존중을 갖춘 왕성한 의견 충돌의 사회적 필요성 또한 전달해야 한다. 그런데 어떻게 한단 말인가?

당파를 가로지르는 존중

생명윤리학의 첫 몇 해 동안은 이후의 수십 년에 비해 대부분의 사회적 분열을 가로질러 신뢰가 있었고 정치 논쟁은 보다 유했다. 일찌감치 생명윤리학에 관심을 가진 몇몇 이들 사이에서 벌어진 인간 배아나 태아의 도덕적 지위에 관한 의견 충돌은, 지금에 비해 덜 격렬하거나 덜 무겁지는 않았지만, 실질적이면서도 동료 의식이 있는 편이었다. 새롭게 등장한 생명윤리학에서 임신중지에 대한 태도가 중대한 역할을 한다는 사실을 인식한 헤이스팅스센터 공동설립자 대니얼 캘러핸과 그의 부인인 심리학자 시드니 캘러핸은 『임신중지: 차이를 이해하기』 *Abortion: Understanding Differences*라는, 자신들의 극심한 의견 충돌에 관한 책을 쓰고(둘 다 로마가톨릭교도로, 대니얼은 프로초이스로, 시드니는 프로라이프로 정체화한다) 공적인 대화에 참여했다.[22] 여러 해에 걸쳐 대니얼 캘러핸은 임신중지에 반대하지만 프로초이스라는 입장을 구체화하며, 개인적으로나 도덕적으로는 임신중지에 반대하나 자신과 의견이 전혀 다른 여성에게 자신의 도덕적 기준을 부과하지는 않을 것이라고 설명했다. 그는 베르트하이머와 같은 몇몇 철학자들이 설명하고 많은 이들이 경험한 대로 임신중지의 도덕성에 대한 가장 기본적인 의견 충돌이 심오하면서도 충분히 있을 수 있는 것임을 이해한다. 캘러핸과 마찬가지로 우리 역시, 여성의 신체에 국가권력을 행사하는 것은 그녀의 기본적인 자유를 침해하는 것으로 생각한다. 우리가 아는 한, 캘러핸 부부는 프로라이프 혹은 프로초이스라는 기본 입장을 바꾸도록 상대를 설득하지 못했다.

이성적으로 해결 불가능한 분할을 넘어서는 왕성한 토론은 언제까지고 근본적으로 서로에게 동의하지 않을지도 모를 이들 사이의 존중을 보여 주기에 더더욱 귀중하다. 상대방의 생각을 존중하면서도 강력한 이견을 제기할 수 있는 것은 위대한 덕목이다. 이는 깊은 의견 차에 대한 관용과 존중을 보여 주는 것일 뿐만 아니라 또한 민주 사회와 교육기관의 기본 원칙이라는 점에서 그러하다. 물론 임신중지나 다른 생명윤리학적 논쟁거리에서 의견이 충돌하는 우리 대부분은 캘러핸 부부와는 달리 혼인 관계로 묶여 있지 않다. 그러므로 민주 시민이자 평생 배우는 존재로서 우리 실수 많은 동료 인간들은 정신을 좀먹는 불신이라는 거대한 골짜기를 넘을 다리를 놓아 우리의 윤리적 분할을 가로질러 가능한 상호 존중, 이해, 의견 일치를 함양해야 한다.

우리는 이 같은 일을 다양한 방법으로 할 수 있는데, 우리를 갈라놓는 쟁점들에 관한 서로의 이야기와 주장을 가능한 한 열린 마음과 관대한 정신으로 귀 기울여 듣는 것으로 시작할 수 있다. 구체적으로 말하자면 이는, (무엇보다도) 임신중지에 관해 우리와 의견을 달리하는 이들이 (존경할 만한 목적을 가진 우리와는 달리) 나쁜 목적을 갖고 있다고 주장하지 않는 것, 나아가 전제하지도 않는 것을 뜻한다. 상대가 실은 여성을 자기 자리에 묶어 두고 싶어 한다고, 실은 인간 생명에 대한 경외심이 없는 것이라고 전제하지 않는 것 말이다. 의견을 달리하는 이들의 목적을 문제 삼는 것은 분할을 가로지르는 건설적 협력의 잠재력을 축소시킨다. 반대로 도덕적 의견 충돌을 삼감으로써 그 잠재력을 최대화할 수 있다.[23] "우리로서는 거부할 수밖에 없어 보이는 입장일지라도, 다른 시민들의 입장과 우리의 견해가 만나는 중요한 합류점들"을 찾아볼 수 있다. 예컨대 프로초이스 지지자와 프로라이프 지지자는 양육 지원이 필요한 비혼모를 공적으로 지원하는 데 뜻을 모을 수 있다.[24] 또한 철학자 주디스 자비스 톰슨Judith Jarvis Thomson이 독창적으로 논증한 바 있듯, 태아가 인격체라고 굳건히 믿는 이라 할지라도 강간이나 다른 비자발적 임신과 같은 제한된 상황에서는 임신중지 권리를 지지할 수 있다.[25]

임신중지라는 쟁점은 말기 의료부터 우생학, 배아 줄기세포 연구 혹은 그 너머에 이르기까지 우리가 이 책에서 다루는 폭넓은 논의 뒤에 도사리고는 계속 우리 사회를 갈라 왔다. 종종 지독하게 말이다. 소수의 유명 인사나 신앙 전통과 강하게 동일시하는 이들 같은 특수한 예외를 빼면, 일반적으로 생명윤리학자들은 임신중지를 자기 작업의 핵심으로 삼지는 않는다. 논의를 진전시킬 수 있을 섬세한 입장은 대개 어느 쪽에서도 환영받지 못할 만큼 정치적으로 너무도 양극화되어 있는 탓일지도 모르겠다. 혹은 이 논쟁의 핵심 난제—인간 배아 및 태아의 도덕적 지위—가 (몇몇 철학자들이 수십 년 전에 논증했듯) 이성적으로 해결 불가능한 탓일 수도 있겠다.

보다 공통적인 지반을 탐색하고, 의견 충돌을 절제하고, 의견이 다른 이들을 존중하는 것 등의 가치를 옹호하는 일이 무의미해 보일지도 모르겠다. 하지만 미국인 대다수가 임신중지에 대해 상당히 미묘하게 서로 다른 입장을 가지며 그 입장들이 시간에 걸쳐 변화한다는 사실은 달리 시사하는 바가 있다. 법적으로 강제되어야 할 분명히 옳은 답

하나가 있다고 믿는 이부터 이 대립적인 영역에서 합리적인 반대 의견을 존중하는 데 상당한 시민적 가치를 두는 이까지, 말 그대로 모든 이에게 임신중지는 앞으로도 물론 도덕적으로 쉽지 않은 논쟁이 될 것이 분명하다. 우리는 이 논쟁을 해결할 수 있는 척하지 않을 것이며 다른 누군가가 금세 해결해 주리라 기대하지도 않는다. 이처럼 이성적으로 해결할 수 없는 분할을 가로지르는 보다 상호적인 이해, 관용, 서로에 대한 존중을 촉구할 뿐이다.

하나의 분야로서 생명윤리학은 20세기 말미의 몇 십 년, 21세기 초두의 몇 십 년에 걸쳐 빠르게 성장했다. 같은 시기, 거의 모든 제도와 전문가 집단에 대한 신뢰는 급격하게 추락했다. 생명윤리학적인 논의와 숙고에는 국가적으로나 지구적으로나 보다 다양한 개인 및 집단이 참여하고 있으며 그 쟁점들과 참여자들은 점점 더 공적으로 중요해지고 있다. [정치적으로] 양극화된 사회라는 맥락 속에서 폭넓은 생명윤리학적 논쟁들을 공적으로 마주하려면, 시민성이나 피할 수 없는 분할을 가로지르는 상호 존중이 저절로 주어지는 것이 아님을 명심해야 한다. 이런 핵심적인 시민적 가치들은 구축되고 논의되고 옹호되어야만 한다. 이성과 관용은 여전히 계몽주의의 위대한 선물에 속한다. 생명과 자유, 탄생과 죽음의 문제에 있어 더없이 중요한 것들이다.

계몽주의는 또한 고대에 기원을 둔 공동선the common good에 관한 논의에 틀을 제공했다. 이전의 많은 철학자들이 개인을 국가의 권력이나 의지에 복속시킨 것과는 달리 존 로크는 국가의 역할이 구성원들의 생명, 자유, 재산을 보호하는 것이라고 주장했다.[26] 임마누엘 칸트는 모든 인간은 그 자체로 목적이라고, 집단주의적 목적을 위해 **그저** 수단으로 대해져서는 안 되며 언제나 **또한** 그 자체로 목적이어야 한다고 생각했다.[27] 칸트의 '정언명령'† 은 다소 추상적으로 보일 수 있으며 잘 알려져 있듯 실제로 그러하다. 하지만 이는 인간 존중이나 현대 의료윤리의 중심에 있는 이상으로 곧장 번역된다. 강력한 새 백신이나 암 치료제 발견과 같이 중대한 사회적 목적이 있다 하더라도, 연구자는 환자를 이를 위한 유용한 소모성 수단으로 대해서는 결코 안 된다는 것. 정보에 기반한 동의는 생명과학 연구와 환자 돌봄에 있어 필수 불가결한 칸트적 전제 조건이 되었다. 보다 집단주의적이었던 제러미 벤담은 공동선 ―과 옳고 그름의 척도―이란 개개인 행복의 극대화로 간주되어야 한다고 주장했다. 최대 다수의 최대 행복을 추구함으로써 인민에게 봉사하는 것이 정부의 의무라는 것이다.

하지만 행복 혹은 사회복지의 극대화에 국가가 아동 충치 예방을 위해 불소 첨가 수돗물을 제공하거나 전염병 유행을 막기 위해 예방접종을 의무화하는 일, 장기 기증 동의 등록 정책 및 거부 등록 정책†† 중 어느 쪽을 시행할지를 두고 집단적 동의가 필요하다면 어떻게 될까? 이런 종류의 결정들은 현실적인 이유로 인해 사실상 시민들 사이에서 도덕적으로 만장일치에 이를 수 없다. 만장일치 규칙은 동의를 거부하여 다른 모두를 효과적으로 인질로 삼을 수 있도록 일부 악한 행위자들에게

† 행위에 특정한 이유나 조건을 다는 가언명령과 달리 무조건적이고 절대적으로 제시되는 이성의 명령이다. 칸트 철학의 개념들을 이용해 여러 형태로 정식화할 수 있는데, 여기서 언급된 '인간을 그 자체 목적으로 대하라'와 함께 '보편적 법칙이 될 수 있는 준칙에 따라 행위하라'라는 명제가 주로 알려져 있다.

†† 동의 등록(opt-in)은 한국이나 미국의 경우처럼 생전에 사후 기증 의사를 밝힌 이만을 장기기증 동의자로 보는 것을, 거부 등록(opt-out)은 일부 유럽 국가에서와 같이 반대로 명시적으로 기증 거부 의사를 밝힌 이를 제외한 전부를 동의자로 보는 것을 뜻한다. 자세한 내용은 이 책의 6장 "장기 수확하기"를 참조.

힘을 실어 주기 때문이다. "대표 없이 과세 없다" 같은 민주주의적 권리들은 본성상 일부분 개인적이면서 일부분 집단적이다. 집단적인 구속력을 가질 법률이나 정책을 집단적으로, 종종 다수결로 결정하는 데 모든 개인이 동등한 시민으로서 참여할 권리를 높이 산다는 점에서 그러하다. 이 민주주의적 권리들은 그 자체로 여전히 현재진행형이다. 이들은 누구나가—예를 들어 불소 첨가 수돗물의 사용 여부나 예방접종 여부를—스스로 결정할 수 있게 해주는 저 개인적 권리들과 대립하는 것으로서의 공동선의 성격에 관한 어떤 분명한 긴장을 자아낸다. 불소나 예방접종이 효과가 있으려면 [대개 자기결정 능력이나 권리가 인정되지 않는] 어린이들에게 제공되어야만 하므로, 스스로 결정할 개인적 권리는 다른 많은 경우에서와 마찬가지로 이 경우에 합리적으로 적용될 수 없게 된다. 여전히 개인적 의사결정 영역과 집단적 의사결정 영역 사이에는 긴장이 이어진다. 또한 이 긴장은—건강과 질병에 대한 현대적 견해로 무장한—또 다른 생명윤리학적 논쟁 뒤에도 깔려 있다. 공중보건 정책 및 실행을 통해 공동선을 진전시키는 데서 국가의 역할은 무엇이며 그 윤리적 한계는 어디인가?

3장

공중의 건강

공중보건 윤리는 장기 기증, 유전자 선별검사, 유전자공학, 의사 조력 죽음, 새로운 재생산 기술, 줄기세포, 복제, 뇌과학 등이 제기하는 여타의 생명윤리학적 쟁점들에 비해 일상과 가깝다. 생명윤리학적 상상력과 대중의 상상력을 사로잡는 것은 개인들과 그 가족들을 엄습하는 가슴 아픈 말기 의료 결정이나 갖가지 '첨단 기술' 화두들이다. HIV/AIDS, 에볼라, 지카 바이러스 등의 급속한 확산 역시 그것들이 발생시키는 공포 때문에 언론의 헤드라인을 장식하고 대중의 광범위한 관심을 끈다. 현대 세계에서 우리는 효과적인 백신을 찾는 쪽으로 곧장 생각을 돌릴 테지만 개발과 대규모 생산에는 여러 해가 걸린다. 전염 억제라는 어려운 과업은 당장은 주로 지역사회 보건교육 같은 구명 조치와 연관된다. 언론의 이목을 끄는 일과는 거리가 먼 것들이다.

공중보건은 첨단 기술이나 환자 중심 의료에 초점을 두기보다는 전체 인구를 아우른다. 정보에 기반한 개인적 동의의 윤리는 의료적 결정에 대한 환자의 통제권을 확대할 수 있게 해주지만, 이 생명윤리학적 원칙은 전체 인구를 대상으로 하는 보건의료에는 지침을 주지 못한다. 위험에 처한 인구 전체의 보호에 필요한 일에 개개인 모두의 동의를 구하는 것으로는 전염병을 예방하거나 통제할 수 없다. 공중보건은 큰 틀에서 위험과 편익 사이의 균형에 초점을 맞춰야 한다. 대규모 인구 집단에서 질환이나 질병을 선제적으로 예방하는 일의 지대한 중요성을 비롯해, 이런 균형을 무시하는 것은 위험천만하다. 지난 수백 년 간 깨끗한 물, 영양 개선, 전체 인구를 대상으로 하는 예방접종 프로그램은 수명 연장 및 삶의 질 개선에서 몇 가지 괄목할 만한 차이를 만들어 냈다. 그러나 구명, 수명 연장, 생활 개선의 비용 대비 효과를 어떻게 따져 보아도 공중보건에 대한 현재 미국의 투자는 부족하다.

대규모 인구 집단에 적용되는 예방의학적 조치 가운데 대표적인 것은 20세기 중반(1967~79)의 천연두 퇴치 캠페인인데, 이를 통해 5000만 명 이상의 생명을 구한 것은 물론, 비록 생명과 직결된 것은 아니지만 [천연두의 대표적 후유증인] 시각장애 예방과 같은 성과도 낳았다.[1] 20세기 말에 이르러서는(1993) 중국 정부가 정신장애의 세계적인 주요 원인이자 가장 쉽게 예방할 수 있는 원인인 요오드결핍증iodine deficiency disorder, IDD 근절을 위한 국가 계획에 착수했다. IDD의 위험에 노출된 세계 인구의 40퍼센트가 중국인이었다. 5년이 지나지 않아 갑상선종, 크레틴병 등 요오드결핍증이 야기하는 질병의 발생이 극적으로 감소했다. 보건 개입의 효율성efficiency과 효과effectiveness를 평가하는 데 사용되는 모든 표준 척도—비용 대비 편익CBR, 투자수익률ROI, 질 보정 수명

QALY 혹은 장애 보정 수명DALY 등 온갖 알파벳들 — 에서, 이와 같은 주요 공중보건 조치들은 "1온스의 예방은 1파운드의 치료와 같은 가치를 갖는다"는 벤저민 프랭클린의 금언이 옳음을 보여 준다.[2]

첨단 기술 의료는 부분적으로는 너무 복잡하고 비싸기 때문에 겨우 최근에 와서야 많은 생명에 큰 기여를 하기 시작했다. 이와는 달리 — 공중보건 계획 중 몇 가지만 언급하자면 — 일터에서의 안전성 향상, 영아사망률 및 모성사망률을 줄이는 데 도움을 준 가족계획 서비스, 아동 영양 프로그램, 흡연의 위험성에 대한 맞춤형 교육 캠페인, 널리 조성된 담배 없는 환경 등은 일반적으로 이들이 구하고 개선한 삶에 비해 비용이 매우 적게 든다.[3] 몇몇 공중보건 계획들의 전반적인 구명 효과는 그야말로 엄청나다. 여기에는 과장이 없다. 흡연 규제는 2008년에서 2014년 사이 세계적으로 약 2200만 명의 목숨을 구했다.[4]

논란에 대응하기

건강을 증진하고 희소 자원을 절약해 준다는 증거가 차고 넘쳐도, 심지어 동료 심사를 거쳐 공신력 있는 과학 학술지에 실린 다른 논문들이 그와 다른 결과를 제시하지 않더라도, 많은 공중보건 혁신에는 논란이 뒤따른다. 예를 들어 수돗물 불소 첨가는 어린이 치아 우식증 발생을 극적으로 감소시켰다. 생명을 위협하는 일은 거의 없다지만 (흔히 충치라 불리는) 치아 우식증은 종종 사람을 쇠약하게 만들며 산업화된 대부분 국가에서 여전히 주요한 보건의료 문제이다.

킹스턴에 통제군을 두고 뉴버그에서 10년간 진행한 연구를 통해 확인한 아동기 우식증의 극적인 감소는 1957년, 우유부단한 로버트 F. 와그너 뉴욕시장으로 하여금 충치 예방을 위해 식수에 불소를 첨가하는 것을 고려하게 만들었다.[5] (미국과 캐나다의 다른 세 도시에서도 뉴버그와 비슷하게 긍정적인 결과가 나왔다.) 하지만 조심성 많기로 유명했던 시장은 단호한 입장을 취하지 않았다. 1965년에 뉴욕이 수돗물 불소 첨가를 도입하기까지 8년이 더 걸렸다. 우리 이웃 몇몇은 심지어 수돗물에 불소를 첨가하는 것을 미국 시민에게 유독 물질 투여 혹은 강제 투여를 시행하려는 공산주의자들의 음모로 여겼다. 지지자들 —뉴욕의 전 주지사, 노조 간부들, 수백 명의 과학자들, 뉴욕시 다섯 개 지구 모두에서 모인 어머니들은 물론 미국에서 가장 유명한 20세기 소아과의 벤저민 스폭, 엘리너 루스벨트, 재키 로빈슨을 포함하는—은 전면적인 공세를 통해 수돗물에 불소를 첨가하는 것을 공개적으로 옹호했고, 이에 따라 이 사안이 오랫동안 잊히지 않고 살아남을 수 있었다. 식수에 겨우 수백만 분의 일 비율로, 아주 적은 1인당 비용으로 불소를 첨가한 도시들에서 약 60퍼센트까지 어린이 충치가 감소했다는 증거가 확실했고, 이 차이를 목도한 뉴버그의 한 노련한 치과의사는 1970년에 "이제 충치 가득한 어린이를 보면 나는 곧장 그 아이가 뉴버그 출신이 아니란 걸 알 수 있다"라고 말했다.

우리의 어린 시절에는 충치보다 훨씬 가혹한 이미지가 새겨져 있다. '철폐'iron lung, 鐵肺 † 라고 불린 것이었다. 스스로 숨을 쉬지 못하는 폴리오

† 일종의 음압 인공호흡기로, 커다란 철제 드럼통 모양이다. 환자의 몸을 안에 집어넣고 목만 밖으로 내놓게 되어 있다. 기관 삽관을 해 인공적으로 공기를 불어넣는 대신 폐 외부에서 음압을 걸어 폐를 팽창시키고 다시 수축시키는 방식으로 작동한다.

장애인polio victim의 호흡을 돕는 기계식 인공호흡기에 붙여진 속칭이었다. 잡지에 실린, 거대한 철폐 속에서 [얼굴만 내민 채] 웃고 있는 아이들의 사진은 한 세대의 아이들을 충격에 빠뜨렸다. 그들은 그 거대한 통에 갇혀 있는 것 같았고 어떤 면에서는 실제로 그랬다. 그들은 머리 위에 달린 거울로 자신과 함께 있는 사람을 보는 것 외엔 아무것도 할 수 없었다. 늦여름 내내—소아마비로 고통받게 될까 봐—얼른 젖은 옷을 갈아입으라고 부모가 아이를 닦달하는 것이 흔한 풍경이었다. 프랭클린 루스벨트 대통령은 숨기려 했지만, 그가 폴리오 장애인이었다는 사실은 그즈음엔 널리 알려져 있었다. 대통령도 폴리오바이러스에 감염될 수 있다면 누구든 감염될 수 있다는 뜻이었다. 피츠버그대학교에서 안전한 소크Salk 폴리오 백신이 개발되어 수많은 부모와 그 아이들이 확산 중인 전염병의 공포에서 해방되었다. 1950년대 중반 널리 홍보된 폴리오 예방접종 캠페인은, 미국인들이 자국의 의사들과 의료 기관을 신뢰했던 대표적인 사례로, 일종의 대규모 공중보건 실험이었다고 해도 좋을 정도였다. 접종은 많은 경우 지역 신문사들이—때로 카메라를 보고 웃으며, 때로 울며—주사를 맞는 어린이들을 촬영하는 가운데 공립학교에서 진행되었다. 공중보건의 개척자임을 치하하는 의미로 그들에게는 보상으로 막대사탕이 주어졌다.

막대사탕이 없더라도, 오늘날 우리는 폴리오 예방접종과 불소 첨가 수돗물이 주어졌음에 매우 감사한다. 여전한 논란에도 불구하고 증거들은 폴리오 백신이 개개인에게 최소한도 이상의 위험을 부과하지 않으며 전체 인구에 대한 이익의 총합은 전반적인 위험에 비해 지대함을 보여 준다. 잘못된 정보가 야기하는 공포에 대한 가장 효과적인 해독제는 다양한 수준에서 이뤄지는 양질의 보편적인 과학 교육과 윤리 교육, 공중보건과 관련된 의사결정에서 충분한 정보를 토대로 개방적으로 이뤄지는 민주주의적 숙의 등과 같은 선제적 조치들이다.[6] 공중보건의 윤리는 공중보건 프로그램의 목표가 언제든 명확[투명]해야 하며, 그 목표에 효과적으로 도달할 수 있어야만 한다고 요구한다. 에필로그에서 논할 텐데, 현대 뇌과학은 가장 효과적인 공중보건 광고는 흔히 이성보다는 감성에 훨씬 강력히 호소한다고 강조한다. 이는 우리의 이성이 의식하지 못하는 상태에서 이뤄지는 광고[예컨대, 이성에 호소하기보다 공포를 비롯한 여러 감정에 대한 호소·조작을 통해 작동하는 광고]를 만드는 것이 어떻게, 언제, 왜 정당화될 수 있는가 하는 물음을 제기한다.

공중보건 프로그램의 절차와 진행의 매 단계마다, 증거가 중요하다. 이는 어떤 프로그램이 검토될 때뿐만 아니라, 그것이 진행될 때에도 그러하다. 개인 차원에서 행해지는 많은 의료적 결정과 달리 공중보건 프로그램은 인구 집단 전체의 보건을 지향하기에 사생활을 침해하지 않는 것 역시 중요하다. 단지 특정 인종·민족·젠더라는 이유로 일부 집단이 지목되지 않도록 질병 보고는 공평해야 한다. 나쁠 것 없어 보이는 보건교육도, 일부에게 다른 이들에 비해 큰 부담을 주어서는 안 됨을 명심해야 한다. 공중보건학자 낸시 캐스Nancy Kass가 지적한 바 있듯 어떤 공중보건 제안이든 반대에 직면할 수밖에 없다.[7] 이 같은 사실 자체가 자동적으로 프로그램을 폐기할 이유는 못 된다. 하지만 이런 반대 의견들은, 특히 특정 소수자 집단 혹은 지역에서 나오는 경우 반드시 진지하게 받아들여야 한다.

국제적인 안정과 전 지구적 정의를 위해, 인구보건의 증진은 또한 그 국민을 존중하는 방식으로 저소득 국가들로 확장되어야 한다. 기후

변화를 이겨낼 수 있는 작물 개발을 통해 전 지구적 영양부족 상태를 개선하고, 말라리아나 지카 같은 감염병을 매개하는 곤충의 방제 능력을 향상하는 것처럼 새로운 유전자 기술이 지닌 생명을 구할 수 있는 잠재적 수단들은 공중보건에 득이 될 수 있다. 전 지구적 공중보건 증진에 있어 국제정치적 공조를 대신할 수는 없지만 개인적인 자선 활동 역시 중요한 역할을 한다. 다양한 프로젝트에 수천만 달러 규모의 기부 활동을 하고 있는 빌·멜린다게이트재단은 유전자조작을 통해 자손들의 수명을 단축시키는 수컷 모기를 개발하는 프로젝트도 지원하고 있다.[8]

백신 논쟁

공중보건 프로그램에서 증거의 중요성을 보여 주는 가장 유익하고도 골치 아픈 사례 중 하나는 자폐가 아동기 백신과 연결 지어진 일이다. 많은 슬픈 개인사들은 일부 사람들, 대개는 당사자 부모들이 아동기의 자폐를 백신과 연결 짓도록 만들었다. 그런 이야기들이 봇물 터지듯 급증하게 하고, 그것이 다시 상당수의 대중들에게 영향을 미쳐 백신 예방접종 프로그램에 반대하도록 만든 **것은** — 그 여파로 검증된 백신들에 대한 강경한 반대가 오늘날까지도 계속되고 있다 — 1998년 동료 심사를 거치는 평판 높은 일반 의학 저널 『랜싯』*the Lancet*에 실린 어느 논문이었다. 의사 앤드루 웨이크필드가 열두 명의 공저자와 함께 쓴 그 논문은 홍역-볼거리-풍진measles-mumps-rubella, MMR 백신을 자폐와 연결 지었다.[9] 통제군 없이 단 열두 사례를 토대로 한 것으로, 백신과 자폐 사이의 인과관계를 증명했다는 명시적인 주장은 없었다. 하지만 웨이크필드는 그런 인과관계를 암시하는 영상을 함께 공개했다. 그는 또한 MMR 접종을 중단하고 단일항원 백신 — 그가 이전에 이에 대한 특허를 신청한 적이 있으며 또한 MMR 백신 제조사를 고발하려는 변호사들에게 돈을 받기도 했다는 것이 나중에야 밝혀졌다 — 으로 대체할 것을 권했다. 논문 게재와 영상 공개에 뒤이어 이 연구 결과를 알리는 보도가 쏟아져 나왔다. 많은 이들이 아이에게 접종을 맞히기를 거부했다. MMR 접종률은 곤두박질쳤다.

백신을 둘러싸고 공중보건상 불필요하면서도 비극적인 일들이 계속 벌어지고 있다. 겨우 열두 어린이의 부모가 회상한 바에 기반한 신뢰할 수 없는 증거를 제시한 논문 탓으로 말이다. 그것만으로도 충분히 나빴을 텐데, 그 증거라는 것이 허위이기까지 했다. 하지만 그것이 신뢰할 만하지 않으며 허위라는 것이 밝혀지고 알려지기 전까지, 백신이 자폐나 다른 신경학적 이상을 유발한다는 잘못된 믿음은 그 자체로 공적인 생명력을 가졌다. 세간의 관심을 끄는 이야기들을 좋은 연료 삼아, 또한 말할 것도 없이 인터넷 보급의 도움을 받아 말이다.

영국 언론인 브라이언 디어는 충분한 증거를 밝히며 웨이크필드가 어린이들의 상태에 관한 데이터를 심각하게 조작했다고 보도했다.[10] 악영향은 이 폭로 뒤로도 끝나지 않았으며 면밀히 검토된 여러 연구들이 백신과 자폐 사이에 아무런 연관성도 발견하지 못했다는 사실에도 불구하고 바로 오늘날까지 계속되고 있다. 하지만 개인적인 이야기들 전부가 MMR과 자폐 사이의 관계를 잘못 그리고 있는 것은 아니다. 세간의 관심을 끄는 수많은 이야기 가운데 그 힘과 한계를 모두 보여 주는 한 가지를 일부 살펴보자. 아일랜드인으로 자폐 아동의 어머니인 마틴 오캘러건이 2012년에 한 이야기이다.[11]

> 2009년 봄, 화창한 오후. 한 엄마가 볼이 통통한 한 살배기 아이를 무릎에 안고 진료실에 앉아 있다. 주치의는 차트를 살피며 엄마에게 꼬물거리는 남자아이의 생일을 확인한다. 엄마는 "생일 축하해, 얘야" 하고 답한다. 의사는 미소를 지으며 말한다. "이제 아이 소매를 걷어 주세요, 돌아가서 생일 케이크 먹여야죠." 엄마가 소매를 올리고 MMR 백신이 주입된다. …… 열흘 뒤. 아기가 밤에 깨서는 울고 있다. 체온이 올라간다. 엄마는 해열제를 먹이고 입을 맞춘다. 생후 2년 4개월. 엄마아빠에게 세상의 중심인 소년은 심각한 자폐로 진단받는다. 우연일까?

"우연일까?"라는 예리한 질문에 대한 오캘러건 자신의 답은 "그렇다!"이다. (그녀는 이에 더해 병원을 방문하기 이전에 관찰한 사랑스런 아들의 행동을 상세히 묘사해 저 답의 정확성에 대한 의심의 여지를 없앤다.) MMR 백신이 자폐를 유발한다고 주장하는 먼저 나온 많은 이야기들, 삶에서 언제라도 우연히 일어날 수 있는 일을 받아들이지 않는 사람들에게 맞서는 데 도움을 주고자, 그녀는 아들에 관한 이 이야기를 널리 알린다.

> 읽으면 읽을수록, 백신 반대파가 내 아이의 상황 — 비극이 아니며 사건이지도 않았던 — 을 이용해 부모들을 겁박함으로써 가족에 관해 나쁜 의학적 선택을 내리게 만들어 자신들의 상품을 팔아

먹고 있다는 것을 여실히 깨달았다. 백일해나 홍역 같은 질병의 부활을 야기하는 것은 차치하고도, 백신 반대 운동은 자폐인들에게 형언할 수 없는 해를 끼쳤다.

세간의 관심을 끄는 이야기들은 중요한 이야기들이고, 오캘리건이 그러했듯 책임감 있는 방식으로 이야기해야 할 것들이다. 이는 어떤 열정 없이 이야기하라는 의미가 아니다. 그것은 신뢰할 만한 증거를, 그런 증거들이 있다면, 검토하고 이야기하라는 것이다.

어린이와 어른 모두의 삶을 구하고 개선하려는 마음이 있다면 윤리적으로 수행되고 보고된 의과학이 수백만 명에게 기여한 바를 제대로 인정해야 한다. 그런 기여는 지난 세기 동안 기하급수적으로 커졌다. 특히 한 세기 전에 미국인들을 겁에 질리게 했던 폴리오, 천연두, 홍역, 볼거리, 디프테리아 같은 질병들을 퇴치하거나 거의 없어지게 만든 백신이나 항생제를 통해서 말이다. 사람들이 개인적으로 처방받는 항생제를 제외하면, 이 같은 기여의 대부분은 정확히 공중보건이라는 넓은 범주에 속한다는 점 역시 중요하게 지적할 만하다. 이와 같은 공중보건 조치는 공적 투자뿐만 아니라 대규모 인구 집단에 예방접종을 받게 하거나 다른 방식으로 이를 대신할 공적 명령[의무화]을 포함하는 정부 프로그램을 필요로 한다.

증거로 유인하기

공중보건에 있어, 백신과 같은 일부 진전은 새로운 보건의료 권한의 도입과 승인을 필요로 하지만 어떤 진전들은 새로운 무언가를 의무화하는 것이 아니라 기본 선택지를 바꾸거나 다른 방식을 통해 우리가 주어진 선택지 가운데 건강에 더 도움이 되는 것을 고를 가능성을 높이는 것을 기초로 삼는다. 예컨대 한 도시에 자전거 전용 도로와 자전거 대여 무인 단말기를 만든다면 이는 우리 중 일부가 자전거를 더 많이 타도록 유인†할 것이다. 그런 일이 일어나길 원치 않는다면 그런 프로그램을 시행하는 것은 어리석은 일일 것이며, 전체적으로 따져서 자전거가 자동차보다 안전하고 건강한 경우에만 이것이 옳은 방향의 장려책이라고 할 수 있을 것이다. 학교 식당 담당자가 학생들로 하여금 제시된 모든 선택지 가운데 건강에 더 도움이 되는 것을 택할 만하게 음식을 배치한다면 이는 학생들이 건강에 더 도움이 되는 음식을 선택하도록 유인하는 것이다.

우리 모두, 보다 건강한 선택지를 채택하도록—강요받는 것이 아니라—유인될 수 있다. 건강상 가장 도움이 되는 것을 가장 쉬운 선택지로 만드는 것이 일반적인 전략이다. 유인은 경제학자 리처드 탈러와 법학자 캐스 선스타인이 "선택 설계"choice architecture라 칭하는 것의 속성 중 하나다.[12] 한 집단의 선택들은 그 성원들이 보다 건강한 선택지로 유인되도록 배치될 수 있다. 주어진 선택지 중 어느 것을 고르도록 요구하거나

† 원어는 '옆구리를 쿡 찌르다'라는 의미를 갖는 nudge로, 『넛지』(리처드 H. 탈러·캐스 R. 선스타인 지음, 안진환 옮김, 리더스북, 2018)에서와 같이 흔히 '넛지'로 음차되고 있다. 추키다, 부추기다 등의 한국어 동사와 상통하지만 그보다는 미묘한 자극을 함의한다. 이 점과 함께 여기에서는 동사 활용의 편의를 고려해 (의미상 자극의 방향이 반대임을 감수하고) '유인'으로 옮겼다. 뒤에 언급되는 슬러징(sludging)은 '오물' '찌끼'를 뜻하는 sludge를 동사로 만들어 부정적인 방향으로의 유인이라는 의미로 조어된 것이다.

금지하는 존재가 없어도, 집단의 전체적인 행동은 예측 가능한 방식으로 바뀔 수 있다. 유인에 대한 이 모든 설명이 수동태를 사용하고 있는데, 이는 결정적으로 중요한 질문을 하게 만든다는 점에 주목하라. 즉, 누가 유인하는 것인가?

부정적이지만 너무 흔한 유인의 사례로, 탈러와 선스타인이 긍정적이고 건강한 방향으로의 유인이라는 개념을 펼치기 오래전부터, 우리는 가족생활에서 주기적으로 그 한 가지 형태를 마주했다. 아이들이 어렸을 때, 쇼핑하기 편한 거리에 있는 슈퍼마켓들은 전부가 다디단 사탕을 눈에 잘 띄게 (또한 물을 것도 없이, 전략적으로) 계산대 바로 앞에 배치해 아이들과 우리를 유혹했다. 우리 어른들은 가게에서 사탕이 있는 구역을 의식적으로 피할 수 있었지만 계산대까지 피할 수는 없었다. 우리는 슈퍼마켓 주인들에게 유인당해 — 그리고 종종 아이들에게 들볶이기도 해서 — 사탕을 샀다. 수십 년 동안 많은 것이 변했지만 (이제는 무설탕 껌이 흔하다) 당분 덩어리인 사탕은 여전히 계산대 앞에 깔려 있다(슈퍼마켓만도 아니다). 저항하기 너무도 어려워서 건강하지 않은 것을 사도록 유인하는, 건강하지 않은 선택 설계의 표본이다. 탈러는 이런 유의 건강하지 않은 유인을 뜻하는 '슬러징'sludging이라는 용어를 대중화했다.[13]

유인은 공중보건에 있어 긍정적인 도구가 될 수 있으며 되어야 한다. 하지만 그렇게 되기 위해서는, '선택 설계사'choice architects들이 **그들의** 이윤보다 **우리의** 건강을 우선시하도록, 유인되는 우리가 공적으로 압박할 필요가 있다. 또한 우리는 좋은 연구를 지원해 그 성과를 토대로 보다 나은 방식으로 건강한 선택을 장려하고 그 가격 부담을 낮추어야 한다. 탈러와 선스타인은 이렇게 말했다.

사람들은 다양한 경험, 충분한 정보, 즉각적인 피드백이 제공되는 경우에 현명한 선택을 내릴 수 있다. 예를 들면 여러 가지 맛의 아이스크림 중에서 하나를 선택하는 경우처럼 말이다. 사람들은 자신이 초콜릿, 바닐라, 커피, 감초 맛 등 여러 가지 맛 중에서 어떤 것을 좋아하는지 잘 안다. 하지만 경험이 부족하거나, 정보가 충분하지 않거나, 피드백이 느리거나 별로 없는 경우에는 잘못된 선택을 할 가능성이 높다. 예를 들어, 과일과 아이스크림 둘 중 하나를 선택해야 하거나(이 경우 장기적인 결과가 늦게 나타나고 전자에 비하면 피드백도 충분하지 않다), 여러 치료법 가운데 하나를 선택하거나, 투자 옵션을 선택해야 하는 상황처럼 말이다.
만일 당신에게 오십 가지의 처방 약 플랜이 제시된다면, 다른 누군가의 도움이나 조언을 받음으로써 보다 나은 선택을 할 수 있을 것이다. 사람들이 완벽한 선택을 할 수 없는 존재인 한, 선택 설계에 약간만 변화를 주어도 그들의 삶을 더 나은 방향으로 변화시킬 수 있다(정부 관리가 아니라 그들 자신의 선택에 따라서 말이다).[14]

탈러와 선스타인이 괄호 안에 적은 말이 핵심적인데, 이는 당연한 것으로 치부될 수 없다. 우리 삶이 — 정부 관리, 광고주, 슈퍼마켓 주인이 아니라 — 우리 스스로의 집단적인, 민주주의적으로 형성된 선택을 통해 더 좋은 방향으로 나아가게 한다면 (그래야만!) 유인은 좋은 정책일 수 있다.

유인은 공중보건에서부터 보다 일반적인 보건의료에까지, 잠재적으로 폭넓게 적용될 수 있다. 금연하고 싶어 하는, 더 많이 운동하고 싶어 하는, 살을 빼고 싶어 하는 이들을 유인하는 여러 방식을 시험한 실험들이 있다. 실패하면 무언가 잃게 되리라고 말하는 것과 성공하면 (비견할 만한 가치가 있는 무언가로) 보상을 받으리라고 말하는 것, 일반적으로 어느 쪽이 더 효과적일까? 우리 인간들은 소득보다는 손실에 더 민감한 것으로, 그것도 굉장히 (거의 두 배로) 그런 것으로 밝혀졌다. 성공해 보상이 주어질 때보다는 (같은 액수라면) 실패해 돈을 잃을 때 건강한 식단을 더 잘 유지하곤 한다. 이런 경험적 발견들은 유인하는 '선택 설계'의 구성에 대해 중요한 윤리적 쟁점을 제기한다. 돈을 잃어도 될 형편은 못되지만 다른 누구나와 마찬가지로 살을 빼고 싶거나 운동하고 싶거나 금연하고 싶은 이들에게 불이익을 주지는 않는 효과적인 장려책은 어떻게 설계할 수 있을까? 충분한 설명을 한 다음, 참여자에게 —미래의 성공에 대한 보상으로—돈을 미리 지급하는 방식이 있다. 참여자는 자신이 선택한 건강한 식단을 유지해야만 돈을 계속 가질 수 있다는 사실을 알고 있다. 한 연구에 따르면 사람들은 성공 보상금이나 구식의 격려금 방식일 때에 비해 그런 선불 지급 방식일 때 예컨대 운동을 할 가능성이 훨씬 높다.[15]

누군가의 생명이 달려 있는 장기 기증 부족에 대해 다루는 6장에서는 우리 자신의 건강을 증진하기 위한 것이 아니라 다른 사람들의 생명을 구하기 위한 유인의 윤리와 실질적인 가능성을 논의할 것이다. 당신은 예를 들어 운전면허 시험 접수 과정에서 사망 시 장기 기증을 선택할지를 물을 때 장기 기증 동의를 기본 항목으로 넣겠다는 정부 제안을 지지할 것인가? 동의 의사가 아니라 거부 의사를 등록하도록 만들어진 장기 기증 선택 설계는 특정 방향, 많은 생명을 구할 잠재력을 가진 방향으로의 유인이 될 것이다. 이는 공중보건을 증진하거나 개인적인 건강을 증진하기 위한 다양한 유인책들 가운데 하나일 뿐이다. 여러 연구들이 가치 있는 목표를 위한 효과적인 방식들을 발굴하고 있으며 그 결과로 우리는 이제, 우리 자신의 것이 될 수도 있는 생명을 구하기 위한 수단으로서 유인을 어떻게 활용할 것인지에 관한 집단적인 윤리적 결단들을 직면하고 있다.[16]

유인은 부권주의적이라는 비판과 칭송을 모두 받아 왔다. 유인을 옹호하는 이들은 무언가를 강요하지 않으면서 사람들이 스스로를 도울 수 있도록 돕는다는 점에서 그 '자유의지론적 부권주의'를 변호한다. 비판자들은 그 부권주의가 의도적으로 사람들로 하여금 스스로 세심하게 의식적으로 택한 것이 아닌, 또한 대개 시간을 들여 생각해 보지도 않은 이익을 — 그것이 그들에게 최선의 이익이라 할지라도 — 받아들이게 한다는 점을 우려한다.[17] (옹호자들은 또한 유인의 목적이 언제나 각자의 최선의 이익에 이바지하는 것이어야 함을 분명히 한다.) 우리 중 누구라도 언젠가는 장기를 필요로 하게 될 수 있음에도 어떤 이들은 유인에 반대하는데, 특히 정부와 엘리트 '전문가'(공익 활동 이력이 전혀 깨끗지 않은)에게서 나오는 유인에 반대한다. 그렇다면 우리는, 개인이 아니라 집단의 이익에 따라 조종되는 저 모든 유인에 대해 무엇을 해야 하는가? 저 많은 사탕을 만드는 회사들은 계산대에서 사탕을 모두 치우는 데 강력히 반대할 수도 있지만, 이는 그들이야말로 자신들의 재정적 이익을 지키는 쪽으로 사람들을 유인하고 있음을 뜻한다.

미국 대도시 최초로 필라델피아에서 탄산음료세가 통과된 2016년, 시장 짐 케니는 공중보건만을 (혹은 주로 이것을) 위해서가 아니라, 또한 중요하게도 공립학교, 공원, 도서관 재정 확보를 위해 이 세금을 강력히 옹호했다. 통과를 막으려 엄청난 돈을 쓴 미국음료협회는 즉각 이 세금이 위헌적이라며 법정에 이의를 제기했다. 수백만 달러가 들어간

필라델피아 탄산음료세 지지 언론 캠페인에 가장 크게 기여한 인물은 전 뉴욕 시장 마이클 블룸버그로, 그의 대용량 탄산음료 판매 금지 조치가 겨우 두 해 전에 위헌으로 폐지된 바 있었다. 블룸버그는 "비만과 빈곤 둘 다 해결하기 쉽지 않은 국가적 문제"라며 "필라델피아의 설탕음료소비세는 이 둘을 가장 직접적으로 겨냥하는 정책"이라고 평했다.[18] 2018년, 펜실베이니아 대법원이 탄산음료세를 유지키로 해 법정 싸움은 끝이 났지만 '음료세 끝장'Ax the Bev Tax 연합은 과세에 맞서 여론을 이끌고 시 공무원들에게 로비를 하는 자신들의 전쟁은 계속될 것이라 선언했다.[19] 이 탄산음료세 캠페인과 논란은 유인의 여부, 어떻게 유인하고 유인될 것인가 하는 것이 우리 모두와 관계된다는 사실을 잘 보여준다.

개인에 있어서 정보에 기반한 동의가 스스로에게 무엇이 좋은지에 관해 모든 환자의 '틀릴 권리'를 보장하는 것과는 달리, 유인은 인구 전체에 걸친 이익 증진을 위해 애쓴다. 따라서 개인들의 자기 존중과 존엄에 해를 가하지 않기 위해 유인 캠페인에는 정보에 기반한, 집단적인 동의라는 도덕적 등가물이 필요하다. 이런 도덕적 등가물을 찾는 것이 쉬운 일은 아니지만 복잡한 보건의료 선택지를 두고 개개인에게 정보에 기반한 동의를 얻는 것 역시 쉽지 않기는 마찬가지다. 지금까지는 정보에 기반한 **개인적** 동의의 조건에 훨씬 많은 관심—생명윤리학자들과 공무원들의 관심을 포함해—이 쏠려 왔다. 공중보건을 위해서는, 정보에 기반한 **집단적** 동의의 조건에 보다 많은 관심을 기울여야 할 것이다. 정보에 기반한 집단적 동의의 출발점은 주어진 안들에 대해 할 수 있는 한 최대의 투명성을 확보하는 것이다. 각각의 안이 어떻게 작동할지를 말해 주어야 한다. 유인 프로그램은 공중의 안녕을 제고한다는 큰 목표를 심각하게 약화시키지 않는 선에서 일련의 합리적 예외들에 대해 세심히 고려할 필요가 있으며 또한 폭넓은 공적 투여를 필요로 한다.

정신 질환과 공중보건

사회 안녕의 원천으로서 공중보건이 너무 '사소하게' 치부된다면, 정신 보건은 너무도 자주 '아예 무시된다'. 미국에서 비용이 가장 많이 드는 질환인 정신 질환에는 2012년 기준으로 연간 최소 46억 7000만 달러가 쓰였으며 이 수치는 환자와 그 가족의 인적인 고통은 조금도 반영하지 않은 것이다.[20] 중증 정신 질환자에게 상황은 나빠지기만 한다. 한 정신 질환 역사학자의 말을 빌리자면, "중증 정신 질환자들이 지난 사반세기에 걸쳐 기대 수명이 떨어진 우리 사회의 드문 구석 중 한 곳을 차지한다."[21] 여전히 정신 질환에 달라붙는 사회적 낙인 때문이든 효과적인 치료에 대한 좌절 때문이든 아니면 그저 집중적인 조치의 비용 때문이든 미국은 윤리적인 정책 기준에 근접하는 공적 정신 건강 프로그램을 시행한 적이 없다. 1960년대로 거슬러 가보면, 너무 비대해졌고 재정은 부족하며 때로 그야말로 혼돈이었던 병원들로부터 정신 질환을 가진 이들을 '탈시설화'해야 한다는 강력한 주장이 있었다. 낡은 수용시설asylums의 폐쇄를 옹호하는 이들은 새로운 항정신병 약품을 쓸 수 있다는 점을 내세웠다. 그들은 또한 인권침해가 있을 수 있다거나 과밀한 시설에 들어가는 소중한 자원을 지역사회 기반 치료법에 돌릴 수 있다고 주장했다.

케네디, 존슨, 닉슨 행정부는 지속적인 관리감독을 요하는 이들을 위한 지역사회 정신건강센터 네트워크를 구축하려는 계획을 발전시켰다. 하지만 여러 이유로 인해 이 센터들은 끝내 실현되지 않았다. 정책 실패의 한 결과로, 현재 노숙인 인구에는 심각한 정신 질환을 가진 수십만 명이 포함돼 있다. 다양하게 추산되기는 하지만, 전체 감금 인구의 절반에 이르는 수가 정신 질환을 앓고 있으며 그중 약 4분의 1은 조현병과 같은 심각한 정신 질환이다.[22] 전문가들은 교도소가 새로운 정신병원이 되어 버렸다고 보는데, 필요한 돌봄을 제공하기에 교도소는 극단적으로 부적절한 환경임은 새삼 말할 것도 없다.

명백히 실패한 탈시설화 외에, 아동 및 청소년 사이에 만연한 정신 건강 문제가 이 세기의 두 번째 10년 동안 상당한 대중적 관심을 받았다. 자살의 유행, 마약성 진통제 남용과 함께 불안, 우울, 식이장애가 공중보건 문제로서의 정신 질환에 새로이 초점을 맞추게 했다. 하지만 현재로서 정부의 반응은 확고함과는 거리가 멀다. 대중의 인식이 나아졌음에도 정신 질환은 여전히 낙인찍혀 있으며 그 치료와 예방에 드는 재정은 절망적으로 부족한 상황이다. 이는 '이상적'인 상황에 비춰 절대적으로도 그렇지만, 덜 치명적이며 덜 치료 가능하고 덜 만연한 다른 질환들과 비교해 상대적으로도 그러하다.

생명윤리학자들은 초기에는 정신 질환을 가진 이들에 대한 실험의 윤리적 문제에 초점을 맞추었지만, 최근에는 정신보건 체제 개혁에 집중하고 있다. 이는 잠재적으로 수백만 명의 보건의료 욕구에 부응할 수 있는 문제이다. 특히 중증 정신 질환자에 관해, 생명윤리학자 도미닉 시스티Dominic Sisti는 광범위한 윤리적 난제들을 다뤄 왔다.[23] 누군가가 자신 혹은 타인에게 가하는 위험에 대해, 자유권은 어떻게 균형을 맞춰야 하는가? 치료에 반대하지 않는 이들은 입원을 받아들이도록 '유인되어야' 하는가? 최중증 환자들을 위해 장기 치료 '수용시설'을 재도입해야 한다면, 장기 치료 체계에 반드시 마련해야 할 보호책은 어떤 것들인가? 이 체계에 장기 정신 병상이 극소수만 남은 상황에서 다른 의료적 욕구와 함께 정신보건 욕구가 제대로 인정받도록 보장하려면 무엇을 할 수 있는가? 한편 심각한 정신 질환을 가진 이들 다수가 교도소에 갇혀 있다는 사실은 개중 가장 시급한 문제 하나를 제기한다. 교정시설에 있는 심각한 정신 질환을 가진 이들에게 자원을 제공하는 일, 그리고 그런 어려운 일을 하도록 훈련받은 적 없는 시설 종사자들을 돕는 일에 사회는 어떤 의무를 가지는가?

중증 정신 질환자는 관계 유지에 어려움을 겪기도 한다. 그들을 변호할 수 있는 가족이나 친구가 없는 경우가 종종 있다. 공청회에 참석하고 투표하는, 혹은 시민 단체에 참여하는 이는 거의 없다. 그들에 관해 생명윤리학자들은, 다른 맥락에서도 등장할 가장 어려운 도덕적 문제들을 제기한다. 우리 사회는 목소리를 갖고 있지 않거나 잃어버린 이들에게 무엇을 빚지고 있는가? 누가 그들 대신 결정하는가? 누가 그들을 돌보는가?

언젠가는, 우리가 그들처럼 될 것이다.

2부

생과 사의 문제

4장

편치 않은 죽음

우리는 어떻게 죽기를 원하는가? 이 질문은 낯설면서도 간명하다. '죽기를 원하는지'가 아니라 '어떻게 죽을지'를 묻는다. 이 두 물음은 인간의 정신에서는 서로 얽혀 있다. 살고자 하는 원초적 의지와 죽음에 대한 예기 불안은 어떻게 죽기를 원하는지를 생각할 능력을 쉽게 압도해 버린다. 물론 역설적이게도 우리는 죽을 것인가 말 것인가가 아니라 그저 어떻게 죽을 것인가 정도를 통제할 수 있다. 그럼에도 우리는 종종, 어떻게든 영생을 약속해 줄 수 있을 것 같은 저 헛된 질문을 넘어 죽음의 상황에 어떻게 다가갈지에 대한 고민을 요구하는 실질적 질문으로 옮겨 가길 어려워하곤 한다. 어떻게 죽기를 원하는지를 두고 우리 자신과 우리가 사랑하는 이들을 세심히 살펴보면, 때로는 뜻밖에도 각자의 선호가 너무 다름을 알게 된다.

'선호되는' 죽음의 환경은 거의 보편적으로, 지긋한 나이와 연결된다. 시대와 맥락에 따라 어느 정도가 지긋한 것인지는 다르지만, 어떤 문화에서든 때 이른 죽음은 매우 곤혹스러운 일이며 다소 자연스럽지 않은 것으로 여겨진다. 삶의 입구에 있는 젊은 사람이, 언제나 바로 앞에 있지만 손은 닿지 않을 사랑, 가족, 성취의 미래를 앗아 가는 길고 가망 없는 죽음의 과정을 마주하는 현실은 견디기 힘들 수 있다. 과학과 기술을 찬양하는 시대, 중대한 생의학적 발견이 언제나 코앞에 있어 보이는 시대에는 특히나 우리의 한계와 선택지의 제약을 받아들이는 것이 훨씬 더 괴로울 수 있다. 더 치료해 봤자 환자의 건강을 회복시킬 수 없다는 게, 심지어는 유지시킬 수조차 없다는 게 판명될 때도 그렇지만 말기 환자가 죽음을 앞당기는 의료 조치를 원할 때는 더더욱 그러하다.

브리트니의 선택

여행을 무척이나 좋아하고, 또 자신보다 불우한 처지에 있는 이들을 돕는 걸 좋아해 네팔에서 보육원 교사가 된 캘리포니아대학교 졸업생, 스물아홉 살 브리트니 메이너드의 사례는 그 중심에 이런 요소들이 전부 있었다.[1] 그녀는 2014년에 뇌암의 일종이라는 진단을 받았다. 뇌수술을 두 차례 받았지만, 몇 달 뒤 암은 더 공격적인 형태로 재발했다. 가장 끔찍한 형태의 뇌암(다형성 교모세포종)이었고, 살날이 여섯 달쯤 남았다고 했다. 브리트니와 가족이 조언받은 최선의 치료에는 전체 뇌 방사선 요법이 들어 있었는데, 이 치료법은 수명을 최대한 연장해 주지만 부작용이 심각했다. 호스피스 치료를 받다 떠나는 것도 진지하게 고려했지만, 그녀는 이렇게 생각했다.

> 지금껏 알던 것과 같은 삶의 질은 사라져 버릴 것이다. …… 그리고 추천받은 치료법들이 내게 남은 시간을 파괴해 버릴 것이다 …… 완화 치료만으로도 어쩌면 모르핀 내성 통증이 생기고 성격 변화나 언어, 인지, 운동, 사실상 어떤 종류든 기능 저하를 겪을지도 모른다.

메이너드는 의사로부터 삶을 끝내는 약을 처방받기 위해 필요한 모든 법적 요건을 충족할 수 있도록 캘리포니아를 떠나 오리건 주민이 되었다. 마지막 몇 달 동안 그녀는 논리정연하고 설득력 있는 의사조력죽음 지지자가 되어 신문기사나 텔레비전 인터뷰에 등장했다. 절절한 만큼이나 사려 깊은 그녀의 메시지를 함께 나누고 싶다.

> 달리 누군가에게 존엄사를 택해야 한다고 말하지는 않을 것이다. …… 누가 됐든 어째서 다른 이가 나 대신 선택할 권리를 가져야 하는지를 묻는 것이다.
>
> …… 10월 26일에는 남편, 가족과 함께 남편의 생일을 축하할 계획이다. 내 상태가 극적으로 호전되지 않는 한 그러고는 곧 세상을 떠날 것이다.
>
> 만나게 될 일이 전혀 없을 내 동료 미국 시민들을 위해, 이 선택지가 여러분에게도 가능하기를 바란다. 여러분이 나와 같은 길에 들어서게 된다면, 적어도 이와 같은 선택지가 주어지고 그 누구도 그것을 앗아가려 하는 일이 없기를 바란다.
>
> 고통이 극도로 커질 즈음 내가 사랑하는 모든 이들에게 말할 수 있을 것이다. "사랑해. 이리 와서, 뭐가 될지는 몰라도 다음

세상으로 가는 나에게 작별인사를 해줘." 위층의 침실에서 내 남편, 어머니, 새아버지, 절친한 친구들을 곁에 두고 평화로이 떠날 것이다. 다른 누구에게서든 이런 선택지를 빼앗는 일은 상상조차 할 수 없다.

결혼한 지 2년이 채 안 된 남편 역시 텔레비전에 나와 그녀를 지지했다는 사실은 그저 대중을 더 슬프게 했을 뿐이었다.

메이너드의 젊음과 [의사조력죽음에 대한 그녀의] 강력한 지지는 수십 년에 걸쳐 가속화되어 온 현대의 죽을 권리에 대한 논의에 전환점을 만들었다. 캘리포니아 주지사가 의사조력죽음 법안에 서명한 것은 어느 정도는 그녀의 사례에 영향을 받아 이 쟁점의 ― 윤리까지는 아니라 하더라도 ― 정치학이 바뀌었다는 신호였다. 미국인은 오래전부터, 치료하기 힘든 병에 걸린 노인들, 함께 죽은 커플들, 심지어는 더 고통받는 일로부터 구해 주려 사랑하는 상대를 죽인 이들의 비극적인 뉴스 보도에 익숙해져 있다. 브리트니 메이너드는 이 익숙한 틀을 힘껏 뒤흔들었다. 그녀는 의료 체계를 향한 새로운 태도를 대변했다. 제 일을 제 뜻대로 할 각오가, 의료계 대부분이 강력히 반대한다 해도 그 기회를 요구할 각오가 되어 있는 세대였다. 이런 면에서 그녀의 사례는 우리가 5장에서 논할, 실험 단계에 있는 약품을 '시도할 권리'와 공명한다. 그러나 검증되지 않은 요법을 '시도할 권리'와 달리 '존엄사' 운동은 환자 자율성의 제고를 지지하기는 하지만 효과적인 약물을 처방할 의사의 과학적 전문성을 전적으로 받아들인다. 이것이 도전하는 대상은 존엄하게 죽는다는 것의 의미에 관한 환자 자신의 정보에 기반한 숙고를 기각하는 의사들 혹은 국가의 도덕적 권위이다.

브리트니 메이너드의 사례는 의사조력죽음 운동에 획기적인 사건이었다. 입장에 따라 좋을 수도 있고 나쁠 수도 있겠지만, 어쨌거나 이 사례는 그 자체만으로는 온전히 이해될 수 없다. 말기 환자 중에서도 그런 의료적 수단을 이용해 '존엄사'법 안에서 자신의 죽음을 앞당기려 하는 이들은 소수이다. 매년 훨씬 많은 미국인은 말기 환자에게 보다 통증 없고 따스하며 위로가 되고 품위 있는 돌봄을 제공할 수 있도록 (또한 그 가족들 역시 돌볼 수 있도록) 고안된 호스피스 치료를 받는다. 오리건의 '존엄사'법에 따라 메이너드는 호스피스 치료에 대한 정보를 고지 받아야 했다. 하지만 호스피스나 다른 완화치료로 도움받을 수 있을 메이너드의 수많은 동료 미국인들은 해당 정보를 제공받지 못하거나 그것을 이용하고 비용을 부담할 형편이 안 된다.

현대 의료는 의사에게 검사나 수술을 명할 권한을 점점 더 많이 주며, 일반적으로 미국 보건의료는 그들이 이를 통해 돈을 더 많이 벌 수 있게 한다. 하지만 호스피스(나 다른 완화치료)는, 모두에게 존엄하며 불필요한 통증이나 고통 없는 죽음을 확실히 약속해 주지는 못한다 해도, 수백만 명 이상의 말기 치료를 개선할 엄청난 잠재력이 있음이 증명되었다. 미국에서 말기 치료를 둘러싸고 법적·정치적 논란이 이어지는 가운데 공통의 윤리적 토대를 일구는 과정에 호스피스가 갖는 의미를 나중에 다시 검토할 것이다.

법적·정치적 체제가 필히 윤리적 질문에 답을 내리는 것은 아니며 자신의 죽음에 대해 우리가 얼마만큼의 통제권을 가져야 하는가와 같은 심오한 질문들은 반드시 그 문화적·역사적 배경을 고려해 다뤄야 한다. 한 가지 중요한 예비 단계는 죽음과 죽어 감이 삶과 유리된 사건이 아니라 그 일부로서 경험될 수 있을 방식을 폭넓게 고민하는 것이다.

1965년, 철학자 시몬 드 보부아르Simone de Beauvoir는 암으로 죽은 어머니에 관한 가슴 아픈 회고록을 출간했다.[2] 어느 정도는 무신론을 버리고 신께로 돌아오라는 어머니의 고집 때문에 둘은 오랫동안 껄끄럽게 지낸 사이이다. 어머니가 끝에 다다를 즈음이면 이야기는 읽기 힘들어진다.

> 그런데 갑자기 왼쪽 엉덩이가 불에 타는 듯하다며 비명을 질렀다. 뜻밖이라고는 할 수 없었다. 살갗이 벗겨진 부위가 피부 안쪽에서 스며 나온 요산에 젖어 든 탓이었다. …… 엄마는 내 손을 꽉 쥔 채 절규에 가까운 신음 소리를 내며 말했다. "불에 타는 것 같아, 너무나 끔찍해, 못 참겠어, 참을 수가 없어." 그러고는 반쯤 흐느끼면서 이렇게 말했다. "너무나도 불행하구나." 내 마음을 찢어 놓는 어린애 같은 목소리였다. 엄마는 완전히 혼자였다! 엄마를 어루만지고 그녀에게 말을 걸어 줄 수는 있었지만, 지금 엄마가 느끼는 고통을 함께 나누기란 불가능했다. …… 이제 나는 의사들은 물론이거니와 동생과 나 자신조차 이해할 수 없었다. 헛되이 엄마를 괴롭히는 이 순간들을 그 무엇으로도 정당화할 수 없었기 때문이다.[3]

그러고는 갑작스런 발작이 찾아왔다. 숨을 못 쉬겠다며 소리를 지른 보부아르의 어머니는 혼수상태에 빠졌고 곧 사망했다. 이후에 보부아르는 간병인과 함께 어머니가 고통으로 치른 고역을 곱씹었다. 간병인은 "보호자분, 제가 보증하건대 어머니께서는 아주 편안히 죽음을 맞이하셨

어요"라고 답했다.[4] 욥의 시련†을 떠오르게 할 수도 있을 만한 것을 두고 그 간호사가 보인 무덤덤한 태도에 독자로서 우리는 충격을 받을지도 모르지만, 보부아르는 더 중요한 점을 짚어 낸다.

> 사실 엄마는 비교적 편안히 죽음을 맞이하셨다. …… 이렇게 호소할 수 있는 이가 한 명도 없는 처지에 놓인 모든 사람에 대해 나는 생각했다. 기댈 곳 하나 없이, 무심한 의사들과 과로에 지친 간호사에 의해 좌우되는 일개 환자에 불과하다고 스스로 느낄 때 그 얼마나 불안하겠는가. …… 엄마는 아주 편안히 죽음을 맞이하셨다. 운이 좋은 자의 죽음인 셈이었다.[5]

우리는 우리 자신이 또한 우리가 사랑하는 사람들이 돌봄의 손길들 사이에서 상대적으로 안락하게 생을 마감할 수 있길 소망한다. 하지만 여전히 보부아르는 어머니가 죽어 간 과정에 더 큰 의미를 부여하기를 꺼린다. 다른 누구에게도 마찬가지다. 이는 죽음에 대한 평범한 철학적, 혹은 종교적 반응은 아니다. 플라톤은 사랑했던 스승 소크라테스 — 모순적인 일이 되리라는 이유로, 널리들 기대했던 사형을 피할 기회를 거부한 — 의 죽음에 의미를 두었다. 소크라테스는 아테네에서 살기로, 그 전쟁에 참가하고 그 영토에서 아이들을 기르기로 해놓고, 판결 하나에 동의하지 않는다는 이유로 법을 강제하는 국가의 힘을 무시할 수는

† 성경에서 욥은 인간의 믿음을 증명하려는 신과 사탄의 시험으로 가족, 재산, 건강 등 가진 것을 모두 잃는다. 욥은 벌 받을 죄를 짓지 않았고 신의 뜻을 몰랐음에도 신앙을 지킨다. 이처럼 정당화할 수 없이 다만 겪어야 하는 시련을 뜻하는 말이다.

없다고 주장했다. 침착하게 그리고 유쾌하게, 흐느끼고 통곡하는 친구들 곁에서 그는 독배를 들이켰다. 의미 있는, 양심에 따른, 심지어는 영웅적인 사건으로서 소크라테스의 죽음이라는 예화는 세속적 전통이나 종교적 전통에 모두 지대한 영향을 미쳤다.

죽음을 눈앞에 둔 여러 철학자들이 설명하는 죽음에는 죽음을 이해하려는, 혹은 죽음을 이해할 수 있다는 생각을 버리려는 인간의 근본적인 투쟁이 반영되어 있다. 하지만 이 영원한 딜레마는 인간이 실제로 어떻게 죽어 왔는지에 대해 거의 아무것도 말해 주지 않는다. 실제로 지난 수백 년 이전 죽음의 역사에 대한 우리의 지식은 지극히 얕다. 전쟁·전염병·기근 등 거대한 트라우마적 사건들은 기록되지만 평범한 시기 평범한 사람들의 죽음은 많은 추측을 요한다. 우리가 말할 수 있는 것은, 아주 최근까지만 해도 사람들은 효과적인 의료적 조치를 거의 혹은 전혀 받지 못한 채 집에서 죽었다는 점이다. 의사의 역할은 대개 위안을 주는 것, 그리고 아마도 예후를 알려 주는 것이었다. '치료법'들은 종종 '영웅적'이라거나 하는 식으로 칭해졌는데, 귀해서가 아니라 너무도 극단적이기 때문이었다. 더 잦게는, 죽음이 현대 병원의 죽음에 비해 순식간에 찾아왔다. 물론 예전에는 모니터링 장비(이는 사실 상황을 통제하고 있다는 환상만 제공할 뿐이다)도 없었고, 임상 시험도 할 수 없었다.

기본적인 생리학적 의미에서 모든 죽음은 똑같은 방식으로, 뇌에 산소가 없어질 때 일어난다. 이런 인식이 지난 60년간 '전문 심장 소생술'Advanced Cardiac Life Support이라는 이름으로 묶인 일련의 치료법 개발을 추동했다. 그 치료법 중 하나인 심폐소생술은 큰 법적 책임을 가지는 의사나 기관들이 심폐소생술을 언제 얼마나 시도해야 할지를 결정하려 애쓰는 와중에, 의료윤리 논의의 최전선에 있게 되었다. 이제는 심폐소생술을 원치 않는 환자를 위해 흔히 소생술 금지Do-not-resuscitate, DNR 명령이 기재된다. DNR 명령의 기원은 생명윤리학에서의 죽음과 죽어 감]에 대한 논의와 긴밀히 얽혀 있다. 1960년대의 다른 많은 의료 기술들과 마찬가지로 심폐소생술은 극단적인 상황에서 수명 연장을 위해 쓰이는 과감한 수단에서 죽어 가는 환자를 위한 거의 통상적인 전제로 바뀌었다. 소생술의 결과로 환자들은 이따금 목숨은 부지하지만 안타깝게도 심각하게 손상된 채로 남게 된다. 1974년 미국심장협회American Heart Association는 의사가 심폐소생술에 동의를 구할 것을 권고했지만 현장에서는 여전히 차이가 컸다.[6] 어떤 병원들은 굉장히 공격적이어서 환자들을 몇 번이나 소생시켰지만 어떤 곳에서는 보라색 점 등의 부호를 써서 의료 차트에 DNR을 표시했다.

삶에서와 마찬가지로 의료윤리학에도 굉장히 이상한 우연들이 있다. 1975년 미국심장협회 권고 바로 이듬해, 캐런 앤 퀸런Karen Ann Quinlan이라는 스물한 살의 여성이 뉴저지 자택 근처의 바에서 파티를 하던 중 쓰러졌다. 그녀는 며칠째 아무것도 먹지 않은 상태로 파티에서 술을 마시고 당시 오락용 약물로 흔히 쓰였던 진정제를 복용했다. 현기증을 느낀 그녀를 친구들이 집에 데려다 주었고 그녀는 거기서 숨이 멎었다. 구강 인공호흡을 했지만 의식을 되찾지 못하고 혼수상태에, 이윽고 심각한 뇌손상으로 인한 지속적 식물인간 상태persistent vegetative state, PVS에 빠졌지만 뇌사는 아니었다. 이 사례는 1970년대와 1980년대의 가장 유명하고 첨예한 생명윤리학적 쟁점 가운데 하나로 주목받았다는 점에서 굉장히 중요하게 다룰 만하다. 줄지은 언론 보도로 캐런 앤 퀸런의 이름은 대중문화 속으로 퍼졌고, 잔인한 농담의 소재가 되기도 했다.

캐런 앤 퀸런은 숨을 쉴 수 있도록 산소호흡기를 달고 관으로 음식을 공급받은 것으로 알려졌다. 담당 신부의 영적인 조언과 조력을 받은 그녀의 부모는 연명을 위한 "예외적 수단"은 윤리적으로 꼭 필요한 것이 아니라는 가톨릭 교리가 그녀의 산소호흡기에 적용된다고 주장했다. 퀸런 부부는 딸에게서 호흡기를 떼는 데 병원의 의사들이 동의하리라고 믿어 의심치 않았다. 하지만 의사들은 거부했고, 퀸런 부부는 법원에 호흡기 제거를 허락해 딸이 "은혜롭고 존엄하게" 죽을 수 있게 해달라는 진정서를 제출했다. 이 소송은 미국 법정에서 있었던 존엄사 관련 최초의 판결이었다. 이 법정에서 의사 측 변호인들은 인공호흡기를 제거해 달라는 부모의 탄원을 받아들이는 것은 "가스실을 가동하는 것과 마찬가지"라고 주장했다.[7]

퀸런 부부는 이 재판에서 패소했지만 뉴저지주를 상대로 한 항소에서는 마침내 승소했다.[8] 뉴저지주 대법원은 연명치료 결정에 관한 사생활의 권리를 옹호하는 만장일치 판결을 내렸다. 퀸런의 산소호흡기가 제거되었지만 그녀는 조력 없이도 9년간 계속 숨을 쉬었다. 1985년 사망 당시 그녀의 체중은 65파운드[약 29.5킬로그램]였다. 퀸런의 부모는 (고통을 유발하지 않는다는 것을 근거로) 음식 공급관은 제거하지 않기로 했고, 이는 이후 사례들에서 다뤄질 문제를 미결로 남겨 두었다.

임상 윤리

퀸런의 사례에서 심폐소생술이 주요 쟁점은 아니었지만, 그녀의 이야기는 사회가 아직 현대 의료 기술에 적응하는 중이었던 당시에 죽음과 죽어 감을 둘러싼 폭넓은 쟁점들로 전국적 주목을 끌었다. 의사이자 과학저술가인 루이스 토머스Lewis Thomas는 생명은 유지할 수 있을지라도 삶의 질을 이전과 가깝게 되돌려 놓지는 못할 "반쪽짜리 기술"이라는 용어를 만들었다.[9] 대중문화계에서는 캐나다 배우 리처드 드레이퍼스가 출연한 1981년작 영화 <내 인생은 나의 것>Whose Life Is It Anyway?에 사고로 팔다리를 쓸 수 없게 된, 죽을 수 있게 도와 달라고 말하는 한 조각가의 이야기가 담겼다. 다소간 역설적이게도, 죽음과 죽어감에 대한 최초의 유명 사례는 스스로 치료 중단을 요구할 수 없었던 캐런 앤 퀸런의 사례였는데, 그녀가 처했던 상황은 1980년대를 지배한 생명윤리학적 논의를 추동했다.

그 논의의 핵심적인 순간은 1983년 대통령 윤리위원회 보고서인 『연명치료 포기 결정』의 발간과 함께 찾아왔다.[10] 환자의 생명을 유지하고 있는 치료를 부모나 법적 대리인의 요청에 따라 중단하는 일의 윤리적 문제를 깊이 숙고하는 동안, 윤리위원회의 위원들—그리고 관심 있는 미국인들—은 드레이퍼스의 영화나 퀸런의 실제 사례 및 이와 관련된 다양한 쟁점들을 분명 염두에 두었을 것이다. 의사결정 능력이 있는 성인에게는 치료를 거부할 도덕적·법적 권리가 있다는 점은, 만약 연명치료가 환자가 동의를 할 수 없는 상황에서 이미 시작되었을 경우, 어떻게 해야 하는지의 문제보다 논쟁의 소지가 적다. 그런 치료를 중단한 의사는 환자(나 그 대리인)가 분명히 원했고 그 결과 자신이 죽을 수도 있음을 이해했다 해도 환자의 죽음에 대해 책임을 져야 하는가? 위원회의 결론은 확실했다. 치료를 시작하지 않은 시점에서 치료를 받아들일 의무가 없는 것과 마찬가지로, 환자는 원치 않는 치료를 계속 받을 필요도 없다.

위원회는 치료를 중단하는 것은 애초에 치료를 시작하지 않는 것보다 도덕적으로 덜 문제적[덜 나쁘다]이라고 주장했다. 또한 위원회는 직관에 반하는 쪽으로 한 걸음 더 나아간다. 대부분의 사람들은 처음부터 생명유지 치료를 시작하지 않는 것보다는 중간에 제거하는 것을 심리적으로 더 어려워하지만 직업적 보건의료 제공자에게 있어서의 실천윤리는 정확히 그 반대 방향이라는 것이 위원회의 판단이었다. 어떤 입증된 치료법이 실제 개별 환자의 상태를 호전시킬 것인가 하는 문제는 시도해 보기 전에는 종종 매우 불확실하다. 결론적으로 환자의 치료를 책임지는 전문가들은 해당 사례에서의 효능을 알아내기 전에 어떤 입증된 치료법의 적용을 보류하는 경우에 비해 해당 사례에서 효과가 없는 것이 확인된 후 그 치료법을 중단할 때 더 큰 정당성을 가질 수 있다. 더 나은 증거를 가지고 있기 때문이다. 그저 환자의 죽음이 임박해 올 수도 있음이 예견된다는 이유만으로 치료를 시작하는 것보다 중단하는 것에 더 높은 장벽을 세우는 것은, 역으로 의사가 과도하게 조심하느라 어쩌면 생명을 구할 수도 있을 치료법을 시도조차 해보지 않게 만들 수도 있다는 것이다.

위원회의 보고서는 산소호흡기로 호흡을 보조하는 경우까지를 포함해 의사가 연명치료를 제공하지 않는 것과 중단하는 것 사이에 내재하는 모든 윤리적 차이를 효과적으로 논파했다. 이 결론은 논리적 측면에서는 반박할 수 없는 것이었지만 심리적 측면에서는 그렇지가 않았다. 위원회는 의사에게 있어 환자에게서 관을 빼거나 "플러그를 뽑는" 일이 일반적으로 처음부터 치료를 시작하지 않는 것과는 매우 다르게 **느껴진다**는 점을 인정했다. 하지만 생사가 덜 즉각적인 다른 상황에서는 대개 심리적 부담이 뒤집어진다. 말기 암 환자와 그 의사가 침착하게 화학요법을 중단하기로 하는 경우를 생각해 보라. 이는 아마도 처음부터 화학요법을 시작하지 않는 것보다 의사의 심리적 부담이 덜할 것이다.

위원회는 심리적 반응이 반드시 윤리적 결론을 이끌지는 않음을 섬세하게 논증한다. 그런 반응들이 덜 중요하다는 것은 아니다. 사실 이를 이해하는 것이 더욱 더 중요하다. '의료적 치료의 중단은 그것을 시작하지 않는 것보다 본디 도덕적으로 더 문제적이지 않다'라는 위원회의 주요 결론은 여전히 논쟁거리이기는 하지만 1960, 1970년대의 기술적 혁신, 세간이 주목한 소송들, 진화하는 병원-환자 및 의사-환자 관계라는 맥락 속에서 빠르게 변화하는 의료계와 대중 양자의 태도를 보여 준다.

법률제도는 윤리적 합의의 빈약한 대체물이다. 1970년대 등장한 캐런 앤 퀸런과 같은 소송을 피하기 위해 상당수의 병원들이 윤리위원회를 만들었는데, 이는 소송에 들어가기에 앞서 의료적 윤리적 분쟁을 해소하는 데 도움을 받기 위해서였다. 이 위원회들은 대개 의사, 간호사, 사회복지사, 지역사회 대표로 구성된다. 어떤 경우 위원회들은 긴급 협의를 관장하기도 한다. 윤리 협의회는 상충하는 의견들을 발표하고 더욱 잘 소통할 수 있는 위협적이지 않은 환경을 제공한다. 역사가 데이비드 로스먼David Rothman이 『머리맡의 낯선 이들』*Strangers at the Bedside*이라는 적절한 제목의 생명윤리학사 책에 썼듯 윤리위원회는 미국 보건의료가 변화했다는 또 한 가지 예시이다.[11] 의료윤리는 더 이상 각 사례를 담당하는 의사만의 영역이 아니다.

윤리적 결의론

죽음에 관한 결정들은 다른 어느 것 못지않게 도덕적으로 논쟁적이며, 그런 결정들을 어떻게 해야 가장 잘 평가할 수 있는가 하는 문제 역시 마찬가지다. 앞에서 언급했듯 1960년대와 1970년대의 사회적 격변 속에서 많은 철학자들은 엄격한 도덕적 추론이 어떻게 현실 세계의 문제들에 유의미할 수 있는지를 보여 주는 데 골몰했다. 생명윤리학자 톰 비첨과 제임스 칠드러스는 그들의 영향력 있는 교재에서, 잠재적으로 중요한 연구에서 사람을 대상으로 해도 되는 일의 한계와 같은 실질적인 생명윤리학적 딜레마들을 고민하며, 유의미하고 다양한 주요 도덕 전통들에서 받아들여질 수 있는 중간 수준의 원칙을 모색한다.[12] 그들은 많은 철학적·신학적 전통에서 발견된다는 네 가지 원칙, 즉 자율성 존중, 선행, 해악 금지, 정의에 다다른다.

때로 '원칙주의'라고 불리는 이것을 비판하는 이들은 자율성이나 선행 같은 원칙들이 종종 상충하는 결론으로 이어지거나 아예 아무런 결론도 내놓지 못함을 지적했다. 예컨대 연구 측면에서 동의할 능력이 없는 몇몇 사람들의 자율성을 존중하는 것은 수많은 환자들의 생명을 구할 수 있는 약품을 개발하는 선행과 상충한다. 말기 의료 측면에서는, [다수와 관계된 문제가 아니라] 단 한 명의 환자를 치료하는 경우를 윤리적으로 고민할 때에도 선행은 자율성과 충돌할 수 있고, 혹은 질환 말기 단계로 명백히 고통받고 있으며 의사결정 능력이 없고 사전의향서도 없는 환자의 경우처럼 아예 어떻게 해야 할지 잘라 말할 수 없을 수도 있다. 그렇다면 윤리적인 보건의료 제공자나 대리 의사결정자는 무엇을 해야 하는가? 물론 그저 이 원칙들은 아무 결정도 지시해 주지 않으며 그 이상을 알려 주지도 해주지도 않는다는 말로 끝낼 일은 아니다. 비첨과 칠드러스는 상충이나 비결정성의 상황에서는 원칙들을 견줘 보고 구체화해야 한다고 말했다. 그러나 비판가들은, 원칙들로부터만 논증하는 것은 도전적인 사례들에 대해 결정을 내리는, 본디 좀 더 실천적이면서도 그에 못지않게 도덕적인, 오래된 방식을 간과하는 것이라고 주장했다. 또한 한 상황에 대해 알려진 사실들만으로 가장 선행적인 행위[선택지]를 추론하는 것은 거의 불가능하다. 댁스는 그렇게 계속 사느니 죽는 게 나았을까?

원칙주의의 한계를 고민한 두 저명한 비판가 앨버트 존슨과 스티븐 툴민은 흔히 관습법과 신학에서 쓰이는, 결의론이라는 사례 기반 추론법에 새로이 주목할 것을 요청했다.[13] 간단히 말하자면 결의론이란 동일한 핵심 문제에 관해 여러 사례를 검토하고, 그 사례들이 다뤄지는 방식에 있어 훌륭한 한 극단과 전혀 받아들일 수 없는 다른 한 극단을 도출하는 것으로 구성된다. 인체 실험의 경우 한쪽 극단에는 온전히 정보를 제공받으며 의사결정 능력이 있고 그로부터 이득을 얻을 수 있을 성인이 참여하는 중요한 저위험 연구가 될 것이며 나치 강제수용소에서 행해진 종류의 실험들이 다른 극단에 놓일 것이다. 그 사이에는 훨씬 더 상세한 숙고를 요하는, 세부 내용이 서로 다른 온갖 실험들이 있을 것이다.

의료윤리의 핵심 질문 한 가지를 생각해 보자. 실험적 치료에 동의하기에 충분한 정보를 가지려면 얼마나 많은 지식과 이해가 필요한가? 결의론은 이 질문에 일반적으로 모두 적용될 수 있는 답을 하려 애쓰는 대신 실제 사례들에 대한 구체적 질문을 던지는 것으로 출발한다. 최상의 선행 사례들과 그에 관한 사실들에 비춰 볼 때 이 특정한 환자는 무엇을 알아야 하며 왜 그래야 하는가? 잘 정리된 사례들에 유비를 추가한 맥락적 추론은 새로운 사례가 어디에 해당할지를 판별하는 데 도움이 된다. 결의론자들은 일반적 원칙에서 출발해 특정 사례에 대한 답을 연역적으로 도출하는 경우 원칙이 구호가 되어 거짓 확실성을 제시하고, 극단적으로는 광신에 힘을 싣게 될 수도 있다는 점을 우려한다.

실제 사례들을 이해하는 것은 실천적 숙고를 위한 기획으로서의 생명윤리학에 핵심적이지만, 일종의 길잡이 원칙이나 그에 상응하는 것(예컨대 원칙을 반영한 경험칙) 없이 수행되는 사례 분석 그 자체로는 불충분하다.[14] 원칙과 떨어져 독자적인 탐구 방법이 될수록 결의론은 남용되기 쉬워진다. 남용이 심각해지면 유비나 직관을 통해 추론함으로써 비윤리적인 것을 합리화하게 될 수 있으며 이는 거짓 확실성을 제시하거나 광신적인 고집을 옹호하기 위해 원칙을 들먹이는 것과 다를 바 없다. 예컨대 인종 분리에 있어 '최선의 사례'와 '최악의 사례'를 상상해 보라. 인간의 도덕적 평등이라는 원칙이 없으면 우리는 본질적으로 비도덕적인 사례들 이상을 생각하지 못하게 될 수 있다.

반드시 비도덕적인 것을 도덕적이어 보이게 만드는 것은 아닐지라도, 그간 '결의론'이라는 단어 자체는 교묘하게도 중요하지 않은 구분점들을 끌어오고 도덕적으로 가장 중요한 것은 고려하지 않는 것을 가리키게 되어 버렸다. 예를 들어 인체 실험의 경우, 치명적인 질환에 대한 새로운 치료법을 찾는 데서 우리는 윤리적 실험의 선행적 역할을 인정하면서도 결코 자율성 존중이나 정보에 기반한 개인의 동의를 논외로 두려 하지 않을 것이다. (이것은 출발선에 불과하다.) 원칙을 사용하길 거부하는 결의론은 그 원칙들이 우리의 윤리적 이해에 중요한 길잡이 역할을 한다는 것을, 그리고 "남에게 대접받고자 하는 대로 남을 대접하라" 혹은 "입장을 바꾸어 생각해 보라"와 같은 알려진 금언들과 마찬가지로 맥락적인 것임을 인식하지 못하는 것이다. 길잡이 원칙 없이 오직 유비와 사례만으로는 잘해야 엉성해지고, 못하면 편향된다. 윤리적 결의론은 도덕적 원칙들에 기대어 범례와 유비로부터 추론하는 방법론이다. 우리는 이것이 이해에 도움이 되는 생명윤리 교육법이자 생명윤리를 실천하는 생산적인 방식이라고 생각한다.

예를 들어, 퀸런 시대의 대조적인 사례, 즉 조지프 사이케빅의 경우를 생각해 보자. 1976년 백혈병 진단을 받은 당시 그는 67세였다. 화학요법은 반 년 정도, 30퍼센트에서 50퍼센트 확률로 병을 완화시킬 가능성이 있었다. 거의 평생을 국가 시설에서 지냈던 그는 아이큐가 매우 낮았다고 알려졌고 심각한 지적장애가 있었다. 연락하는 가족이 없었으므로 그의 의료적 의사결정은 검인법원†에서 맡았다. 법원은 너무 적은 이익을 위해 그가 이해할 수 없을 부담을 수반할 것이므로 치료는 그에게 최선의 이익이 아니리라고 판결했다.[15] 화학요법은 실시되지 않았고, 진단 몇 달 후 그는 사망했다.

우리가 논의하는 여타 사례들과는 달리 사이케빅은 스스로 결정할 수 없었을 뿐만 아니라 스스로의 가치관과 선호를 계발하고 표현할 능력도, 기회도 전혀 갖지 못했다. 사이케빅이 자율성을 발휘할 수 없었으므로, 검인법원은 그를 대신해 결정하며 암묵적으로 선행의 원칙을 활용했다. 윤리적 결의론의 측면에서 보면 캐런 앤 퀸런 같은 이가 범례적 사례에 해당하며 그녀는 가까운 이들이 그녀가 바란 것이 무엇인지 알 수 있을 만한 성숙한 나이에 이른 경우라고 할 수 있다. 반대로 사이케빅과 같은 경우에는, 그의 최선의 이익에 대한 우리의 최선의 판단을 토대로 그의 판단이 무엇일지 다른 이들이 그를 대신해 추론해야 한다. 물론 우리는 그의 실제 선호가 어땠을지 결코 알 수 없기에, '대리 판단' 기준이란 본질적으로 보다 불확실하고 따라서 보다 큰

† 유언의 확인과 집행 등을 전담하는 법원. 한국에서는 가정법원이 일부 개입하는 절차이지만 미국에서는 검인법원이 유언의 효력 확인에서부터 피상속자에 대한 조사, 상속 집행, 유산 관리 등에 적극적으로 개입한다.

비판을 받게 될 공산이 크다. 공평성으로서의 정의의 이상을 토대로, 법원의 판결을 비판하는 이들은 그의 지적장애가 화학요법의 부담이 다른 이들보다 그에게 더 크다거나 그의 수명을 몇 달 연장하는 것의 가치가 조금이라도 덜하다는 추정으로 이어져서는 안 됐다고 합리적으로 주장할 수 있을 것이다.

말기 의료가 제기하는 이 같은 어려운 상황들에서, 우리의 윤리적 이해는 순수하게 원칙으로부터 흘러나오는 것(단순한 연역)도 상세한 사례연구로부터 흘러나오는 것(단순한 직관)도 아니다. 잘 수행된 윤리적 결의론은 상정된 원칙들과 범례들에서 복잡한 실제 사례로 넘어갔다 다시 돌아온다. "미덕은 실천적 숙고 없이는 완성되지 않는다"라는 그 기본적 전제는 많은 생명윤리학자들이 어려운 사례들을 두고 어떤 식으로 고민하는지를 보여 준다.[16] 우리가 평소에 산문체로 이야기하면서도 산문체로 이야기한다고 굳이 말하지 않는 것과 마찬가지로, 생명윤리학자들 역시 딱히 결의론을 수행하고 있다고 말하지는 않겠지만 말이다. 의사조력죽음에 관한 윤리적 논의들은 대중이 옹호할 만한 정책을 제출할 수 있도록 우리에게 잘 정리된 원칙들과 범례적 사례 모두를 고려하라고 호소하고 있다.

생명윤리학의 다른 두 방법론은 조지프 사이케빅의 처지에서 원칙에 호소하는 것이나 결의론적 분석으로는 충분히 포착되지 않을지 모를 측면들에 주목하라 요청한다. 페미니즘적 생명윤리학은 보건의료 전달 방식에 있어 젠더, 권력, 계급의 측면에 충분히 주의를 기울이지 않는 경직된 원칙들을 비판한다. 이런 관점은 우리에게 그들을 대신해 제안하는 결정들이 정말로 그의 이익을 위한, 타인에 대한 그의 필연적인 의존성을 온전히 고려한 것인지 생각해 보라고 요구한다. 또한 그런 이익들이 자기결정을 할 수 있는 환자들에게 있어서는 다를지, 다르다면 어떻게 다를지 제대로 알라고 요구한다.

이와 유사하게, 생명윤리학에서 돌봄 관점은 누군가가 자기 위치에서 갖는 철저한 취약성, 그리고 타인을 돌보아야 할 우리 모두의 (그리고 우리를 돌보아야 할 타인들의) 책임을 강조한다. 그 누구도 고립된 섬으로 존재하지 않음에도 타인에 대한 사회적 책임이나 의무보다 개인적 권리를 강조하다 보면 마치 그렇다는 듯 호도될 수 있다. 사이케빅 사례의 이런 세부 사항들을 따져 봄으로써 우리는 그의 이야기에서 그저 어떤 추상적 개인에게든 적용되는 윤리적 원칙에만 주목하기보다는 특수하며 근본적으로 의존적인 상황에 있는 사이케빅이라는 개인에게 주목할 것을 요청하는 측면들을 논의에 가져올 수 있었다.

'데비'에서 '죽음의 의사'로

1988년 『미국의사협회지』는 어느 병원에서 죽어 가고 있는 환자를 묘사한 것으로 알려진, 「끝났어, 데비」라는 무기명 기사를 실었다.[17] 지칠 대로 지친 어느 젊은 의사가 쓴 것으로 알려진 이 글은 화학요법이 통하지 않은 말기 난소암 환자로 심각한 구토 증세를 겪고 있다는 스무 살 데비의 이야기다. 한밤중에 호출받은 의사는 환자의 고통 어린 숨소리를 듣는다. 나이 든 다른 여성이 데비의 손을 잡고 있다. 데비는 거식증과 불면증으로 상황이 매우 안 좋았던 모양으로, 그저 "이제 그만 끝내요"라는 말뿐이었다. 필자는 간호사실로 가며 "건강하게 해줄 순 없겠지만 편하게 해줄 수는 있어"라고 생각한 것을 떠올린다. 주사기에 모르핀

황산염을 넣으며 "이 정도면 그럴 만해" 하고 생각했다. 의사는 병실로 돌아가 데비에게 이 약이 "쉴 수 있게…… 작별할 수 있게 해줄 것"이라고 말했다. 호흡이 안정되었고 편안해 보였다. 나이 든 여성은 데비의 머리칼을 쓰다듬었다. "시계처럼 정확하게, 호흡수는 4분에 걸쳐 점점 더 낮아진 후, 불규칙해졌다가, 멎었다. 짙은 머리칼의 여자는 똑바로 서 있었다. 마음을 놓은 듯했다." 글은 이렇게 마무리된다. "끝났어, 데비."

「끝났어, 데비」는 여러 층위에서 격렬한 저항을 불러왔다.[18] 첫째로, 의료윤리학자들은 실상과 달리 병원에서 환자의 정보에 기반한 동의를 고려하지 않고 죽음을 초래하는 약을 함부로 투여한다는 인상을 줄 수 있다는 점에 항의했다. 둘째로, 많은 이들은 몇몇 굉장히 이상한 말("알코올 링거")뿐만 아니라 병실에 누가 있었고 그들이 무엇을 원했는지가 모호하게만 서술되어 있다는 점을 들어 이 글은 지어낸 것이 틀림없다고 생각했다. 셋째, 이처럼 부족하고 오해의 소지가 다분한 잡문을 싣기로 한 편집자의 결정을 두고 언론 윤리에 관한 항의도 있었다. 이것이 죽음조력에 있어 최악의 시나리오—부정적인 범례—라는 데 모두가 동의했다.

「끝났어, 데비」를 둘러싼 논란이 더욱 더 강렬했던 것은, 이 글이 잭 케보키언Jack Kevorkian이라는 미시간의 병리학자—1990년대에 그의 이름은 언론과 세간의 집중포화를 받았다.—가 디트로이트의 신문들에 "죽음 상담" 광고를 시작한 것과 비슷한 시기였기 때문이다. 「끝났어, 데비」 발행 2년 뒤인 1990년, 그는 자신이 소유한 폭스바겐 버스 뒷자리에서 죽음 기계인 "타나트론"Thanatron†을 연결해 재닛 애드킨스라는 54세 여성이 죽는 것을 도왔다. 애드킨스는 알츠하이머병 진단을 받은 상태였다. 케보키언의 고객 혹은 희생자 130명 대부분과 마찬가지로 애드킨스는 스스로 티오펜탈나트륨과 염화칼륨을 주입하는 화학 장치를 작동시켰다. 케보키언의 조력을 구한 이들 중 일부는 말기 질환이 아니었고 통증을 보고하지 않았으며, 다른 일부는 그가 죽음의 수단을 제공하기 겨우 하루 전날 그를 처음 만났다.

케보키언은 복잡하고 골치 아픈 인물이었다. 몇몇 생명윤리학자들은 그가 죽음 상담으로 그 판에 등장하기 오래전부터 그를 익히 알고 있었다. 그는 수년간 사형수들이 사형 집행 대신 의학 실험을 당하는 쪽을 선택할 수 있게 허용해야 한다고 주장해 왔다. 널리 인정받고 정립되어 있는 윤리적 규범과 양립할 수 없는 섬뜩한 생각이었다. 하지만 주목받고 싶었던 케보키언은 그야말로 집요했다. "죽음의 의사"로 널리 알려지며 케보키언은 누군가에게는 문화 영웅 같은 것이 되었다. 다른 누군가에게는 죽음을 팔아먹고 법을 거역하는 악당이었지만 말이다. 의사의 죽음조력을 허용하는 법을 만들려는 대중적 시도가 새로운 것은 아니었다. 헴록협회Hemlock Society라는 조직은 공감과 선택Compassion & Choices을 계승한 것이었지만 기존 조직들이 옹호하는 모든 것을 한참 넘어선 케보키언의 접근은 급진적이었으며 관습적인 기준들에 비춰 볼 때 분명히 비윤리적이었다. "고통을 겪고 있거나 파멸할 운명인 사람들이 스스로를 죽이는" 것을 돕는 일은, 그의 말로 하자면, "겨우 첫걸음"이었다.

† 희랍어로 '죽음을 위한 장치'를 뜻한다. 이용자 스스로 가동할 수 있으며, 스위치를 누르면 마취제인 티오펜탈나트륨과 염화칼륨이 차례로 주입된다. 이용자는 마취제로 잠든 상태에서 심장이 멎게 된다.

성에 안 차는 이 첫걸음에 힘입어 조성할 수 있을 여러 상황을 통해 그 가치를 이루 헤아릴 수 없는 실험이나 다른 유익한 의료 행위가 이뤄지게 할 수 있으리라는 전망이야말로 만족스러운 것이다.[19]

케보키언이 알았든 몰랐든, 그의 광신적인 성격과 타협을 모르는 사명감은 그가 양심에 따른 거부라 생각했던 일에 미디어의 관심을 끄는 데 톡톡한 역할을 했다. 사태가 심각해진 것은 케보키언이 CBS 뉴스 프로그램 〈60분〉에 자신이 루게릭병을 가진 52세 남성 토머스 유크에게 주사하는 장면을 담은 테이프를 방송하도록 허락한 1998년의 일이었다. 케보키언은 2급살인 유죄판결을 받고 수감되었다. 8년 뒤 그는 모범수로 가석방되었고 2011년에 사망했다. 이해하기 어렵겠지만 당시 케보키언은 일부 미국인의 문화 영웅이자 알 파치노가 출연한 인기작이자 [골든글로브] 수상작인 전기 영화†의 주인공이 되어 있었다. 하지만 그의 부주의한[경솔한] 접근 방식—과 '환자들'을 이용한 그 일들이 결국은 섬뜩한 죽음의 쇼일 뿐이었다는 사실—은 공감이라는 그의 메시지를 무색하게 했다.

다이앤의 사례

한 인간의 삶을 끝내는 일의 무게를 제대로 아는 누구에게든 데비에

† 2010년에 나온 텔레비전 영화 〈유 돈 노우 잭〉(You Don't Know Jack). 케보키언의 친구인 닐 니콜과 해리 와일리가 2006년 발표한 『죽어 감과 죽음 사이: 잭 케보키언의 삶과 안락사 합법화 투쟁』(*Between the Dying and the Dead*)을 참고해 제작됐다.

관한 글은 비윤리적인 의사조력죽음의 한 극단을 보여 준다. 그 일이 정말로 일어나기는 했는지는 알 수 없지만 말이다. 케보키언을 비판하는 많은 이들에게 그의 '치료'는, 그저 낯선 환자의 방에 걸어 들어가 그녀가 고통을 겪고 있거나 말기 질환인 것을 보고는 치명적인 주사를 놓는 것보다 겨우 아슬아슬하게만 나을 뿐이었다. 데비 이후, 그리고 케보키언의 활동이 알려지는 동안 많은 미국인들은 이런 사례들에 대한 윤리적으로 그럴듯한 대안, 곧 도덕적 스펙트럼의 반대편, 긍정적인 쪽에 있는 의사조력죽음의 범례가 있을지 궁금해했다. 뉴욕 로체스터 출신의 의사 티모시 퀼Timothy Quill의 사례는 많은 이들에게 그런 것으로 받아들여졌다.[20] 그의 이야기는 1991년 주요 의학 저널 중 하나인 『뉴잉글랜드저널오브메디슨』*New England Journal of Medicine, NEJM*에 게재돼 알려졌다.

퀼은 '다이앤'이라는 45세 환자를 몇 년째 돌보고 있었다. 그녀의 암 병력을 알았고 그녀가 알코올의존증 가정에서 보낸 힘겨운 어린 시절과 스스로의 알코올의존증 및 우울증에 맞선 고투를 잘 이해했기에 그는 다이앤이 강하고 심지 굳은 사람이라고 느꼈다. 퀼은 또한 전임 호스피스 프로그램 담당자이자 주치의로서 암 환자를 폭넓게 경험해 보았으므로 다이앤이 골수단핵구 백혈병 진단을 받았을 때 관련 정보를 잘 알고 있는 의사로서 그녀를 상담할 준비가 되어 있었다. 생존율이 25퍼센트인 다이앤의 치료에는 화학요법, 골수이식, 전신 방사선 조사, 장기간의 입원 등이 포함될 터였다. 퀼에 따르면 다이앤은 얼마가 되든 남은 시간을 남편, 아들과 함께 보내고 싶으니 치료를 받지 않겠다는 자신의 결정을 두고 그들과 오래 논의했다.

존엄하게 죽을 환자의 권리를 지지했던 퀼은 처음에는 가정 호스피스를 준비했다. 의료적 요법은 다이앤을 편하게 해줄 수단으로 제한하려

했다. 하지만 다이앤은 죽음의 시기를 통제하기로 결정했다. 이것이 자포자기 행위나 전에 앓았던 우울증의 증상이 아님을, 그리고 다이앤에게 스스로 결정할 능력이 있음을 확인한 뒤 퀼은 과다 복용은 죽음으로 이어질 것임을 알려주면서 불면증용 신경안정제를 처방했다. 그날이 되었을 때, 다이앤은 아무도 법적으로 연루되지 않도록 혼자 있을 때 약을 먹겠다고 완고히 말했다. 나중에 퀼이 쓰기로, 다이앤이 홀로 죽었다는 사실은 그에게 한 가지 후회를 남겼다.[21]

케보키언과 마찬가지로 퀼 역시 법적인 문제와 마주했다. 결국 그는 그녀가 자신의 목숨을 거두는 데 사용할 수도 있음을 분명히 알고서 약을 처방했다고 밝혔다. 굉장히 공개적인 방식으로, 엘리트 의학 저널 지면을 통해서였다. 케보키언과는 달리 퀼이 개입한 결과는 훨씬 덜 끔찍했다. 저널에 기사가 게재되고 몇 달 뒤, 수 시간의 증언 청취 끝에 로체스터 대배심은 그를 형사 기소하지 않기로 했다. 의사가 환자의 죽음을 앞당기는 데 관여하는 것을 단호히 반대하는 이들은 물론 이런 법적 결과가 윤리적 논쟁에 종지부를 찍었다고는 생각지 않았다.

이 사례는 또한 다이앤의 사례에 대한 퀼의 조처가 케보키언이나 '데비'에 관한 짧은 글을 통해 알려진 이가 앞서 한 일에 비해 윤리적으로 훨씬 정당하다고 보는 이들을 포함해, 다른 면에서는 동정적인 많은 생명윤리학자들을 불편하게 만들었다. 그들은 이렇게 물었다. 자기 삶을 끝낼 다이앤의 권리를 암묵적으로 지지함으로써 퀼은 다이앤의 사례와 같은 완충 요소는 없이 의사조력죽음이 보다 일반화되는 분위기를 만드는 데 일조한 것이 아닐까? 다른 면에서는 다이앤의 처지를 동정하는 이들 중 다수가 그런 "미끄러운 비탈길", 즉 자기 삶을 끝내는 결정을 할 능력이 사실은 없는 이들에게 가해질 영향과 그들에게 과하게 협조적으로 나올까 두려운 의사들에게 가해질 영향 모두를 우려했다.

미끄러운 비탈길

미끄러운 비탈길 논증은 공공 정책에 관한 논의에서 매우 흔히 쓰이며, 그 윤리학적 한계를 이해하는 것이 중요하다. 새로운 정책의 도입에 반대할 의도의, "X는 Y로 이어질 수 있다"라는 주장은 흔히 무언가를 밝혀 주기보다는 은폐하곤 한다. Y가 윤리적으로 용인할 수 없는 일이라고 해도 그런 주장이 X 역시 용인할 수 없는 일이라는 데 동의할 것을 요구하지는 않는다. 칼럼니스트 조지 윌George Will이 썼듯이, "삶은 불가피하게 온갖 미끄러운 비탈길 위에서 펼쳐진다".

> 과세는 사유재산 몰수가 될 수 있다, 경찰은 억압의 도구가 될 수 있다, 공교육은 세뇌가 될 수 있다 등등. 어디서나 또 언제나, 문명을 지탱하는 것은 지성을 갖춘 분별력이다.[22]

윌은 이 주제에 대한 미끄러운 비탈길 논증에서 특히 설득력 있는 비판가이다. 생명의 신성함을 완고하게 고수하는 옹호자이기도 하기 때문이다. 하지만 그는 환자의 자율성을 존중하고 남용 방지를 위한 규제를 갖춘 '존엄사' 법에 반대하는 미끄러운 비탈길 논증은 거부한다. 오리건 법은 환자의 자유나 자율성을 만능 면허로 오독하지 않는다. 오히려 환자의 자율성에 대한 존중과 선행이나 해악으로부터의 보호를 보장하기 위한 요건 사이에서 균형을 잡는다. 이에 반대하는 미끄러운 비탈길 논증은, 아무리 세심하게 제정한다 해도 의사조력죽음을 승인하는 **모든** 법은 용납할 수 없게도 절대적으로 변명의 여지가 없는 가벼운 죽음의 문화를 심화시킬 것이라는 생각을 담고 있다.

미끄러운 비탈길 논증은 정책의 고유한 이점에 대한 고려를 생략하게 만드는 경향이 있다. 메이너드처럼 의사결정 능력이 있는 성인들이 "마지막에, 자율적인 선택에 깃드는 인간 존엄성을 긍정"할 수 있게 하는 것이 얼마나 가치 있는 일이건,[23] 미끄러운 비탈길 논증은 그 뒤에 이어지리라 예측할 수 있는 일이 명백히 나쁜 일일 것이라는 생각이 들도록 만든다. 의사조력죽음 합법화는 비자발적 안락사와 같은 굉장히 나쁜 무언가로 이어지리라 가정된다. 그러므로 확실한 현재의 선을 두고 불확실한 미래의 악에 힘을 실어 줄 필요는 없다는 것이다. 결코 단언할 수 없는 예측일 뿐이지만, 이런 예측을 제시하는 것은 그 자체로 한 가지 핵심적인 도덕적 질문이 생략되게 만든다. 의사가 말기 환자에게 삶을 마감하는 약을 처방하는 것이 윤리적인 일이 될 수 있는 상황이 있는가, 있다면 어떤 상황인가 하는 질문 말이다.

미끄러운 비탈길 논증은 환자의 자율성을 무시할 가치가 있을 만큼 가장 세심하게 만들어진 법조차도 나쁜 무언가로 이어지리라 예측하므로 우리는 물어야 한다. 결과적으로 도래할 악에 대한 그 예측은 얼마나 적절한 근거를 갖고 있는가? 우리가 논의한 최초의 사례들 이후로 수십 년간, 의사조력죽음을 허용하는 주 법들은 상당 부분 여러 미끄러운 비탈길을 성공적으로 피하느냐에 따라 통과되었다. 의사의 죽음조력 법들이 미국에서 발전되어 온 방식을 돌아보면 이 점이 분명해진다. (뒤에서 보겠지만 일부 다른 나라들의 경험은 보다 복합적이다.)

여러 주의 법률제도들에서 결정적인 고려 사항은 어떻게 분명한 한계를 설정해 남용을 막으면서도 의사조력죽음을 정당화할 수 있는 좁은 범위의 요소들을 허용할 것인가 하는 점이었다. 전형적으로, 주 법들은 환자의 요청을 승인하기 전에 복수의 증인(그중 한 사람은 이해 충돌이 없어야 한다)이 확인하는 여러 단계의 증명 절차를 요구한다. 담당의가 아닌 다른 의사가 반드시 진단과 예후를 확인해야 한다. 환자는 반드시 구두와 문서로 요청해야 한다. 환자에게 반드시 호스피스라는 안을 제시해야 한다.

오리건의 유권자들이 '존엄사' 법을 미국에서 최초로 승인한 1994년, 또 한 가지 핵심 요소는 어느 보건의료 제공자든 이 일에 참여하지 않을 양심에 따른 거부권을 존중하는 조항이었다. 미국에서 자기 자신을 위해 의사조력죽음을 할 수 있기를 바란다고 말하는 의사의 수가 (자신과 마찬가지로, 충분히 정보를 갖춘) 환자에게 그런 조력을 기꺼이 제공하겠다는 수보다 많다는 것은 흥미로운—또한 흥미로운 지점을 드러내는—사실이다.[24] 환자로서의 자신을 생각하면 이 의사들은 의사조력 '존엄사'라는 선택지를 원할 것이다. 하지만 의사라는 역할에 있어서 그들은 직업적으로 그에 관계하는 것을 면제받는다 해도 의사조력죽음 합법화에 반대한다. 이것에 반대하는 의사들은 종종 그 반대의 연원을 "무엇보다도, 해를 가하지 말라"라는 히포크라테스의 수칙에서 찾지만, 이 수칙을 합리적으로 해석하자면 '스스로의 삶을 어떻게 존엄하게 끝낼 것인가에 관해 충분한 정보를 갖춘 윤리적 감수성을 무시함으로써 말기 환자에게 해를 가하지 말라'라는 말이 될 수도 있다. 많은 의사가 이런 감수성을 공유한다는 사실은 (의사가 아닌) 환자들이 이를 원하는 것은 합리적이라는, 적어도 암묵적인 인정이다.

'존엄사' 법은 반대 입장의 의사들을 고려하며, 그들의 양심을 놀라울 만큼 존중한다. 존엄사에 찬성하는 의사에게서 죽음조력을 받을 수 있기를 원하는 환자의 (충분한 정보에 기반을 둔) 판단을 의사가 존중할 수 있고 (우리가 생각하기에) 존중해야 하는 것과 마찬가지 방식으로 말이다. 의사조력죽음을 허용하는 법을 통과시킨 미국의 모든 주들이, 엄격한 방비책과 더불어 반대하는 의사들을 위한 이런 예외를 둠으로써 의사결정 능력이 있는 말기 성인 환자의 자율성과 도덕적으로 반대한다면 이에 관계하지 않을 의사들의 권리 모두를 존중하고 있다.

합법화에 엄격하고도 구체적인 조건을 둠으로써, 의사조력죽음 옹호자들은 이 법을 채택한 주들에서 호의적인 합의를 강력히 확보해 나갈 수 있었다.[25] 연방 상정안과 주 상정안 양쪽을 통해 이를 뒤집거나 무력화하려는 시도들은 실패했다. 한 번은 연방 대법원까지 갔으나 마찬가지였다.

꾸준히 감시하기

의사조력죽음의 미끄러운 비탈길 효과를 막기 위한 미국적 맥락의 방비책들은 현재까지 상당히 튼튼하다는 게 확인되었지만 일부 다른 나라들의 추적 기록은 보다 문제의 소지가 있다. 우리는 앞에서 서술한 것과 같은 조건하의 의사죽음조력 법을 대개 지지하지만, 또한 미국에서든 외국에서든 남용의 조짐이 있는지를 면밀히 주시하고 있다. 미국 관할 내의 법령들과 비교하면 일부 유럽 국가에서 승인된 방식들 가운데 일부는 충분히 남용될 수 있다는 인상을 주는데, 이는 삶의 끝을 앞당기는 일에 의사가 전혀 관계되지 않기를 바라는 이들에게 커다란 공포를 자아낸다.

논란이 되는 사례로 의사조력뿐만 아니라 12세부터 (16세까지는 부모 동의와 함께) 환자 요청에 따른 적극적 안락사를 허용하는 네덜란드가 있다. 벨기에는 정신과 의사나 심리학자에게 이해·판단 능력capacite de discernment을 확인받았고 견딜 수 없는 신체적 통증을 겪고 있으며, 이 모든 것이 서면으로 증명되면 연령 요건을 두지 않는다. 어떤 형태든 조력죽음에서 특히 첨예한 지점은 모든 치료법이 실패한 경우 만성적으로 우울한 사람에게 결정을 내릴 능력이 있는가 하는 문제다. 벨기에는 성인만이 정신적 고통을 이유로 한 안락사를 허가받을 수 있다. 한 가지 중요한 질문은 — 의사조력죽음을 지지하는 일반적인 명제를 받아들인다면 — 환자의 심리적 상태가 자신의 가치관과 선호를 진정으로 반영한 결정을 내릴 능력에 지장을 주고 있는가 하는 것이다. 그에 대한 답은 물론 반드시, 원칙에 입각해, 알아낼 수 있는 최대한으로 개인의 가치관과 선호를 존중하는 가운데 각 사례별로 평가해야 한다. 윤리적 결의론과 돌봄의 윤리학이 시사하듯, 모든 사례의 결정에 덮어놓고 적용할 수 있는 정형화된 해답이란 존재하지 않는다.

또한 다양한 나라들의 상황을 과도하게 일반화하지 않는 것이 중요하다.[26] 예컨대 스위스는 1942년 이래로 환자가 스위스 시민이든 아니든 의사가 의료적 질환에 대해 치명적 약물을 처방할 수 있도록 허용하고 있다. 그런 긴 전통에도 불구하고 스위스는 자살 관광의 온상으로 여겨지지는 않는다. 네덜란드가 더 잘 알려지게 된 것은 단지 의사조력죽음에 대한 고도로 공개적인 논의와 특정 조건들(그중 하나가 개선될 전망이 없는 견딜 수 없는 고통이다)이 만족되는지를 관대하게 판단하는 공식

정책 때문만은 아니며, 주로는 영아 안락사에 대한 정책 때문이다. 흐로닝언Groningen 프로토콜이라는 이름은 2000년대 초 관련 정책 개발을 주도한 인물이 소장으로 있던 의학센터에서 따온 것이다. 흐로닝언에서 여러 회의와 다양한 자문 끝에 나온 이 프로토콜은 가망 없고 견딜 수 없는 고통이 의학적으로 확인되는 것에 더해 부모가 동의하고 절차가 세심하게 진행되며 다른 몇 가지 기준을 충족한다면 적극적으로 영아의 목숨을 거둘 수 있도록 허용한다. 아마 의사조력죽음과 관련해 흐로닝언 프로토콜 이상으로 논란을 일으킨 개별 정책은 없을 것이다. 로마가톨릭교회를 비롯한 반대자들은 이 프로토콜이 사회적 부담이 되는 아기들을 살해하는 것에 대한 의료화된 핑계에 지나지 않는다고 주장한다. 규정을 따르는 의사들도 기소되지 않는다는 보장이 없음에도 네덜란드 소아과 협회는 이를 공개적으로 지지하고 있으며 여러 사례가 보고되었다.

우리는 여전히 미끄러운 비탈길 효과의 조짐을 찾고 있다. 현재까지는, 법적 성인인 환자에 대해, 대개는 적극적 안락사는 제외한, 일종의 의료적 조력죽음이 합법화된 곳에서조차 흐로닝언 프로토콜에 대한 강력한 문화적 저항이 있는 듯 보인다. 서구와 북미에서 그런 주·국가 목록은 길어지고 있고 최근에는 캐나다가 추가되었으며 남미에는 콜롬비아가 있다. 미국에서 존엄사 관련 자료의 대부분은 오리건과 워싱턴에서 나오는데, 대부분의 존엄사 요청은 암과 관계되어 있으며 환자들은 고령에 백인, 고학력에 보험을 잘 갖췄다는 경향이 있다. 구할 수 있는 있는 자료들에 따르면 대개 통증이 아니라 존엄이나 삶의 질의 상실을 피하는 것이 주된 고려 요소이다.

규칙들이 악용되고 있을까? 가장 유효한 증거 자료가 시사하는 바에 따르면, 미국에서 지금껏 서술한 지침을 넘어서는 사례는 많지 않다. 악용 사례가 제대로 보고되지 않거나 달리 확인되지 않고 있어서일 수도 있다. 하지만 규칙 위반이 널리 퍼져 있다면 숨기기 어려울 것이다. 어떤 경우든 증거에 기반하여 규칙 위반의 결론을 내리려면 의사조력죽음을 합법화한 곳과 그렇지 않은 곳의 악용 사례를 섬세하게 비교해야 한다. 어쨌든 그런 조사의 기본 전제는 사람들이 법을 준수하리라고 추정하는 것은 섣부른 일이다. 적어도 오리건의 경험은 '존엄사' 법이 환자의 존엄과 자율성뿐만 아니라 의사의 선행과 해악 금지 또한 존중할 수 있음을 보여 준다. 하지만 비판가들과 옹호가들 모두는 의사조력죽음이 일상화되면 주변화되고 취약한 사회 구성원들이, 특히 그 가족이 재정적으로 곤란한 상황에 있거나 장기 기증으로 보상받을 수 있는 경우 그 자신의 삶을 끝내라는 압박을 받게 되리라고 우려해 왔다. 훌륭한 지침과 엄격한 보고를 통해 그런 악몽이 현실이 되는 것을 막아야 할 것이다.

경합하는 존엄 개념들

여러 통계에 따르면 대다수가 의사조력죽음에 찬성하지만 — 의사들을 비롯해 — 자신의 양심을 따르는 많은 이들이 원칙의 문제로서 단호히 반대한다. 그들은 가장 엄격한 시행 조건에도 만족하지 않을 것이다. 그들의 반대는 존엄에 대한 경합적인 해석에 깊이 뿌리내리고 있다. 의료윤리학자 대니얼 설메이시Daniel Sulmasy는 이를 "내재적 존엄"intrinsic dignity† 이라 칭하며 실질적으로 이것이 스스로의 삶을 존엄하게 끝낸다는 것이 무엇을 뜻하는가에 대한 메이너드 본인의 생각을 논파한다고 (그리고 윤리적으로 반박한다고) 본다.[27] 설메이시는 자신이 의사조력죽음에 반대하는 것은 "어떤 사람을 존재하지 않게 만들기를 의도하는 것은 대인 관계적 윤리, 내재적 존엄의 근본적 토대를 훼손"하기 때문이라고 설명한다. 설메이시는 또한 자율성을 해석할 때 의사결정 능력이 있는 성인이 스스로의 삶을 끝낼 자유freedom를 존중해야 한다는 생각을 거부하는 방식을 취한다.[28] "자유liberty에 대한 존중이 자유liberty를 소멸시키는 것을 정당화한다고 말하는 것은 실은 우리가 인간의 자유freedom에 두는 가치를 약화시킨다."

설메이시처럼 원칙적으로 의사조력죽음에 반대하는 사람들 가운데 일부는, 처방된 (혹은 심지어는 의사가 투여하는) 약물로 인해 환자가 죽을 가능성이 예측되는 경우더라도 그것이 말기 환자의 통증을 덜기 위한 **의도인** 한 삶을 마감하는 완화치료를 강력히 지지한다. 이들에게서 도덕적으로 금지되는 것은 한 인간의 자유freedom를 영원히 **끝내는** 일이 아니라 **끝내기를 의도하는** 것이다.[29] 이들은 토마스 아퀴나스Thomas Aquinas의 『신학대전』*Summa Theologica*에서 이어지는 계보가 있는 '이중 효과'double effect 교설을 그 근거로 삼는다.

† 종으로서의 인간이 갖는 존엄성을 뜻한다. 설메이시의 논의에서 이것은 자유, 이성, 도덕, 창조성 같은 인간종의 고차원적인 특질에서 비롯되는 것으로, 개개인 간의 차이는 고려되지 않는다. 이에 대비되는 개념으로 속성적 존엄(attributed dignities)이 있는데, 이는 내재적 존엄을 갖는 종의 개별 성원이 특정한 상황에서 유지하거나 잃게 되는 존엄(이를테면 품위)를 뜻한다. 만성 질환 등으로 인해 속성적 존엄이 해를 입게 된다 하더라도 내재적 존엄까지 무너뜨리는 존엄사와 같은 방식은 정당한 해답이 될 수 없다는 것이 그의 주장이다. (이 책 저자들은 소문자로 썼지만 설메이시는 내재적 존엄은 머리글자를 대문자로, 단수형인 Dignity로 쓴다. 속성적 존엄은 머리글자를 소문자로, 복수형인 dignities라고 쓴다.)

이중 효과 논변에 따르면 의도된 통증 경감이라는 긍정적 가치가 의도되지 않은 수명 단축이라는 부정적 가치보다 더 크다면, **의도되지 않은 2차 효과**가 환자의 죽음이라 하더라도 완화치료를 통해 말기 환자의 견딜 수 없는 통증을 덜어 주는 **의도된 1차 효과**를 정당화할 수 있다. 이중 효과 논변의 독특성을 이해하려면 환자가 정보에 기반해 동의한 삶을 마감하는 완화치료에 대한 다른 옹호와 마찬가지로 이것 역시 전체적으로 볼 때 환자의 수명 단축에 대해 통증 경감이라는 긍정적인 이익을 요구한다는 사실 이상을 생각할 필요가 있다. 이중 효과 논변은 **의도된 행위가 — 아무런 의료적 조력 없이, 의사결정 능력이 온전한 환자에 의해 수행되는 경우에조차 — 말기의 견딜 수 없는 통증을 경감하기 위한 죽음의 유발이라면** 존엄한 죽음이란 있을 수 없음을 역설한다. 어째서일까? 이렇게 생각하면 누군가의 삶을 끝내려는, 스스로를 '어떤 사람'somebody이 아니라 '없는 사람'nobody으로 만들려는 의도에 의해 인간 생명의 존엄이 훼손되기 때문이다. 이와 대조적으로 주의 깊게 제약받는 '존엄사' 법을 옹호하는 이들은 인간 존엄이 적어도 부분적으로는 말기의 결정을 마주한 개개인이 숙고 끝에 내리는 판단에 달려 있다고 생각한다. 그들은 (그리고 우리는) 말기 환자의 — 존엄하게 죽고자 하는 — 마지막 자율적 소망을 존중하는 것이 어떤 조건하에서는 정당화될 수 있다고 여긴다.

이는 윤리학에서 우리가 보게 되는 거의 기본적인 관점 충돌이며, 존엄사에 대한 어떤 옹호들이 그러하듯 이 논의에서 중립적인 입장이란 없음을 인식하는 것이 중요하다. 예를 들어 자율성에 높은 가치를 두는 이들은 브리트니 메이너드의 입장을 옹호할 것이다. 사회가 '그녀와 같은 처지에 있는' 이들에게 동일한 선택지들을 제공해야 한다고 말이다.

하지만 개인의 자율성 존중 문제에서 윤리적 중립이란 존재하지 않는다. 우리는 설메이시처럼 (그들은 조력자살이라고 부르는) 의사조력죽음이 도덕적으로 허용할 수 없는 일이라 생각하는 의사들을 깊이 존중하며, 민주적으로 승인된 법안이 누구든 그에 참여하지 않을 권리를 존중하기를 바란다. 하지만 우리는 메이너드와 같은 길에 "들어서게" 된 의사결정 능력이 있는 성인이 최후의 자유 행위를—그들이 합리적으로 해석하는 대로—존엄하게 죽는 데 쓰는 것이 윤리적일 수 있으며 합법적이어야 한다고 주장한다. 이런 인간 존엄 개념은 누군가의 삶을 끝내는 의도적인 행위가 늘 나쁜 것은 아니라는 생각을 모순 없이 긍정할 수 있다.[30] 모든 인간 삶에는 결국, 최종장이 있다.

학술적인 글에서 존엄사를 옹호하는 주장은 종종 개인의 자율성에 대한 논변과 짝을 이룬다. 근대 철학에서는 자율성 개념이 존엄 개념보다 정교하게 발전되어 왔지만, 말기 치료 윤리에 관한 공적 논의에서는 존엄이 다양한 방식으로 두드러지게 중요한 역할을 한다. 많은 지지자들이 죽음조력 자격을 보건의료 전문가로만 제한하는 것을 정당화하는 한 근거로 존엄을 든다. 의료적 틀이 그 행위에 적법성을 부여—반대자들이 굉장히 우려하는 결과다—하기 때문이기도, 전문적으로 처방되어야 약물이 적절하게 사용되어 환자의 상태를 오히려 악화할 가능성을 낮출 수 있기 때문이기도 하다.

말기의 진정제 투여†("의료적 죽음"이라고도 불리는)가 환자의

† 말기 진정(terminal sedation)이란 치료의학의 영역이 아닌 완화의학에서 시행하는 방법이다. 말기 진정의 정의는 임종이 임박한 말기 환자에서 완화치료로 조절이 불가능한 극심한 고통이나 임종 증상 등을 경감시키는 목적으로 강한 진정제를 사용하여 의식 저하를 통해 환자의 증상을 경감시키는 방법이다.

고통을 덜어 줄 수 있으므로 '존엄사' 법은 불필요하다는 주장은 어떠한가? 그 의도가 환자를 죽이는 것이 아니라 고통의 경감인 한 이중 효과 논변은 말기의 진정제 투여를 지지할 수 있다. (의료적 죽음이 그렇게 불리는 것은 그것이 예상되다시피 — 의도적으로가 아니라 — 환자를 죽일 것이기 때문이며, 따라서 이는 '이중 효과'이다.) 의사조력죽음 옹호론자들은 의사결정 능력이 있는 많은 이들이 보다 인도적이고 존엄한 대안이 있는데도 전적으로 의존적이고 의식이 없는 상태에서 천천히 삶을 마감하도록 강요받는다는 생각에 소름끼쳐 한다고 응수한다. 다시 한번 말하건대, 가장 유효한 미국 자료에 따르면 의사조력죽음을 원하는 환자 대부분의 동기는 통증이 아니라 존엄과 자율성의 상실, 삶을 즐길 수 없게 됨을 피하는 것이다.[31]

어째서 이토록 경합적인 개념들을 안고 있는 — 또한 인간 존중에 비해 훨씬 모호한 — 존엄이라는 관념을 삶과 죽음의 쟁점들을 논하는 장에 계속 끌어들이는가? 생명윤리학자 루스 매클린Ruth Macklin은 존엄은 정의되어 있다손 치더라도 엉성하게 정의된 구호이며 인간 존중이나 자율성이라는 생명윤리학적 원칙에 아무런 기여도 하지 않는다고 주장한 바 있다.[32] 매클린의 주장이 촉발한 중요한 논의 한 가지가 존엄을 개념화하는 경합적인 방식들을 이해하는 데 도움이 된다. 존엄의 도덕적 의미를 가장 잘 포착하는 것이 인간 존중과 자율성이라 하더라도, 우리 세계에서 존엄은 여전히 가치 있는 개념이다. (공적 숙의에서 최선이 아니라는 이유로 차선을 버리는 것은 거의 언제나 실수이다. (인간 존중과 다를 바 없이) 폭넓은 관념으로서의 존엄은 [이러한 실수를 막아 주는] 중요한 역할을 할 수 있다. 우선 존엄이라는 개념은 우리의 역사, 실존적 조건, 윤리적 삶에서 인간이라는 지위가 특별한 위치를 가진다는 걸 상기시킨다. 그 용례는 최소한 소크라테스로, 그리고 인간을 평등하게 창조된 존재이자 스스로 생각할 수 있고 행위함에 있어 부정의의 매개체가 되는 것을 피할 수 있는 존재로 생각하는 종교적 전통들로 거슬러 올라간다.

국제 인권 문서들이 핵심 가치로서 인간 존엄의 존중에 호소한다는 점도 생명윤리학 논의에서 존엄을 폐기하지 말아야 할 실천적 이유가 된다.[33] 게다가 앞에서 보았듯 존엄은, 위중한 질환을 가진 이들에게 그들이 보기에 살 의미가 있는 삶을 회복시켜 줄 수는 없으나 수명을 연장할 수는 있는 의료 기술의 확산에 적응하려는 시도들의 향방을 가늠하는 데 중대한 역할을 한다. '존엄'이라는 용어 하나를 개인의 자율성을 평가 절하하는 이들에게 내주기보다는, 우리는 존엄이 의사조력죽음과 같은 중요한 공공 정책들에 대한 중첩적 합의를 만드는 데서 수행하는 중요한 역할을 존중하고자 한다.

합의점 찾기

우리는 어떻게 죽기를 원하는가? 선진국 대열에서 현대 생명윤리학이 탄생한 이래로 죽게 두는 것에서부터 의사조력죽음으로, 적극적 안락사로 이어지는 일련의 사례들은 말기 환자에 대해 덜 공격적인 치료에 찬성하는 폭넓은 합의, (브리트니 메이너드나 다이앤의 사례에서와 같은) 의사조력에 대한 일정한 수긍, (특히 데비의 사례나 잭 케보키언이 토머스 유크에게 치명적 주사제를 쓴 일로) 적극적 안락사에 대한 상당한 저항을 낳았다. 우리에게 있어 이런 경향은 때로는 어떤 사람들은 살

의미가 없다고 판단하는 것이 합리적일 만한 상태로까지 인간의 수명을 연장하는 현대 의료 기술의 능력 증대와 한데 묶인 의사와 환자의 역할 변화에 대해 합의점을 찾고자 하는 집단적 시도를 보여 주는 것이다. 하지만 이처럼 말기 환자들에게 의사조력죽음을 이룰 법적 능력을 부여하는 경향이 보편적인 것은 아니다. 남반구 사회 대부분은 이 쟁점을 공적으로 다뤄 보지 않았다. 중유럽과 동유럽은 의료적 조력죽음 지지 의견이 감소세인 것으로 언급된다.[34]

모두가 죽는다는 것이 확정적임을 인정한들, 비슷한 상황에서조차 우리는 어떻게 죽는 것이 최선인지에 대해 의견이 일치하지 않는다. 의사조력죽음에 대해 의견을 달리하면서도 우리는 말기 치료에 대한 상이한 접근들, 그 정책적 함의들과 함께 인간 존엄을 개념화하는 경합적인 방식들을 이해할 수 있다. 이런 이해는 이 쟁점에 있어 진지한 의견 대립을 이어 가면서도 반대편을 존중할 수 있도록 도와줄 뿐만 아니라 지극히 중요한 공통 지반을 일굴 생산적인 경로를 제공한다.

의사조력죽음을 둘러싼 논의에서 합의점을 찾을 때 서로 의견을 달리하는 사람들이 함께 생산적으로 일굴 수 있는 공통 지반을 간략히 짚어 보았다. 의사조력죽음/자살에 있어 우리는 (뭐라 부를지에 대해서조차) 설메이시에 동의하지 않지만, 부담 없는 비용의 호스피스와 완화치료에 접근할 권리를 옹호하는 데는 힘을 모은다. 미국 의료 현실에서는 너무도 자주 무시되지만, 모든 환자를 위한 부담 없는 비용은 핵심 쟁점이다. 현대 의료의 상당 부분은 수명 연장에 초점을 맞춤으로써 "우리 인간성의 본질적 요소"로서 죽음을 대하는 일을 너무도 자주 무시한다.[35] 죽음이 존엄하게 경험될 수 있으려면 모든 사람이 가장 세심하고 편안한 선택지에 대한 정보를 알아야 하며 그 비용을 감당할 수 있어야 한다. 보건의료 종사자를, 그리고 특히 호스피스 및 완화치료를 비롯한 말기 치료 선택지를 알고 싶어 하는 모든 이들을 보다 잘 교육함으로써 수백만에 이르는 더 많은 삶이 개선될 수 있다. 이것은 중요한 첫 단계이며, 다음으로 비용 부담 없고 효과적인 호스피스 치료나 다른 고품질 완화치료에 대한 대중의 요구를 충족시키는 것 역시 마찬가지로 중요하다.[36] 미국인의 대부분은 삶의 끝머리에서 호스피스를 원하고 필요로 할 것이다. 신체적·정신적·영적 고통을 성공적으로 경감해 주리라 기대할 만하고 비용은 낮은 편인, 그리고 서로에 대한 따스한 돌봄이라는 공동선에 봉사하는 호스피스를 말이다.

미국에서 1960년대 초에야 시작된 호스피스 치료 운동의 급속한 발전은 이런 공통 지반을 일구는 데 희망을 준다. 삶의 질이야 어떻든 수명을 연장할 힘을 가진 새로운 의료 기술이 확산되는 환경에서 필요해진 것이 호스피스다. 호스피스 운동은 전 세계적으로 급속히 확산되었다. 접근성 높고 비용 부담이 없다고 알려진 곳들에서 호스피스는 널리 받아들여지게 되었으며 갈수록 많은 말기 환자들이 이를 선택하고 있다. 하지만 이 모든 진보에도 불구하고 통계에 따르면, 고령층과 만성질환을 가진 이들의 약 3분의 1을 포함해 대부분의 미국인은 생사의 결정을 두고 보건의료 제공자와 논의해 본 적이 전혀 없다.[37] 그런 논의를 이끄는 법을 훈련받은 제공자는 소수에 불과하다. 이런 공통 지반을 일구기 위해서는 보건의료 교육과 소통의 폭을 크게 확장해야 한다.

고도로 양극화된 민주주의 정치학의 용광로 속에서 공통 지반을 일굴 때 가장 큰 과제 중 하나는 정치적 상대편을 철천지원수로 만들어 버리는 거짓말을 유포하는 잔악 행위에 의한 잠재적 피해를 완화할 길을 찾는 것이다. 부담적정보험법(통칭 오바마케어)의 2009년 법안이 말기 치료 선택지에 관한 환자의 의사 사이의 자발적 논의에 대한 보험 보장을 제안했을 때 벌어진 사태가 이런 피해의 전형이다. 전 알래스카 주지사이자 부통령 후보였던 세라 페일린은 한 상원의원의 표현을 빌려, 연방 정부가 "할머니의 플러그를 뽑을지" 여부를 결정할 "죽음위원회"를 만들고자 한다는 근거 없는 주장을 폈고 이는 뉴스와 소셜미디어를 통해 급속히 퍼져나갔다.[38] 초당적 지지가 없어 정치적으로 무산될 위기였던 의료보험 법안은 즉각적인 타격을 입었다. 해당 조항은 삭제되었다. 하지만 이 조항을 지지하는 이들은 공통 지반이 될 만한 것을 포기하지 않았다. 6년 뒤, 쉼 없이 거짓말과 싸우고 해당 조항에 대한 폭넓은 대중적 지지를 구한 끝에 오바마 행정부의 메디케어·메디케이드 서비스센터는 말기 치료에 대한 자발적인 환자-의사 간 논의에 비용을 지급하는 시행 규칙을 통과시켰다. 말기 계획 수립은 "수혜자의 뜻에 따라서"만 착수됨을 명시함으로써, 이 시행 규칙은 거짓말과 싸우면서 이 공통 지반을 일구려는 지지자들의 두 의도를 모두 절대적으로 분명히 했다.

환자와 의사 사이의 자발적 말기 논의에 미국 정부가 재정을 지원할 길을 찾은 것은 우리가 어떻게 죽기를 바라는지에 관해 미국인들의 합의점을 찾는 데서 윤리적으로도 정치적으로도 승리를 선언할 이유는 못 된다. 하지만 보다 적극적으로 터놓고 솔직하게 그런 지반을 찾는다면 좋은 결과를 얻을 더 많은 길을 찾을 수 있으리라고 믿을 이유는 된다. 인류에게 알려진 가장 어려운 주제, 즉 우리 모두가 언젠가 죽는다는 이 주제에 관한 합의점 찾기는 증거에 기반한 대중적 논의와 숙고로 출발해야만(마무리하는 것이 아니라) 한다.

5장

불공정한 보건의료의 비싼 대가

1965년 메디케어와 메디케이드가 통과되기 전에는 미국인 중 가장 빈곤한 20퍼센트에 대한 보건 지출이 나머지 집단 전부에 대한 것보다도 낮았다. 그들은 빈곤할 뿐만 아니라 일반적으로 수입이 높은 이들에 비해 건강 상태가 나빴는데도 말이다. 일군의 보건경제학자들에 따르면 1977년에 이르자 수백만 명의 아동을 비롯한 빈곤층에 대한 지출이 [다른 계층에 대한 지출에 비해] 높아졌는데, 이는 그들이 필요로 했던 보건의료 혜택을 마침내 점점 더 많이 받게 되었음을 뜻한다. 2004년이 되자 이처럼 순조롭던 경향은 역전된다. 소득 상위 20퍼센트에 대한 보건의료 지출이 20퍼센트까지 증가하며 마뜩잖은 경향이 이어지고 있다.[2] 더욱이 2015년에는 20년 만에 처음으로 미국의 기대 수명이 줄어들었다. 경제학자인 앤 케이스Anne Case와 앵거스 디턴Angus Deaton은 백인 중년층의 사망률과 질환율이 증가하고 있음을 수년째 지적했었다.[3]

이런 보건의료 현황은 미국에서 1970년대 이래 급격히 확대되고 있는 소득 불평등과 일맥상통한다. 10년 단위로 볼 때 중간 소득층과 고소득층 사이의 빈부차가 매 기간에 걸쳐 극적으로 벌어지는 가운데 중간계급이 축소되었으며 흑인 미국인과 고령 인구 사이에서는 여전히 저소득층 비중이 높다. [2007년 서브프라임 모기지 사태를 전후한] 대침체기의 10년은 저소득 집단에 가장 큰 타격을 입혔다. 2015년에는 기록상 최초로 소득 최상위층과 최하위층에 속한 미국인 성인의 수가 나머지를 앞지르게 되었다.[4] 미국에서 중산층은 더 이상 다수가 아니었다. 버락 오마바 대통령이 마지막 국정 연설에서 역설했듯 이런 경향은 미국의 사회구조를 위협한다. 이런 주장의 증거로 특히 저소득층 백인 미국인들에게 큰 영향을 미친 마약성 진통제 유행에서부터 2016년의 도널드 트럼프 선출—아메리칸드림은 이민자와 (미국의 우방을 포함한) 외국들에 도둑맞았으며 기성 정치의 흙탕물에 빠져 버렸고, 미국인의 목숨과 생계가 위협받고 있어 오직 자신만이 이를 바로잡을 수 있다는 것이 그의 선거운동 구호였다—까지 들 수 있다.

"흙탕물 청소"drain the swamp를 약속하며, 어떤 정치 지도자들은 지금이야말로 가장 취약한 이들을 보호하는 보건의료 및 복지 프로그램의 "안전망"을 삭감할 때라고 주장한다. 이 변태적이고 잔인한 정책은 사람들이 일하기를 바라면서도 일자리를 구하거나 유지하는 데, 그리고 삶에서 다른 모든 기회를 찾는 데 필요한 보건의료를 박탈하는 체제의 불공정한 현실을 은폐할 뿐만 아니라 악화시킨다. 건강보험 삭감은 또한 국가 자원의 한계를 마주했던 미국인들이 아직 이상에는 못 미치더라도 보다 공평한 보건의료 재정 체계를 수립할 더 나은 길을 찾았던 시대로부터의 당혹스러운 퇴보다.

위협적인 시기를 맞아 우리는 보건의료를 발전시키는 데 정부가 어떤 역할을 해야 하는지에 대한 대중적 논의에 필요한 가치들을 조명해야 한다. 넓게 보아 자유주의적 관점을 가진 집단은 보건의료를 필요로 하지만 그 비용을 감당할 수 없는 모든 이들을 위한 정부 보조금을 지지한다. 왜일까? 다양한 대답이 큰 틀에서 유사한 정책적 처방들로 수렴된다. 노먼 대니얼스Norman Daniels가 발전시킨 롤스적 관점은 비용 부담 없는 보건의료를 공정한 기회 평등 원칙에서 핵심적인 것으로 본다.[5] 아마르티아 센의 역량 접근법은 보건의료를 삶을 가능케 하는 필수적인 요소로 본다.[6] 보건의료는 사람들에게 삶의 모든 기본적이고 중요한 것들을 수행하기 위한 역량을 준다는 것이다. 보건의료에 대한 권리는 또한 언론·종교·시민권 등 기본적인 개인의 자유를 존중하는 것과 충돌하지 않는다는 점도 중요하다. 교육과 마찬가지로 보건의료는 삶에서 중요한 다른 모든 것을 즐기기 위해 누구에게나 필수적이다.

자유주의적으로 보자면 보건의료는 기본적인 인권이며, 풍요로운 사회가 누구나 저렴한 비용으로 이용할 수 있는 보건의료 체제의 재원을 대지 못하는 것은 노골적인 부정의이자 피할 수 있는 부정의이다.[7] 미국에서 비용 부담 없는 보건의료는 ― 캐나다, 영국, 프랑스, 독일, 일본, 호주, 한국을 비롯한 거의 모든 산업화 국가는 물론 덜 풍요로운 여러 나라와도 달리! ― 수백만 명에게 여전히 접근할 수 없는 것으로 남아 있다. 미국의 빈곤 주민 수백만은 보험이 없거나 불충분하다.

미국 정부의 보편적 보건의료를 위한 재정 지원 부재를 지지할 근거로 삼을 수 있는 것은 로버트 노직의 급진적 자유지상주의 관점인데,

이 관점은 특히 재분배 과세와 관련해 상당수 미국 대중과 공명하는 듯하다. 노직은 (그의 말로는) "노동 소득 과세는 강제 노동이나 마찬가지"라는 이유로 보건의료를 위한 정부 주도 재분배에 반대했다.[8] 이처럼 자유지상주의적으로 보자면 어떤 이의 보건의료 비용을 위한 과세는 다른 이가 힘들게 번 돈을 부당하게 빼앗는 일이다. 이는 '**대표권 없는 과세**로부터의 자유'라는 이름으로 혁명을 일으킨 나라에서조차 급진적인 입장이다. 보건의료에 정부 재정을 쓰는 것에 대한 오늘날 '티파티'Tea Party의 단호한 반대와 직결되는 노직의 입장은 **심지어 대표권이 있는 경우에도** 과세로부터의 자유를 외친다.

보다 온건한, 유명한 자유지상주의자 F.A. 하이에크는 베스트셀러 『노예의 길』*The Road to Serfdom*에서 과세로부터의 자유에 상당히 큰 예외를 두어 모두의 건강, 교육, 안전을 보장할 정부의 역할을 강력히 옹호한다. 비록 개인의 자유를 억압하는 오만한 정부에 반대한 것으로 칭송받는 일이 더 잦지만, 하이에크는 그가 "교조적인 자유방임주의 태도"라 칭한 것을 단호하게 거부했다.[9] 그는 병환의 고난으로부터 사람들을 보호할 사회보험을 확고히 지지했다.[10]

> 질병과 사고의 경우에서처럼, 이런 재난을 피하려는 욕구나 그 결과를 극복하려는 노력이 일반적으로 이러한 대비에 대한 국가의 보조로 인해 약화되지 않을 경우에는, 즉 한마디로 우리가 진정 '보험을 들 수 있는 종류의 위험'을 다루는 경우에는, 국가가 포괄적 사회보험 시스템의 조직화를 지원할 근거는 매우 강하다.

공리주의자들은 사회의 복지 — 사회와 개인들에 대해 총 이익에서 비용을 제한 것—를 극대화하는 정책으로서 보편적 건강보험을 옹호할 때 제러미 벤담에게서 비롯된 철학을 원용한다. 그 기본원리에 따라, 공리주의는 비용을 의식한다. 경제학자들과 경제학자 기질을 가진 미국인들이 이를 그토록 매력적인 관점으로 여길 만도 하다. 공리주의적 관점은 정부에 최대치의 긍정적인 사회적 이득을 내는 보건의료 프로그램을 택할 것을 요구한다. 공리주의는 제 나름의 도덕적 논란을 초래한다. 시애틀의 '생사위원회' 사례에서 보게 될 텐데, 사회의 복지를 극대화하려는 시도는 사회적으로 용인할 수 없는 결과를 낳는 방식으로 이용될 수 있다. 하지만 세심한 비용-편익 계산과 공정성, 기본적인 인권에 대한 고려를 결합하면 부족한 가운데서도 최대한을 만들어 낼 길을 열 수 있다.

희소하다는 것의 충격

1950년대 미국에는 미국이 좋은 물건을 많이, 그것도 영원히 만들어 낼 수 있으리라고 생각지 않는 사람이 거의 없었다. 제2차 세계대전 시기 이 나라의 생산성은 괄목할 만했다. 승용차와 트럭을 만들던 공장들이 전쟁이 발발하자 하루아침에 탱크와 상륙용 소형 선박을 생산하는 공장으로 바뀐 듯했다. 신속히 확장된 항구들에는 대규모 군함 산업이 자리 잡았다. 수많은 무기가 제조되어 지구 반대편 러시아 전선으로 보내졌고, 유럽과 태평양에서 싸우는 미국인들을 위한 여분도 많았다. "민주주의의 무기고"는 기세가 등등했다.

의료 측면에서 백악관은 말라리아 같은 질병에 대한 신약 개발부터 수혈 등의 시술 개선에 이르기까지 전쟁에 힘이 될 수 있을 만한 혁신안을 평가하고 지원하기 위한 특별 부서를 만들었다. 페니실린 같은 "기적의 약"은 부족할 때도 있었지만, 적어도 그 부족은 일시적인 일이라고 확신할 수 있었다. 필요한 보건의료를 어떻게든 저렴한 비용으로 누구나 이용할 수 있게 될 것이라는 암묵적 전제는 그때만큼이나 지금도 전혀 보장되지 않는다. 한 가지 크게 달라진 것은 "목숨을 구해주고 수명을 연장해 주는 어떤 보건의료를 누가 이용하고 있는가?"라는 질문이 우리가 어렸을 적엔 (누군가 하기는 했다면) 작은 소리로, 문을 닫아 두고서, 당시엔 대다수 미국인들에게 보이지 않았던 곳에서 제기되었다는 점이다.

인터넷 및 소셜미디어 시대 이전에는 소통 수단이 적고 느렸다. 따라서 희소성 방정식의 두 항—희소성에 따른 부족과 이를 극복하기 위한 확대에 드는 비용—에 대한 대중의 인식 수준이 보다 낮았다. 질환에 대한 우리의 지식이 성장하면 이상하게도 기술적 해결책의 대량생산을 막는 장애물을 당연한 듯 받아들이게 되곤 한다. 사람들이 욕망하는 자원은 어느 때는 귀금속처럼 실제로 희귀해서가 아니라 그저 많이 만들기 어렵고 비싸기 때문에 희소성을 띤다. 이것이 자연적 희소성과 인위적 희소성의 차이다. 어떤 질병에 걸린 사람의 생명을 구해 주는 고비용 치료법이 처음으로 발견될 때, 그 질환으로 고통받는 이들 전체를 치료하기에 충분한 양을 생산할 길은 모종의 자연적 희소성으로 인해 막히기도 하지만—대표적인 예로, 이식용 인간 장기—대부분의 장벽은 모든 잠재적 수혜자를 치료하는 데 필요한 재정적·인적 자원을 투입하느냐 마느냐 하는 결정에서 비롯된다. 2005년의 허리케인 카트리나 홍수 피해자 식료품 보급 지연 위기처럼, 어느 영역에서든 많은 생명을 위험에 몰아넣는 인위적 희소성은 알려지기만 하면 대중적 위기감을 초래할 가능성이 있다. 허리케인은 자연의 엄청난 분노를 보여 주는 것이지만 허리케인 피해자들에 대한 식료품, 물, 대피소, 보건의료 등의 전달이 엄청나게 지연된 데는 자연적인 이유도 필연적인 이유도 전혀 없었다. 생명을 구하는 보건의료 재화 및 서비스의 영역에서 대중들이 인위적 희소성에 관심을 가지는 것은 대개 [사건이 벌어지고 얼마 지나지 않아] 위기감이 채 사라지기 전의 시점이다. 그런 위기를 미연에 막으려면 시민 정신 — 이것의 공급 부족 역시 인위적인 현상이다 — 의 함양과 실천이 필요하다. 공동선에 대한 감각은 생명을 구하는 자원들의 생산과 분배 같은 어려운 선택을 할 때 충실하게 숙고하도록 만들 수 있다.

우리 어린 시절의 다정한 의사들을 떠오르게 하는 상징적인 검은 가방은 산상수훈의 오병이어가 담긴 한없는 광주리는 아니었다. 게다가 실제로 분석해 본다면 검은 가방을 든 의사들은 불균형하게도 흑인 어린이보다 백인 어린이를 더 많이 왕진했겠지만 그와 같은 사실상의 불평등은 거의 관측되지 않았다. 보건의료에서 나타나는 인위적 희소성의 희생자 대부분은 그때나 지금이나 대중적인 조명을 받지 못한다. 인간으로서 우리는 시야가 짧고(현재를 과대평가한다), 좁다(자신과 좀 더 비슷한 이들과 동일시한다). 보건의료를 충분히 보장받지 못하는 다양한 수백만 명에 관심을 기울이지 못한다. 당장 심각한 곤경에 처하지는 않았지만 충분한 보건의료를 박탈당했으므로 언젠가는 그렇게 될지도 모를 이들도 있다. 지난 수십 년간 미국은 가다 서다 하면서도 보다 많은 미국인에게 필요한 보건의료를 공급하는 데서 진보를 일궈왔다. 하지만 미국에서는 물론 전 세계적으로도 보건의료 자원에 현저한 인위적 희소성이 계속되면서, 누가 어떤 보건의료를 이용하고 있는지를 우리 모두가 주시하는 긴급 상황도 계속되고 있다.

누가 살지를 그들이 결정한다

소크 백신이 개발되기 전에는 병이 심각한 단계까지 진행된 폴리오 감염 아동들은 철폐의 도움을 받았다. 철폐는 (3장에서 논의했듯) 생명을 구해 주지만 무서운 물건이었다. 물론 철폐의 도움을 받은 아동들은 운이 좋은 경우였다. 당시 많은 미국인은 철폐가 [필요한 모두에게 돌아가는 것이 아니라] 배분†된다는 것의 의미를 제대로 몰랐다. 어떻게 배분되는지 공개적으로 질문하는 이는 거의 없었다. 다음으로 등장한 생명을 구하는 장치 — 그야말로 몇 안 되는 인공신장 기계 — 는 온 나라의 주목을 받았다. 인류 역사 내내, 신장이 기능을 멈춘 사람들은 과도한 염분, 수분, 노폐물이 전신에 퍼져 죽음을 맞았다. 제2차 세계대전 당시 네덜란드의 한 의사가 마침내 단기 사용 용도로 인공신장 연구를 시작했다. 거의 스무 해가 지난 1960년, 워싱턴대학교의 미국인 의사 벨딩 스크리브너Belding Scribner는 장기간 투석을 위한 기계를 개발했다. 이것이 아니었다면 말기 신장 질환으로 죽었을 환자들은, 한 주에 두 번씩 시애틀의 스웨덴병원을 방문해 자신의 혈액이 테플론 튜브를 타고 기계를 통해 순환하며 여과되는 동안 길게는 여섯 시간을 보냈고, 절제된 식단을 유지하는 한 정상적으로 생활할 수 있었다.

하지만 모든 환자가 그럴 수 있었던 것은 아니다. 투석에는 시간이

† 희소성과 배분에 관한 논의로 이 책의 189쪽 이하 참조.

필요했으므로 이 병원이 수많은 환자들로 붐빌 것은 애초부터 명백했다. 오늘날의 달러 가치로 환산하면 한 사람을 1년간 치료하는 데 12만 달러가 들었다. 당시 미국에는 [투석을 받을 수 있을 만한 신체적·정신적] 조건을 충족하는 환자가 2000명가량 있었던 것으로 보인다. 그중 누가 치료를 받아야 할지를 어떻게 정할 것인가? 병원은 위원회를 꾸려 중요하지만 달갑지 않은 결정의 임무를 위원들에게 맡겼다. 무급으로 봉사하는 일곱 명의 지역 시민 자원 활동가—법률가, 성직자, 은행가, 주부, 주 정부 공무원, 노동조합 간부, 외과의사—로 구성된 익명의 위원회는 누가 이 기계를 이용할 것인가 하는 결정을 위탁받았다. 위원회는 '의료인'과 절박한 환자들 사이에서 일종의 윤리적 완충장치 역할을 했다. 신장 투석을 신청한 많은 이들 중 오직 몇 명만이 승인받을 수 있었고, 병원 수뇌부는 투석 프로그램은 일종의 실험적 시도라는 이유로 이런 제한을 정당화했다. 위원회에 주어진 다른 지침은 단 두 개뿐이었다. 45세 이상의 환자는 의학적 위험도가 높다는 것, 그리고 치료를 견디기 힘들 것이므로 아동은 제외되어야 한다는 것.

1962년, 수백만 미국인들이 『라이프』 지에 실린 유명 저널리스트 샤나 알렉산더의 글을 통해 이 '생사위원회'의 놀라운 이야기를 읽었다. 언론이 "비상하는 60년대"라 칭한 시기의 창대한 시작점이었다. 수백만의 동료 시민들이 극심한 빈곤 속에 살고 있음에도, 제2차 세계대전 이후의 미국인 대부분에게 사회가 의료 자원의 희소성, 혹은 다른 어떤 자원의 희소성을 어떻게 다뤄야 하는지 깊이 생각해 보아야 한다고 배우기는 고사하고 독려받아 본 적도 없는 문제였다. 지침은 없었고 그 결정들은 본질적으로 자의적인 듯 보였지만—아이가 여섯인 젊은 여성이 아이가 셋인 보다 나이 많은 여성보다 우선시되어야 하는가?

— 알렉산더는 위원회가 높은 수준의 합의를 통해 활동함을 확인했다. 그들은 단순 추첨 또한 고려했지만 무작위적이지 않은 선정 근거를 찾는 것이 본인들의 임무라고 생각해 이를 배제했다. 그들이 명시적으로 고려한 요소로는 환자의 혼인 여부, 피부양자의 수, 자산액, 직업, 교육 수준, 교회 출석 여부, 노동 재개 가능성 등이 있었다. 모든 것을 따져 볼 때 사회에 있어 누구의 삶이 가장 구할 '가치'가 있고 누구의 죽음이 가장 '손실'이 적은가 하는[11] — 거칠게 말해 공리주의적 기반의 — 결정을 이런 요소들이 대신하는 듯했다. 이것이 대중적으로 알려지자, 보건의료 판정단이 생사가 걸린 결정을 내리기 위해 개개인의 상대적 가치를 다른 이들과 비교해 평가한다는 것 자체가 큰 논란이 되었다.

위원회가 선한 의도와 공공성을 위한다는 동기를 지녔음은 아무도 의심하지 않았지만 그 결정 — 사회복지의 극대화라는 공리주의적 고려에도 불구하고 — 에는 도덕적으로 자의적인 불안정한 면이 있었다. 가장 강력한 비판 가운데 하나는 위원회가 개개인의 훌륭함이나 총 사회복지에 대해 **잘못된** 기준을 사용하고 있다는 것이 아니라, 의학적 치료법 자체에 대한 잠재적 수용도가 아닌 **다른** 기준을 사용하고 있다는 것이었다. 알렉산더가 유감을 담아 말한 대로, "지난해의 기록을 토대로 말하자면, 이 위원회 앞에 오기로 계획한 후보자는 훌륭한 아이 여럿을 키우고 있고, 다음으로는 가진 돈을 전부 탕진했으며, 마지막으로는 같은 병으로 죽어 가는 다른 이들과의 경쟁률이 가장 낮은 해에 병에 걸린 것이 좋을 것이다".[12]

이 글과 시애틀 '생사위원회'를 둘러싼 사실들은 생명윤리학에 대한 전국적으로 폭넓은 주목과 관심을 촉발하는 데 일조했다. 초기 생명윤리학 강좌들이 선호한 연구 사례였다. 이 사례는 우리가 여전히 마주한,

'희소한 보건의료 재화 및 서비스에 누가 얼마의 비용으로 접근할 수 있어야 하는가'라는 결정의 기저에 있는 유사한 쟁점들을 간결하고 순수한 형태로 보여 준다. 수십 년 뒤 우리는 각자 여러 강좌에서 다양한 학생들에게 이 사례를 가르쳤다. 이 사례는 매번 경합하는 윤리적 관점들의 실천적 함의를 이해하는 데 학생들이 관심을 갖도록 만들었다. 또한 결정권자의 윤리적 관점들이 많은 이들에게 생사를 가르는 결과를 가져온다는 것을 여실히 보여 주었다. 어느 위원이 알렉산더에게 했던 말 가운데 한 가지는 아마 지금도 그대로 할 수 있을 것이다. "우리는 해외로 수천만 달러를 보냅니다. 알지도 못하는, 종종 우리를 경멸하는 사람들에게 말이죠. 의회든 누구든 돈을 준다면 우리의 신장병 환자 모두를 보살필 수 있을 거예요. 하지만 어디에서 멈춰야 하죠? …… 솔직히 전 모르겠어요."[13] 의료의 구명 능력과 보건의료 비용이 기하급수적으로 커지면서, 오늘날 보건의료에 대한 접근성을 제공하기 위해 정부가 어디까지 해야 하는지 결정하기는 더욱 어려워졌다

리처드 닉슨 대통령이 사회보장 통합 법안의 입법에 서명한 1972년까지, 조건이 맞는 말기 신장 질환자 전부에게 돌아가지 않는 투석기 부족 문제는 여전한 쟁점이었다. 실각한 탓에 닉슨 정권은 공로를 인정받지 못하는 이 법안에는 메디케어 보장 범위를 모든 말기 신장 질환자에게로 확대하기로 하는, 논란이 거의 없었던 조항†이 있었다. 상원(세계에서 가장 훌륭한 심의기관임을 자부하는)은 개정안을 30분

† 일반적으로 메디케어의 대상은 65세 이상의 노령층이지만, 1972년 사회보장법 개정안에 포함한 한 조항에 따라 신장 이식이나 투석을 해야 하는 사람은 65세 이전이라도 메디케어 보험비를 내지 않고 혜택을 받을 수 있었다. 말기 신부전 프로그램은 미국의 공적 의료보험인 메디케어에서 단일 질환에 대한 보장을 강화한 최초의 사례다.

간 논의했다.[14] 반대 의견을 낸 상원의원은 한 명뿐이었고 재석 55명 중 52명이 찬성했다. 보다 큰 법안에 포함된 이 개정안은 곧 하원 세입위원회, 상원 재정위원회, 양원 협의회를 거쳐 대통령이 입법 서명을 하는 시점까지 조용하고 빠르게 진척되었다.

그 뒤로 메디케어는 필요한 이들이 평생 투석을 받을 수 있도록 보장해 주고 있다. 공급 부족 문제가 여전한, 신장 이식 전까지 말이다. 오늘날 이 프로그램의 연간 비용 추계는 3억 달러를 상회해, 메디케어 환자의 약 1퍼센트에 대한 지출로 메디케어 예산의 약 7퍼센트를 쓰고 있다. 생명을 구해 주는 값비싼 치료에 보편적으로 접근할 수 있고 또한 전액 보조된다는 것은, 당뇨 합병증처럼 많은 경우 1인당은 물론 총액으로도 훨씬 적은 비용이 드는 다른 긴급한 보건의료상의 필요가 충족되지 않는 빈곤 지역에도 영리 투석 센터가 있는 이유를 설명해 준다.

의회의 초당적 지지를 얻는 데 연거푸 실패해 온 다른 재난적† 치료들과 신장 투석의 지원 여부가 갈린 것은 어째서인가? 투석을 별개의 것으로 만들고 재정 지원을 거부하기를 정치적으로 매우 어렵게 만드는 요소 한 가지는 이것이 삶과 죽음을 나누는 선에 너무도 가까이 매여 있다는 점이다. 자가 투석을 했던 필라델피아의 의사 시어도어 찰타스 Theodore Tsaltas는 1965년에 하원 세출위원회에 증인으로 출석해 상황을

† '재난적'(catastrophic)이라는 말은 수술, 약물복용 등의 치료 과정에 드는 비용이 아주 커서 생활에 위기가 초래될 수 있는 종류의 질환을 가리키는 데 쓰인다. '과부담'으로 변역되기도 한다. 전체적인 보장성은 낮지만 재난적 질환에 대한 보험금을 지급함으로써 최소한의 생활수준을 유지할 수 있게 하는 목적의 보험을 가리키는 데도 동일한 말이 쓰이는데, 이 경우에는 '재난 대비 의료보험' 등으로 옮겼다.

극적으로 제시하고 정부 재정 지원을 주장했다. 그가 출연한 NBC 텔레비전 다큐멘터리는 정부가 우주 탐사에 얼마를 쓰고 있는지를 비교하기도 했다.[15] 조직화된 지지자들은 "말하는 것보다 보여 주는 것이 더 강하다"는 것을 알았기에 1971년에는 한 환자가 하원 세입위원회 앞에서 투석을 받았다. 한 해가 지나지 않아 의회는 특별 프로그램을 통과시켰다. 이후 메디케어 보장 범위가 이처럼 확대된 일은 없었다. 예컨대 살기 위해선 반드시 응고인자 보충요법을 받아야 하는 혈우병 환자들도 그와 같은 혜택을 받지 못했다. 심지어는 주 정부에 700만 명이 넘는 아동과 성인에게 보건의료를 지원하는 메디케이드 예산 삭감을 촉구하는 이들이 넘쳐나는 오늘날에도, 신장 투석 프로그램 종료를 주장하는 공직자는 없다.

1972년에는 기표소에서 신장 질환자들(이들 가운데 상당수가 중산층이었다)이 수백만 명에 달하는 빈곤 여성, 남성, 아동보다 더 많은 지지자들과 힘을 가졌다고 쉽게 결론을 내릴 수 있다. 이는 오늘날에도 마찬가지다. 통과 후 8년 만에 이 프로그램의 비용은 네 배로 뛰었다. 의사들은 투석 환자들이 종종 매우 불행해하며 자살률은 전국 평균의 7배이고 투석만 받을 뿐 다른 비용이나 치료는 감당하지 못하는 만성 환자가 많다고 보고했다. 투석에 대한 보조금 지원은 흔치 않게도 무조건적이었고 환자들은 다른 병으로는 죽어 가고 있지 않았으므로 투석 치료 인구는 급증했다. 지나 콜라타가 보고한 대로, 1980년에는 "요양원에서 투석 센터로 한 주에 세 번씩 실려 오는 노령 환자들"도 투석 인구에 들었다. "어떤 환자들에게 투석기는 건강을 회복할 희망을 잃은 삶을 연장하는 인공호흡기 같은 것이 되어 버렸다."[16] 미국에서 보편적인 의료보험 보장을 이루기는 너무도 어렵고 보건의료 비용은 치솟는 가운데, 신장 투석 프로그램은 연방 예산의 특이한 예외 항목으로 남아 있다.

신장 투석 재정 지원에는 생사가 걸려 있음이 보다 분명했던 것에 비해, 다른 많은 새로운 치료법들은 더 골치 아픈 질문을 제기했다. 효과의 증거가 완전히 분명하지는 않지만 소수의 수명을 연장할 목적을 가진, 굉장히 비싼 약물들에 대해 정부와 보험사는 무엇을 해야 하는가? '희귀' 질환(200만 명 이하의 미국인에게 영향을 미치는 것으로 정의된다)에 대해 의문의 여지가 있거나 제한적인 효과를 내는 많은 신약들이 시장에 나오면서, 보험사들이 이런 질문을 마주하는 일이 늘고 있다. 2017년 『뉴욕타임스』는 일부 보험회사들이 고가의 듀시엔형근이영양증 약 엑손디스51에 대한 지급을 거부했다고 보도했다.[17] 아동 한 명당 연간 최소 30만 달러, 어쩌면 그 다섯 배까지도 든다. FDA는 추가적인 임상 시험 결과를 기다리는 가운데 임시로 이 약을 승인했고, 이에 보험사 최소 한 곳은 엑손디스51이 여전히 "조사 단계"에 있는 것으로 간주한다. FDA 자체 자문진은 이 약에 대한 증거가 아직은 기껏해야 미미하다고 결론 냈다. 바로 그 시점에도 근이영양증을 가진 아이들은 매일매일 돌이킬 수 없는 근육 감소를 겪고 있고 절박한 부모들은 아이의 삶을 연장하기 위해 모든 가능성에 매달린다. 제약사가 몇몇 잘 알려진 사례에 대해서는 조건부로 비용을 대고 있지만 영원할 수는 없는 일이다. 정부는 저소득층을 위한 메디케이드 프로그램 형태로 그런 약들을 제공할 의무가 있을까?

철폐와 인공신장은 기초적인 생리학적 과정들 — 호흡이나 혈액 여과 — 에 대한 기계적인 개입으로, 이 같은 개입이 생사에 미치는 영향은 누가 봐도 너무나 분명했다. 생명을 연장하지만 "완치"로 이어지지는 않는 논쟁적인 희귀병 약과는 달리, 철폐와 인공신장(비록 이 기계들 역시 약과 마찬가지로 값비싼 것이지만)은 미국인들이 쉽게 받아들일 수 있었던 것으로 보인다. 그러나 기계와 약 사이에는 공통점도 있다. 어느 한쪽을 잠재적으로 박탈당한 사람이 누구인지 알 수 있다는 점이다. 물론 1950년대에 폴리오 장애인에 대해 알 수 있는, 또한 1970년대 초에 말기 신부전증에 대해 알 수 있는 방법은 오늘날에 비에 적었다. 오늘날에는 환자나 그 가족들이 자신들의 가슴 아픈 사연을 순식간에 널리 퍼트릴 수 있는 소셜미디어를 비롯한 광범위한 매체들이 있지만, 예전에는 그렇지 못했다. 당시에는 대체로 기자들에 의해 이런 이야기가 전해졌고 즉각적인 것도 아니었다. 부정확한 정보를 전달함으로써 대중을 사로잡는 매체들의 힘이 커진 것과 더불어 기성 제도와 전문가에 대한 신뢰 하락은 모든 일에는 대가를 지불해야 한다는 태도를, 또한 그 어떤 가격 통제 없이도, 잘 작동할 수 있을 것이라는 태도를 합리적인 것으로 보이게 했다. 즉, 청구서가 도착할 때까지는, 그리고 그것과 맞바꾼 다른 바람직한 목표들이 분명해질 때까지는 말이다.

윤리적 접근성에 대한 숙고

의회가 신장 투석에만 재정을 지원했기에, 이는 지극히 미흡한 조치라는 비판을 받을 수 있었다. 의회는 사람들이 필요로 하며 권리로서 보장되어야 하는 다양한 치료들을 누구나 이용할 수 있도록 재정을 지원하지 못했다. 덜 분명한 것이지만, 의회는 또한 그 어떤 가격 통제도 없이, 또한 환자의 재정적 필요를 따지지 않고, 한 가지 항목의 값비싼 치료를 지원한다고, 과도하게 비판받을 수도 있다. 사실은 이렇다. 거의 모든 사회는 그것을 필요로 하는 모든 사람들에게 제대로 된 형태의 보건의료를 제공할 충분한 여유가 있다. 그렇게 할 정치적 의지를 모을 것인지 여부는 또 다른 이야기지만 말이다.[18] 미국 정부 기구가 보건의료에 대한 권리를 거의 승인할 뻔 했던 시기는 1983년이다. 당시 대통령 생명윤리위원회는 기회 증진의 역할을 비롯해 "보건의료의 특별한 중요성"을 언급하며 "사회는 모두를 위해 공평한 의료 접근성을 보장할 윤리적 의무obligation가 있다"고 결론을 내렸다.[19] 특히 위원회는 [보건의료에 대한 "접근성"이라는 표현을 사용함으로써] 보건의료에 대한 '권리'라는 보다 논쟁적인 언어의 사용을 의도적으로 피했다. "권리"라는 표현을 사용하면 누군가 — 그들의 표현으로 "집단으로서의 미국 사회" — 가 그것을 제공할 의무duty가 있다는 걸 암시할 것이기 때문이다.[†] 수십 년 전에 보다 강하게 단언하지 않는 바람에, 특히나 맥없이 "집단으로서의 미국 사회"를 지목하는 바람에 위원회는 더 강력한 이정표를 세울 기회를 놓쳤다. 보건의료 비용이 훨씬 저렴했던 1980년대 초에서도, 위원회는 "보건의료 비용과 지출의 상승"을 우려하면서도, 그렇다고 공평한 체제가 가장 취약한 이들을 딛고서 안정을 유지해서는 안 된다고 걱정했다.

지금과 마찬가지로 당시에도 보편적 보건의료는 사회와 그것이 봉사하는 개개인 모두에게 비용이 부담되지 않아야 옹호될 수 있었다.

† 한국어로는 obligation과 duty 모두 '의무'로 번역되며 영어에서도 흔히 큰 구분 없이 쓰이지만 구분하자면 전자는 도의 혹은 자기 원칙에 따른 의무를, 후자는 도덕적·법적 구속력이 있는 의무를 가리킨다.

자유지상주의는 정부 지출을 통제할 필요성에 주목할 것을 요청한다. 예외적으로 신장 투석에 무제한적으로 재정을 지원할 때 의회가 하지 않은 바로 그 일 말이다. 1972년에 유타주 상원의원 월리스 베넷이 신장 투석 재정 지원 이의를 제기하며 말하기로, 의회는 납세자들의 돈을 가져다 "9월의 크리스마스"[†]에 썼다.[20] 말해 두자면, 이때 크리스마스 선물은 신장 투석 가격이 통제되지 않음으로써 이윤을 얻는 이들에게 갔다. 스스로는 아무런 위험도 지지 않고 사람들의 생명을 구한 것을 가지고 그들이 누군가에게 호사스러운 '크리스마스 선물'을 주었다고 하기는 어렵다. 베넷은 또한 자신은 타협할 생각이 있으며 치명적인 병으로 고통받는 이들 사이에 차별을 두기는 저어된다고 말했다. 그는 재난적 질환에 대해 모두에게 보험을 제공하고 특정 질병만 예외로 두는 노골적인 불공정을 피할 "보다 폭넓은 건강보험 법안"을 내는 것이 신장 투석에만 재정을 지원하는 것보다 합리적인 방안이라고 주장했다. 반세기가 지나고도 여전히, 의회는 베넷의 선견지명을 받아들이지 않고 있다.

정부 재정이 생명을 구하기 위해 보건의료 부문에 투입될 때, 공리주의자들은 가능한 한 많은 생명을 구할 것을 요구한다. 신장 투석에만 재정을 대는 것을 정당화할 만한 계산 결과는 간접적으로도 제시된 적이 없다. 신장 프로그램에 재정을 지원하는 데 찬성한 상원의원들은

† 미국의 연방 회계연도는 매년 9월 30일에 종료된다. "9월의 크리스마스"란 회계연도 종료를 앞두고 1년 예산의 상당 부분을 차지하는 대규모 예산 지출이 확정되고 그것이 대개는 전체 시민사회가 아니라 연방과 계약을 맺는 기업에만 득이 되는 것을 비판하는 표현이다. 2019년에는 상원의원 조니 에른스트(Joni Ernst)가 정부 기관의 회계연도 종료 직전 2개월 지출을 이전 10개월 지출 대비 일정 수준 이하로 제한하는 법안을 제출하기도 했다.

이런 약점을 인정했다. 재정위원장이었던 상원의원 러셀 B. 롱Russel B. Long은 베넷에게 응수해, 그저 동료의원들에게 "만성 신부전을 가진 매우 불운한 시민들은 기다릴 수가 없다"라고 호소하고는 다음 의회는 재난적 질병에 대비할 수 있는 보험을 모든 미국인들에게 제공해야 한다고 말했다.[21] 이윽고 그를 비롯해 의원들의 압도적 다수가 다음 의회로 책임을 미뤘다. 그들 중 상당수가 다음 의회에도 속했다. 거의 반세기가 지났지만, 의회는 여전히 이 책임을 미루고 있다.

모두가 각자의 보건의료상 필요를 충족할 수 있게 하라, 과세를 통제하되 사람들의 건강과 안전을 희생시키지는 말라, 사회복지를 극대화하라. 자유주의, 자유지상주의, 공리주의의 이 같은 각 계율들은 보건의료 재정 지원에 있어 정부의 역할에 대한 대중적 논의에 공통의 참조점을 제공하며 또한 의회를 비판하는 토대가 된다. 철학적 관점들을 회의적으로 여기는 이들이더라도 동정심은 있다. 그러나 만약 동정심이 신장 투석에 재정을 지원하도록 했다면, 의회는 왜 신장 투석에만 재정을 지원해야 했으며, 의회에서 그것이 은밀한 절차를 통해 통과되도록 해야 했을까? 왜 의회는 비용이 많이 소요되는 중요한 결정에 광범위한 감시가 이뤄지는 것을 막아야 했을까?

다른 두 가지 주요 관점 곧, 숙의민주주의와 전통적 보수주의는 정부의 앞길을 이끌 최선의 절차들을 알려 준다. 숙의민주주의는 시민들과 그 대표자들이 공적으로 설명할 수 있고 도덕적으로 책임질 수 있는 방식으로 숙의하고 결정할 것을 요구한다.[22] "권위주의적 포퓰리즘과 탈진실post-truth 정치에 대한 불가결한 응답"으로서 ― 공적 정책의 정당화를 꾀하며 정치적 입장을 막론하고 사람들에 대한 존중을 표현하는 ― 이유, 논변, 증거가 제시된다.[23] 삶에서와 마찬가지로 정치에서도,

이유를 제시하는 것만으로는 성공하기 어렵다. 한참 부족하다. 사람들의 주목을 끌고 붙잡아 두려면 열정적인 옹호와 감정적 호소가 필요하다. 하지만 확실한 증거에 기반한 충분한 이유를 제시하지 않는다면, 정책 입안자들은 자신의 책임을 방기하는 것이다. 다른 이들에게 구속력이 있는 공적 정책은 정당화를 요한다.

민주주의적 숙의는 새로운 증거와 논변에 힘입어 정책들이 지속적으로 개정되고 개선될 수 있게 해준다. 상호 간에 반복적으로 이유를 제시하는 이 같은 공적 과정은 공동선에 복무하는 정책을 다듬어 내는 것을 목표로 한다. 그 어떤 정책 입안 과정도 완벽하지는 않고 그 누구도 공동선의 성취를 보장할 수는 없지만, 민주주의적 숙의는 옹호할 수 있는 또한 실현 가능한 공통의 지반을 찾아 나가면서 끊임없이 공동선의 성취를 추구한다.[24] 계속되는 의견 충돌 가운데에서도 상호 존중을 표하면서 말이다.

의회는 신장 투석에 재정을 대면서 공개적·숙의적 과정을 여는 데 실패했다. 한 분석가는 "입법 공청회의의 부재는 개진된 입장들이 공적으로 발화된 적이 없음을 뜻한다"라고 평했다.[25] 정책 분석은 "의도적으로 대중의 관심을 피했"고 정책보고서 발간은 "거의 비밀스러운 방식으로 처리됐다". 신장 투석에 재정을 대면서 의회는 자유주의적·자유지상주의적·숙의민주주의적 관점을 통해 보다 더 정당화될 폭넓은 건강보험 법안에 재정을 지원하라는 대중적 압력으로부터 스스로를 차단했다. 미국 대중에게 더 큰 이익을 가져다 줄 것임에도, 치솟는 투석 프로그램 비용은 보다 보편적인 건강보험 법안이 통과되는 데 장애물 하나를 더했다. 보건의료에 관한 숙의적 책임성을 방기했을 때, 의회는 형편없는 방식으로 미국인들에게 봉사한 것이다. 그럼에도 투석 프로그램 재정 지원이 심각한 위기를 맞은 적은 단 한 번도 없다. 아마도 투석기 접근성이 며칠 상관으로 생사를 가르기 때문일 것이다.

숙의민주주의가 공적인 정책을 결정할 때 이해 당사자들이나 그 대표자들에게 정연한 논거를 요구한다면, 전통적 보수주의는—특히 정부를 통해—사회구조상의 급격한 대규모 변화를 추구할 때 인간의 이성적 능력을 믿지 말라고 경고한다. 전통적 보수주의자들은 정부가 필요는 하지만 본질적으로 위험한 것이라고 보며, 얼마나 합리적인 변화건 간에—특히 정부의 조치에 기대는 일인 경우—사회구조상의 대규모 변화에 주의하라고 강력히 권고한다. 18세기 영국계 아일랜드인 철학자이자 의회주의자였던 에드먼드 버크Edmund Burke[26]의 사상에서 비롯된 이런 보수주의 전통은 영국 철학자 마이클 오크쇼트Michael Oakeshott의 20세기 작업에서 울려 퍼진다. 이 같은 관점은 잠재적·점진적·반복적 경험에서 길어 올려져 인간의 제도들에 구현된 것으로서의 전통에, 버크가 "선입견"prejudice† 이라고 부른 것에, 높은 가치를 둔다. 버크는 전통적인 정치적·사회적 제도들과의 급진적 단절로 이해된 프랑스대혁명에 비판적이었지만—그가 주장하기로, 경솔하게도 식민지들을 봉기하게 만든—본국의 것과 대체로 연속적인 제도들을 옹호한다고 생각한 미국혁명은 지지했다.[27]

현대의 맥락에 맞게 조정되어, 보수주의는 자연적 귀족†† 이 있다는

† 이 단어는 부당하게 치우친 생각을 가리키는 편견과 거의 동의어로 쓰이며 많은 경우 편견으로 번역된다. 이 같은 부정적 어의는 버크 당대에나 현재에나 영어에서도 마찬가지지만 버크는 '앞서의 판단'을 뜻하는 어원 그대로의 뜻에 주목하는 한편 이전의 판단과 경험을 토대로 축적되는 것으로서의 선입견이 가질 수 있는 긍정적 효용을 주장했다.

생각을 지양하며 급진적인 변화보다 점진적인 변화에 가치를 둔다. 보수주의자들은 오늘날에도 여전히, 누구에게서 나온 것이든 사전에 세운 계획에 따른 급격한 대규모 변화에는 회의적이다. 『뉴욕타임스』 칼럼니스트 데이비드 브룩스David Brooks는 버크를 좇아 "변화는 차분하고 지속적이고 느려야 한다. 사회에는 구조적 문제가 있지만 그 문제들은 기존의 재료를 써서 개혁되어야지, 즉각적인 변화라는 허황된 희망으로 일소되어서는 안 된다"고 말한다.[28] 보수주의는 신장 투석과 보건의료에 대한 의회의 접근에 복합적인 반응을 보인다. 가격이 치솟는 전례 없는 프로그램에 대한 급작스런 재정 지원을 두고 정부를 비판하면서도, 정부가 급작스레 보편적이고 포괄적인 건강보험을 단번에 법제화하지 않은 것에 안도한다.

미국 정부의 견제와 균형 원리는 숙의민주주의의 취약점 — 합리적인 집단적 의사결정 과정의 산물을 과신하는 것 — 에 대한 중요한 구조적 안전장치를 제공한다. 이에 상응하는 전통적 보수주의의 맹점은 많은 이들이 오래전부터 알았고 부당하게 감내해 온, 제도적으로 뿌리 깊고 분열을 조장하는 부정의에 안주한다는 것이다. 그렇게 안주하지 않고자 한다면, 정부를 필요는 하지만 위험한 것으로 여기는 보수주의자들도 (일부 보수주의자들이 반세기 전에 지지했듯) 재난적 질병에 대비할 수 있는 건강보험을 그것을 필요로 하는 모든 사람에게 보장하는 것을 지지할 수 있다. 재난적 질병에 대비할 수 있는 건강보험은 오래전부터

†† (귀족 혈통이 아니라) 귀족적·지도자적 자질을 타고나는 것을 뜻한다. 피선거권을 포함한 참정권의 평등을 전제로 하는 대의민주주의 정신에 반하는 개념이지만 미국 초대 대통령 제퍼슨을 비롯해 초기의 보수적 민주주의자들에게 지지받았다.

목숨 그 자체를 위해 필수적인 것으로 간주되어 왔다. 이를 생각하면 재난적 질환에 대비해 누구나 건강보험 비용을 감당할 수 있게 하는 정부는 사회 안정성과 연대를 증대시키는 점진적 진보를 일굴 것이다. 그 반대가 아니고 말이다. 반세기 전 미국에서의 "차분하고 꾸준하며 느린" 진보는 재난 대비 건강보험에 대한 비용 부담 없고 보편적인 접근성을 요했다. 여러 회기 내내 의회는 보수주의자건 자유지상주의자건 아니면 자유주의자나 공리주의자건, 공통의 감수성에 부합하는 이 소박한 목표를 법제화하기에 한참 모자랐다.

보건의료 접근성에 생명·자유·기회 같은 거대한 가치가 걸려 있다면, 우리는 또한 소박한 목표로 충분한지를 질문해야 한다. 미국의 역사가 오랜 부정의를 지탱하는 전통적인 제도들—노예제, 여성과 소수자의 권리 박탈, 인종 간 출산 금지법, 우생학적 단종법—로 가득 차 있으며, 이를 무너뜨린 것이 다름 아닌 평등한 자유·기회·정의의 이상에 입각한 사회운동임을 누가 부정할 수 있겠는가? 사회사가 막스 베버Max Weber는 이렇게 썼다. "이 세계에서, 사람들이 끊임없이 불가능한 것에 손을 뻗지 않았다면 가능한 것들조차 결코 이루어지지 않았으리라는 말은 물론 전적으로 옳으며 이는 모든 역사적 경험이 확증하는 사실이다."[29] 다른 산업화된 나라들에서는 그렇지 않은데도 오직 미국에서만 불가능해 보이는 것들을 미국 대중이 이룰 수 있는가 하는 것은 민주주의 정치의 이 근본적 질문에 대한 답에 달려 있을 것이다. 전국 각지에서 충분한 수의 사람들이 모이고, 조직화하고, 자금을 모으고, 비용 부담 없는 보편적인 보건의료를 굳건히 지지하는 정치인에게 표를 던질 것인가? 역사적으로 더욱 잘 조직돼 있고 자금이 풍족하며 강력한 반대파를 이기기 위해서 말이다.

미국이 모든 시민에게 충분한 건강보험을 제공하는 데 실패했다는 것은 그 국민의 생활에 여전한 사실로 남아 있다. 트럼프 대통령은 종종 모든 미국인에게 "위대한" 보건의료를 제공하겠다고 약속하지만 트럼프 행정부는 부담적정보험법Affordable Care Act, ACA을 보다 나은 어떤 것으로 대체하지는 않으면서 이를 약화하는 조치들을 취해 왔다. 2018년의 한 행정 조치는 너그럽게 말하자면 '쓰레기 보험'이라 할 만한, 진짜라기엔 너무도 싼 보험을 미국인들에게 보다 쉽게 판매할 수 있게 하는 조항을 도입했다.[30] 이런 보험들은 기존의 조건들을 삭제하고 보장한도를 낮게 설정하여, 가입자들이 심각한 질환(누구나 보험을 들 수 있어야 할)에 걸리면 감당 불가능한 병원비 청구서를 받도록 만든다. 동시에 이 쓰레기 보험들은 ACA 보험에서 사람들을 빼가기에, ACA 재정 조달을 약화시킨다.

선출직 공무원들이 도덕적 리더십에 실패한 것을 두고 그것밖에는 감당할 여력이 없으므로 당연하게도 자신과 가족을 보호하기 위해 저가 건강'보험'에 몰리는 사람들을 비난할 일은 아니다. 그런 보험에 가입한 사람들 가운데 일부는 생활고에 시달릴 것이며 여러 의료 기관은 치료비 메울 길을 찾아야 할 것이다. 종종 요금을 올리고, 보험이 없어 극도로 비용이 많이 드는 환자들을 회피하고, 시 및 주 정부의 지원을 성사시키는 것으로 말이다. 그리하여 미국의 건강보험 시계는 되돌려진다. "이런 낮은 가격으로 이런 훌륭한 치료를 받게 될 것입니다." 2017년 트럼프 대통령은 이렇게 선언했다. 정치적 수사와 잔인한 거짓말은 전혀 다른 것이다. ACA는 여전히 이렇다 할 대체 입법 없이 정치적 공격을 받고 있고 가장 취약한 미국인 일부는 재난적 질환에 무방비 상태로 놓여 있다. 동시에, 보다 많은 미국인이 ACA 기준을 충족해 보조금을 받는 보험에 가입하고 있다는 것은 과도하게 양극화된 당파적 환경 속에서 계속 공격받고 있는 이 법의 놀라운 회복력을 보여 준다.

고령층과 그 가족들을 빈곤으로부터 지켜 줘 오늘날 그토록 찬양받는 메디케어 같은 프로그램조차 처음 제안되었을 땐 **극도로** 논란이 일었다는 점은 쉽게 망각된다. 반대파들은 수십 년째, 국가건강보험과 비슷해 보였다 하면 어디든 "사회화된 의료"[사회주의 의료]라는 용어를 붙인다. 1965년 어느 밤, 텔레비전 앞에 있던 이들은 미국의사협회 American Medical Association, AMA 회장이 빈 강당에서 극적으로 팔을 내저으며 전날 존슨 대통령은 공짜로 쓴 이 방에 협회는 돈을 내야 했다고 불평하는 모습을 보았다. 이어 미국의사협회 회장은 존슨의 강력한 입법 기술—그는 지칠 줄 모르는 설득부터 노골적인 괴롭힘에 이르는 전략으로 악명 높았다—과 최근 암살당한 케네디 대통령이 통과되는 것을 보고 싶어 했을 일을 저지하는 데 대한 의회의 망설임이 맞아떨어져 통과될 것 같던 메디케어 프로그램 안을 맹비난했다. AMA는 메디케어 통과에 극렬히 반대했으며, 과잉 진료를 조장하는 규제 없는 행위별 수가 진료처럼 의료 비용을 상승시키는 요인들이 고령의 친인척을 돌보는 데 전념하고 있는 수많은 가족들을 빈곤하게 만들고 있다는 사실을 완강히 외면했다.[31]

폴 스타의 의료사회사가 상세히 보여 주듯, AMA는 메디케어나 메디케이드보다 보편적인 보장을 위한 초기와 후기의 시도를 전부 좌초시킨 주요한 세력이다.[32] 1930년대 뉴딜 시기, 사회보장에 국민건강보험을 포함시키는 것에 대한 AMA의 공공연한 공격은 프랭클린 델러노 루스벨트 대통령으로 하여금 사회보장제도의 나머지마저 실패하지는 않도록 물러서게 만들었다. 1950년대 말 해리 트루먼 대통령이 페어딜 Fair Deal의 일환으로 보편적인 건강보험을 통과시키려 하자 AMA는 사상 최대 액수를 들인 반대 로비 운동을 시작했다. 클린턴 대통령이 보편적 건강보험 제도를 제안한 1990년대로 넘어와 보면, 이제 더 이상 의사 다수를 대표하지도 않았던 AMA는 보장을 확대하고 가격을 통제할 이 제도의 주요 부분들에 반대하며 여전히 상당한 대중적 영향력을 행사했다. 건강보험 업계의 대대적인 반대와 함께 AMA는 건강보험이 엄격한 방식으로 배분될 것이며 환자들은 행위별 수가로 진료하는 의사를 선택하지 못하게 될 것이라는 대중의 공포†를 부추겼다.

가까이는 1990년대까지, AMA가 방어적이었던 시대는 곧 저물었다. AMA는 건강보험에서의 정부 역할에 대한 관점을 수정했다. 하지만 정부 보험을 통해 의사-환자 관계가 보다 많은 규제에 노출되면 가족 구성원, 환자 변호사, 보건의료 경제학자, 생명윤리학자 같은 다양한 사람들이 진료실에 들어오게 될 것이라던 당시 의료계 지도자들의 생각은 옳았다. 오늘날 AMA를 비롯한 상당수 보건의료 지도자들은 보다 다양한 이들을 논의에 참여케 해야 할 필요성을 받아들인다. 어쩌면 중요하게 여기기까지 한다.

오늘날 많은 보건의료 제공자들은 또한 메디케어와 메디케이드를

† 행위별 수가제를 중심으로 할 경우 보험 가입자는 비교적 높은 보험료를 내는 대신, 개별 의료 행위에 대해 보험 수가와 진료비가 오가는 지불 구조상 보험사가 환자의 선택에 개입하는 영역이 적어진다. 건강보험이 묶음수가제 등의 형태로 개편되어 의료 행위 전반이 보험사나 정부의 관리를 받게 되면 환자가 의사나 특정 검사, 치료 등을 선택할 수 있는 폭이 줄어들 수 있다는 점을 강조한 것이다.

통해 건강보험을 보다 많은 미국인에게로 확대하는 것을 지지한다. AMA의 입장은 보장 대상 집단과 질환의 확대를 받아들이는 쪽으로 바뀌었지만(다만 국가 단일 보험 체제에는 여전히 반대한다) 미국 정치의 다른 주요 주자들은 반대쪽 끝으로 움직였다. 대개는 환자가 필요로 하는 보건의료에의 '접근권'을 일반적인 수준에서는 지지하지만, 실은 여전히 매우 모호한 입장이다. 접근권에는 (정부 그리고/또는 고용주의?) 재정 보조가 없었으면 비용을 감당할 수 없었을 수많은 미국인들을 위한 재정 보조가 (얼마만큼) 포함되는가? 보건의료를 보편적으로 비용 부담 없는 것으로 만들지 여부와 그 방법은 오랫동안 미국 정치에서 대립을 일으키는 주요 쟁점이었다.

의원들에 대한 존슨 대통령의 리더십에 더해, 1965년에 메디케어와 메디케이드의 제정을 마침내 가능케 했던 것은, 특히 국가적 층위에서 최근 수십 년간 너무도 부족했던 것, 바로 초당적 협력이다. 민주당의 입원보험 법안은 공화당의 임의 가입형 보충적 건강보험 법안의 요소들과 결합되어 메디케어의 A, B 파트를 이루었다. 함께 통과시킬 수 있도록 메디케이드 — 각 주가 빈곤선 혹은 그 부근인 미국인들을 원조하도록 장려하는† 연방 보조금 프로그램 — 는 메디케어와 한데 묶었다. 힘이 엄청났던 하원 세입위원장 윌버 밀스가 중재한 이 기발한 "3단 케이크"는 공화당 68명, 민주당 48명이 반대한 가운데 공화당 70표를 포함해 307표를 모았다. 상원에서는 공화당 13명의 찬성표를 포함해

† 연방 정부가 재정 일부를 지원하지만, 연방 정부 지침 내에서 주 정부가 자율적으로 운영한다. 따라서 주별로 명칭, 가입 요건, 가입자 혜택 등이 상이할 수 있다. 의무가 아님에도 모든 주에서 운영하고 있지만 2020년 10월 현재 14개 주는 ACA의 메디케이드 확장 프로그램을 도입하지 않고 있다.

70대 24로 통과되었다. 일곱 명의 민주당 의원과 열일곱 명의 공화당 의원이 반대표를 냈다.

'사회화된 의료'라는 수사는 모두를 위한 건강보험과 보건의료 권리에 노골적으로 반대하는 정치인 및 시민들에게 여전히 반향을 일으키고 있다. 하지만 의료사회화를 정부가 선을 넘는 것으로 여기는 그들의 입장은 바로 그들의 상당수가 동성애자 권리, 여성 권리, 소수자의 시민적·종교적 자유, 정교분리와 같은 핵심적인 인간의 자유들을 국가의 간섭으로부터 지켜 낼 줄 모른다는 사실과 충돌한다.

하지만 이념적 차이에도 불구하고 고령층 미국인의 대다수는 메디케어 프로그램을 굉장히 성공적인 것으로 생각한다. 통계에 따르면 메디케어 가입 노령인구의 85퍼센트가 이 제도에 만족하고 있는데,[33] 정부 프로그램으로서는 놀라운 성과다. [메디케어를 좋게 생각하는 데는] 본인과 관련된 이유, 타인과 관련된 이유가 모두 있다. 노령층의 빈곤율이 하락한 것은 부분적으로는 그들이 병에 걸렸을 때 이제 의료비용을 걱정할 필요가 없어졌기 때문으로, 이것은 노령층 당사자뿐만 아니라 그 가족들에게도 크게 안심 되는 일이다. 보다 건강하고 고령인 사람들은 투표를 더 많이 하는 경향이 있으며 미국 인구는 고령층 비중이 높기에, 정치인들에게 (사회보장과 함께) 메디케어라는 미국 정치의 '제3궤조'thrid rail †를 건드리는 것은 위험한 일이 되었다. 메디케어가 유난히 성공적임에도 정부가 신뢰를 잃는 것은 일부 수혜자들이 메디케어가 정부 프로그램임을 인식하지 못하는 탓인 듯하다.

† 전차 전원 공급을 위해 궤도를 따라 설치된 궤조. 감전 위험이 높은 점에 착안해, 미국 정치에서 쉽사리 건드리지 못하는 논쟁적 쟁점을 가리키는 말로 쓰인다.

미국 보건의료 개혁의 역사는 비용 부담 없는 보편적 보건의료를 성취하는 데 있어 필연적인 일이란 없음을 알려준다. 다시 말해 그것은 힘든 싸움이다. 지난 한 세기에 걸쳐 프랭클린 델러노 루스벨트 정권, 해리 트루먼 정권, 리처드 닉슨 정권, 빌 클린턴 정권에서 대대적인 보건의료 개혁 시도가 실패했다. [대선 선거운동을 벌인] 2008년부터, [이듬해 시작된] 첫 임기의 우선 과제로서 전 미국인에게 보건의료 보장을 확대하겠다고 한 버락 오바마 대통령이 맞닥뜨린 저항에서 또 한 가지를 배울 수 있다. 그의 개혁 시도는 "정부는 내 메디케어에 손대지 말라"라는 격렬한 항의를 비롯한 반대 운동을 촉발했다. 오바마 대통령이 미국인들에게 연방 정부가 정부 보조금을 삭감하지 않을 것임을 확신시키려 애쓴 것은 우연이 아니었다. 그러지 않았다면 이 안은 꺼내기도 전에 끝장났을 것이다.

고도로 양극화된 정치 속에서의 힘든 싸움에도 불구하고 오바마 행정부의 보건의료 개혁은 끝내 통과되었다. 분배 정의에 관한 포괄적인 윤리적 관점에서 보자면 완벽과는 거리가 먼, 이미 건강보험을 가진 미국인 대부분 — 그러나 전부는 아닌 — 이 그것을 유지할 수 있게 하면서 보험이 없는 수백만 명에게 보장을 확대한 타협안이었다. (수백만 명은 규정된 최저 기준을 만족하지 않는 기존 보험을 변경해야 했다.) 고도로 양극화된 정치 속에서는 이런 타협안조차 (무소속 두 표를 포함해) 간신히 통과되었다. 자유주의적인 민주당 내에서도 저항이 있었다. '윤리적으로 완벽한', 즉 전혀 타협하지 않는 안이었다면 분명 실패했을 것이다. 하지만 대대적인 보건의료 개혁은 공화당으로 하여금 내홍 끝에 당론으로 "오바마케어 폐지 및 대체"repeal and replace Obamacare를 추진하게 만들었다. 당 내에 타협 기류는 거의 없었고, 공화당은 대체

안에 뜻을 모으는 지난한 과정을 시작해야 했다.

잘 알려져 있듯 견제와 균형이라는 구조를 가진 미국의 입헌민주주의에는 법안 통과를 위해 정당 내에서든 정당 간에든 타협을 선호하는 보수주의가 내재되어 있다. 정치인들이 타협하려 하지 않을 경우 법안을 막는 것보다 법안을 통과시키는 것이 더 어려우므로, 미국 정치의 구조적인 기본 값은 비활동, 소위 교착이다. 인간 심리에 내재된 보완적인 유의 보수주의는 종종 간과된다.[34] 사람들 대부분은 무언가를 **얻을** 가능성보다는 자신이 가치 있게 여기는 것을 **잃을** 위험에 훨씬 강하게 반응한다. 둘의 가치가 같더라도 말이다. 손실은 대개 같은 가치의 소득에 비해 두 배가량 크게 다가온다. 경쟁적인 성격이 아닌 사람들조차 고속도로에서 자신이 지나치는 차량보다 자신을 지나치는 차량을 의식하는 경향이 있다. 현재 그 상당수가 중간계급인 약 50만 명의 미국인에게 제공되는 신장 투석 보조금이 그대로 유지되는 것은 미국인 가운데 강력한 정치력을 가진 많은 이들이 존치를 위해 맹렬히 그리고 효과적으로 싸울 것이기 때문이다.

특히 미국 정치에서는 대개 손실을 막는 것보다 소득을 얻는 것이 더 힘들다. 이런 조합에다 갈수록 심해지는 정치적 양극화를 더하면 보편적이고 비용 부담 없는 보건의료를 성취하는 일은 더더욱 힘든 싸움이 된다. 굉장히 힘든, 하지만 여전히 가치 있고 승산 있는 싸움이다. 자유주의, 하이에크적 자유지상주의, 공리주의, 그리고 시민들이 서로를 상대로 모두의 기본적 보건의료 수요를 정당화할 수 있도록 하는 숙의민주주의에 비춰 볼 때, 보편적이고 비용 부담 없는 보건의료 보장의 성취는 가치 있는 일이다. 보수주의는 연대와 사회의 안정성을 위해 진즉 되었어야 할 보건의료 보장 확대를 지지할 수 있다. 상이한 내용적·절차적 원칙들을 토대로 하는 이상의 관점들은 감당 가능한 한도 내 모든 개인의 보건의료 수요 충족을 지지하는 데 뜻을 모을 수 있다. 매일의 삶에서 비용 부담 없는 보건의료에 접근하길 바라고 필요로 하는 모든 이들을 지지하는 것은 이 원칙들에 인간의 얼굴을 더하는 일이다.

'연방 정부에 보건의료를 모두에게 접근 가능하고 비용 부담 없는 것으로 만들 책임이 있는가'를 두고 미국인들은 오랫동안 편이 갈라져 있었으며 지금도 그러하다. 예를 들어 퓨리서치센터는 2017년 전국 조사에서 미국인 60퍼센트가 "연방 정부는 모든 미국인들에게 건강보험을 보장할 책임이 있다"고 말하는 반면, "39퍼센트는 이것이 정부의 책임이 아니라고 말한다"라는 것을 확인했다.[35] 여론조사에서의 우위에도 불구하고 모두를 위한 건강보험 보장은 여전히 미국 현실과는 동떨어진 이야기다.

3 대 2 차이는 주요 정부 정책에 있어서라면 압도적인 차이다. 국민 보건의료 개혁이 미국의 양당 정치에서 반세기 혹은 그 이상 동안 정치적 양극화의 주요 진원지였다는 사실만 빼고 본다면 말이다. 미국인 60퍼센트가 정부가 책임지는 보편적 보건의료를 지지한다는 것을 보여 준 바로 그 조사는 정파에 따른 충격적인 양극화를 또한 보여 준다. 민주당원 및 민주당 성향 무당층은 10명 중 8명 이상이 이에 대한 정부 책임에 **찬성**한 반면, 공화당원 및 공화당 성향 무당층은 10명 중 6명 이상이 **반대**했다. 이 같은 첨예한 양극화는 보건의료 개혁에 대한 초당적 대타협에 이르기 전에는 미국에서 보장성 확대와 가격 통제 강화를 겸비한 보편적이고 비용 부담 없는 보건의료가 현실화될 가능성이 낮다는 우리의 예상에 힘을 싣는다.

보편적이고 비용 부담 없는 보건의료 보장 — 보장범위 확대와 가격 통제를 한데 묶은—은 충분한 수의 시민들이 불공정한 보건의료에 과도한 비용을 청구하는 체제를 거부해야만, 그리고 또한 모이고 조직화하고 자금을 모으고 당파를 초월해 투표함으로써 선출직 공무원들이 마침내 포괄적인 21세기형 보건의료 체제를 만드는 과제에 응하게 해야만 성취될 것이다.

우리는 왜 부담 없는 비용의 보편적 보건의료를 그토록 중요한 대의로 여기는가? 우리에게 있어 이것, 보건의료와 공중보건—산전·산후 돌봄에서부터 깨끗한 공기와 깨끗한 물로 이어지는—은 모든 이들이 살면서 다른 모든 좋은 것들을 누릴 수 있게 해주는 조건이라는 사실과 직결된다. 우리가 보건의료를 인권이라 칭하는 것은 보건의료 없이는 어느 누구도 살면서 다른 모든 것을 누릴 역량과 평등한 기회를 가질 수 없기 때문이다. 이 권리가 의미 있으려면 보건의료는 반드시 비용이 부담되지 않아야 하기에, 우리는 사람들에게 **적절하고 비용이 부담되지 않는 수준**의 보건의료에 대한 권리가 있다고 믿는다.

충분하고 비용이 부담되지 않는다는 것을 정의하기는 실로 어렵다. 예를 들어, 다수에 대한 소소한 보건 혜택이 보다 소수에 대한 보다 큰 혜택보다 중요한가, 아니면 그 반대인가? 1990년 오리건 보건서비스 위원회는 주 정부가 훨씬 많은 저소득층 시민들에게로 메디케이드 보장을 확대하게 만들고자 폭넓은 노력을 했다. 위원회는 비용-편익 계산을 토대로 주 메디케이드 프로그램이 보장해야 할 치료 목록 초안을 작성했다. "결국 이를 씌우는 시술이 맹장절제술보다 상위에 올랐다. …… 후자의 비용 대비 편익이 더 낮았기 때문이다." 직관에 반하는 사례로 가득했고—손가락 빨기 치료가 낭포성 섬유종이나 에이즈 치료보다 상위에 올랐다—"공개 망신"으로 귀결됐다.[36]

단순한 비용-편익 계산은 권리를 제대로 정의해 주지 않는다. 보건의료를 누릴 권리라는 게 누구나 이를 씌울 권리는 있지만 응급 맹장 절제술이 필요한 가난한 사람은 낯선 이의 친절이 없는 한 운이 거기까지이리라는 뜻일 수는 없다. 대중의 격렬한 항의 끝에 오리건 메디케이드 프로그램은 그 목록과 순위 계산법을 개정해 생명을 위협하는 질병 치료가 다수에 대한 보다 사소한 혜택보다 우선시되도록 했다. 보건의료 권리는 생명을 구하는 것으로 입증된 치료들과 유아기 예방 의료를 반드시 포함해야 한다는 것을 험난하게 배운 셈이다. 보건의료 권리는 반드시 구성원들의 가장 기본적인 보건의료 수요를 충족해야 한다. 부담 없는 비용이어야 한다. 하지만 거기서 멈출 필요는 없다.

민주주의는 누가 어떤 종류의 보건의료 혜택을 얼마나 받아야 하는가를 집단적으로—종종 날선 의견 충돌과 여러 이익집단들의 폭넓은 로비 시도 속에서—결정하는 숙제를 피할 수 없다. 민주주의에서 합리적인 공적 숙의를 우회하는 일을 정당화할 수 있는 객관적인 공식이란 존재하지 않는다. 바로 이것이, 비용-편익 공식을 토대로 전체 자료를 취합해 컴퓨터가 내놓은 결과만 믿고 우선순위 초안을 만든 오리건 보건서비스 위원회가 배운 바다. 거기서 나온 원칙 및 공식은 유용한 이정표는 될 수 있지만 '누가 어떤 보건의료에 대한 권리를 가지며 누가 어떤 대가를 치러야 할 것인가'에 대한 의견차는 도통 해소해 주지 않는다.

오리건 위원회는 생명을 구하고 연장하는 데 "필수적"이고 "매우 중요"한 치료를 우선시하는 새로운 순위 체계를 개발했다. 여러 차례의 지역주민 회의에 참석해 예방 의료, 임종 돌봄, 가족계획 서비스 등의 가치를 강조한 시민들의 도움을 받았다. 위원회는 또한 장애인에 대한 보건의료를 저평가했으며 지역주민 회의가 가장 취약한 이들, 빈곤층과 장애인 모두의 이익을 대변하기에는 대표성이 떨어진다는 강력한 비판을 받고 목록을 개정했다. 한 위원이 위원회의 여정을 요약한 대로, "어쩌면 우리는 과학을 적용하는 게 아니라 공정성을 적용하는 것이다". 보건의료에 대한 비용 부담 없는 접근성을 높이는 데는 모든 목소리가 다 소중하지만, 우리 사회의 가장 취약한 성원들에게 목소리를 주는 것은 더없이 중요하다. 그들이야말로 불공정한 보건의료의 가장 비싼 대가를 치르고 있기 때문이다.

롬니케어의 교훈

일정 수준의 초당적 협력 — 전국적 차원에서는 거의 사라지고 만 — 을 되살리는 것은 21세기 미국에서 비용 부담 없는 건강보험 보장 확대에 중요한 진전을 이루기 위해 반드시 필요하다. 압도적으로 자유주의적인 주인 매사추세츠에서는 2006년, 초당적인 정치적 타협이 포괄적인 보건개혁 계획을 가능케 한 바 있다. 공화당이 이로부터 4년이 채 지나지 않아 오바마케어를 맹비난한 것을 생각하면 어울리지 않지만, 보편적 보건의료를 향한 이 중요한 한 수는 공화당 주지사 미트 롬니 — 2012년에 공화당 대선 후보가 된 — 임기 중에 나왔다. '롬니케어'는 그가 높은 지지율 속에 주지사로 재임할 수 있게 해준 주춧돌이었고, 이것이 그를 대선 후보 지명에 이르게 했다. 굉장히 역설적이게도, 이 계획은 오바마케어의 모델이 되었으며 따라서 롬니케어의 몇 가지 주요 요소와 성과를 알아 둘 필요가 있다. 이것은 (의무적이고, 전액 보조되며, 보장 내용은 표준화되고 보편적인) 국가단일 보험 체제를 선호한 이들과 (보장을 의무화하는 것이 아니라 장려책을 쓰며 납세자 부담을 보다 엄격하게 통제하는) 훨씬 더 완전히 시장 기반적인 체제를 선호하는 이들 사이의 타협안이었다.

롬니케어가 오바마케어처럼 비난받지 않은 이유는 무엇이었을까? 롬니케어는 오마바케어가 모든 미국인에게 건강보험을 제공하기 위해 한 것과 마찬가지로 개인, 고용주, 정부의 책임 분담을 토대로 삼았다. 둘다 기존 병력이 사설 보험사에서 의료보험 보장을 받는 데 장벽이 되지 않도록 했다. 둘 다 개개인이 최소한의 보험에는 가입하도록 하고 가입하지 않을 경우 가산세를 내게 했다. 둘 다 면제 요건이 되지 않는 한 소규모의 고용주를 제외하고는 모두가 피고용인에게 건강보험을 제공하도록 의무화하고 어길 경우 과태료를 물렸다. 둘 다 메디케이드 혜택을 키우고 그 범위를 더 많은 저소득층 미국인에게로 확대했다. 둘 다 개인·가족·소규모 고용주가 여러 사설 보험 가운데 선택할 수 있는 온라인 플랫폼—오바마케어에서는 거래소exchanges라고 부르는—을 만들었으며 둘 다 많은 이들에게 비용을 상쇄할 수 있는 보조금을 지급했다. 둘 다 여러 사설 보험의 혜택을 표준화했다.

여기까지는 많은 점에서 비슷하다. 성과를 말하자면, 롬니케어는 성공적으로 건강보험을 매사추세츠 주민 대부분에게로 확대했다.[37] 기본적인 보건의료 서비스에 대한 접근성이 증대되었고 롬니케어에서 건강보험을 이용한 많은 이들이 좋거나 훌륭한 진료를 받았다고 보고했다. 그들은 신체적·정신적 혹은 전체적 건강이 개선되었다고 평가했고, 이를 사망률 자료가 뒷받침했다. 2010년 비고령층 무보험자 수의 전국 평균이 증가했음에도 매사추세츠는 하락했다. (고령층은 이미 메디케어 보장을 받고 있었다.) 매사추세츠는 또한 오바마케어가 제공하는 (의무는 아닌) 메디케이드 확대를 받아들였고, 무보험자 비율은 50개 주 가운데 최저 수준으로 떨어졌다. 이에 비해 오바마케어의 성공은 보다 미미했고 줄곧 이의 제기에 부딪혔다. 주요 조항 발효(2013~16) 후 모든 주에서 무보험률이 떨어졌고 전체 무보험률 역시 상당히 낮아졌다.[38] 하지만 빈곤율과 무보험률이 높은 여러 주들이 연방 보조 메디케이드 확대에서 빠지기로 했기에 상당 비율의 미국인은 여전히 무보험 상태였다. 모든 미국인에게로 보장을 확대한다는 목표 지점은 좀 더 가까워지기는 했지만 여전히 보이지 않는 저 멀리에 있었다.

한 가지 차이점은 오바마케어 아래 상당히 많은 미국인이 무보험 상태로 남아 있다는 점이지만, 이것은 오마바케어의 지지율이 낮았던 '이유'라기보다는 그 '결과'라고 해야 할 것이다. 가격을 충분히 통제하지 않았다는 것은 롬니케어가 더 낫다고 할 만한 차이점이 아니다. 롬니케어 통과 후 매사추세츠주의 보건의료 가격은 상당히 상승했다. 가격 제한을 설정하지도 세금을 인상하지도 않고서 보장을 확대해 보건 지출을 높이고 개인당 보험 가격을 전국 최고에 이르게 한 탓이므로, 물론 놀라울 일은 아니다. 2012년, 드발 패트릭 매사추세츠 주지사는 보건의료 지출 성장률을 주 경제 성장률 이하로 제한하는 개편안에 서명했다. 이 안은 모든 개별 행위에 수가를 지불하던 것을 환자에 대한 전체적인 진료를 토대로 '묶음'† 지불하는 것으로 바꾸었다. 롬니케어의 중요한 교훈은,

† 묶음수가제(bundled payments) 혹은 포괄수가제 등으로 불린다. 환자가 어떤 질병으로 내원했는지를 기준으로 질병군에 대해 미리 정해져 있는 진료비를 지급하는 방식이다. 행위별 수가제에서와 달리 진료 행위나 입원 기간 등을 늘려도 진료비가 추가로 지급되지 않으므로 과잉 진료, 의료비 상승 등을 막는 효과가 있다.

보편적 보건의료 제공과 가격 방임을 동시에 할 수는 없다는 것이다.[39]

하지만 '어째서 롬니케어는 오마바케어처럼 비난받지 않았나' 하는 의문은 여전히 풀리지 않는다. 우리는 미국 최초의 흑인 대통령을 비난할 기회라면 단 한 가지도 놓치지 않았던 강경한 소수가 그가 미국 태생이라는 논란의 여지가 없는 사실을 계속해서 부정하고 대통령으로서의 적법성에 의문을 제기하는 데까지 나아갔음을 안다. 그렇다고는 해도 그 다수가 민주당원도 아니고 '파란' 주에 살지도 않는 미국인 수백만에게 추가로 건강보험을 제공하는 부담적정보험법의 어떤 점이 지칠 줄 모르는 격렬한 반대를 불러일으킨 것일까? 말하자면, 공화당원들이 합심해 (사실 이렇다 할 대안을 지지하지는 않으면서) 반대하게 된 이유가 무엇일까? 영향력이 상당한, 그런 만큼이나 분명하고 커다란 차이점이 있다. 롬니케어를 통과시킨 것은 초당적 연합체였으며, 이들은 어쩔 수 없는 반대에 맞서 지지율을 지키는 데 엄청난 정치적 관심을 기울였다. 전국적 층위에서 보자면, 대규모 보건의료 개혁에 대한 초당적 지지가 없었던 결과가 점점 심화됨과 더불어 초당적 타협에 대한 저항감이 전반적으로 급격히 커졌다.

비용 부담 없는 보편적 보건의료를 성취하는 데서 또 하나의 큰 난관은 미국 연방제에서는 주들이 그 가장 취약한 성원들에 대한 전혀 다른 처우로 이어지는 상이한 목표들을 추구할 수 있다는 점이다. 각 주의 상이한 목표를 이해한다는 것은 또한 민주적인 타협이 주 층위에서 수백만 명의 삶에 일으킬 수 있는 실질적 차이를 제대로 안다는 것이기도 하다. 메디케이드 확대를 거부한 주에 속한 텍사스와 미시시피는 무보험자 비율이 제일 높았다. 마찬가지로 공화당원이 다수인, 혹은 '빨간' 주인 알칸사스와 웨스트버지니아는 달랐다. 이들 역시 처음에는 빈곤율과 무보험률이 높았지만 3년 만에 무보험률이 극적으로 하락했다. 웨스트버지니아는 사람들의 건강과 같은 중요한 것이 달려 있을 때 당파를 넘어서는 진보가 어떻게 가능한지를 잘 보여 준다.

> 주 정부 관료들, 보건의료 제공자들, 지역사회 활동가 그룹 등은 부담적정보험법을 전폭적으로 받아들였다. 오바마케어라는 표현은 피했다. 주는 그저 메디케이드를 확대하는 데 그치지 않고 새로운 보험에 자격이 될 법한 주민들을 확인하는 일에 추가적인 노력을 기울였으며, 그들을 찾아내고 그들이 보다 쉽게 가입할 수 있도록 했다.[40]

웨스트버지니아 정치에서 초당적 지지를 받은 결과로, 건강보험 확대는 성공했다. 알칸사스나 웨스트버지니아 같이 메디케이드 확대에 참여하여 타협한 공화당 주들은 성공리에 무보험률을 낮췄다.

단기적으로는 아무리 가망 없어 보일지라도 미국의 미래에 일정 수준의 초당적 지지가 회복된다면 보장 범위부터 가격 통제까지, 롬니케어의 궤적은 전국적 보건의료 보장의 모델이 될 수 있다. 내용적으로는 매우 유사하지만 두 보건의료 개혁은 현저하게 다른 과정을 거쳐 법제화되었다. 전국적 층위에서의 보편적이고 비용 부담 없는 보건의료의 미래를 이해하는 데 가장 중요한 요소가 바로 이것이다. 롬니케어는 폭넓게 지지받은 초당적 타협안이었던 반면 오바마케어는 공화당의 지지표를 한 표도 얻지 못한 채 통과되었다. 오바마케어는 보장 범위를 확대하면서 롬니케어와는 달리 세금을 인상했고 일부 가격 통제를 시도했다. 양극화된 정치 환경에서도 지켜 낼 수는 있었지만, 오바마케어는 이런 차이점으로 인해 대중적인 지지를 끌어내지는 못했다. 또한 문제적 이었던 것은 오바마 행정부가 공화당이 다수인 의회와의 협상 초기에 정치적 이유로 '공영 선택지'를 포기했다는 점이다. 사설 보험들과 경쟁할 정부 보험 기관을 설립해 보험료 하락을 유도할 수 있을 안이었다. 이것은 '사회화된 의료'라는 낡은 클리셰를 내세운 보험사들의 끈질긴 로비로 인해 통과되지 못했다. 공영 선택지가 상실되자 좌파 측의 열의가 다소 꺾이고 말았다. 연방 정부가 별도 조치 없이는 무보험 상태로 남게 될 수천만 미국인의 등록을 돕기 위해 설계한 핵심 도구인 중앙 웹사이트(healthcare.gov)를 제대로 공개하지 못하고 지연시킨 것은 상황을 더 악화시켰다. 좌충우돌한 웹사이트 공개가 도움이 되지 않은 것은 맞지만, 복잡한 온라인 시스템에서 버그란 정부에만 있는 것이 아니며 민간 부문에서도 흔하다. 웹사이트 공개는 편리한 표적이었다.

미국 여론조사에서 오바마케어 찬성이 과반에 이르기는 힘들지만, 이는 공화당의 오랜 폐지·대체 운동에서 제안한 어느 대안이라도 마찬가지다. 꾸준히 대중적 지지를 확보해 힘을 유지하고 주요 입법안을 통과시키는 일에서 미국 정치의 최선책은 자유주의적 입장에서도, 자유지상주의적 입장에서도, 공리주의적 입장에서도 나오지 않는다. 초당적 타협이 최선책이다. 하지만 보다 큰 초당적 협력을 그저 바라기만 하는 것은 순진한 일이다. 그러므로 미국인들은 자문해 봐야 한다. 더 많은 유권자들이 당파를 초월해 모이고, 조직화하고, 공동선을 진전시키고자 하는 후보자들을 지지하지 않는다면 어떻게 될 것인가? 그 결과는 필시 정치적 답보일 것이다. 그렇게 된다면 천정부지로 뛰는 가격 때문에 수백만 명의 미국인들은 그 비용을 도무지 감당할 수 없는 보건의료 체계에서 살아가야 할 것이다.

공동선을 향한 진보

'보편적이고 비용 부담 없는 보건의료'라는 공동선을 향한 진보에 현실적으로 필요한 것은 무엇일까? 부담 없는 비용에 대한 여러 장애물이 남아 있다. 예를 들어 의료 서비스 각각에 진료비를 지불하는 행위별 수가제는 검사와 진료를 더 많이 하도록 만들며, 이는 비용을 올리는 일일 뿐만 아니라 또한 과잉 진료 및 환자 부담 상승으로 이어지는 일이기도 하다. 때로 그런 부담은 약물 과잉 처방이나 불필요한 수술 같은 겹겹의 조치들로 환자의 건강에 위험을 전가한다. 초기 건강관리 기구들은 그 반대쪽 끝에서 환자 한 명당 의료 행위를 일괄해 지불하는 '인두제'를 실험했다. 하지만 인두제는 과소 진료를 하도록 만든다. 묶음수가제는 환자에게 필요한 바를 예측하여 진료 에피소드†마다 진료비를 지불하도록 하는 절충안이다.

극도로 당파적이고 양극화된 정치체제에서 어떤 진보가 가능할까? 확실한 건 충분하지는 않으리라는 점이다. 그렇기에 미국에서 불공정한 보건의료의 비싼 가격에 대응할 진보의 가장 큰 희망은 보다 많은 시민들이 긍정적 변화를 위해 서로를 교육하고 모이고 선거인단으로 등록하고 투표하는 데 있을 것이다. 하지만 당장에도 우리는 모든 미국인의 건강과 안녕에 매우 중요한 긍정적인 걸음을 내디딜 수 있다. 우리가 제안하는 한 가지 개혁은 보건의료에 대한 정보에 기반한 동의에서 핵심적인

† 보건의료 분야에서 에피소드란 특정 건강 문제의 시작부터 완료까지를 하나의 단위로 묶어 다루는 개념이다. 진료 에피소드는 질병 치료를 위해 이용한 입원 및 외래 진료 전체를 통틀어 이르는 말이다.

사안이다. 즉, 환자들은 자신이, 그리고 보험사가 무엇에 대가를 지불하고 있는지를 알아야 한다. 미국의 보건의료 속에 살면서 화나는 사실 한 가지는 진료비 청구서가 이해하기 매우 어렵다는 점이다. 진실과 정보에 대한 환자의 권리라는 개념이 진보하고 있음에도 진료비 청구서는 여전히 논외다. 진료비 청구서는 그야말로 암호표가 있어야 해독할 수 있는 약어와 코드명으로 가득 차 있을 뿐만 아니라 종종 제공된 적 없는 서비스에 관한 오류(와 청구요금)가 가미되어 있다. 보건의료에는 윤리적으로 만만찮은 쟁점이 많지만 이런 것은 그에 속하지 않는다.[41] 한 의사 출신 기자가 썼듯 환자에게는 "쉬운 말로 기재된 청구서를 받을 권리"가 있다.

청구서까지 갈 것도 없이, 보건의료 제공 과정에서 가격을 설명할 책임의 부재는 뿌리 깊은 문제다. 환자들은 선택적 수술들의 가격이 얼마인지 거의 모른다. 미리 알려 줘야 마땅한 것인데도 말이다. 보건의료 상 정보에 기반한 동의라는 것은 모든 선택적 수술의 비용이 얼마인지 환자에게 미리 말해 주는 것을 의미할 수밖에 없음에도, 이는 일상적으로 수행되기는커녕 대개 무시되며 강제되지 않는다. 이외에도 환자나 가족 측의 합리적인 기대 사항으로 '깜짝 청구서'surprise bill를 발급하지 않을 것, 갑작스런 '망외 요금'out-of-network charge을 예방할 수 있도록 '제공자' 망이 충분히 안정적일 것, 병원이 의사에게 기대하는 수익 창출 방식을 비롯해 자신들의 치료에 영향을 미칠 수 있는 이해 충돌 사안을 알릴 것 등이 있다.†

† 여기서 '깜짝 청구서'란 예상할 수 없는 수준의 높은 진료비 청구서를 가리키며, 뒤의 둘은 이를 가능케 하는 요소들이라고 할 수 있다. '망외 요금'이란 각 보험이

가격 책임성 및 투명성 확대는 환자를 위한 가격을 통제하는 방향으로 대중적 압력을 강화할 수 있을 출발점이며 이를 통해 보건의료 접근성을 확대할 수 있을 것이다. 그러나 이는 출발점에 불과하다. 의사이자 인문학자인 아툴 가완디Atul Gawande가 제안하는 여러 방안들은 책임 있는 치료 및 가격 책정 장려책이 될 수 있다.[42] 언론은 자신들의 힘을 긍정적인 방향으로 이용해, 환자들에게나 전체 대중에게나 더 낮은 비용으로 더 나은 결과를 내는 다른 곳들과 비교함으로써 충격적이게도 명백히 나쁜 결과를 내는 과잉 검사 및 과잉 진료를 일삼는 지역 보건의료 체제를 조명할 수 있다. 텍사스주 엘파소의 보건의료 체제를 같은 주 매켈런의 것과 비교한 가완디는 "필수적인 치료의 수익이 더 적을 때, 특히 종종 불필요한 치료가 필수적인 치료를 밀어낸다"라는 충격적인 '비용의 수수께끼'를 밝힌다. 하지만 정부가 거시적인 수준에서 가격 통제 조치를 하지 않는 지금 이에 대해 무엇을 할 수 있을까? 가완디는 지역 수준에서 장려 제도를 시험해 볼 것을 제안한다. 지역 보건의료 체제는 절약분을 의사와 나눔으로써 비용을 절감하면서도 의료를 개선할 수 있다. 이와 유사하게 보험사들이 병원들을 상대로 장려책을 시행할 수도 있지만, 마찬가지로 위험한 과소 진료라는 부작용에 대한 방비책으

인정되는 병원 네트워크에 속하지 않는 곳에서 진료받을 경우 적용되는 진료비이다. 국가단일 보험 체제인 한국의 경우 동급에서는 어느 병원이든 동일한 방식으로 수가가 산정되어 건강보험 급여 항목에 대한 본인 부담금이 동일하지만 사보험 위주인 미국에서는 각 보험사가 자사와 계약을 맺은 병원에서 진료한 내역에만 보험금을 전액 지급하며 그 외에는 일부만 지급하거나 전혀 지급하지 않는다. 따라서 환자·피보험자는 자신의 보험사와 계약한 병원을 미리 알아 두어야 보험 혜택을 받을 수 있다. 제공자 망이 불충분하거나 불안정할 경우 부득이하게 다른 병원에서 망외 요금으로 진료받게 될 수 있으며 또한 망내 병원을 통해 망외 제공자의 서비스를 받는 경우 미리 인지하지 못하면 '깜짝 청구서'를 받게 된다.

로서 건강상 성과 평가와 결합한 장려책이 고안되어야 한다.

보편적이고 비용 부담 없는 보건의료 접근성을 향한 진보는 훨씬 더 많은 것을 필요로 한다. 건강보험이 사보험이든 공보험이든 보험 제공자에게 재정적으로 유지 가능하게 되려면, 남들보다 더 건강한 인구와 덜 건강한 인구가 모두 함께 가야만 하며 치료비가 통제되어야만 한다. 이것이 덜 건강한 이들—그들이 어떤 이데올로기를 갖고 있든—이 지금 자신의 보건의료 비용을 감당할 수 있게, 지금 더 건강한 이들이 미래에 갑자기 건강이 나빠졌을 때 보건의료 비용을 감당할 수 있게 하는 길이다.

현대의 보건의료는 값비싼 필수재이다. 가격은 통제되고 접근성은 증진되어야만 한다. 핵심적인 문제는 가격 통제가 공적으로 믿을 만한 방식으로 시행될 것인가이다. 예를 들어, 약품 가격 결정을 보자. 최근 수십 년 동안 많은 약품 가격이 치솟았으며, 약품 비용은 최근 보건의료 비용을 끌어올린 상당한 원인이다. 보편적 보건의료가 가격 통제 없이 방치되면 부유한 사회조차 갈수록 비용을 감당하기 어려워진다. 여러 미국 체제 전문가들이 지적하듯 "미국은 강력한 약품 특허 보호를 제공하며, 공적·사적 구매자들이 신약을 평가하고 효과적으로 가격을 협상할 능력을 제한한다는 점에서 독특하다."43

특허 보호는 혁신의 밑거름이 되지만 최대 규모의 구매자들에게 모든 약품을 평가하고 가격을 협상할 권한이 부여된다면 접근성을 희생시키지 않아도 된다. 연방 정부가 단일 최대 구매자임을 생각하면, 메디케어에 비용 통제 권한을 부여하는 것은 앞으로 한 발 크게 나아가는 일이 될 것이다. 비용 대비 효율이나 다른 통상적인 가치 평가법에 근거해 가격을 협상할 능력이 없으니 사설 건강보험은 종종 더 비싼 약이 환자의 삶을 유의미하게 개선하는 경우에도 최저가 약품 구매를 고집한다. 효과가 없거나 낮은 약품과 치료법들이 평가되고 통제되지 않는다면 환자 돌봄에 극적인 개선을 가져올 수 있을 새로운 약품과 치료법은 비용을 감당할 수 없게 될 것이다. 오늘날 미국이 직면한 비용 통제, 접근성 제약 문제는 규모로 보나 의미로 보나 엄청나다. 집단적인 의지를 발휘해 비용을 통제하지 않고서는, 우리는 모든 이들이 보다 건강한 삶을 살 수 있게 할 수단들을 허비하게 될 것이다.

제약사들은 이 문제의 일부일 뿐이지만 최근 연구들에 따르면 (미국보다 기대 수명이 높은) 다른 고소득 10개국과 비교할 때 높은 약물 가격은 높은 1인당 보건의료 비용에서 최대 단일 요소이다. 차이는 분명하다. 한 해 약품 구매에 독일인이 1인당 평균 667달러, 11개 부유한 국가에서 평균 749달러를 쓰는 데 비해 미국인은 1443달러를 쓴다.[44] 이 차이는 사용량이 아니라 주로 가격에 따른 것이므로, 미국 정부가 메디케어와 메디케이드를 통한 단일 최대 규모 약품 자금원으로서 비용 통제 조치를 취하는 것은 가능하고 또 바람직하다.[45]

비용 통제가 왜 그다지도 중요한가? 하나하나 다 따지는 대신, 수백만 미국인들의 충족되지 않는 보건의료상 필요에, 그리고 공교육과 같은 충족되지 않은 다른 필요들에 초점을 맞추는 것이 좋겠다. 메디케이드를 비롯한 보건의료 비용의 상승으로 최근 몇 년째 재정 부족에 시달리고 있는 국가 예산에서 주로 지원하는 것들이다. 의사이자 윤리학자인 이지키얼 이매뉴얼Ezekiel Emanuel 등이 지적했듯 메디케이드는 현재 국가 예산의 29퍼센트를 차지하며, 이는 지난 10년간 공교육 예산이 곤두박질치는 가운데서도 거의 10퍼센트가 상승한 것이다.[46]

이 같은 보건의료 비용 상승 경향은 오래된 것으로, 미국인 **모두**에게 부정적인 영향을 미친다. (줄곧 평균 소득 성장률보다 빠르게 상승해 온 보험료를 내고) 건강보험을 잘 보장받고 있는 이들에게도 그렇고, 보험을 충분히 들지 못하는 수백만 명에게는 더더욱 그러하다. 1980년 이후로 미국의 보건의료 지출은 급등해 왔지만 기대 수명은 다른 선진국에 못 미치고 있다. 이런 조건이 미국 보건의료 체제에 돈 문제에 국한되지 않는 체계적인 왜곡을 일으켜, 수명을 단축시키는 것이다. 주요 이유 한 가지는 미국은 사회경제적 사다리 아래쪽에 있는 이들, 즉 수많은 아동을 포함해 가장 취약하며 보건의료 접근성 개선으로 가장 큰 이익을 얻을 바로 그 사람들 에 대한 지출이 적다는 점이다.[47] 충분한 공중보건 및 정신보건을 포함해, 아동 및 저소득층을 위한 비용 부담 없는 보건의료 접근성의 부재는 불공정한 일이다. 또한 이는 손실도 크다. 미국에서 가장 취약한 구성원들의 보건의료상 필요—욕구뿐만이 아니라—에 대응하는 데 있어서 부족한 산전·산후 돌봄, 납 도료 중독, 오염된 식수, 응급실 방문 및 그 밖의 엄청난 비효율성은 미국 입장에서 절약이기는커녕 손해이다. 아무리 온건하게 계산해도 말이다.

보건의료 비용 상승의 또 한 가지 주요 결과는 공교육 재정의 악화로, 이 또한 중간계급에 더해 가장 취약한 미국인들에게 해를 끼친다. 미국인들은 선택할 자유를 중시하지만, 엄청난 윤리적·실천적 위험을 무릅쓰고 그에 내재된 집단적 요소를 무시하고 있는 셈이다. 우리가 필요로 하게 될 보건의료 비용을 모두가 감당할 수 있으려면 위험을 통합적으로 관리하고 비용을 통제하며 우리 대부분이 아직 건강할 때 보장 비용을 지원하는 데 뜻을 모아야만 한다. 그러지 않으면 미국인들은 지속 불가능하리만치 비싸고 불공정한 체제가 끝없이 이어지는 미래와 마주하게 될 것이다.

6장

윤리를 찾아서

보건의료 비용이 상승하고 공정하고 효율적이며 인도적인 제도를 고안하는 데 실패한 이면에는 인간 조건의 가장 근본적인 요소, 곧 희소성이 있다. 사람들이 필요로 하는 모든 것이 충분할 수는 없다. 실은 있던가? 철학자나 다름없는 믹 재거 역시 잘 알려진 대로 "늘 원하는 걸 가질 수는 없지, 하지만 때로 도전한다면 찾을 수 있을 거야, 필요한 걸 갖게 되겠지"[†]라고 노래하며 '욕구'wants와 '필요'needs를 구분한다. 인간은 필요로 하는 것을 찾아 나서도록 설계되어 있다. 많은 신경과학자들은 희소한 식량원을 찾는 일이 상호 협력을 위한 인간 사회 발전과 인간 두뇌 진화의 한 핵심이었다고 생각한다. 우리 선조들은 달콤하고 기름진

† 롤링스톤스가 1969년에 발표한 음반 "Let It Bleed"에 수록된 곡 <You Can't Always Get What You Want>의 가사.

것, 패스트푸드 업자들이 '입맛'이라 칭하는 맛을 찾아다녔다. 그런 음식들은 생존에 필수적인 영양소를 갖고 있으며 또한 뇌에 도파민이라는 보상을 제공한다. 하지만 그런 달콤하고 기름진 음식은 희소했으므로 식량을 구하는 데 많은 에너지를 들여야 했다. 어떤 식량원은 죽이기 힘들었고, 우리가 잡아먹기 전에 우리를 잡아먹을 수도 있었다.

현대 세계에서는 쉽게 접근할 수 있는 달콤하고 기름진 먹거리들이 주변에 많지만 음식을 계속해서 찾아 먹으려는 본능이 완전히 사라지지는 않았다. 이는 비만의 급증, 그리고 저소득 국가에서 고열량 음식이 충분히 공급되면 사람들의 체중이 과도하게 느는 경향을 보이는 이유를 일부 설명해 준다. 우리가 욕구와 필요를 구분해 내도록 하는 부위는 뇌의 전전두엽피질—천천히 발달하는, 장기적인 결정과 계획을 담당하는 부위—이 거의 유일하며, 이것은 수렵·채집과 섭취의 본능에 쉽게 압도당한다.

현대 보건의료에서 욕구와 필요의 구분은 중요하기는 하지만 종종 현실 적용이 어렵다. 특히 현대의 광고는 새롭고 개선된 남성형 탈모 치료를 위한 최신 생활의약품†을 비롯해 보건의료 시장에 나오는 거의 모든 것이 우리의 '필요'에 포함된다고 설득하는 데 능하다. 한편, 과소 대표되는 소수자들과 여타 저소득층 미국인들은, 제아무리 노력한다 해도 자신들이 필요로 하는 것들, 구체적으로 말하자면 깨끗한 물이나 생명을 구하는 장기이식 같은 것들을 구하지 못한다. 반면, 우리 가운데

† 생활의약품(lifestyle drug)은 탈모, 발기부전, 과체중, 노화, 흡연 및 음주 등 생명에 위협이 되거나 통증을 유발하지 않으며 다른 방식으로 관리가 가능하다는 점에서 약물 치료가 필수적이지는 않은 영역에 쓰이는 약품을 가리킨다.

몇몇 사람들, 특히 몇몇 유명인들은, 완강히 거절하지 못하는 의사들에게 온갖 진료들을 고집하고 구매해 과잉 진료를 받을 수도 있다. 빅맥을 과도하게 주문하는 것과 마찬가지로, 그저 기분이 좋다는 이유로 보건의료를 쓸어 담는 것은 대개 좋은 생각이 못 된다.

하지만 미국은 대체로 대부분의 사람들이 필요로 하는 보건의료를 과잉 제공하기는커녕 공중보건 조치조차 충분하지가 않다. 특히 고가의 요법의 경우, 오직 보건의료 체제가 그것을 접근 가능하고 비용 부담 없게 만든 경우에만 우리가 필요한 것을 얻을 수 있다는 사실이 드러난다. 미국 보건의료의 형태를 조형해 온 결정들은 종종 일관성 없고 불공평한 결과를 초래한다. 당뇨나 호스피스나 정신 질환에 대한 돌봄을 요하는 저소득·중간소득층 미국인 수백만 명이 충분한 보험 보장을 받지 못하는 가운데, 앞 장에서 논했던 신장 투석만을 보장하는 일처럼 말이다. 이식이 필요한 부유한 환자가 생명을 구해 주는 장기이식 대기자 명단 여러 곳에 이름을 동시에 올릴 수 있도록 허용하는 일과 같이, 이런 결과들이 노골적으로 불공정하게 되는 것은 드문 일이 아니다. 보건의료 체제에서의 불공정을 언제나 쉽게 지목할 수 있다는 것은 아니다. 바로잡는 일은 말할 것도 없다. 하지만 이 중대한 문제는 민주 시민들과 공동선의 수탁자인 미국 정부에 누구든 명백히 필요한 최소한의 보건의료 혜택을 받을 수 있도록 도울 의무를 부여한다.

배분과 희소성

배분과 희소성이라는 두 개념은 서로 맞물려 있다. 욕망할 만한 재화나

서비스가 희소할 때, 그것은 배분된다. 어떤 경우 희소성은 귀금속이나 이식 가능한 인간 장기에서와 같이 자연적이지만 의료윤리에서 이 문제는 대개 인위적 희소성과 연관되며 의도되지 않았거나 심지어는 예상할 수도 없었을 상황을 낳은 여러 결정들의 집합적 결과로 이해된다. 익숙한 예로, 생명을 구하는 어떤 의료품이 단 하나의 시설에서만 생산될 수 있으며 이때 그 공장이 멈출 경우 희소성 위기가 촉발된다는 사실을 들 수 있다. 배분은 겉으로 드러나기보다는 은연중에 이뤄지는 경우가 더 잦기에, 미국인들이 보통 생각하는 것보다 훨씬 흔히 일어난다.

경제학자들은 가격 책정이 배분의 한 형태라고 말한다. 욕망할 만한 무언가가 모두에게 충분할 만큼 존재하지 않을 때 이를 할당하는 한 가지 방식이기 때문이다. 추첨이나 선착순처럼 겉으로 드러나는 배분법이 있다. 의료윤리에서는 야전 부상자 분류가 전형적인 배분법이다. 고전적인 부상자 분류 체계에서는 개개인에게 이익이 되는 것보다 집단 이익이 우선시된다. 일군의 부상병을 한 번에 전부 보살필 수 없다면 즉각적인 치료 없이도 살아남을 수 있는 이들을 따로 분류하고, 치료를 해도 살아남을 가능성이 낮은 이들을 또 따로 분류하여 살아남을 가능성, 당장의 치료로 이익을 얻을 가능성이 높은 이들이 치료받도록 한다. 현 상황에서 가능한 한 많은 전투원을 전장에 복귀시키는 것이 요점이다. 부상자 분류법은 군사적 맥락에서 나온 것이지만, 끔찍한 사고나 유행병으로 인해 응급의료팀이 모든 환자들을 동시에 돌볼 수 없거나 병원의 급증 수요 대처 역량이 초과될 때라면 민간 영역에서도 이것이 기본 틀이 될 수 있다. '함께 도착한 사병에 비해 당장 죽을 가능성은 낮지만 전력에는 더 중요한 장성이 야전 병원에 갑자기 들어오는 경우'처럼 집단 이익 기준은 주로 개인별 이익 전망에 토대를 두는 보건의료 체제에서라면 흔히 접할 수 없는 결과로 이어진다. 이를테면 백신이 부족한 유행병 상황에서 보건의료 노동자는, 마찬가지로 어려움에 처해 있지만 위기관리에는 덜 중요한 다른 이들에 비해 '전력 증강자'로서 우선시된다.

하지만 고전적인 야전 부상자 분류 모델과 범유행병 같은 다른 극단적인 응급 상황들은 일상적인 세계에서 희소하고 비싼 보건의료 자원을 다룰 지침으로서는 부족하다. 전장의 규범은 권위적인 의사결정자에 의해 결정되는 것으로서 전적으로 집단의 이익을 좇는 것이다. 지난 반세기 동안 미국의 일상생활에서는 그렇지가 않았다. 환자들은 부상자 분류법 같은 단순화된 우선순위 부여 수단으로는 대처할 수 없는 고도로 복잡한, 시장과 유사한 체제를 받아들여 자기 주도적인 보건의료 소비자가 되었다. 보건의료 비용은 급격히 상승하고, 환자들이 자신의 치료에 대해 더 목소리를 내게 됐고, 과학에 기반한 의료는 환자들에게 다른 새로운 치료법들을 가져다주며 약속을 거듭하고 있기에 문제는 더욱 복잡해지고 있다.

이런 발전의 한 결과로 환자들은 직접적으로는 일선 보건의료 종사자들에게, 간접적으로는 기관들에 이런 치료를 제공하라는 압력을 넣어 왔다. 새로운 치료법의 예상 비용과 잠재적 수익은 반대로 민간 부문의 이윤을 침해하며 세금을 올리거나 비용을 통제하지 말라는, 정부에 대한 — 때로는 제약사나 다른 사업 관계자들에 의해 고도로 조직화되고 자금을 충분히 지원받는 — 압력을 만들어 냈다. 이런 환경에서 욕구와 필요는 도리 없이 엉켜 있는 듯 보일지도 모르겠다.

소셜 미디어의 확산과 자기결정권의 가치가 증가함에 따라, 환자들은 모든 연명 약품 및 치료법을 좀 더 쉽게 이용할 수 있도록 정부를 압박하는 목소리를 냈다. [그러나] 그와 같은 요구에 대해 그 어떤 기관이나 개인 어느 쪽도 비용을 지불하려 하거나 가격을 통제하려는 강력한 의지를 수반하지는 못했다. 사실 그 수가 늘어나고 있는 환자들은 보험료와 세금을 통해 간접적으로만 (다시 말해, 실제 치료비에 대해서는 잘 모르고 있다) 의료비를 지불하는 소비자일 뿐이며, 검사법이나 치료법의 안정성과 효율성을 (너무 늦지 않게) 평가할 위치에 있지도 않다. 경제학자 케네스 애로Kenneth Arrow가 1960년대에 처음 발견한 대로, 보건의료에 있어 경쟁 시장은 필연적으로 비효율적이며 그 후 수십 년에 걸쳐 이 비효율의 비용은 그저 치솟기만 했다.[1] 치료법의 비용 대비 효율에 대한 그 어떤 공적 평가도 없는 미국 보건의료 시장의 구조는 새로 발견된 수많은 치료법에 대한 접근성 확대를 요구하는 목소리를 더욱 더 커지게 했다. "길을 연" 혹은 "최첨단"이라고들 하는 새로운 치료법을 이용하고 싶지 않은 사람이 과연 있을까? 단기적으로는, 절실히 필요한 몇몇 개혁들이 보건의료 소비자들이 받는 서비스의 실질적인 가치를 알려 줌으로써 약값을 낮추고 최종 비용을 보다 투명하게 만드는 데 도움이 될 것이다.

우선, 의료비 청구서는 요금을 명료한 말로 항목화하도록 규정해야 하며 주 정부가 약값을 협상할 수 있어야 한다. 의회는 또한 배타적 특허권을 쥐고 있는 생산자들이 약값을 과도하게 책정하는 것을 통제할 수 있는 조치를 취해야 한다.[2] 특허 존속 기간이 혁신 장려책으로서의 그 효용보다 길 경우, 지나치게 긴 특허 보호(불가피한 것인 특허 보호 자체가 아니라)는 생산자들 사이에서의 건강한 시장 경쟁을 방해한다. 생물학적 기전을 통해 생산되는 새로운 종류의 약들—시장에서 가장 수요가 많고 비싼 편에 속하는—에 대한 특허는 반드시 다뤄야만 하는 새로운 도전 과제를 제기한다. 생물학적 기전 자체는 특허를 받을 만하지만 그 특허로 인해 어떤 대안적인 약들이 사전에 배제되어야 하며 또 어떤 것이 그렇지 않아야 하는가 하는 질문은 여전히 열려 있다.[†] 그 가격은 반드시, 그것을 사용해 가장 큰 이익을 얻을 수 있는 이들에게 부담이 되지 않아야 한다. 그런 한편 메디케어에는 외래 환자들에게 판매되는 처방 약물 가격을 협상할 권한이 주어져야 한다. 훨씬 더 중요한 것은, 우리가 5장에서 논했듯 미국 보건의료 체제가 재구조화되어 비용 대비 효율이 가장 높은 것을 연구·개발하도록 장려하게 될 때 어떤 일이 일어날까 하는 점이다. 날아다니는 자동차가 나오지 않은 데는 이유가 있다. 그것을 만들 수 없어서가 아니다. 신약의 비용 대비 효율성에 대해, 또한 보건의료의 발전과 전달 체계에 내장되어 있는 재정적 유인책들에 대해 꼼꼼히 검토함으로써, 시장이 가장 효율적이면서도 비용 부담이 없는 선택지를 선택할 수 있도록 만들 필요가 있다.

증거가 중요하다

희소성은 현대 의과학의 역설적인 위업이다. 현대 과학이 장기이식에 성공하지 못했거나 이식받은 장기로 살 수 있게 해주는 면역억제제를 발견하지 못했다면 장기 수급 부족이란 없었을 것이다. 신장 투석기가

† 신약 개발의 연구 도구로 사용되는 생물학적 기전은 대체 기술을 찾기 어려운 경우가 많다. 특허로 인해 기술 사용이 제한되면 해당 기전을 활용한 연구의 폭도 제한되며 이는 잠재적 신약이 개발 시도 단계조차 가보지 못하는 결과로 이어질 수 있다. 지적재산권 보호와 연구 활성화라는 두 가치의 균형을 잡는 문제가 쟁점이다.

희소해 10년 넘게 배분을 둘러싼 대란이 발생하기도 했지만, 투석이 필요한 모두에게 이를 제공하는 말기 신장 질환end-stage renal disease, ESRD 프로그램이 이 대란을 종식시켰다. 고가의 보건의료에 내재하는 인위적 희소성을 줄여야 할 좋은 이유가 있다. 희소성을 줄인다는 것은 우리가 의과학에 기대하게 된 좋은 것들을 늘린다는 의미다. 당연한 일 아닐까? 제2차 세계대전 이후 의학적 진보는 놀라울 정도로 빠르게 진행되었는데, 이는 사실상 우리가 의학에 더 많은 것을 원하도록 유혹했다. 폴리오 백신은 철폐를 과거의 유물로 만들었다. "마법의 탄환"인 페니실린을 비롯해 다양한 항생제를 이제는 어디서나 구할 수 있으며, 매독을 비롯해 한때 치명적이었던 감염병들을 이제는 일상적인 의료의 문제로 만들었다. 항생제는 너무 흔해져서 과잉 처방, 남용 및 오용으로 갖가지 박테리아가 항생제에 내성을 갖게 됐을 정도다. 현재 질병통제센터Centers for Disease Control and Prevention, CDC는 항생제 내성을 "세계에서 가장 시급한 공중보건 문제 중 하나"라 칭하고 있다.[3] 감염병이 창궐하는 시대는 이제 종식되었고, 이제 미국인들에게 필요한 것은 각자가 필요로 하는 보건의료 서비스를 적시에 이용할 수 있게 되는 것이라는 잘못된 확신에 쉽게 매몰되었다.

1950년대에는 일련의 약품들에 대한 수요가 급격히 늘어났다. 바로 경구피임약이다. 대부분의 신약은 목숨을 구하거나 질병을 예방 및 관리할 용도로 만들어졌다. 피임 역시, 그와 다를 바 없이 강력한 이유로, 갈망의 대상이었다. 1960년에는 최초로 피임을 명시한 약이 식품의약국Food and Drug Administration, FDA의 승인을 받아,† 현대 의학이 이전까지는

† 시얼(Searle) 사의 에노비드는 1960년에 최초로 경구피임약으로 승인받았지만, 제

그저 상상 속에만 있었던 자신의 몸을 통제할 기회를 여성들에게 줄 수 있다는 메시지를 던졌다. 오늘에 와서는 믿기 힘들겠지만, 대법원의 1965년 그리월드 대 코네티컷Griswold v. Connecticut 판결 전까지는 결혼한 커플이 평범한 피임법을 이용하는 것조차 법적으로 금지되어 있었다. 그리월드 판결은 대법원이 여성의 임신중지권이 헌법상 사생활의 권리에 포함된다고 밝힌 1973년 로 대 웨이드 판결의 핵심적인 기본 원리가 되었다.†

미국인들은 점차 생명을 구하는 약물은 필요로 하는 모두가 이용할 수 있어야 하며, 경구피임약이 섹스와 재생산을 보다 쉽고 효과적으로 분리해 여성에게 자기의 삶을 통제할 힘을 주는 데 도움이 될 수 있다는 생각에 적응해 갔다. 그와 동시에 어떤 약물의 과다 사용은 재난을 초래할 수 있다는 것이 알려졌다. 1962년 샤나 알렉산더가 『라이프』지에 생사를 결정하는 시애틀 스웨덴병원 [윤리]위원회에 대한 기사를 내기 겨우 몇 달 전, 이 잡지의 독자들은 느닷없이 하나만 빼면 모든 면에서 완전한 아기들을 찍은 사진을 보게 되었다.[4] 아기들은 대개 팔이나 다리가 심각하게 기형이었다. 집집마다 있는 『라이프』 지 같은 대중적인 출판물의 편집자들은 일부 훨씬 더 충격적인 기형증후군은

약사 자체적으로 피임 효과를 확인한 것은 그 이전의 일이다. 시얼은 1957년에 이미 에노비드를 여성호르몬 이상 치료제로 승인받아 판매하고 있었다.

† 그리월드 대 코네티컷 판결은 콤스톡법(Comstock Laws, 19세기 말부터 미국 전역에서 제정된 일련의 외설·풍기문란 단속법으로, 대표적인 지지자인 앤서니 콤스톡의 이름을 따 이렇게 부른다)을 위헌으로 판단하고 혼인 관계에서의 사생활권을 근거로 결혼한 커플의 피임 권리를 인정했다. 이 판례는 이후 혼인 관계 밖에서의 피임은 물론 임신중지, 동성 간의 성관계 등에 대한 금지법들을 폐지하는 데 큰 영향을 주었다. 로 대 웨이드 사건에 대한 설명으로는 이 책 70쪽 이하 참고.

삽화로 넣지 않는 것이 좋겠다고 생각했다.

탈리도마이드는 1950년대 말경 주로는 서독에서, 그리고 유럽대륙·영국·캐나다·중동 등지에서 진정제로, 종종 임신한 여성을 위한 입덧 방지제로 시판되었다. 프랜시스 켈시Frances Kelsey라는 FDA 공무원의 의구심 덕에 (뜻밖의 전개로 나중에 일부 암의 치료제로 허가받기는 했지만) 미국에서는 판매 승인이 떨어진 **적이 없다**. 캐나다에서 미국 중서부로 이민 온 켈시는 시카고대학교에서 약학 박사 학위와 의학사 학위를 받았고 시카고대학교와 사우스다코타대학교에서 강의를 했으며 1956년에는 미국에 귀화해 의사로도 일했다. 합성 말라리아 치료제를 연구하면서 켈시는 일부 약물이 태반 장벽을 통과할 수 있음을 알게 되었다. 1960년, 성공한 여성 의사로서 이미 개척자였던 그녀는 FDA에 새로 부임하자마자 탈리도마이드 시판 승인 신청 건을 맡았다. 탈리도마이드는 캐나다와 다른 45개국에서 판매되고 있었지만 켈시는 신시내티에 있던 제조사인 윌리엄 S. 머렐 사에 추가 정보를 요구했다. 회사는 켈시의 상사에게 직접 연락해 그녀의 완고함에 불만을 표하고 켈시가 —이외에도 많지만— "까탈스럽고 완고하며 불합리한 관료"라고 평했다.[5] 그러나 켈시는 끈질기게 추가 자료를 요구하며 승인 신청을 거부했다. 1961년에는 탈리도마이드가 아기 수천 명에게 선천적 결손증을 일으켰다는 증거가 나왔다. 옳았음을 증명받은 켈시는 케네디 대통령의 훈장을 비롯해 여러 곳에서 공로를 인정받았으며, 의약품 안전계의 아이콘이 되었다.

비록 임상 시험에서 태아에 대한 탈리도마이드의 독성 작용이 밝혀지지는 않았지만,[†] 대중의 반응[우려]는 뜨거웠다. 이에 1962년에 의회는 만장일치로 FDA에 신약 승인 전에 독성뿐만 아니라 효능까지 평가할 수 있는 새로운 권한을 부여했다.[6] 또 의료상 이해 충돌로부터 사람들을 지키기 위한 새로운 장치로는 '이상 반응을 보고하고 임상 연구 참여 환자에게 정보에 기반한 동의를 받아야 한다'라는 요건도 있었다. 미국의 약물 규제 체제는 곧 세계적 표본이 되었다. 이것은 탈리도마이드에 노출된 아이들이 겪은 것과 같은 피해가 발생하지 않도록 사람들을 보호해 줄 뿐만 아니라, 심각하게 아픈 이들에 대한 착취—이미 일어난 일들로도 충분하다—를 예방하는 데도 도움이 된다. 그동안 이 체제는 보호[유해성 문제가 완전히 해소되지 않은 약물에 대한 승인 제한]와 모든 표준 치료법을 다 써본 말기 환자에 대한 실험적 약물 사용 특별 인가 사이에서 균형을 잡아야 했다. 하지만 미국인 다수가 백신 이전의 삶이 어떠했는지를 잊어버린 (혹은 한 번도 알지 못한) 것과 마찬가지로, 많은 이들은 이 같은 보호의 중요성에 둔감해져 버렸다.

시도할 권리?

어떻게 보면, 우리는 현대 의과학의 교훈을 과도하게 잘 배웠다. '요구하라, 도래할 것이다.' 그러다 보니 일종의 집단적 분노를 불러일으킬 때가 있다. 새로운 치료법을 요구하는 우리에게, 정부가 우리에게 필요한 의료가 무엇인지 우리보다 더 잘 알고 있다고—심지어 우리가 심각한

† 당시 탈리도마이드가 태아 기형을 일으키는 정확한 기전은 밝혀지지 않았다. 이후 탈리도마이드는 다발성 골수기형종 등에 효과가 있음이 확인되어 여러 나라에서 제한적으로 다시 사용되고 있다. 일본의 연구진이 2010년과 2019년 태아 기형 유발 과정에서 이 약이 작용하는 단백질과 그 구체적인 기전을 각각 밝힌 바 있다.

질병에 걸렸을 때조차—말할 때다. 미국 대중을 보호하는 FDA의 역할을 위협하는 한 운동이 "시도할 권리"right-to-try라는 오해를 불러일으키는 이름으로 2018년 연방법(대부분의 주가 이미 그런 법을 시행하고 있다)을 통과시키는 데 성공했다. 트럼프 선거운동으로 한층 더 자극받은 반정부 기류를 통해 기세와 힘을 얻은 '시도할 권리' 옹호자들은 관련 사무 절차뿐만 아니라 이런 결정들을 내리는 데 정부가 일정한 역할을 해야 한다는 관념 자체에 반대한다.

연방과 주의 '시도할 권리' 법에 반대하는 이들은 의약품 시험의 역사를 돌이켜 보면 유망했던 어떤 치료법들이 면밀하게 시험해 보니 잠재적으로 환자의 삶의 끝을 악화시키는, 실망스럽고도 유해한 것으로 밝혀진 바 있음을 지적한다. 엄격한 임상 시험을 거치지 않은 의약품에 접근할 수 있도록 만드는 일은 해당 연구(대개 환자가 그 실험적 약물을 복용하지 않는 경우를 반드시 포함하는)에 지원자를 충분히 모집하기 어렵게 만들며, 그 결과 어떤 약물들은 효능에 대한 증거 없이 널리 사용될 것이다. 효능이 있을 것으로 널리 추정되었던 치료법의 한 예로 유방암 환자를 위한 골수이식이 있는데, 이것은 1980년대에 널리 적용되었지만 임상 시험을 통해 무익함이 밝혀졌다. 어느 암 연구자는 "1985년에서 1998년 사이 미국 내 유방암 환자 3만 명 이상이 골수이식을 받았는데, 그 대가는 수백만 달러, 심각한 부작용, 3~15퍼센트에 이르는 치료 관련 사망률이었다"라고 썼다.[7] 증거는 중요하다.

모두가 동의할 수 있을 법한 한 가지 원칙은 다음과 같다. 즉, 어떤 치료법의 효능에 대한 증거가 있다면, [그런 증거를 수집하는] 비용을 누가 지불했든, 의사와 환자들은 그와 같은 정보를 널리 이용할 수 있어야 한다. 하지만 2018년 트럼프 행정부는 1990년대에 오직 그 목적으로 설치했던 온라인 데이터베이스—국립진료지침자료원National Guideline Clearinghouse—를 폐쇄했다.[8] 과학을 의료 행위와 이어 주는 정보를 관리하는 '보건의료 연구 및 질 관리 기구'The Agency for Healthcare Research and Quality는 몇 년째 위기에 처해 있다. 보건의료에 연간 3조 5000억 달러를 쓰는 나라가 120만 달러를 아끼기 위해 공신력 있는 공적 자원을 폐쇄한 것은 아무리 부드럽게 말해도 비효율이자 불공정이다.[9] 이 폐쇄 건은, 효능을 뒷받침할 증거 없이 시도할 권리를 팔아먹음으로써 발생하는 소비자들의 위험을 심각하게 악화시킨다.

시도할 권리 옹호자들이 올바로 알고 있는 한 가지 사실은 제대로 기능하는 규제 체제는 일종의 인위적 희소성을 만들어 낸다는 것이다. 하지만 여기서 문제되는 희소성은 이익이 증명되지 않았으며 헛된 희망을 착취할 가능성이 있는 약이나 장비의 희소성이다. '시도할 권리' 법은 환자 자율성 존중이라는 원칙을 거꾸로 뒤집어 버렸다. 증명되지 않은 치료법을 요구할 권리로 이 원칙을 왜곡한 것이다. 말기 질환의 경우라면 특히, 효과적인 약물을 이용하고 싶은 욕망이 누구에게나 있을 것이다. 하지만 이에 상응해 믿을 만한 연구 결과가 나오길 기다리거나 이를 위해 추가 비용을 지불할 의사가 그들에게는 없다. 제약 회사들은 참여 의무가 없으므로, 애초에 이 법은 사실 실험적인 약물을 "요청할 권리"라고 불러야 마땅하다. 또한 많은 반정부적 옹호자들의 근시안적인 바람에도 불구하고 FDA는 아직 여기서 배제되지 않아서, 어떤 약이 시도할 권리 주장에 합당할 만큼 안전한지를 결정할 권한을 지니고 있다.

여러 면에서 시도할 권리 운동은 탈리도마이드 스캔들이 있은 후 FDA의 권한이 확대된 이래 줄곧 진행되어 온 논의의 연장선상에 있다. 그 후 20여 년간 승인되지는 않았으나 어떤 개별 환자에게 이익이 될 수도 있을 '연구 단계' 약품에 접근할 수 있게 하는 명시적인 정책이 없었기에, 실상 그저 의사가 기관에 전화를 걸어 환자를 위한 약품을 요청하는 식이었다. 이 방식은 너무 무작위적이었다. 1980년대에, 제도를 체계화하기 위한 시도가 진행되던 와중에 HIV/AIDS 유행이 도래했다. HIV/AIDS 유행이 초래한 응급 상황은 [실험적 약물에 대한] 접근성을 확대해야 한다고 주장했던 에이즈 활동가들이 의약품 안전을 책임져야 하는 기관과 대치하도록 만들었다. 1990년대에는, 다른 모든 선택지를 써 본 에이즈 환자에게 효능 증거 없이도 일부 약품을 쓸 수 있게 한 '동시 진행'parallel track이라는 혁신이 단행되었다.[10]

정부 기관들은 대중의 요구에 신속히 대응하지 못하는 것으로 유명한데, 앞서 보았듯 몇몇 기관들은 이로 말미암아 대중의 신뢰와 믿음을 잃는 데 한몫했다. 하지만 이 경우 FDA는 실험적인 의약품에 접근할 수 있는 대안적인 방법을 찾아 응답했다.[11] 1987년을 시작으로 FDA는 심각하거나 생명을 위협하는 질병에 걸린 이들이 유망한 약물을 사용할 수 있도록 하는 치료용 연구 단계 신약Investigational New Drug, IND 절차를 활용하고 있다.† 환자에게 미칠 위험이 감수할 만한 것으로 정당화할 수 있고, 대안이 될 만한 요법이 없는 경우에 해당하는 절차로, 이 프로그램은 흔히 '동정적 사용'으로 알려져 있다(여기서 다 개괄하지는

† IND는 동물실험 등을 거친 뒤 FDA에서 임상 시험 계획을 승인받은 연구 단계의 신약, 혹은 해당 승인 절차를 가리키는 용어이다. 통상적으로 IND 과정에서 안정성과 유효성이 확인된 약물에 한해 신약 허가를 받아 정식 사용 가능하다. 치료용(treatment) IND는 치료 목적으로 필요한 경우 이 절차를 단축해 의사의 투약을 허가하는 것이며, 이 외에도 비상시에 활용되는 절차로 응급 사용(emergency) IND가 있다. 효능이 확인된 약물이 없는 상황에서 유행한 코로나19에 대해 이 절차들이 활용된 바 있다.

않겠지만 FDA는 다양한 범주의 적용 확장 프로토콜을 두고 있다). 그 과정이 그랬던 것만큼이나 골치 아프고 단속적이었지만, 약물에 접근하는 것에 관한 규칙들은 탈리도마이드 이래로 — 관료주의적 절차에 드는 시간을 단축하고 환자 건강에 대해 손해보다는 득을 보면서 — 조정되고 개선되어 왔으며 이는 여전히 가능하다.[12] 임상 시험 참여 자격이 되지 않는 이들을 위한 동정적 사용 신청은 수일 내로 거의 전부 승인되어, 시도할 권리 신청을 불필요하게 만든다.

그 자체로 볼 때 '시도할 권리' 법은 해가 없다. 그러나 이 법은 세계를 선도하는 미국의 규제 체계에서 잠재적으로 위험한 함의를 지닌 '탄광 속의 카나리아'이기도 하다. 의료품에 대한 것을 비롯해 모든 규제는 의도적인 형태의 인위적 희소성을, 삶의 말기에는 특히 잔인하고 양심 없는 '만병통치약' 장수로부터 대중을 보호할 목적의 희소성을 만들어 낸다. 자유주의자들과 자유지상주의자들은 모두 사기성 판매 행위 예방을 세심하게 겨냥한 규제들을 강력히 지지할 수 있다. 자유지상주의당† 강령은 "인간관계에서 기망은 축출되어야 한다"라고 천명하고 있으며 "…… 기망, 부실 표시의 금지"를 지지한다.[13]

사기성 판매는 자유로운 판매가 아니다. 물론 자유지상주의자는 이에 대한 대책으로 금지보다는 경고 표시와 소비자 교육을 선호할 수도 있을 것이다. 하지만 위험한 약물이나 의료 요법에 "경고만" 하는 방식에는 뚜렷한 문제가 있다. 위험하거나 사기성이 농후한 약물들이

† 흔히, 우리말로 자유당, 자유지상당으로도 불린다. 1971년 창당한 자유당은 개인의 자유를 최고의 가치로 규정하는 자유 지상주의 정당이다. 세금 감면, 복지 축소, 규제 완화 등 경제문제에선 보수적이지만 불법 약물 합법화, 동성 결혼 지지, 전쟁 반대 등 사회문제에 대해선 진보적인 입장을 표방한다.

자유롭게 유통되는 시장에서 광고로 소비자를 조작하는 것을 경고 표시와 교육만으로는 충분히 막을 수 없을 것이다. 경고 표시 내용에 대한 단순한 오해나 먹기 전에 표시를 읽지 못한 지극히 인간적인 실수에 대해서도 역시 아무런 보호책을 제공하지 못한다. 사기당한 소비자들에게 잠재적으로 끔찍한 결과를 가져오므로, 안전하지 않고 효과 없는 무언가를 치료제로 판매하는 것은 사기적인 데 더해 위험한 일이기도 하다.

이런 약들은 건강에 나쁘다는 경고를 보고도 즐거움을 위해 먹는 것이 아니다. 건강을 위해 판매되고 복용된다. 탈리도마이드의 경우와 같은 끔찍한 결과들은 그 주된 목적을 완전히 거스른다. 이 같은 문제들로 말미암아 자유지상주의에 대한 몇 가지 좀 더 강력한 해석을 비롯해 대부분의 윤리적 관점들은 물론이고 대부분의 사람들 역시 경고 표시 이상의 강력한 규제를 받아들일 수 있을 것으로 보인다. 정부는 건강 요구를 충족시키는 약품에 보조금을 지급하라는 요청을 받지만 위험하거나 무익한 소비자의 욕망이나 행동에 보조금을 지급해서는 안 될 일이다. 철폐와 투석기가 안전하고 효과가 있다고 판단된 **뒤** 그 공급 부족에 대처해 구상된 정부 조치와는 달리, 약제가 판매되기 **전에** 안전하고 효과 있음을 확실히 하는 것이 약품 및 장비 규제의 목적이다. 많은 이들이 원할 만한 보건의료 재화 및 서비스에 대한 접근이 제한되는 이유가 서로 다른 것이다.

의료용 대마

과잉 규제는 어느 모로 보나 과소 규제만큼이나 나쁘다. 수십 년간

이어진 의료용 대마—의료용 마리화나라고도 부르는—를 합법화하기 위한 싸움은 과도한 규제의 위험 및 불합리성뿐만 아니라 풍요 속의 희소성 형성에 관해서도 흥미로운 사례이다. 대마는 부족하지 않지만 의학 연구를 위한 대마도, 연구를 용이케 하는 법률제도도 부족하다. 역사적으로 의학 연구를 위해 재배되는 대마는 국립약물남용연구소National Institute on Drug Abuse, NIDA에서 독점적으로 관리해 왔다.[14] NIDA는 연방에서 승인한 연구에 쓰일 대마의 생산을 유일하게 미시시피대학에만 허가함으로써 과학적 이용을 현존 대마 품종의 수천 분의 1까지는 아니어도 수백 분의 1로 제한했다. 그 각각은 독특한 성분으로 구성된 카나비노이드와 잠재적으로 서로 다른 치료적 '앙투라지' 효과를 지녔는데도 말이다.† 수십 년간, 심지어는 마약단속국Drug Enforcement Administration, DEA, FDA, NIDA, 공중보건국Public Health Service, PHS이라는 껄끄러운 기관들의 감독을 받아들이기로 하고도 연구자들은 한 해 넘게 더 기다려야 '연구 등급' 대마를 받을 수 있었다. 그것도 기껏해야 곰팡이에 오염되었거나 효력이 떨어지는 것들이었다. 조류가 바뀐 것은 오마바 행정부가 중복적인 PHS 검토를 폐지한 2015년의 일이었다. 이듬해에는 마약단속국이 보다 많은 기관들이 의학 연구용 대마 재배를 신청할 수 있도록 했다. 그러나 뒤에서도 이야기하겠지만 아직 신청이 승인된 적은 없으며 마약단속국은 처리 기한을 정해 두지 않고 있다.[15]

† 카나비노이드(cannabinoid)는 카나비노이드 수용체에 작용하는 화합물의 총칭이며 일부는 체내에서도 생성되지만 흔히 대마에서 생성되는 화합물을 가리킨다. 앙투라지(entourage)는 측근·수행원 등을 가리키는 말로, 앙투라지 효과는 카나비노이드의 특정 성분만 추출해 활용할 때보다 여러 성분을 함께 사용할 때 특정 성분의 활성도가 높아져 치료 기능이 높아지는 현상을 가리킨다.

시민들의 요구와 의료용 대마 연구와 관련 정책의 진보를 가로막는 규제에 따른 교착에 자극받은 주들은 연방의 난문을 우회하기 시작했다. 1996년에는 캘리포니아가 최초로 의료용 대마를 합법화했다. 이후 20년이 지나면서 (여전히 FDA는 승인하지 않았지만) 미국의 여러 주와 속령들은 대마를 통증, 뇌전증, PTSD(외상 후 스트레스 장애) 등에 대한 약으로 인정했다. 놀랍게도 2017년에는 국립과학·공학·의학학술원 National Academies of Sciences, Engineering, and Medicine이 만성 통증, 화학요법 부작용, 다발성 경화증으로 인한 강직 등 일반적이고 심신쇠약을 일으키는 질병에 대해 "대마 혹은 카나비노이드로부터 …… 이익을 얻을 수 있다는 결정적이거나 상당한 증거"와 다른 여러 질환에 효능이 있다는 어느 정도의 혹은 제한된 증거를 "확인했다".[16] FDA는 몇몇 카나비노이드 약제를 승인하기는 했지만 의료용 대마를 안전하다거나 특정 의학적 적응증에 효과가 있는 것으로 승인하지는 않았다. FDA 승인이 없으므로 건강보험은 대부분 이를 보장하지 않으며 주법들은 서로 충돌하거나 연방법과 충돌한다. 대마를 소지하고 주 경계를 넘는 것(합법인 주들 간의 경계를 넘는 경우에도)은 여전히 연방 범죄이고 채용 시의 약물검사도 대마 사용자들에게는 불안 요소다.

미국에서 의료용 대마를 합법화하려는 오늘날의 환자 권리 운동은 건강 요구가 충족되지 않은 환자들의 권익과 약물 치료의 안전성 및 효능을 확실히 하기 위한 규제 절차에서 비롯되는 장벽 사이의 긴장을 잘 보여 준다. 한 온라인 시민 과학 운동은 대마의 여러 유전적 변종에 대한 수만 건의 사용자 경험을 기록하고 비교해 환자들로 하여금 어떤 종류의 의료용 대마가 그들에게 안전하고 효과적으로 작용할지, 어떻게 이용해야 할지, 어떤 부작용을 주의해야 할지를 보다 잘 이해할 수 있도록 힘을 보태 왔다. 우리가 보기에 이 사안은 해결의 적기에 이르렀다. 연방법은 모순적일 뿐만 아니라 의료용 대마에 대한 체계적인 연구 허가를 지지하는 증거와 여론이 함께 커지고 있으므로 존속하지 못할 공산이 크다.

희소성과 장기이식

면역 체계 억제를 위해 강한 약물을 복용해야 하기는 하지만, 세월이 흐르면서 많은 말기 신장 질환자에게 이식이 현실화되면서 투석은 이식으로 가는 일시적인 다리로 여겨지게 되었다. 안타깝게도, 1970년대에 해소된 투석기의 인위적 희소성을 이식 가능한 신장의 엄청난 부족이 대신하게 되었다. 신장 부족은 살아 있는 기증자가 하나만 줄 수 있으므로 자연적이면서도, 충분한 수의 건강한 사람들이 여분의 신장을 기증하도록 설득해 절박한 수요를 충족할 길을 찾는 데 사회가 실패했으므로 인위적이다. 신장 기증을 독려하기 위한 적극적인 노력에도 불구하고 여전히 해마다 미국인 수천 명이 사망자 장기 및 생존 기증자 대기 명단에 올라 있는 채 사망한다. 신장을 필요로 하는 환자가 다른 장기를 필요로 하는 환자에 비해 나은 점 하나는 자연이 우리에게 둘을 주었으며 보통은 하나만 필요하다는 사실, 따라서 원칙적으로 살아 있는 인간으로부터의 기증이 충분하면 필요로 하는 모두를 감당할 수 있다는 사실이다. 하지만 인간의 동정심은 아직 이 값진 도전에 응할 만큼 차오르지 않았다. 사망 기증자의 간 전체를 이식할 수도 있지만 이식을 위해서는 간의 일부, 간엽만 있으면 되고 기증자의 나머지 장기는 다시 자라난다는 점에서 간도 마찬가지다.

심장과 같은 다른 실질 기관들의 경우 현재 유일한 선택지는 뇌사자 장기이다. 심장 이식은 이제 일반적인 수술이 되었지만, 크리스티안 바너드Christiaan Barnard라는 남아프리카공화국의 외과의가 55세 루이스 워시캔스키의 가슴에 인간의 심장을 이식했던 1967년, 그 시작은 험난했고 엄청나게 논란을 샀다. 심장은 교통사고로 중상을 입은 드니스 다벌이라는 이에게서 온 것이었다. 심장병으로 죽어 가고 있던 워시캔스키는 전례 없는 이식에 동의했다. 바너드가 추정하기로 생존 가능성은 80퍼센트가량이었다. 이 이야기는 국제적으로 대서특필되어 전 세계의 관심을 끌었다. 불행하게도 워시캔스키는 면역억제제에 따른 합병증으로 겨우 18일 만에 목숨을 잃었다. 그럼에도 잘생긴 마흔다섯의 바너드는 일약 세계적인 유명 인사가 되었는데, 이를 즐겼던 게 분명하다. 수술 윤리에 있어 바너드는 아무런 망설임도 보이지 않았다.[17] "죽어 가는 이에게 이것은 어려운 결정이 아니다. 끝이 가까움을 알고 있기 때문이다. 당신이 사자에게 쫓겨 악어로 가득한 강가에 이르렀다면, 건너편까지 헤엄쳐 갈 수 있을지도 모른다는 믿음으로 물에 뛰어들 것이다. 사자가 없다면 그런 도박은 절대로 하지 않겠지만 말이다."

사자에게 쫓기는 사람이라면 누구나 물에 뛰어들지도 모르겠지만, 오늘날 심장 이식은 전 세계에서 매년 단 5000건만 이뤄진다. 심장 이식에 적합한 후보자는 약 5만 명으로 추산된다. 사망 기증자에게서 이식에 적합한 심장을 구할 수 있을지 여부는 상당 부분 타이밍에 달려 있다. 일반적으로는 장기 '수확'harvesting†과 실제 이식이 가까울수록

† 이식을 위한 장기 조달(을 비롯한 여러 가지 조직 채취)을 가리키는 의료 용어로

성공 가능성도 높아진다. 산소가 공급된 혈액이 장기에 갓 관류된 상태가 좋다. 이를 가능케 하는 윤리학적 개념은 '사망 기증자' 규칙이다. 다소 전문적일 수 있지만 정확히 어떤 내용인지 언급해 둘 필요가 있다.

> (1) 순환 및 호흡 기능의 돌이킬 수 없는 정지 혹은 (2) 뇌간을 포함한 전체 뇌의 모든 기능의 돌이킬 수 없는 정지를 지속하는 이는 죽은 것이다. 사망 판정은 반드시 승인된 의료적 기준에 따라 내려져야 한다.[18]

달리 말하자면, 이 규칙의 두 번째 부분은 이렇게 언명한다. 기증자의 사망 이전에는 장기가 채취될 수 없지만, '사람'person이 죽은 한에서, 그 사람의 몸은 아직 살아 있는 상태에서도 사망 판정이 내려질 수 있다. 이것이 가능하려면 그 사람은 심장과 폐는 아직 작동하지만 뇌사여야 한다. 한 사람의 뇌가 죽었다는 엄밀한 판정은 신체의 다른 부분은 여전히 기능할지 몰라도 그 사람은 사망했다는 것을 뜻한다. 뇌사는 현재 의료에서 기준이 되는 죽음의 정의이다. 이것은 통일사망판정법 Uniform Determination of Death Act, UDDA을 통해 법적인 문제가 되었는데, 이 법은 현재 50개 주 전체와 컬럼비아 특구에서 본질적으로 동일하게 적용된다. 현대 의학의 가장 중요한 정의들 가운데 하나인 뇌사 기준은 적어도 두 가지 면에서 윤리와 불가분적으로 얽혀 있다. 첫째, 이것은

흔히 쓰이는 말이지만 일각에서는 어감을 고려해 이 용어를 비판하거나 삼가기도 한다. 불법적이거나 반인권적인 장기 적출을 비판하는 맥락에서도 자주 쓰인다. 여기서 따옴표를 단 것은 이런 점을 의식한 것으로 보아 '수확'으로 옮겼지만, 이하에서는 맥락에 따라 다르게 옮기기도 했다.

우리 뇌가 죽는 시점에 사람으로서의 우리가 죽는다고 주장한다. 둘째, 이런 기준의 결과로, 장기가 여전히 잘 작동한다는 전제하에 장기를 필요로 하는 누군가의 생명을 구하기 위해 뇌사자에게서 장기를 채취하는 것이 도덕적으로 받아들일 수 있는 일이 된다. 생명을 구하는 의료의 커다란 일부가 이 두 가지 판단에 의지하며 이를 중심으로 논란이 계속되고 있기에, 우리는 반드시 그 윤리적—순전히 경험적인 것이 아니라—지위를 인식해야 한다.

하버드의 1968년 특별위원회 하나가 이 새로운 사망 기준의 근원이었다. 위원회는 고대로부터 이어진, 심장과 폐가 더 이상 기능하지 않는 것을 근거로 하는 전통적인 사망 시점 판정 방식이 더 이상 결정적이지 않음을 인정했다. 신경과학자들은 뇌가 모든 신체 과정에 대한 중앙 조율체계로 기능하며 뇌가 없으면 신체는 오래가지 않아 장기가 멈추고 조직이 붕괴하기 시작해 생존할 수 없다는 것을 알아냈다. 뇌 내의 전기적 작용을 측정해 뇌가 작동을 멈추었는지를 판별하는 새로운 방법들도 있었다. 이를 비롯한 여러 요소들을 이유로, 하버드 위원회는 뇌사가 사망이라는 결론을 내렸다. 뇌사 기준은 생명윤리학이 하나의 새로운 분야로서 등장하고 있을 때 제기되었고, 이는 현대 생명윤리학의 핵심 전제로 빠르게 자리 잡게 되었다.

뇌사 기준을 만드는 데서, 결정적으로 위원회는 장기 조달을 두고 벌어지는 논란의 소지를 줄임으로써 귀중한 이식용 인간 장기의 자연적 희소성을 개선하려는 의도를 갖고 있었다.[19] 마취학 교수 헨리 비처Henry Beecher는 하버드 위원회의 위원장이자 생명윤리학의 역사뿐만 아니라 20세기 의료의 역사에 있어서도 가장 다채롭고 영향력 있는 인물 가운데 하나였다. 제2차 세계대전 당시 그는 안치오 상륙작전—여기서 그는 끔찍한 부상을 당한 젊은 병사들을 치료했다—같은 전장의 전방에 배치되었다. 그런데 종종 병사들이 그토록 심각한 부상에 기대될 법한 크나큰 통증에 시달리지 않는 듯 보였다. 비처는 정신이 통증 경험을 조절하는 놀라운 능력을 지녔음을 알게 되었다. 1955년, 그는 이런 통찰을 「강력한 플라세보」The Powerful Placebo라는 유명한 글에서 밝혔다.[20] 비처가 '플라세보효과'를 발견한 것은 아니지만, 그는 다른 많은 이들보다 그 잠재력을 더 높이 샀다.

플라세보효과에 대한 통찰로 비처는 경험의 본성에 있어 뇌가 수행하는 역할에 주목했다. 하버드 뇌사 위원회의 의장을 맡았을 때 그는 뇌에 대해 어떤 도덕적이고 철학적인 입장—뇌가 죽는 때 환자가 죽는다—을 취하기에 더할 나위 없이 준비돼 있었다. 하지만 시간이 지나면서 뇌 활동을 측정하는 기술이 발달함에 따라 뇌사의 양자택일적 성격에 대한 의구심이 커져 갔다. 캐런 앤 퀸런이라는 이정표적인 사례를 통해 너무도 많은 것을 배운 식물인간 상태 진단과 마찬가지로, 혈관 조영술이나 뇌전도검사electroencephalography, EEG 같은 다양한 검사로 뒷받침할 수 있다고는 하나 뇌사 진단은 임상적 판단이었다.

널리 알려진 한 캘리포니아 사례에서, 자히 맥매스Jahi McMath라는 이름의 13세 아프리카계 미국인 소녀는 뇌 기준으로 사망 진단을 받은 뒤로도 다섯 해 동안 살아 있었다. 그녀의 가족은 종교적 이유로 그녀가 계속 치료를 받아야 한다고 고집했다. 게다가 당시 상당수 아프리카계 미국인들에게는, 자신이 제대로 된 치료를 받고 있지 못한 것은 아닌지, 더 나쁘게는 의사들이 자신을 그저 수단—예컨대, 의사가 자신을 다른 환자들과 마찬가지로 수명을 늘리기 위해 전력을 다할 환자로 대하는 것이 아니라, 이식용 장기 조달원으로 보는 것—으로만 생각하고 있는 것은 아닌지 의심할 만한 이유가 있었다. 몸이 점차 나빠질 것이라는 예측에도 불구하고 자히의 가족은 결국 그녀를 종교적인 이유로 가족들이 병원의 뇌사 판정을 거부할 수 있는 미국 내 단 두 주 가운데 하나인 뉴저지로 옮겼다.[21]

신경학자들이 식물인간 상태로 진단받았을 사람들 가운데 일부가 실은 오진—그들이 어느 정도의 의식을 지녔을 수도 있다는 생각을 최신 뇌 스캔 기술이 뒷받침해 주면서—이었을 수 있다는 사실을 발견하면서 문제는 더욱 복잡해졌다. 그와 같은 환자들은 '최소 의식 상태'에 있는 것으로 이야기된다. 자히가 뇌사를 선고받은 뒤 5년간 생존한 것은 뇌사 기준이 비처나 그 이후의 많은 이들이 생각한 만큼 객관적이거나 합리적 논쟁의 여지가 없지 않다는 주장에 주목하게 한다. 뇌는 우리 신체의 기능을 통합하며 또한 우리가 우리를 둘러싼 세계와 상호작용할 수 있게 해주므로 인격에 핵심적·결정적인 장기라고, 따라서 뇌사가 사람의 죽음이라고 여기는 것은 하나의 철학적 믿음이다.

장기 적출

뇌사를 인정하지 않는 나라나 공동체들은 뇌사를 인정하는 곳들보다 이식을 위한 희소 장기 조달에 더 어려움을 겪는다. 물론 뇌사를 인정한 곳들에서도, 죽은 이에게서 장기를 채취하는 일은 살아 있는 이에게서 채취하는 경우와는 뚜렷이 다른 윤리적 난관을 제시한다. 미국에서는 반드시 사망자가 자신에게서 이식할 수 있는 장기를 채취하는 것을 승인하는 (운전면허증이나 일부 등록증을 비롯한) 사전의향서를 갖고 있거나 혹은 그 가족이 동의해야 한다. 죽은 이에게서 장기를 적출하는 현행 제도는 실제적인 이해 충돌 혹은 그렇게 여겨질 만한 상황을 방지하기 위해 친인척에게 장기를 요청하는 사람과 환자를 돌보는 사람이 반드시 달라야 한다고 규정하고 있다. 하지만 그런 제도조차 이 같은 상황을 완전히 방지하지는 못한다. 장기 기증을 지나치게 강요하는 장기이식 기관에 대한 불만이 널리 제기되어 왔다.

장기 공급 증대를 위한 수많은 제안이 있었다. 그 폭은 공공 교육 운동을 펼치거나 장기 기증자 등록을 보다 쉽게 만드는 등의 덜 논쟁적인 발상에서부터 장례 비용 보상과 같은 보다 논쟁적인 제안에 걸쳐 있다.[22] 가장 합의가 안 되어 있고 영향력이 큰 질문 중 하나로 살아 있는 이에게서, 앞서 나가자면 혹은 죽은 이에게서 장기를 사는 일이 윤리적인가 하는 것이 있다. 장기를 찾아 헤매느니 규제된 시장에서 사고팔면 안 될 게 무엇인가? 이 질문에 대한 답은 '우리가 무엇은 돈으로 사도 되고 무엇은 안 된다고 생각하는가' '또 왜 그렇게 생각하는가' 와 같은 더 큰 질문과 엮여 있다.

죽은 이에게서 이식 가능한 장기를 얻기 위해 세계적으로 가장 널리 쓰이는 방법은 설득이나 구매가 아니라 유인nudge이다(3장에서 이를 공중보건을 진전시키는 중요한 수단으로 논의한 바 있다). 장기의 경우 유인은 가족이나 사망자가 기증 '거부 등록'을 한 경우만 제외하고 가족의 동의를 전제한다. 장기 기증에 있어 유인이라는 접근법은 장기를 내주도록 사람들에게 강요하거나 대가를 지불하지 않는 것을 중요하게 견지하면서 장기 기증을 늘리는 것을 목표로 하는 '거부 등록' — 추정적 동의라고도 불린다 — 선택 설계 방식을 취한다. 오랫동안 이 정책을 옹호해 온 생명윤리학자 아서 캐플런과 같은 '거부 등록' 옹호자들은 이것이 — 사람들(혹은 그 가족들)이 그런 선택을 한다면 — 장기 기증을 하지 않겠다는 선택권을 빼앗지 않으면서도 생명을 구하는 장기 기증 기여율을 높여 준다고 주장한다.[23]

25개 유럽 국가는 추정적 동의, 혹은 거부 등록 제도를 채택했지만 '동의 등록'을 고수하고 있는 미국에 비해 기증 비율이 높은 곳은 몇 나라 안 된다. 일부 거부 등록 국가에서는 보건의료 노동자들이 여전히 가족들의 적극적 동의를 요청하고 있다. 가족이 반대함에도 사망자의 장기를 채취하는 것은 있을 수 없는 일이라 생각하기 때문이다. 2016년에는 스페인 — 가톨릭 국가인— 이 가장 높은 사망자 장기 기증률을 기록했고 미국은 스페인, 크로아티아, 포르투갈, 벨기에의 뒤를 이었다.[24] 미국의 기증률은 추정적 동의제를 둔 다른 국가 대부분에 비해 놀랄 만큼 높긴 하지만 절박한 수요에 미치기에는 턱없이 모라자다.

많은 논자들은 스페인이 기증률 상승에 큰 차이를 보이는 것이 거부 등록 제도보다는 모든 병원에 훈련받은 이식 코디네이터를 배치하는 프로그램 덕이라고 생각한다. 해당 프로그램은 윤리적으로 논란거리가 되지 않는 제도로, 모든 국가에서 기증률을 높일 수 있을 것이다. 미국 주요 도시 중 체계적으로 기증을 요청하는 병원이 있는 곳들이 단일 최대 규모인 뉴욕시를 비롯해 조직화된 기증 프로그램을 도입하지 않은 병원들이 많은 곳에 비해 기증률이 상당히 높다는 증거가 있다.

미국과 유럽 국가들의 주요 인구학적·문화적 차이점들을 생각하면 선불리 '거부 등록' 대 '동의 등록'이 전체적인 기여도 차이를 낸다고 할 수 없다. 어떤 문화적 맥락과는 충돌하지만 다른 것과는 그렇지 않은 가치들을 우리가 어떻게 대면해야 할지에 관한 놀라운 단서가 또 하나 있다. 대다수의 미국인들은 자신도 장기 기증자가 되고 싶다고 말을 한다. 하지만 상당수의 미국인들은 자신들이 중요하게 생각하는 것[자발적이고 명시적인 동의]에 대해 정부가 함부로 추정하는 하는 일에 대해서는 크게 반대한다. 이런 미국 사회에서 추정적 동의가 제도화되려면 여전히 힘겨운 싸움이 필요하다. 사후에 우리 장기를 기증한다는 결정은 실로 중요하며, 이것이 바로 우리가 선택의 자유를 존중하는 장기 기증 제도를 민주적으로 지지하는 이유이다. 미국에서 장기 기증 거부 등록제를 앞당기기 위해서는 아마도 사려 깊고 끈질기며 설득력 있는 시민들의 풀뿌리 운동—생명이 걸린 문제를 납득시킬 매력적인 캠페인을 벌이는—이 필요할 것이다.

이타적 장기 기증과 시장

일반적으로 미국인은 현행 장기 기증 동의 등록 정책을 받아들인다. 제대로 작동하는 한, 이것은 이중의 도덕적 임무를 수행한다. 장기를 받는 이에게 생명을 주며 또한 그것을 기증한 이들의 이타심이라 불리는 미덕을 조명한다. 하지만 이타적 기증에 기반한 동의 등록 정책에 대한 열성적인 옹호에서 종종 간과되는 것이 있다. 동의 등록으로 확보되는 장기가 거부 등록 정책에 비해 현저히 적다면 단지 이타심—결국 타인을 돕고자 하는 열의이다—을 보여 주기 위해 그것을 이용하고 싶어 해서는 안 된다는 사실이다. 이타주의자는 사람들이 불필요하게 죽게 두지 않는다. 또한 이타심은 보다 많은 생명을 구하는 것 대신 택해도 될 만한 것이 아니다. 정반대로, 타인을 돕고자 하는 열의는 우리에게, 개인적으로만이 아니라 제도적으로도, 어떻게 하면 생명을 구하기 위해 더 많은 것을 할 수 있을지를 고민하게 한다. 미국과 전 세계는 계속해서 기증 장기의 심각한 부족에 시달리고 있다. 우리가 불필요한 죽음을 최소화할 보다 효과적이고 윤리적인 방법을 찾을 수 있을까? 이타심이 더 많은 사람을 돕는 것을 방해한다면 이는 비극적인 역설일 것이다. 이타적인 동기라면 이식을 위한 장기를 얻기에 효과적인 거부 등록 정책을 지지할 것이다.

심각한 장기 부족 상황 앞에서 민주 사회가 해야 할 다른 일은 무엇이 있을까? 살아 있는 이로부터 기증되는 실질 기관은 주로 신장이며 보다 드물게 간 일부가 기증되기도 한다. 미국의 이식외과계는 이타적 기증을 강력히 지지하면서도, 생명을 구하는 장기의 극심한 희소성 문제를 조금이라도 타개할 방안을 강구해 왔다. 이식외과의가 환자 치료에 사용하는 거의 모든 것은 매매된다. 그들의 노동력은 물론, 놀랍게도 장기 구득 기관이 이식 프로그램에 판매하는 기증 장기를 비롯한 거의 모든 것이 매개된다. 앞에서 우리는 사후 기증 사전의향서를 작성하는 것처럼 이타성 — 또는 호혜성과 같은 여타의 비금전적 동기 — 에 의지하는 것을 강력히 지지하는 입장의 근거들을 요약했다. 아마도 모든 병원에 훈련받은 이식 코디네이터를 배치하는 스페인 사례와 같은 프로그램을 통해, 미국과 다른 사회들이 그런 이타적 열의를 촉진하기 위해 더 많은 일을 할 수 있으리라는 점에는 의심의 여지가 없다.

그러나 스페인의 유한 접근법은 원론적으로 존경스럽기는 하지만, 시장만큼 효율적이지는 않을 것이다. 수요와 공급의 격차가 계속해서 벌어지는 현실은 우리에게 일부 장기 기증자에게 대가를 지급하는 윤리적으로 옹호할 수 있을 만한 방식이 있을지, 아니면 보상 체계는 태생적으로 그리고 불가피하게 착취적일지에 대한 고민을 요구한다. 장기 판매가 기증자의 안전과 정보에 기반한 동의를 최대로 보장하면서도 착취를 방지하도록 규제될 수 있는가? 또한 그래야 하는가? 정치철학자 마이클 샌델Michael Sandel은 인간 장기 판매에 대한 두 가지 중대한, 매우 중요한 반론을 명료하게 구분한 바 있다.[25] 하나는 주로 부패에, 다른 하나는 공정성에 초점을 둔다. 부패 반론이 보다 무조건적이다. 규제되는 시장이라 할지라도 장기 시장은 장기를 우리가 옷이나 차를 소유하는 것과 똑같은 방식으로 소유하는 상품으로 잘못 생각하게 만듦으로써 그 의미를 왜곡시킨다는 것이다. 부패 반론은 장기 판매가 인간을 "교체용 부품 꾸러미"로 취급함으로써 우리의 인격을 깎아내리고 대상화한다고 주장한다.[26] (극단까지 확장된 상품화는 노동력을 포함해 우리 신체 전체를 판매하는 것으로, 이는 우리 스스로를 자유로이 노예제에 팔아넘기는 것과 같다.) 현행 법 및 공공 정책 하에서 신체 부위는 판매될 수 없다. 법적인 의미에서 우리는 신체나 그 부위를 소유하고 있지 않다.

그러나 우리에게는 개인의 자유에 근거해 장기를 판매할 권리가 있지 않을까? 존 스튜어트 밀John Stuart Mill의 『자유론』*On Liberty*에 입각해, 직접적으로 타인에게 손해를 입히[거나 손해를 입힐 가능성이 있]는 (혹은 자신을 노예로 팔아넘김으로써 결과적으로 우리 개인의 자유를 결딴내는) 경우가 아니라면, 자기의 신체 부위를 원하는 대로 사용할 권리가 있다고 자유주의적으로 주장할 수 있지 않을까? 우리의 신체 부위는 자동차와 같은 의미의 상품이 아니며 신체 부위의 판매가 그 본성을 부패시키는 일이라면, 신체 부위의 상품화에 대한 부패 반론은 인간 장기의 매매를 허용하는 사회에 의해, 우리가 공유하는 가치·관계·자기이해에 간접적으로 어떤 중대한 해가 가해진다는 일관된 주장을 할 수 있을 것이다(밀 스스로는 간접적인 해로부터의 보호를 위해 개인의 자유를 제한하기를 거부했다). 장기 판매에 대한 부패 반론은, 논쟁에 종지부를 찍지는 않지만, 인간 장기 판매를 자제시키거나 아예 금지함으로써 인격이라는 사회적 가치를 지키고 신체 부위가 상품화되지 않게 할 정부의 역할에 대한 합리적인 주장을 제시한다. 이런 관점에서 본다면 민주적인 정부는 어떤 사람들이 여분의 신장을 판매하는 데 자유로이 동의할 수 있다 할지라도 그런 부패에 맞서야 한다.

인간 장기 판매에 대한 공정성 반론은 기증자 입장에서 그 거래가 진정으로 자유로운 것일지를 묻는다. 실비 보상([기증 과정에 드는 시간 동안] 포기한 수입을 포함시킬 수 있다)을 넘어서는 모든 대가 지급은 불공정해 보인다. 어째서인가? 인간 장기 시장은 가난한 이들이 자포자기로 받아들일 수밖에 없을 나쁜 액수를 제안함으로써 부정의하게 그들을 착취하기 때문이다. 사람들이 절망적으로 가난하면 협상 조건은 불공정해지며 시장은 정말로 자발적인 것이 아니게 된다. 시장은 "가난한 이들을 먹잇감으로 삼는다". '먹잇감으로 삼는다'라는 말이 위해를 시사함을 주목해야 하는데, 공정성 반론이 개인의 자유보다 우선시될 수 있을 만큼 강력하려면, 심각한 해가 발생하리라는 증거가 반드시 필요하다. 공정성 반론으로 대가 지급 자체에 반대할 수는 없다. 비자발적이거나 유해한 교환에 대한 반대라 해야 할 것이다. 궁극적으로, 샌델이 지적하듯 공정성 반론은 극단적인 빈곤과 부정의한 협상 조건이 사라질 경우 장기 판매를 더는 반대하지 않지만, 부패 반론은 인격에 대한 모독인 장기 판매에 계속해서 반대한다.

보다시피 부패와 공정성에 기인한 전반적인 반대들은 모두가 이식을 위해 장기를 얻는 일이 목표로 하는 것, 즉 보다 많은 사람의 생명을 구할 기회를 논외로 한다. 부패 반론은 장기에 대한 모든 시장 거래를 반대한다는 점에서 독특하다. 하지만 이것은, 많은 장기들이 일단 기증된 뒤에는 이식 센터에 '취득 수수료'를 부과하는 장기 구득 기관에 의해 본질적으로 판매되며, 이식 센터는 다시 환자들에게 일괄적인 이식 서비스에 포함된 요소로서 장기를 재판매한다는 사실을 전혀 언급하지 않는다. 생체 장기 시장 옹호자들은 현행 체제에서는 기증자를 제외하고 사실상 모두가 돈을 벌고 있다고 주장한다. 1984년 "한 전직 의사가 인간 신장 중개 회사 설립 계획을 발표한 직후" 의회가 서둘러 통과시킨 국가장기이식법National Organ Transplant Act, NOTA은 기증자가 장기를 팔아 어떤 "반대급부"든 받는 것을 금지하고 있다.[27] 하지만 국가장기이식법은 적출·수송·이식 등 장기이식에 드는 비용의 보상은 허용한다. 이외에 허용되는 것으로 보이는 비용으로는 교통비, 가족 부양비, 손실 임금, 건강상 위험에 대한 보험료, 생명보험료 등이 있다. 기증자에게 이런 비용을 보상하는 것은 살아 있는 기증자로부터의 장기 공급을 늘리는 정당하고 합법적이며 비용 대비 효율적인 방법이다. 많은 환자들의 생명을 구하고 연장시킬 것이다. 신장 이식의 경우에는 투석에 드는 비용 또한 절감될 것이다.[28]

장기 판매가 인격의 일부를 상품화하는 데 기여한다고 생각한다 할지라도 여전히 우리는 다음과 같이 질문할 필요가 있다. 즉 장기 기증과 관련해 충분한 정보를 갖고 있는 건강한 기증자에게 그가 모르는 이에게 신장을 기증하는 대가로 (세금 공제나 퇴직연금 같은) 비현금성 혜택을 제공하는 — 을 통해 보다 많은 생명을 구할 기회와 저 문제 가운데 무엇이 더 중요한가? 법적으로 규제되는 장기 판매에 대해 공정성 반론은 사회적 맥락에 따라 다소 가변적이다. 규제된 시장에서 자신의 장기를 파는 이들이 가난하지 않다면 이 반론은 축소되거나 아예 사라진다. 이는 재정적인 상태를 확인하는 절차를 필요로 하겠지만, 이 역시 아무래도 완벽한 제도는 아니다.

가난한 이들이 오늘날 가난한 개발도상국의 장기 암시장에서 먹잇감이 되고 있는 가운데, 고도로 규제된 미국 시장(장기 기증자에게 보상뿐만 아니라, 정보와 보호 역시 제공하도록 설계되어 있는)에서는 누가 장기를 기증할 것인지에 대해, 그리고 장기를 기증하는 사람들이 어떻게 살고 있는지에 대해 정말로 잘 알고 있지 못하다. 건강한 장기를 쉽게 구할 수 있게 함[예컨대, 추정적 동의 방식의 제도화]으로써, 또한 오늘날 활용되는 알고리즘을 통한 분배 방식을 통해, 소득수준이 낮은 사람들(이식 대기자 명단에는 유독 이런 사람들이 많이 올라와 있다)에게 유의미한 방식으로 보다 많은 도움을 제공할 수 있을 것이다.[29]

해외 장기

'기증 및 이식에 관한 세계 관측소'Global Observatory on Donation and Transplantation, GODT는 2015년에 세계적으로 100개 이상의 국가에서 12만 4000건 이상의 실질 기관 이식이 이뤄졌다고 보고했다.[30] 안타깝게도 이것은 전 세계적으로 필요한 장기의 겨우 10퍼센트가량에 불과하다. 매일 이식 대기자 스무 명이 장기를 받지 못하고 사망한다. 운 좋은 이들이 시급한 의료적 필요가 아닌 다른 이유로 장기를 받는 데 성공하는 일도 너무 잦다. 그저 개인적 위기 대처에 필요한 사회적 지원이나 유능한 의사를 구하는 데 도움이 되는 재력을 갖고 있다는 것이, 심지어는 유명인이라는 지위를 갖고 있다는 것이 그런 이유가 될 수 있다. 1995년 야구 영웅 미키 맨틀Mickey Mantle은 요청한 지 단 이틀 만에 바꿔 넣을 간을 받아, 미국 대기자 명단 제도의 유효성을 의심케 했다. 맨틀은 이식 후 겨우 두 달 만에 사망했다. 일각에서는 이식 당시 그가 그런 귀중한 자원으로 이익을 얻기에는 상태가 너무 위중했던 것이 아닌지, 미리 확인했어야 했던 것은 아닌지 질문했다. 캘리포니아 주민이었던 애플 창립자 스티브 잡스는 간 이식을 위해 테네시를 방문했던 것으로 알려졌다. 간 배분의 공정성에 대한 대중의 우려에 답해 장기이식관리센터United Network for Organ Sharing, UNOS는 지역 격차에 따른 불공정성을 줄이기 위한 정책을 도입했다.

극단적으로는 장기 매매라 불리는 형태로 아무런 윤리적 보호 장치 없이 실질 기관이 불법적으로 매매되기도 한다. 2012년, 한 부부가 파키스탄 라호르에 도착했다. 남편의 이식 수술을 준비 중이던 바로 그때, 경찰이 들이닥쳐 장기 매매 예방을 위해 2010년에 제정된 파키스탄 법률에 의거해 부부와 유명 외과의를 체포했다.[31] 이 법은 한 여성 외과의 겸 윤리학자가 소장을 맡고 있는 생명윤리학 연구소에서 만든 것이었다. 하지만 법의 권위에 따른 집행은 여전히 어려운 문제다. 살아 있는 기증자 — 이 맥락에서는 사실 '판매자' — 에게서 장기를 얻는 일이 그 기증자의 빈곤과 취약성에 기대고 있다는 게 이 같은 장기 매매의 현실이다. 유네스코의 2014년 보고서는 이식되는 심장의 5~10퍼센트가 장기 매매를 통한 것이라고 추산했다.[32] 뇌사자에게서 오는 장기로 이야기하자면, 추정적 동의는 쉽사리 오용되어 주변화되고 덜 교육받은 이들과 그 가족들을 착취할 수 있다. 처벌을 받게 될까 두려워 기증이 꺼려진다고 말하는 걸 주저할지도 모른다. 잘 규제되는 장기 기증 제도가 있는 수많은 나라들에는 해당하지 않는 우려이지만, 윤리는 맥락을 떼놓을 수 없다.

어디에 살든, 가난한 개인들이 남는 신장을 팔아 필요한 약간의 돈을 마련하는 것을 금지하면 그들로서는 상황이 더 나빠질 뿐인 것은 아닐까? 이런 '자유' 장기 시장에 대한 주장이 불확실한 경험적 토대 위에 있음을 보여 주는 증거가 있다. 보고에 따르면, **규제되지 않는** 신장 시장이 있는 지역에서 신장을 판매하는 사람들은 판매 후 몇 년간 더 곤궁해진다고 한다. 난제가 이것으로 해소된 것은 아니다. 가난한 이들은 자유로이 선택할 수 없거나 착취당할 것이기에 그들의 신장 판매에 반대하는 것이라면, 어째서 그들의 시장 거래를 보다 전반적으로 금지하지 않는가? 우리는 모든 이들의 선택할 자유와 신체 장기와 같이 가치 있는 무언가의 상실을 수반하지 않는 대부분의 시장 거래에도 일관되게 가치를 두기 때문이다. 스스로를 길고 고된 노동에 파는 것과 같이 매우 가치 있는 무언가의 상실을 수반하는 거래들의 존재는 (주당 최대 노동시간 및 최저임금을 규정하는 법과 같은) 규제의 방식으로 취약한 개인들을 부정의한 착취로부터 보호하는 유사한 보호책들을 정당화한다.

장기 판매에 대한 공정성 반론은 배경 조건이 공정하고 아무도 이런 식으로 부정의하게 착취당할 만큼 가난하거나 취약하지 않은 세계에서는 사라질 것이다. 부패 반론은 이와 달리 이상적인 조건의 분배정의 하에서도 유지된다. 장기 판매에 반대하는 두 반론의 비교는 우리에게 어째서 누군가는 장기 판매에 반대하는지를 고민할 숙제를 안긴다. 수입과 부가 공정하게 분배되는 정의롭고 부유한 사회에서도 우리의 반대는 지속되어야 할 것인가? 빈곤의 지속이나 이타심과 다른 인간적 미덕들에 상품화가 미치는 부정적인 영향들은 많은 이들이 인간 장기 판매 합법화에 맞서 공통의 대의 아래 모이게 한다. 이상적인 세계에서 우리는, 의견을 더욱 달리할 수 있을 것이다!

장기 판매에 대한 반론은 여전히 매우 논쟁적이다. 너무도 많은 이들에게 생체 장기이식이 간절하다는 점에서 특히 그러하다. 장기 매매에 따르는 공정성과 부패를 수긍하는 일부 자유주의자들은 고도로 규제되는 장기 시장을 지지한다. 결과적으로 여러 생명을 구할 수 있기 때문이다. 지금으로서는 다만 짐작해 볼 수 있을 뿐이다. 규제되는 장기 시장을 도입하는 것이 전체적인 장기 공급을 늘릴지는 아무도 모른다. 헌혈의 경우와 같은 보다 체계적인 시장†의 도입이 마찬가지로 너무도 간절히 필요한 혈액의 안전한 공급을 늘렸는지 아니면 줄였는지에 관해 사회과학자들은 의견이 분분하다.

더 많은 생명을 구하기 위한 증거 기반 정책 활용에 관심을 쏟는 연장선상에서, 우리는 스페인에서 매우 효과적으로 운영되는 것과 유사한 이식 코디네이터 프로그램을 도입해 현재는 코디네이터가 없는 병원들이 그 같은 명백히 윤리적인 프로그램이 장기 공여도에 얼마만큼의 변화를 일으키는지 확인할 수 있기를 강력히 바란다. 장기 기증 부족이 얼마나 이어지느냐에 따라 우리는 또한 장기 판매에 대한 소규모의, 고도로 규제되는 시범 사업을 지지할 수도 있다.

간절히 필요로 하는 타인들에게 장기를 주는 것이 관건이라면 어떤 이들은 유인이나 보상 없이도 동기를 갖는지를, 어떤 이들은 그렇다는 사실을 확인하는 것으로는 불충분하다. 우리는 또한 그 필요와 비교해

† 미국에서는 헌혈에 대한 보수로 현금이나 현금화 가능한 현물을 지급할 수 있다.

얼마나 되는 이들의 동기가 유발되는지 알고 싶다. 현재로서는 충분하다 하기엔 턱없이 모자라며 주로 중간 소득층과 저소득층인 수천 명이 여전히 기나긴 대기자 명단에 올라 있고 결국은 사망한다. 또한 우리는 보다 효과적인 유인 프로그램이 도입된다면 얼마나 더 많은, 혹은 적은 이들이 기증할 동기를 갖게 될지, 그것으로는 부족하다면 규제 하에서 판매 역시 허용된다면 어떤 일이 일어날지를 알아야 할 필요가 있다. 현존하는 증거들은 모든 병원에 이식 코디네이터를 배치하는 것과 같은 유인 프로그램을 강력히 지지한다. 규제 하에서의 판매나 그것이 기증에 미치는 영향, 착취를 피할 수 있는 능력에 대한 증거는 심히 불충분하다. 시장에 관해서는 윤리적 찬반 논쟁만 고도로 논쟁적인 것이 아니라, 어떤 귀중한 재화에 시장을 도입하는 것이 이타적 제공에 미치는 영향에 관한 경험적 증거들 역시 마찬가지로 논쟁적이다. 규제 하의 신장 시장이 중립적일지, 이타적 제공을 '몰아낼지', 아니면 오히려 '끌어들일지' 하는 문제는 법학자 줄리아 머호니Julia Mahoney가 보고하듯 "매우 불확실"하다.[33]

'장기 조달 및 이식 네트워크'Organ Procurement and Transplantation Network, OPTN 윤리위원회가 권고한 바 있는 소규모 예비 조사들은 연방 규제 하의 경제적 장려 제도가 가져올 법한 효과들을 알아보고 현재의 비극적인 교착 상태를 돌파할 길을 찾는 데 도움이 될 것이다.[34] 그와 같은 조사의 결과에 따라 보다 큰 규모의 무작위 통제 실험이 이뤄지거나 시간과 비용을 들일 가치가 없는 것으로 판명날 수 있을 것이다. 그동안 우리는 일정 규모 이상의 모든 병원이 잘 훈련받은 이식 코디네이터를 고용하는 데 필요한 어느 정도의 재원을 갖출 수 있도록 애써야 할 것이다.

다시 찾아 나서기

궁극적으로, 인간 장기의 자연적 희소성을 해결하는 일은 우리의 조직적·과학적·기술적 혁신 역량뿐만 아니라 동물을 새로운 목적에 쓰는 것에 대한 관용을 시험할 것이다. 2017년에 최초로 유전학자들은 영장류에 감염을 일으킬 수 있는 유전자를 가진 레트로바이러스를 제거한 돼지를 만들어 냈다. 이것은 이식 환자들을 위한 새로운 장기 공급을 창출할 가능성을 향한 거대한 한 발이었다. 이 귀중한 새로운 공급은 다른 종, 상당한 지능이 있는 한 종을 '장기 농장'으로 이용하는 것을 대가로 도래할 것이다. 수억 명이 곧잘 즐겨 먹는 바로 그 종이다. 다른 수억 명은 의식적으로 돼지를 삼가지만 이는 이 동물에 대한 존중보다는 돼지는 불결하다는 종교적 믿음과 계율에서 비롯된 것이다.

돼지를 장기 공급원으로 사용하는 것이 음식 공급원으로 사용하는 것과 다른 점이 있을까? 여러 윤리적 관점에서 보자면 차이가 있으며, 그 차이는 장기 공급원으로서의 사용을 강력히 지지한다. 돼지나 다른 동물을 먹는 것은 이 행성을 먹이고 보존하는 데는 낭비적인 방식이며 딱히 건강한 방식도 아니다. 반면 돼지 장기를 사용하는 것은 아마도 우리가 가진 것 가운데 생명을 구할 최선의 방법일 것이다. 또한 돼지가 어떻게 길러지고 실험에서 어떻게 대우받는지를 고민해야 한다. 돼지를 장기 공급원으로 사용할 것인가, 어떻게 사용할 것인가 하는 질문은 지금은 피할 수 있을 듯 보일지 몰라도, 아마 미래에는 피할 수 없게 될 것이다.

아이러니하게도, 우리 선조들은 먹기 위해 동물을 찾아 나섰다. 이제 우리는 이식하기 위해 찾아 나선다.

3부

도덕적인 과학

7장

인체 실험

모계 유전인 미토콘드리아 DNA에 희귀하고 심각한 이상이 있는 찰리 가드라는 아기가 런던의 한 병원에서 죽어 가고 있었다. 2017년에 태어난 후 한 해가 채 되지 않아 아이의 치료를 둘러싸고 국제적인 논란이 불거졌다. 아이 부모는 자신들에게 그와 같은 조건을 가진 이에게는 한 번도 시행된 적 없는 실험적인 치료법을 시도해 볼 기회가 주어져야 한다고 주장했다. 찰리의 의사로부터 살 가망이 없다는 설명을 받은 법원에서는 치료가 그저 아이의 고통을 연장할 뿐이라고 판결했다. 논란이 가중되자 누구나 한 마디씩 보탰다. 심지어는 미국 대통령과 교황도 가세했다. 찰리 가드 사례는 아이에게 성공 가능성이 희박한 치료를 받도록 하는 데 있어 부모의 궁극적인 권위에 관한 것을 포함해 여러 골치 아픈 질문을 제기했다.

찰리에게 실험적인 치료법을 쓰는 것으로 아이의 수명을 연장하지는 못한다 할지라도 어쩌면 몇 가지 새로운 지식을 얻게 되었을지도 모른다. 새로운 지식을 창출하는 것은 좋은 일이다. 심각한 질병을 예방하고 치료하는 데 언젠가 도움이 될지 모를 지식이라면 이론의 여지가 없다. 그러나 이익을 얻을 가망은 거의 혹은 전혀 없는 — 게다가 어린이의 경우라면 동의할 능력이 없는 — 누군가를 추가적인 고통에 노출시키는 것과 같은 대가를 치르게 하는 경우라면, 결단코 그렇지 않다. 이런 생명윤리학적 수칙을 고수하는 동시에 우리는 인간에 대한 과학 실험으로 지식이 새로 도약할 때마다 언제나 누군가는 그것을 최초로 이용해 보게 될 수밖에 없음을 명심해야 한다.

인간을 대상으로 잠재적으로 사회적으로 중요한 실험을 하는 것은 어떤 조건에서 윤리적일 수 있는가? 생명윤리학자들이 연구하는 긴장 가운데 실험 의학에 광범위하게 스며들어 있는 긴장보다 더 좋은 사례는 없다. 어떤 실험동물들은 인간의 질병에 대해 놀랍도록 좋은 견본이 되지만 최종 분석에서는 설치류가 인간을 대신할 수는 없다. 또한 당연하게도 동물실험에는 여러 가지 윤리적 제약이 있다. 컴퓨터 과학자들은 언젠가 실험동물을 최소화하고 심지어는 대체할 수 있을 수학적인 질병 진행 모델을 만들고 있다. 인간 환자에게 미치는 잠재적 영향들에 대해 훨씬 나은 확신을 줄 것이다. 하지만 그날이 오기까지는 여러 해가 남았다.

지식의 대가는?

인체 실험의 윤리는 새로운 화두라곤 할 수 없다. 의사들은 언제나 의술을 향상시키기 위해 질환에 대한 더 많이 이해하고 싶어 했는데, 이 같은 강렬한 동기는 [인간을 대상으로 한] 실험에 대한 욕망을 추동할 수 있었다. 의사가 의술medicine을 '행한다'[연습한다]practice†는 말 자체가 의료medical care가 완성되어 있는 것이 아님을 보여 준다. 다른 전문 영역들과 마찬가지로 의술의 배움에는 끝이 없다. 동시에 의사들은 환자들에 대한 실험의 윤리적 한계를 고심해 왔다. 대개 히포크라테스라는 고대 의학계 위인의 것으로 여겨지는 글들에도 이 딜레마를 매우 잘 표현한 문구들이 있다. 환자의 상태가 심각할 때면 고대의 의사들은 "대담"해야 한다는 조언을 받았지만, "무엇보다도, 해를 가하지 말라"라는 요구 또한 받았다. 어떤 면에서 그런 제약은 현대 의료의 윤리적 틀에도 여전히 적용된다. 인간사의 많은 영역에서 그러하듯, 우리가 마주하는 근본적인 도덕적 난제들은 흔히 생각하는 것만큼 크게 변하지 않았으며 간결한 격언들이 흔히 말하는 것보다 훨씬 복잡하다.

수천 년 동안 의사와 환자 사이에 일어난 일은 보통 그들만 알았고 환자의 상태에 대한 진실은 종종 오직 의사만이 알았다. 이는 의사가 자신의 환자를 치료하는 데 거의 무제한적인 재량을 가졌음을 뜻한다. 이전까지만 해도 닫혀 있던 진료실은 최근 수십 년 동안 고도로 숙련된 간호사, 약사, 사회복지 종사자, 임상병리사, 학생, 보험사에게, 그리고 물론 병원윤리학자라는 새로운 직종에도 개방되었다. 20세기 들어 이 모든 신예들이 병상에 등장하기 전, 19세기에는 의사와 환자 관계에서

† '의술을 행하다' '의사 일을 하다'라는 뜻의 영어 표현에는 '하다'라는 뜻으로 흔히 쓰이는 동사 do 대신 '실천하다' '실행하다'라는 뜻과 함께 '연습하다'라는 뜻의 practice가 쓰인다. 일상적으로 쓰는 '의술을 행하다'(practice medicine)라는 표현에 언제나 '의술을 연습하다'라는 함의가 따라옴을 지적한 것이다.

훨씬 엄청난 변화가 있었다. 의료라는 기술이 점차 더 과학에 기반하게 된 것이다.

1800년대, 하버드의 저명한 철학자이자 심리학자인 윌리엄 제임스William James는 견문을 넓히기 위해 동료 미국 의대생 다수와 같은 길을 택했다. 곧 그는 독일로 가서 실제 환자들을 만났다. 강의 기반의 미국 의대는 제공하지 않는 것이었다. 그는 또한 베를린 등지에서 행해지고 있던 신생 학문인 생리심리학을 배웠으며 이로써 그는 현대 뇌과학의 선구자가 될 수 있었다. 헨리 웰컴Henry Wellcome이라는 이름의 다른 미국인은 약물 연구가 약장수의 만병통치약이 아닌 과학을 토대로 할 수 있다는 믿음으로 런던으로 가 세계 최초의 제약사 가운데 하나를 설립했다. 비록 생산은 다른 곳에서 맡았지만, '타블로이드' 알약†이라는 제조 및 판매에서의 혁신은 현대 제약 산업의 탄생을 거들었다.

이과 같은 발전들은 실험에 기반한 것이었으며 더욱 실험적인 과학을 가능케 했다. 또한 의과학을 진전시키려는 시도에 내재한 윤리적 쟁점들을 제기하기도 했다. 미국인과 유럽인 모두 윤리 강령을 작성했다. 1900년에는 미 육군 의사 월터 리드Walter Reed가 쿠바에서 행한 황열병 실험의 일환으로 모기에게 물리는 데 동의한 이들을 위해 오늘날 우리가 '동의서'라 부르는 양식을 만들었다. 서면으로, 서명된 동의를 요구한 역사상 최초의 의학 실험이었다. 같은 해에 프러시아는 매독 실험 추문에 따라 윤리 수칙을 제정했다. 변화는 20세기 초두의 수십 년간 계속되었

† 약물 성분을 압축해 알약 형태로 만든 정제(錠劑)로, '타블로이드'(Tabloid)는 등록 상표이다. 이 상표는 압축을 통해 편의를 높인 것을 가리키는 말로 의미가 확장되어 이후 타블로이드 신문과 같은 용어의 어원이 되었다.

다. 1917년에는 폴란드의 한 의사가 환자들을 함부로 대하는 동료들을 강력히 비판한 『의료윤리』*Medical Ethics*라는 책을 발간했다.[1] 유럽과 미국 각지에서 비슷한 성명·강령·규정이 나왔다.

비윤리적인 결핵 실험들에 대한 신문 보도 이후, 1931년에 독일은 여러모로 당시 전 세계에서 가장 엄격하고 정교했던 독자적 지침을 만들었다. 그러나 두 해 만에 히틀러가 권력을 잡았고 민주주의 독일의 여러 법령은 점차 효력을 잃었다. 제2차 세계대전이 발발하면서 히틀러의 독일은 나치의 전력에 지장을 주는 의학적 문제들을 해결하기 위해 수용소에서 여러 가지 잔인한 실험을 시작했다. 피해자들은 저체온증 치료법을 알아내기 위해 동사당하거나, 저압실에서 질식하거나, 해수만 마시도록 강요받아 중독되거나, 실험적인 조직 이식수술을 받도록 강요당하는 등 갖가지 끔찍한 일을 겪었다. 전쟁의 안개는 편리한 가림막을 제공했다. 나치의 범죄가 밝혀지면서 의사들이 가해자였다는 사실은 충격을 더했다. 독일 의료가 세계에서 가장 선진적이었으며 한때 당대 최고의 윤리 기준을 지녔었다는 점은 이 사실을 더욱더 곤란한 것으로 만들었다.

의사 재판

1946년 말에서 1947년 중반까지, 나치 의사 겸 관료 스물세 명이 독일 뉘른베르크에서 미국이 주도하는 국제 재판에 기소되었다. 이것이 나치의 정치·군사 지도자들에 대한 재판 이후 처음으로 열린 재판이라는 사실은 시사하는 바가 있다.[†] 극악한 실험의 잔혹성을 강조하며, 검찰

측 변호인단 대표 텔퍼드 테일러 장군은 법정 모두 진술에서 "이것은 단순한 살인 사건 재판이 아니"라고 역설했다.[2] 폭넓은 증거를 토대로 쉽게 판결날 듯 보였던 이 재판은 피고 측 변호인이 변론을 펼치면서 보다 복잡한 것으로 드러났다. 수주에 걸친 증언에서 그들은 연합국이나 다른 나라들에서 수행된 인체 실험 사례를 제시하고 그것이 수용소에서 수행된 것들보다 전혀 덜 문제적이지 않다고 주장했다. 그중 하나는 1945년에 『라이프』 지에 사진 에세이로 소개된 것이었다. 백악관의 후원을 받아 일리노이 졸리에트 인근에 위치한 스테이트빌 교도소에서 수감자 수백 명을 대상으로 행해진 말라리아 실험이었다.[3] 실험의 목적은 미국과 동맹국들이 일본 본토를 침공—히로시마와 나가사키에 핵을 투하하자 일본이 항복했기에 실현되지 않은—하기 전에 말라리아에 대한 더 나은 치료법을 찾는 것이었다.

결국 재판관들은 변론이 설득력이 없다고 판단했다. 나치 의사 측 변호인이 언급한 실험 중 일부는 공개된 의학 문헌에 실려 있었지만, 나치는 비난받을 만한 이유로 실험을 가능한 한 비밀에 붙였다. 수용소에서 죽음은 예상된 결과였으며 심지어 많은 경우 의도된 것이었다. 죽지 않은 피해자는 종종 살해당했으며, 때로 그것은 증언을 못 하도록 하기 위해서였다. 또한 나치의 실험과는 달리 말라리아 실험은 상당히 공개적(『라이프』 기사는 정부와 교도소를 옹호하기 위한 정치 선전으로 밝혀졌다)이었을 뿐만 아니라 당시 관례상으로는 자발성 기준을 충족했으며

† 1945~46년에 걸쳐 나치의 정치적·군사적 주요 지도자들에 대한 국제재판이 진행된 뒤 1946년 말부터는 의사, 법관, 사업가 및 앞서의 재판에 기소되지 않은 군 간부 등 주요 인사들에 대한 열두 건의 재판이 열렸다. 본 재판은 연합국의 국제군사재판으로 진행되었으나 이 열두 건은 미국 군사법원이 담당했다.

자격을 갖춘 의사들의 감독을 받았다. 물론 수년 뒤에는 수감자가 일반적으로 실험에 '자원'할 능력이 있는지 역시 논의에 부쳐져, 결국 극히 엄격하고 구체적인 조건에서만 인정될 수 있는 것으로 판명될 터였다.[4]

마침내 법정은 적어도 피고의 일부는 잔인한 죽음과 부상에 책임이 있다는, 이 재판의 진짜 쟁점으로 돌아왔다. 그들 중 일곱은 교수형 판결을 받았다. 재판관들은 또한 인체 실험 수행 규칙을 명확히 할 필요가 있음을 지적했다. 그들은 뉘른베르크 강령으로 알려지게 된 열 개 조항의 윤리 원칙을 판결문에 명시했다. 강령의 첫 문장은 "피험자의 자발적 동의는 절대적으로 필요하다"라고 명시했다.[5] 다른 요건으로는 중요한 실험이어야 한다, 동물실험 등을 통해 얻은 선지식에 기반한 것이어야 한다, 피험자는 언제든 자유로이 실험에서 빠질 수 있어야 한다 등의 요건들이 있다.

'의사 재판'이라고 불리게 된 이 재판이 진행되는 동안 미국 신문에는 관련 소식이 소소하게만 보도되었다.[6] 하지만 전체적으로 볼 때 많은 미국인들과 유럽인들은 두 차례의 재난적인 세계대전으로부터 나아갈 준비가 충분히 되어 있었다. 나치 시기의 교훈이 결코 처음부터 익히기 쉬운 것이었다고는 할 수 없다. 미국 의사들의 경우 수용소 실험은 생각하기도 힘들었고, 뉘른베르크 강령은 대개 불필요해 보였다. 제이 카츠는 자기가 다닌 의대 교수들은 그것이 야만인들에게는 훌륭한 윤리 강령이지만 정통 의과학과는 상관없는 일이라고 생각한다는 반응을 보였다고 회상했다.[7]

오늘날 우리는 이 재판이 미국의 의료윤리에 한 가지 직접적인 영향을 미쳤음을 알고 있다. 피고 측 변호인들이 변론을 펴는 동안, 미국의사협회의 전문가 증인 앤드루 아이비Andrew Ivy는 미국 의료계가 나치 의사들과는 전혀 연결되어 있지 않음을 부각하기 위해 일리노이 주지사 직속 위원회로 하여금 AMA가 협회지 1946년 12호에 작은 글씨로 쓰인 윤리 강령을 채택하도록 주선했다.[8] 몇 달 뒤 아이비는 독일에 돌아가 증인석에서 미국은 그런 강령을 갖고 있다고 증언했다. 이제 막 도입되었다거나 자신이 쓴 것이라고는 밝히지 않았지만 말이다.

스물두 건의 사례

1960년대에 뇌사 기준을 세운 하버드 위원회를 이끌었던 헨리 비처는 제2차 세계대전 복무를 마친 시점에서는 아직 젊은 마취의였다. 미국 육군은 그에게 부헨발트 수용소†에 관한 정보들을 검토해 달라고 요청했다. 당시 기밀로 분류되었던 보고서에서 비처는 이렇게 답했다.

> 병원으로 쓰인 건물 근처에는 병리학 실험실이 있었다. 폐결핵, 폐암, 문신을 새긴 피부 견본이 보였다. 일반적인 박물관용 병에 들어 있었으며 어떻게 봐도 이상한 구석은 없었다. 그럼에도 거기에 관심이 가는 것은, 비의료인에게는 독일 의사들이 얼마나 타락

† 바이마르 근처 숲에 위치한 독일 내 최대 규모 강제수용소로 정치범과 유태인 등이 주로 수감되었다. 독극물·해독제 개발 당시 수용소 수감자들을 대상으로 인체 실험이 행해졌고 적출된 장기가 인근 의대에 실습용으로 제공되었다. 강제 노동에 인력을 차출해 공급하고 노동력을 상실한 수감자는 가스실로 보내거나 독극물을 주사하기도 했다. 종전 직후 소비에트연방 수용소로 활용됐으며, 동독 정부 수립 후 추모 시설이 설립되었다. 1990년 독일 통일 후 기념관이 세워져 역사 교육 현장으로 쓰이고 있다.

했는지를 보여 주는 실례로 여겨질 것이 분명했기 때문이다. ……
이 건물에서는, 살아 있는 인간에 대해 무자비한 실험이 수행되었음이 분명해 보였다. 독일의 저명한 임상의인 딩이 여기서 인체에 티푸스 백신을 접종하고 나중에는 살아 있는 악성 배양균을 주사하는 백신 시험을 했다고 한다. 실험은 실패했다. 한 보고에 따르면 900명이 접종을 받았고 700명이 사망했다. 수치는 다를 수 있다고 해도 기본적인 사실들에는 의문이 없어 보인다.[9]

이후 몇 년에 걸쳐 비처는 인체 실험 윤리에 대한 관심이 깊어졌다. 그는 수용소 실험이 전적으로 독특한 사례라고 생각지 않았다. 1960년대 초, 그는 피험자 활용에 대한 태도가 너무 부주의하다고 에둘러 경고했다. 아마도 어느 시점엔가 대중이 이 쟁점을 의식하는 격변기가 오리라고 직감했을 것이다.[10] 예시 사례들을 갖춘 보다 구체적인 진술이 필요하다고 판단한 그는 『미국의사협회지』에 50건의 비윤리적 실험을 열거한 논문을 제출했다. 협회지는 이를 정중히 반려했다. 이어 그는 『뉴잉글랜드저널오브메디슨』 편집자에게 연락했다. 편집위원회의 반대에도 불구하고 그 편집자는 의학 문헌으로 공개된 것 중 비윤리적인 인체 실험이라고 여겨지는 사례 스물두 건으로 목록을 축소한 논문을 게재 허가했다. 구체적인 출처는 넣지 않았다. 비처와 편집자는 실험을 수행한 이를 지목하는 것은 윤리라는 요점으로부터 주의를 분산시킬 수 있으며 해당 논문의 저자들이 소송을 당하게 만들 수도 있다는 데 동의했다.

비처의 논문은 의학계를 당혹시켰다.[11] 나치의 비윤리적인 실험을 고발하는 것과 의료계의 유명 성원이 동료들을 [비윤리적 실험의 당사자로] 호명하는 것은 전혀 다른 문제였다. 게다가 연구자가 명시되지 않았다고 해도 일부 사례는 쉽게 알아볼 수 있었다. 그중 하나는 쇠약한 고령 환자들을 살아 있는 암세포에 노출시키는 연구였다. 브루클린 유태인만성질환병원에서 이 연구를 이끈 것은 맨해튼에 있는 이름 높은 메모리얼슬론-케터링암센터의 유명 의사 체스터 서덤Chester Southam으로, 그는 면역이 저하된 이들의 면역 체계가 외래 암세포에 어떻게 반응하는지를 알아내려 했다. 환자에게도 그 가족에게도 이 연구의 실체를 알리지 않았다. 뉴욕 주는 의사들 가운데 두 명에게, 의료인을 존경하던 당시에는 전례가 없던 처벌을 내렸다. 처벌은 미약해서 겨우 보호관찰이었다. 그리고 몇 년 뒤 서덤은 큰 암 연구 조직의 대표가 되었다.

1964년에 알려진 브루클린유태인만성질환병원 사례는 새로운 지식을 얻기 위해 허용할 수 있는 [실험의] 한계와 관련된 문제를 잘 보여주었다. 비록 고령 환자들이 아무런 신체적 위해를 입지 않았지만 그들은 동의 없이 실험의 일부가 되는 부당한 취급을 받았다. 병원장은 의료 기록을 공개해야 한다고 탄원하면서 "환자들은 기니피그처럼 사용되었다"라고 말했다.[12] 서덤은 남은 평생 이 연구가 정당했다고 주장했지만 고령 환자들의 몸이 **전적으로** 생리학 실험실로 이용되었음은 부정할 수 없는 사실이다.[13] 기니피그로 사용되었다는 말이 뜻하는 바가 바로 이것이다. 그들은 이 치료에 동의하지도 않았고 그로부터 무언가를 얻지도 않았다. 의료계 안팎의 많은 이들이 의학 실험에서 피험자가 보다 진지하게 존중되어야 한다고 여기기 시작했다. 브루클린 일화는 명백히 비윤리적인 의학 실험의 사례였다. 하지만 비처의 목록에 있는 또 다른 사례는 여전히 열띤 논쟁을 일으킨다.

윌로브룩과 터스키기

1950년대 말, 사울 크루그먼Saul Krugman이라는 뉴욕대학교의 유명한 간염 연구자가 윌로브룩 스쿨과 뉴욕의 스태튼섬에서 임상 연구를 시작했다.[14] 지적·신체적 장애가 있는 아동 수천 명이 수용되어 있는 시설이었던 이 학교†는 수용 아동의 수가 급증해 과밀화되고 생활환경이 열악해진 상황에서, 유행성 간염이 발병해 커다란 곤란을 겪었다. 미군의 지원을 받은 크루그먼은 보통은 단기 질환을 일으키지만 죽음으로 이어지기도 하는 A형 간염을 예방할 방법을 찾기를 바랐다. 그는 일부 아동에게 감염된 아동의 배설물이 포함된 '밀크셰이크'를 줘 고의적으로 바이러스에 노출시켰다. 뉴욕시 언론들이 학교의 상황을 알리면서, 크루그먼의 실험 또한 부모들이 학내에서 자리를 보장받으려면 아이들을 실험에 투입할 수 있도록 동의하라는 압력을 받았다고 주장하는 이들의 비판을 받았다.

비처는 1966년의 폭로 논문에서 크루그먼의 윌로브룩 연구를 스물두 건의 비윤리적 인체 실험 중 하나로 정리했다. 크루그먼은 아이들은 어차피 간염에 감염될 공산이 컸으며, [이 실험으로] 면역을 갖게 될 터였고, 부모들이 동의했으므로 자신의 실험이 부분적으로 정당화될

† 원래 윌로브룩 스쿨은 1938년 장애 아동 및 청소년들을 보호하기 위해 세워졌지만, 제2차 세계대전의 발발로 육군병원으로 사용되다가 1947년 본래의 목적인 장애 복지시설로 변경되었다. 당시 윌로브룩 스쿨은 4000여 명을 수용할 수 있는 미국 최대의 장애 전문 복지시설이자, 아동 재활 치료를 겸한 병원이기도 했으며, 간단한 반복 작업을 가르쳐 주는 직업학교 역할도 했다. 1960년대에 정원을 초과해 6000명 이상의 아동이 수용되는 등의 열악한 처우와 비인도적 아동 인체 실험이 알려지면서 사회적 논란을 일으켰다.

수 있다고 반박했다. 크루그먼은 죽는 날까지 그 실험이 윤리적이었다고 주장했으며 심지어 오늘날에도 그를 옹호하는 이들이 있다. 어떤 면에서 크루그먼은 비처에게 있어 특히 엄청난 상대였다. 비처와 마찬가지로 크루그먼은 자신이 몸담은 분야에 주춧돌을 놓은 중요한 학자였다(A형 간염과 B형간염을 구분해 냈다). 윌로브룩 일화는 또한 인체 실험 윤리에 마찬가지로 중요성을 갖는, '어떤 맥락에서 인체 실험이 행해지는가'라는 보다 큰 질문에 주목하도록 만들었다. 직원들에 의한 신체적·성적 아동 학대를 비롯해 학교의 제도적 환경은 처참했다. 그런 조건하에서는 윤리적인 실험을 수행하는 것이 불가능해진다. 인간의 고통을 예방할 수 있는 지식을 얻을 기회를 얼마나 활용하고 싶건 간에, 어떤 상황들은 윤리적으로 용납할 수 없다.

미국 생명윤리학의 역사에서 인체 실험을 위해 비도덕적인 상황을 악용한 사례로 터스키기 매독 연구만큼 강렬한 것은 없다. 터스키기 실험은 공중보건국이나 의학 연구계에서는 비밀이 아니었다. 1932년부터 1972년까지 40년간 지속되었으며 600명의 아프리카계 미국인 소작농이 직접적으로 연관되었고 그중 399명은 이미 매독에 걸린 상태였으나 미국 정부를 위해 일하는 '전문' 의학연구자 누구도 그들에게 병이 있음을 말해 주지 않았다. 또한 그들은 페니실린이 적절한 치료제로 밝혀진 지 한참이 지난 후에도 페니실린 치료를 받지 못했다. 모두가 "나쁜 피"를 갖고 있으므로 주기적으로 검사를—때로는 척추 천자를—받아야 한다는 말을 듣고 협력하도록 조종당했다. 과장 없이 말해 그들은 인간으로서 존중받기는커녕 아픈 환자로서, 온정주의적 맥락에서, 다뤄지지 못했다. 『뉴욕타임스』가 1972년 7월 26일 자에서 보도한 대로 "인간이 기니피그로 쓰이도록 유도당했다".[15] 피터 벅스턴Peter

Buxton이라는 성매개 질환 연구자가 질병통제센터에 최초로 항의한 뒤 거의 6년이 지난 뒤였다. 결국 그는 언론을 찾아가기로 했다. 대대적인 폭로에 이어 특별 배심원단이 꾸려졌다. 배심원단은 이 실험이 시작부터 비윤리적이었다고 선언하고 즉각적인 종료와 생존자에게 필요한 모든 치료에 착수할 것을 권고했다.[16]

'폭탄선언'이라는 말은 너무 남발되긴 하지만 그것이 터스키기 폭로가 전국을 강타한 방식이었다. 아프리카계 미국인 민권운동에 이어 이 매독 연구는 체계적인 인종차별이 심지어는 의료 제도에도 영향을 미침을, 흑인 노예들에 대한 악명 높은 실험들 이래로 줄곧 그래 왔음을 확인시켰다. 역사가들은 남북전쟁 이전에 남부 의대들은 노예화된 사람을 실험에 이용했음을 보여 줬다.[17] 우리가 몸담고 있는 펜실베이니아대학을 비롯한 몇몇 북부 의대에서 공부한 남부 출신 학생들이 남부로 돌아가 노예화된 사람들을 대상으로 의료 행위를 하기도 했다. 남부의 유명한 부인과의 J. 매리언 심스Marion Sims의 사례가 특히 악랄하다. 남북전쟁 전에 심스는 질 검사—드물게만, 마지못해 행해지는 일이었다—에 쓰는 개선된 검경을 개발하고 출산으로 방광이나 자궁이 찢어진 통증에 대한 외과적 치료법을 개척했다. 그의 첫 환자들은 상대적으로 구하기 쉬운, 그 주인들이 자원한 흑인 노예들이었으며 흑인은 백인에 비해 통증을 덜 느낀다는 이론에 입각해 수술은 마취 없이 행해졌다. 심스는 또한 흑인 아동들에게 실험적인 수술을 하기도 했다. 2018년, 세워진 지 124년 만에 뉴욕 센트럴파크의 심스 동상이 철거되었다.

흔히들 말하는 대로 역사는 긴 그림자를 드리운다. 대부분이 흑인인 필라델피아 홈스버그 교도소에서 20년간 진행된 실험은 1974년까지 계속되었다.[18] 1970년대 초에 이르자 아프리카계 미국인, 수감자, 정신 질환자를 비롯한 취약 인구는 물론 태아나 유전자조작과 관련된 여러 의학 연구가 초당적인 관심을 모았다. 1960년대 말 이후 몇몇 의원은 미국에서 행해지고 있는 인체 실험 관행을 검토할 국가위원회를 요구했다. 터스키기 위원회는 연방 지원을 받아 인체 실험을 하는 모든 연구를 규제할 국가위원회 설립을 요구했다. 의회가 국가 규제위원회를 신설하지는 않았지만, 민주당과 공화당이 함께 법안을 통과시키고 1974년에 퇴임을 한 달 앞둔 닉슨 대통령이 서명함으로써 2장에서 언급한 미국 최초의 생명윤리위원회인 '생의학·행동과학연구인간피험자보호를위한국가위원회'가 설립되었다. 1974년부터 1978년까지의 활동 기간 동안 위원회는 특히 아동이나 수감자와 같은 취약 인구에 관해 영향력 있는 보고서와 권고안을 여럿 제출했다. 이는 이후 [한국의 시행령, 시행규칙에 해당하는] 연방 규정이 되었다.[19]

그에 따라 나온 연방 "공통 규칙"common rule은 실험 계획에 대해 기관 심의위원회institutional review board, IRB — 세계적으로 널리 쓰이는 '연구윤리위원회'research ethics board라는 이름이 더 나을 것이다 — 의 사전 심의와 연구 자원자들의 정보에 기반한 동의를 요구했다(국립보건원 National Institutes of Health 및 일부 병원들은 이미 얼마 전부터 IRB를 도입하였으므로 이것이 완전히 새로운 일은 아니었다). 저명한 암·HIV 연구자인 의사 제롬 그루프먼Jerome Groopman의 말을 빌리자면 "환자를 실험적 치료법이 그들의 삶의 질과 수명에 미치는 극단적인 위험으로부터만이 아니라 또한 동정과 야망이 뒤섞인 감정 상태로 인해 의사의 판단력이 흐려지는 것으로부터도 보호하기 위해, 우리에게는 그런 방비책이 필요하다".[20] IRB 제도를 만들기 전에 수행된 실험들의 실태는 IRB 제도가 얼마나 필요한지를 알려 주었지만, 그 후 수행된 실험들도 문제가 있다는 점은 여전히 이 제도의 개선이 필요함을 보여 준다.

인체 방사선 실험

1994년, 『앨버커키 트리뷴』 지의 에일린 웰섬Eileen Welsome은 제2차 세계대전 도중과 직후에 입원 환자들이 플루토늄 주사를 맞았다는 오랜 소문을 취재해 퓰리처상을 받았다. 그들의 목적은 배설물 검사를 비롯해 체내에 축적된 플루토늄 검출법을 확립하는 것이었다. 노출 대상으로 환자를 택한 것은 원자폭탄을 만드는 프로젝트의 책임자들이 보기에 가장 무난한 선택이었다. 그 실험실 노동자들 역시 우라늄보다 방사능이 훨씬 강한 이 새로운 금속[플루토늄]에 노출되고 있었기 때문이다. 이상해 보이겠지만 이것은 노동자 안전성 실험이었다. 플루토늄 실험은 취약한 미국 시민 18명을 대상으로 연방 정부에 의해 수행되고 수십 년 동안 감춰져 있었다. 이 같은 사실에 놀란 빌 클린턴 행정부 인사들은 이를 대통령에게 보고했다. 전리 방사선을 수반한 다른 실험들 또한 전쟁기부터 1970년대까지 행해진 것으로 알려져 있었다. 클린턴 대통령은 생명윤리학자 루스 페이든Ruth Faden이 이끄는 위원회†를 만들었다. 사실관계를 파악하는 것, 그리고 그런 일이 당시의 규제와 윤리적 기준 안에서도 일어날 수 있을지를 확인하는 것 모두가 위원회의 임무로 주어졌다.

† [원주] 조너선은 1994년부터 1995년까지 활동한 이 인체 방사선 실험 자문 위원회의 일원이었다.

기밀 자료의 신속한 공개를 요구할 수 있는 대통령의 권한을 이용한 18개월간의 빠짐없는 조사를 통해 자문위원회는 정부가 후원한 수없이 많은 방사선 실험을 발견했다.[21] 플루토늄뿐만 아니라 우라늄, 폴로늄, 방사성 동위 원소, 전신 방사선 조사를 주제로 한 연구들도 있었다. 영향을 받은 집단이나 표적이 된 피험자로는 수감자, 군인, 아메리카 원주민, 스페인계 미국인, 아동, 암 환자 등이 있었다. 위원회는 윤리적 문제의 경중에 따라 일부 경우에 대해서는 희생자나 유가족에게 공식적인 사과부터 금전적 보상에 이르는 보상을 권고했다. 플루토늄 주사를 맞은 환자 가운데 방사선 노출로 사망한 이는 없었지만 그들의 몸이 동의 없이 실험용으로 사용되었으므로 보상을 받아야 마땅했다. 우라늄 광산 및 제련소에서 일했던 나바호족은 여러 해 동안 방사선의 위험성을 경고받지 못했고 다수가 폐암으로 이른 죽음을 맞았다. 위험성을 줄이기 위한 비싸지 않은 조치조차 취해지지 않았다. 광산 노동자들은 금전적 보상 대상이 되었다. 위원회는 벨몬트 보고서에 있는 것과 같은 강화된 연구 대상자 보호책이 윤리적 수행을 보장하지는 못한다고 판단했다. 이들은 정부에 연구 보호 제도의 절차와 실제 성과를 철저히 조사할 것을 권고했다.

방사선 실험은 한 가지 측면에서 다른 것들과는 다르다. 이 실험들은 미국 국가 안보라는 기치 아래 벌어졌다. 나치 의사 측 변호인단이 플루토늄 주사에 대해 알았더라면 분명히 변론 자료 목록에 이를 추가했을 것이다. 재판관들이 체계적이고 인종차별적인 죽음 산업과의 그릇된 유비에 놀아나지는 않았겠지만 말이다. 하지만 이를 비롯해 다른 많은 방사선 실험들, 또한 화학 무기 같은 다른 영역에서의 실험들이 국가 안보상의 이유로 합리화되고 정부가 곤란해지는 상황을 막기 위해 감춰졌다는 것은 여전히 사실이다. 국가 안보라는 기치는 여전히 암암리에 비윤리적 인체 실험을 정당화하는 역할을 하고 있다. 이것은 종종 뒤를 비추는 거울을 통해서야 명명백백히 보이게 된다.

과테말라

우리 둘은 모두 역사가 계속해서 현재를 — 심지어 우리로서는 생명윤리학에서는 논의가 끝났다고 생각한 일들을 반복해 — 살아가는 방식을 새삼 생각하게 한 어떤 사례에 관여하게 되었다. 우리가 버락 오바마 대통령의 생명윤리위원회에서 각자 일하고 있던 시기에, 역사학자 수전 리버비Susan Reverby는 위원회 보고서의 자극제가 된 충격적 발견을 보고했다.[22] 앞서 터스키기 매독 실험을 연구한 리버비는 그 후속 작업을 하던 중 1946년부터 1948년까지 과테말라에서 행해진 미국 공중보건국의 실험에 관한 문서들을 발견했다. 과테말라 공무원들과 협력해 수행된 이 실험들은 수감자·성노동자·정신 질환자·군인 등을, 그리고 최소 한 경우에는 심지어 아동 한 명을, 성매개 질환에 노출시켰다. 여기에 관여한 미국 의사들 가운데 한 사람은 이후 터스키기 매독 연구에 참여했다.

과테말라 실험의 목적 중 하나는 페니실린을 비롯한 약물들이 매독이나 임질 혹은 연성하감에 예방 효과가 있는지를 확인하는 것이었다.[23] 당시 과테말라에서는 성매매가 합법이었다. 실험에서는 성노동자들을 임질이나 매독에 고의로 감염시키고, 이들이 수감자들과 콘돔 없이 성관계를 하도록 했다. 하지만 의사들은 연구를 수행하기에는 감염자 수가 너무 적다는 사실을 확인했고, 이에 정신병원 환자, 군인, 수감자 등도 실험에 대거 동원하기로 결정했다. 의사들은 이들의 몸에 주사기로 균을 직접 주입하거나, 성기[나 상처 부위]에 감염 물질을 문질러 감염이 되도록 했다. 종국에는 거의 1500명에 이르는 수많은 피험자가 끌어들여졌다. 결국 이 프로젝트는 전염률 부진 같은 여러 문제에 봉착한 데다, 페니실린의 이점이 분명해지면서, 의사가 페니실린을 사용할 수 있는 곳에서는 실험 결과가 어떻게 나오든 무의미해지게 되었다.

2010년에 이 실험이 알려지면서 미국과 과테말라 양국에 찾아온 충격은 여러 층위에서 설명될 수 있다. 대통령 위원회는 피실험 대상자들이 이 같은 인체 실험에 동의했다는 그 어떤 증거도 찾지 못했는데, 항생제가 듣지 않을 경우 성병 감염이 신체에 장기적으로 어떤 영향을 미칠 것인지에 대해서는 그 누구도 관심을 갖지 않았다. 가난하고, 정신 질환이 있고, 시설에 수용돼 있던 원주민이 많았던 이 개인들은 세계에서 가장 취약한 집단에 속했다. 다른 매우 많은 경우와 마찬가지로 그들은 인간으로서 전혀 존중받지 못한 채 그저 인체 실험에 이용당했다. 주목할 만한 점은 그보다 몇 해 앞서 성노동자를 끌어들이지 않고 인디애나 교도소에서 행해진 비슷한 실험에서는 수감자들이 자원자여야 한다는 요건이 그나마 있었지만, 과테말라에서는 그런 요건도 없었다는 사실이다.

과테말라 연구의 책임자들은 자신들이 당시의 연구 윤리를 어기고 있음을 알았을까? 사실 위원회는 20세기의 실험에 21세기의 윤리를 들이대는 것을 걱정할 필요가 없었다. 실험 문서를 자세히 조사한 위원회는 실험을 책임진 공중보건국 공무원들과 의사들이 연구 윤리를 대수롭지 않게 취급했으며, 그 실험 방식이 미국에서는 용납되지 않을 것임을 명확히 인식했다는 걸 분명히 보여 주는 내부 메모와 신문 기사들을 찾았다. 대중의 반응을 두려워한 그들은 실험을 알리는 것은 전혀 염두에 두지 않았다. 미국 공중보건국 최고위층의 방만한 태도와 사실상의 은폐가 명백했다.

하지만 이들이 다룬 문제는, 성매개 질환이 민간과 군대에서 모두 만연함에 따른, 공중보건에 대한 실질적인 위협이기는 했다. 성매개 질환은 제2차 세계대전 시기 미국 태평양 해군에 특히나 중요한 문제였는데, 당시 국립연구위원회는 한 해에 기갑사단 두 개와 항공모함 열 척에 맞먹는 수백만 명 분의 일간 작업량 손실을 예측했다. 여기서 다시 한번, 국가 안보가 이 실험을 추동한 근거가 되었을 것이다. 특히나 제2차 세계대전 직후 소비에트연방과의 충돌 가능성을 배제할 수 없는 시기였다. 60년 뒤, 과테말라는 미국 대통령이 주권국 대통령에게 그 국민을 비윤리적이고 비난받을 만한 실험에 이용한 데 대해 공식적으로 사과한 최초의 사례가 되었다.

무너지는 대중의 신뢰

아동이나 수감자 등 취약 인구에 관한 특별 요건들을 비롯해 연구 참여자 보호에 대한 국가위원회의 권고안 다수는 연방 규정의 일부가 되었다. 1980년대 초부터 1990년대 말까지 많은 사람이 비윤리적 인체 실험이 넘쳐나던 최악의 시기는 지나갔다고, '정보에 기반한 동의와 윤리심의위원회'라는 제도가 고비를 넘기는 데 도움이 되었다고 생각했다. 그러다, 과학이 우리의 다양한 열망을 현실화하는 과정에서, 우리가 받아들일 수 없는 대가를, 돈보다 윤리적으로 훨씬 더 중요한 무언가를 요구할지도 모른다는 사실이 참담하게 다시 떠올랐다. 1970년대 이후로 많은 기초과학 연구자들과 임상의들은 환자의 세포에서 유전자를 재조합하는 능력을 통해 새로운 종류의 치료법이 나오기를 희망했다. 유전자 치료에 대한 전망과 더불어, 새로운 치료법을 그간 치료가 불가능했던 병들에 적용할 수 있을 것이라는 추상적 희망이 구체화되기 시작했다. 인간 게놈에 대한 이해가 깊어지고 실험실 기법들이 정교해지면서 보다 실질적인 선택지들이 나타났다. 1990년대 말 들어서는, 실험을 통해 임상에서 활용할 수 있는 방법을 찾을 만한 토대가 충분히 마련된 듯 보였다.

한 가지 유전 질환이 유전자 치료 후보로서 펜실베이니아대학교 과학자 및 의사들의 관심을 끌었다. 이 질환을 가진 아동 대부분이 비극적인 결과를 맞았다. OTC결핍증이라 불리는 이 간 질환은 암모니아 대사 능력을 저해한다. OTC결핍증을 가진 아이가 영아기를 넘기는 일은 거의 없지만, 제시 겔싱어라는 한 청년[당시 18세]은 증세가 덜했다. [임상 시험을 통해] 획득된 지식이 아기들에게 도움이 되기를 바란 그는 1999년에 유전자 치료에 자원했다. 겔싱어는 치료 물질로 여겨졌던 것[유전자]을 전달해 DNA를 교정하도록 설계된 바이러스를 간에 주입받았다. 그는 격렬한 면역반응을 겪은 끝에 며칠 후 사망했다. FDA는 겔싱어의 간수치가 임상 시험에 참여해서는 안 될 수준이었으며, 이전 시험에서 피험자들이 겪은 부작용과 원숭이의 폐사 사례를 미리 밝혔어야 한다고 판단했다.[24] 연구자 중 한 사람과 대학이 이 실험적 치료법에 금전적 지분을 갖고 있었다는 천인공노할 사실은 겔싱어의 죽음을 한층 더 비극적으로 만들었다.[25]

제시 겔싱어가 사망하고 두 해가 지나지 않아, 2001년에는 건강한 자원자 한 사람이 존스홉킨스대학교에서 있었던 실험에서 또 목숨을 잃었다. 홉킨스 천식센터의 실험실 기술자였던 스물네 살 엘런 로시는 건강한 사람의 자연 면역 연구를 위해 가벼운 천식을 유도하는 약을 흡입하는 데 동의했다. 기대했던 경미한 반응 대신 로시의 폐는 기능 부전을 일으키기 시작했다. 로시는 몇 주 동안 집중 치료 병동에 있다가 사망했다. 그녀가 사망한 뒤 해당 연구에 개입하지 않은 다른 전문가들은 로시가 흡입한 헥사메토늄이라는 약물이 이미 그 위험성이 알려져 있었다고 결론 내렸다. 그들은 실험진이 FDA 승인이 취소된 상태였던(또한 흡입에 대해서는 승인받은 적도 없는) 해당 약물을 제대로 조사하지 않았다고 비판했으며 정보에 기반한 동의 양식에서도 결함을 발견했다.

이 사례들이 과학에 미친 영향은 엄청났다. 로시 사건 후, 피험자 1만 5000명을 대상으로 진행되던 존스홉킨스대학의 연구는 중단됐다. 겔싱어의 죽음은 유전자 치료 연구에 위기를 불러왔다. 현대 의학 연구에서 돈의 역할을 새로이 검토하게 만들기도 했다. 거대한 의료적 도약은 대개 대학이나 정부의 지원을 받아 기초적인, 임상 이전 단계의 가설을 엄격히 시험하는 과학 연구실에서 시작된다. 이런 초기 단계의 연구는 그 결과가 특허를 받을 수도 있기는 하지만 사기업의 지원을 받는 경우는 훨씬 적다. 이윤 창출에 이르는 길이 멀고 불확실하기 때문이다. 1980년에 초당적으로 입법된 바이-돌 법Bayh-Dole Act은 의료 연구에서 다음과 같이 매우 생산적인 체계가 자리 잡을 수 있도록 하는 핵심적인 동력이 되었다. 즉,26 이 법은 연방 정부 지원을 받은 발명에 대해 대학, 소규모 사업체, 비영리 기구의 소유, 특허 등록, 사용권 판매를 허용함으로써 이 법이 없었더라면 책장에 눌러앉았을 발견들의 상품 개발과 사업화를 독려했다.

새 치료법이 사람에게 안전하게 작용할 것임을 임상 이전 단계의 시험이 시사하더라도, 인간 참여자에게는 일반적으로 3단계 임상 시험 수행이 필요하다. 시험 초기 단계는 안전성과 복용량에, 그다음 순서는 다수 환자에 대한 효능과 부작용에 초점을 맞춘다. 승인 전 최종 연구 — 임상 3상 — 는 대개 수천 명, 적어도 수백 명의 자료를 수집하는 과정을 수반한다. 임상 시험은 비용이 엄청나게 소요되며 상당한 사적·공적 재정 지원이 필요하다. 사기업은 원천 연구보다는 임상 시험을 — 안전하고 효능이 있으며 현재 기준을 상회하면 (또한 FDA 승인을 받으면) 법적인 판매권과 교환하는 조건으로 — 지원하는 경향이 있다. 특허권자는 또한 보통 사업 수익에 지분을 가지므로, 이해 당사자들 — 다수가 금전적 이해 충돌이 있는 — 이 윤리적 기준의 중요성을 과소평가할 위험이 늘 도사리고 있다.

임상 연구의 윤리적 요건들은 안전성 및 효능 승인 획득과 피험자의 정보에 기반한 동의에 중점을 둔다. 학술 연구자들의 동기가 아무리 이후의 임상적 도약으로써 이룰 수 있을 공공선에 있다고 해도 그들은 마땅히 안전성, 효능, 정보에 기반한 동의를 확인하는 엄격한 규제 요건들의 구속을 받는다. 이런 통제를 대중적 지지를 얻을 수 있는 중요한 수단이 아니라 괜한 간섭을 일삼는 관료주의적 장벽으로 취급하는 것은 위험하면서도 어리석은 일일 것이다. 생의학 연구의 상업화에 내재하는 윤리적 긴장이 완전히 해소될 수는 없다고 해도, 규제 요건과 제도적 통제는 이해 충돌을 줄이는 데 도움이 된다. 1990년대 이후로 의료 연구에서 이해 충돌의 여지가 생기거나 실제로 문제가 되는 일을 줄이는 것을 본질적인 목적으로 하여 훨씬 엄격한 제도적 통제가 시행되고 있다.

어떤 이들은 의과학에서 쉽게 결실을 낼 수 있는 시대는 지났다고, 폴리오 백신 같은 획기적 사례들은 거의 시행착오를 통한 것이었으며 대규모 인원을 상대적으로 낮은 비용에 끌어올 수 있었던 덕분이라고 주장한다. 의학적 도약은 대개 많은 시간이 들며 연구 비용은 높아졌다. 그러니 윤리적 기준을 피해 가는 것이 단기적으로 볼 때 금전적으로 이득이 됨은 부정할 수 없다. 연구를 환자 치료로 윤리적으로 옮겨 가는 데 이처럼 엄청난 장벽이 있지만 21세기의 초입은 이미 신약 개발, 혁신적인 생의학 장비 도입, 암의 돌파에 있어 최근 역사에서 가장 생산적인 시기로 판명 났다. 또한 바로 그 엄청난 장벽이 있기에, 부담 없는 비용으로 삶을 향상시키고 생명을 구하는 진보를 가능케 하는 데 의과학·경제학·윤리학은 그 어느 때보다도 더 힘을 모아야 한다.

뉘른베르크 강령이나 벨몬트 보고서와 같은 전환점들이 인체 실험의 윤리적 쟁점들에 새 국면을 연 20세기의 막바지, 겔싱어와 로시의 죽음은 신뢰를 흔들리게 했다. 문제의 상당 부분은 생의학 연구의 재정적 비용과 제도적 복잡성이 급격히 바뀌었으나 제도화된 윤리적 절차들이 이를 따라 잡지 못했다는 데 있었다.[27] 이제는 해결됐을까? 오히려 과제가 훨씬 커졌다. 유전학과 같은 영역의 굉장히 복잡한 이론을 질병 치료로 전환하는 데는 정교한 장비를 사용하며 고도로 훈련받고 전문성을 갖춘 여러 사람들이 관여한다. 이는 비용을 높이는 동시에 모두가 자신의 윤리적 의무를 이해하고 수용함을 확인할 과제를 배가시킨다. 6장에서 새로운 실험적 약물에 접근할 권리에 관한, 이름이 잘못된 '시도할 권리' 법을 두고 논한 대로 빠르고 덜 규제받는 진보에 대한 대중적 요구 또한 훨씬 커졌다. 이 모든 이야기들의 공통분모는, 우리의 과학적 활동

범위가 우리의 도덕적 역량을 초과해서는 결코 안 된다는 점이다.

대중의 신뢰 얻기

열린 사회에서 윤리적 기획으로서 과학에 대한 대중의 신뢰는 지극히 중요하다. 불필요하게 생명을 희생시키고 "과학을 폭주하게 내버려 두는" 것은 용납될 수 없다. 제시 겔싱어의 죽음은 꽤 여러 해 동안 유전자 치료 인체 실험의 열기를 꺾었다. 하지만 10년이 조금 넘게 지나, 현대 유전학을 적용한 한 가지 도약이 전통적인 치료법에는 전혀 반응하지 않았던 말기 암 환자 여럿의 생명을 구했다. 2011년 『뉴잉글랜드저널오브메디슨』에 성공적인 면역 치료 연구 결과가 게재되었다. 이는 (펜실베이니아대학의) 칼 준Carl June이 이끈, 그의 HIV 연구 성과를 포함해 수십 년간 축적된 전 세계의 연구를 토대로 한 것으로, 세간의 주목을 받을 만한 결과였다.[28] 언론을 사로잡을 만한 것이었다. 준은 HIV를 변형해 각 환자의 T세포—면역 체계에 관여하는 일종의 백혈구—DNA를 대체함으로써 암세포를 찾아내고 파괴하는 '키메라'를 만들었다. 이 '키메라 항원 수용체'chimeric anitigen receptor 세포, 즉 CAR-T세포는 우선 환자의 암세포를 죽인 뒤 새로운 암세포를 죽일 수 있도록 감시를 유지한다.

필라델피아아동병원Children's Hospital of Philadelphia, CHOP에서 급성 림프구성 백혈병 환아들을 대상으로 한 임상 시험은 90퍼센트의 성공률을 보였다.[29] 이 시험의 첫 번째 환자, 6세의 에밀리 화이트헤드는 격렬한 면역반응을 겪었다. 당시에는 확실하지 않았지만 에밀리는

'사이토카인 폭풍'을 겪었던 것으로 드러났다. 의사가 이런 상황에서 사용된 적은 한 번도 없었던 토실리주맙tocilizumab이라는 약물을 추가로 시도해 보지 않았더라면 아이의 목숨을 앗아 갔을 수도 있다. 준이 이 약에 대해 알고 있었던 것은 공교롭게도 관절염을 앓던 딸에게서 동일한 표적에 작용한 경험을 했기 때문이다. 의료진은 곧 많은 환자들이 그런 격렬한 반응을 겪는다는 걸 알게 되었고, 따라서 이 약은 성공적인 치료의 필수가 되었다.† 보수적으로 추산해도 FDA의 승인을 받은 CAR-T 치료법은 수만 명에게 이익을 가져다줄 것으로 보인다.

에밀리나 비슷한 상황에 있는 이들은 1960년대 이래로 발전한 다른 치료법들로 혜택을 받지 못한 소수의 소아백혈병 환자에 속한다. 우리가 고등학생이었던 1960년대에는 백혈병 환아의 90퍼센트가 사망했다. 그 후로 수치는 역전되었고, 이제는 90퍼센트가 생존한다. 유전자 치료는 사망률을 0으로 떨어뜨려 미국에서만 매년 600명가량의 생명을 살릴 수 있을지 모른다. 한때 실험적이었던 이 치료법은 승인된 치료법이 되었고, 다국적 제약사 노바티스에서 킴리아Kymriah라는 이름으로 판매되고 있다. 놀랍도록 비싼 가격에 말이다(이 중요한 문제는 뒤에서 다시 다룰 것이다). 또한 더는 실험적인 것이 아니므로, 보험사들은 역시 비싼 골수이식과 마찬가지로 이 약을 보장 범위에 넣는 문제를 고려해야 할 것이다. FDA의 판단대로 이 약은 이전까지는 "엄청나게 파괴적이고 치명적"이었던 질병에 대해 "충족되지 않은 필요"를 명백히

† [원주] 이 글을 쓰고 있는 지금, 에밀리는 암 없이 활기찬 열두 살이 되었다. 다른 수백 명의 환자들도 (면역 체계 유지를 위해 주기적인 수혈을 받으며) 차도를 보고 있다. FDA는 암에 대한 유전자 치료법으로는 최초로 승인을 내주었으며, 이것이 마지막 승인이 될 리는 없을 것이다.

만족시킨다.[30]

윤리적인 인체 실험의 가능성과 난관을 모두 이해하는 데는, 에밀리의 의사가 적기에 토실리주맙을 투여할 수 없었더라면 어떻게 되었을지를 생각해 보는 것이 중요하다. 어쨌든 분초를 다투는 상황에서 개인적으로 내린 판단이었으니 말이다. 준이 말한 대로 "어떤 프로토콜을 적용한 첫 환자가 사망해 아무도 치료되지 않으면 그걸로 끝이다". 열의에 찬 기초과학 연구자, 헌신적인 의사들과 마찬가지로 그는 "잠재적으로 효과 있는 치료법은 있지만 부작용으로 말미암아 충분한 재량을 발휘할" 수 없는 것에 우려를 표한다.[31] 찰리 가드 사례가 보여 주듯, 이와 연관해 고려해야 할 것은 자포자기에 빠진 이들이 좋은 쪽으로 증명된 잠재력은 너무 적으면서 심각한 부작용의 위험은 너무 큰, 과도하게 위험한 실험에 자신 혹은 자신의 아이를 내맡기는 일에 대한 보호책이 반드시 있어야 한다는 점이다. 증명되지 않은 치료법으로 고통만 연장되다가 힘들게 죽는 것이야말로 최악의 부작용일 것이다. 2017년 FDA의 CAR-T 치료법 승인은 생명을 구하는 지식을 진전시키는 윤리적인 경로를 만드는 데 얼마나 많은 것이 필요하며 또한 그로부터 얼마나 많은 것을 얻을 수 있는지를 잘 보여 준다.

CAR-T 치료법 개발 사례는 21세기 의료의 많은 획기적 치료법 개발에 얼마나 큰 대가가 드는지도 잘 보여 준다. 얼마나 많은 재능·협력· 시간·돈이 필요한지에 대한, 또한 생명을 구하는 지식의 진전에 윤리적인 경로를 만듦으로써 얼마나 많은 것을 얻을 수 있는지에 대한, 아직 완료되지 않은 사례연구다. 정당화할 수 있는 대가는 무엇이며 정당화할 수 없는 대가는 무엇인가? 이는 심각한 질병에 대한 새로운 지식을 개발하는 데 있어 피해 갈 수 없는 질문이다.

돈보다 가치 있는 것이 무엇인가 하는 데서 출발해 보자. 윤리적인 인체 실험은 참여자(혹은 동의할 수 없는 이들의 경우 법적 후견인)의 정보에 기반한 동의를 받으며 결코 누구에게라도 (예상되는 이익과 비교해) 불균형한 위험을 부과하지 않을 것이다. 여전히 논란이 되는 것은 증명된 모든 치료법을 다 써 본 말기 환자에 대한, '치료적으로 유망하지만 증명되지 않은 실험에서 무엇이 불균형한 위험인가' 하는 것이다. 혁신적인 생의료과학은 엄청난 비용이 들기에, 진보를 이루려면 반드시 많은 이들이 투자를 해야 한다. 그들 또한 대개 그 성공의 덕을 볼 것이다. 윤리적인 전문가들은 인체 실험에서 어떤 규칙이 자신의 선호에 딱 맞아들지 않는다 해도 FDA와 같은 비당파적 기관이 수립한 규칙들에 맞춰 움직인다. 제약사들 또한 책임을 다해야 한다. 국제 윤리 강령들은 '이익 공유'를 요청한다. 그런 정신에 입각하여 생명을 위협하는 심각한 질병에 대한 임상 시험이 성공한 뒤 참여자들은 그들 혹은 그 의사들이 도움이 되었다고 생각하는 경우 계속해서 해당 제품을 받을 수 있도록 보장받아야 한다. 회사는 연구의 일원이 되는 데 동의한 이들이 다른 방법으로 제품을 구할 있게 될 때까지 시험 이후에도 접근성을 제공해야 할 빚이 있다.

숙의민주주의의 관점은 전문가는 물론 대중에게도 인체 실험의 규칙을 만드는 데 힘을 보탤 것을 요청한다. 이를 통해 시간이 갈수록 윤리와 과학이 함께 진보할 가능성이 커지기 때문이다. 숙의는 생명윤리학적 결정들의 여러 이해 당사자들에 대한 존중을 보여 주는 일인 동시에 의사결정의 질을 제고할 수 있는 길이다. 과학이—공공선을 위해 과학의 혁신을 추구함에 있어 관건이 되는 모든 것을 터놓고—윤리와 당당히 협력할 때, 민주주의는 치명적인 질병에 대한 치료법을 찾는 실험들에서

주의가 과하지도 부족하지도 않을 수 있는 최대의 기회를 갖게 된다. 의과학이 윤리학과 서로를 채워 주며 진보할수록, 두 가지 실수 모두 — 조심이 과하거나 부족하거나 — 가 마찬가지로 치명적일 수 있다는 점이 보다 분명해질 것이다.

죽음의 가능성은 인간의 관심을 끌곤 한다. 이 가능성에 미지의 확률, 열의에 찬 여러 적들, 표적이 될 수 있는 수백만의 보호받지 못하는 아동들이 연관되어 있다면 그들을 보호하기 위해 우리 사회가 무엇을 해야 하는가 하는 문제는 급선무가 된다. 알려져 있는 유일한 보호 수단이 아동에 대한 안전성이나 효능이 시험되지 않은 백신이라면, 이 급선무에는 논란이 더해진다. 2012년 보건복지부 장관 캐슬린 시벨리어스는 오바마 대통령 직속의 생명윤리위원회(앞서 언급했듯 우리 둘이 일했던)에 "무슨 일이 일어나는 경우 우리 아이들을 안전하고 확실하게 지킬 길을 찾을 방안" — "무슨 일"이란 미국에 대한 탄저균 공격을 가리킨다 — 에 대한 "합리적이고 독립적이며 근거에 기반한 조언"을 요청했다.[32] 이론상의 화두가 아니었다. 이미 9·11 테러 몇 주 뒤 탄저균 포자를 담은 봉투를 이용한 공격으로 다섯 명이 사망하고 17명 이상이 감염된 일이 있었다. 피해자는 전부 성인이었지만 만약 아동이 있었다면 어떻게 되었을까? 안전한 성인 탄저병 백신은 있었지만, 성인에게 안전한 투여량을 간단하고 오차 없이 아동에게 안전한 양으로 변환하는 방법은 존재하지 않는다.

이 같은 인체 실험 윤리의 쟁점에는 두 개의 상충하는 진영이 존재한다.[33] 국가 안보 체제는 아동에 대한 탄저병 백신 시험을 서둘러 진행하라는 압박을 가했다. 그렇게 하지 않는다면 탄저병 공격이 일어날 경우 아동들이 죽게 될 것이었다. 많은 아동 권리 옹호자들은 시험의 안전성에 대해 알려진 바가 거의 없는 상태에서는 시험받은 아동들이 상응하는 이익 없이 심각한 부작용 위험에 노출될 것이라고 응수했다. 어떤 아동도 (물론 성인도) 기니피그로 사용되어서는 안 되었다.

유전자 치료와는 달리 이 실험들은 참여자들에게 직접적으로 이익이 될 가능성이 없었다. 탄저병 시험의 경우 참여자들은 어떤 공격도 행해지지 않은 (혹은 그렇게 되리라는 확실한 예측이 없는) 상태에서 시험을 받게 될 것이었다. 널리 받아들여지며 연방 정부에 도입된 기준들에 따르면, 취약한 이들에게 직접적인 이익이 없는 실험을 하는 것은 대개 위험이 최소치[1단계 위험 수준]†인 경우, 거칠게 말해 매일의 생활에서 대부분의 사람들이 합리적이고 일상적으로 감수하는 위험을 넘어서지 않는 경우에만 진행된다. 회피할 수 없는 두 개의 상충하는 질문이 나온다. 실험 참여자에 대한 위험이 1단계 위험 수준을 넘어서지만 참여자 — 특히나 아동인 — 에게 그에 상응하는 이익이 보장되지 않을 때, 인도적인 사회에서 그 위험이 정당화될 수 있는가? 몇몇 아동들에게 탄저병 백신을 시험하는 것이 생명에 대한 위협과는 거리가 멀 때, 인도적인 사회에서 모든 아동을 미래의 치명적인 질병의 공격에 무방비 상태로 내버려 두는 것이 정당화될 수 있는가? 가능하면 언제든, 우리는 많은 아동들을 치명적인 생물학적 공격으로부터 보호하면서도 다수를 보호하기 위해 소수가 균형에 맞지 않는 위험을 감수하는 일로부터 또한 보호하기를 원한다.

과학적 근거와 윤리적 추론이 모두 불어넣어진 폭넓고 공개적인 대중적 숙의를 거쳐 생명윤리위원회는 어느 주요 진영도 제안한 적

† 일반인의 일상생활에서 우연히 발생하는 위험의 수준을 가리킨다.

없는 윤리적인 진행 방식을 권고했다.[34] 우선, 성인에게 안전한 것으로 알려진 백신을 가장 어린 성인들에게 시험한다. 다음으로, 안전성이 확인되면, 가장 나이 많은 미성년자들에게 시험한다. 이번에는 그다음으로 나이 많은 이들에게 시험한다. 이런 점진적인 연령 하향은 시험 과정이 아동들에 대한 백신 시험에 예외적인 윤리 문제를 일으키지 않도록 고안되었다. 어느 단계든 위험이 최소치 이상이 되는 단계가 없을 것이기 때문이다. 험난한 대중적 숙의 속에서 과학이 윤리학과 협력할 때, 정당화할 수 없는 위해로 무고한 이들을 희생시키지 않으면서도 대중을 보호할 새로운 길이 발견된다.

8장

재생산 기술

새로 부모가 되는 이들에게 건강한 아기만큼 중요한 것은 없다. 하지만 그것이 전부는 아니다. 출산 직후 더욱 분명한 특성들을 확인하는 것에 더해 우리는 많은 경우 손가락이나 발가락을 세어 보고 소리를 내서든 속으로든 아이가 '완벽'하다고 말하는 자신을 발견한다. 하지만 완벽이라는 것은 첫눈에 보이는 것보다 훨씬 복잡하다. 타고난 도박사가 아닌 이들에게도 재생산 과정은 본질적으로 뽑기이며, 우리는 이 뽑기에서 무엇이 나오든 사랑하리라고 믿어 의심치 않는다. 어쩌면 놀랍게도, 우리는 실제로 그렇게 한다. 우리는 아이들을 있는 그대로, 그들이 어떤 사람이 될지 미리 세워 둔 어떤 계획에 따라서가 아니라 '완벽한 불완전' 그 자체를, 너무도 사랑한다. 몇 주, 몇 달, 몇 해, 시간이 가면서 부모로서 사랑을 준다는 건 종종 힘들지만, 거의 언제나 무조건적이다. 재생산의 뽑기가 그 시작점이다.

하지만 새로운 재생산 기술들은 이 뽑기의 본질에 도전하고 있다. 현대의 출산 조절 수단들은 재생산에 참여하기를 원치 않는 이들이 보다 쉽고 안전하게 재생산 뽑기에 전혀 참여하지 않을 수 있게 만들었다. 아이들을 기르기에 더 잘 준비되었다는 느낌이 들 때까지 기다려 임신해야 한다고 생각하는 이들에게 또한 현대의 피임은 가치를 헤아릴 수 없는 자유를 준다. 개인 혹은 커플이 뽑기를 하고는 싶지만 여러 가지 이유로 그것이 불가능한 경우에는 — 지난 몇 십 년의 시간이 보여 주었듯 — 실험실에서 난자와 정자를 결합해 낼 수 있다.

1978년 이후로 수백만 명의 아기가 체외수정in vitro fertilization, IVF을 통해 태어났다. '칠면조 베이스터 아기'[†]를 생산하는 인공수정 기술은 아득히 먼 옛날부터 있었지만 체외수정과는 효율을 견줄 수 없으며 부모가 특정 질병을 갖고 있을 경우에는 전혀 효과가 없다. 1978년에 영국 맨체스터 근처에서 루이스 브라운이 태어나자마자, 일부 종교 지도자들은 과학을 통해 태어나는 "프랑켄아기"Frankenbabies의 미래에 우려를 표했다. 브라운의 자서전에 따르면 대부분 축하의 메시지였지만, 그녀의 부모는 혐오 편지도 받았다. 브라운의 궁극적인 특성, 그녀의 미래, 출산 능력에 대한 무지한 억측이 수없이 넘쳐났다. 그중 마지막 문제는 브라운이 첫 아이를 낳음으로써, 옛날 방식대로 생산함으로써

† 칠면조 베이스터(turkey-baster)는 칠면조 구이에 쓰이는 스포이드 형태의 도구로, 한 텔레비전 드라마의 등장인물이 인공수정에 사용한 뒤 성기 결합 없이 질에 정액을 주입하는 방식의 인공수정을 가리키는 말로 흔히 쓰이고 있다.

종결되었다.

루이스 브라운이 태어나고 10년이 채 되지 않아 세간의 관심을 받은 한 양육권 소송은 굉장한 신기술을 끌어들이지 않고도 '누구를 부모로 간주할 것인가'에 관한 관념들이 도전받고 있음을 분명히 상기시켰다. 1985년, 뉴저지에 사는 빌 스턴이라는 한 기혼 남성은 메리 베스 화이트헤드라는 여성과 그의 정액으로 인공수정을 하는 계약, 즉 이후 대리모라 불리게 된 계약을 맺었다. 빌의 부인 벳시는 다발성경화증이 있어 임신하기엔 위험했지만 이렇게 하면 그들의 아기는 둘 중 하나와는 유전적으로 연결될 터였다. 빌이 화이트헤드와 맺은 계약에는 그녀가 출산 후 적절한 시기에 친권을 포기해야 한다는 조건이 있었다. 그렇게 태어난 멜리사 엘리자베스(화이트헤드는 사라 엘리자베스라는 이름을 붙였다)는 태어난 지 사흘 후 스턴에게 보내졌지만 화이트헤드는 이미 그 계약에 대한 마음이 바뀌고 있었다. 망연자실한 화이트헤드는 아기와 함께 시간을 보낼 수 있도록 해주지 않으면 자살하겠다고 협박했다. 그녀가 다칠까 걱정한 스턴 부부는 그렇게 하기로 했다. 하지만 화이트헤드와 그 남편은 아이를 스턴 부부에게 돌려보내지 않고 플로리다로 돌아가 주기적으로 주소를 옮기며 추적을 피했다. 몇 달 뒤 스턴 부부는 화이트헤드의 위치를 알아내 아기를 뉴저지로 데려오기 위한 법적 절차를 밟았다. 이윽고 '아기 M'을 두고 벌어진 양육권 소송은 전국을 경악케 했다.[1] 법적인 계약과 상관없이 화이트헤드가 아기의 진짜 엄마이지 않은가? 그녀는 자유롭고 공정하게 스턴 부부와 계약하지 않았는가? 뉴저지 법원은 극명히 대립하는 윤리적 입장 중 어느 하나를 분명히 택하지는 않았다. 대신 법원은 스턴 부부가 양육권을 갖되 화이트헤드가 면접 교섭권을 부여받는 것이 아이에게 최선의 이익이라고 판결했다.

지금까지도 대리모 계약은 여전한 논란거리이며 많은 주와 나라에서 법적 지위가 불안정하다. 미국의 주법들은 서로 다른 나라의 법들이 그러하듯 서로 매우 다르다. 합법화된 대리모는 '의도된 부모'intended parents†와 유전적으로 연결될 수 있는 건강한 아기를 세계에 데려오는 문제에서 사람들에게 전에 없던 자유를 제공한다. 메리 베스 화이트헤드는 요즘 식으로는 '전통적 대리모'라고 불린다. (빌 스턴이 그런 것과 마찬가지로) 아기와 유전적으로 연결되어 있기 때문이다. '임신 대리모'는 아기와 유전적으로 연결되지는 않지만 의도된 부모를 위해 출산 때까지 배아를 기른다. 적어도 한 건의 임신 대리모 판례, 즉 대리모가 남성 게이 커플의 쌍둥이 아기에 대한 양육권을 청구한 소송에서 2009년 뉴저지 법원은 '아기 M' 판례를 확장해 아기들과 유전적으로 연결되지 않았음에도 임신 대리모가 법적인 어머니라고 판결했다.[2] 이어진 상급심은 결국 양육권은 생물학적 아버지에게 있다고 판결했다. 하지만 관련법의 불안정한 지위와 이런 계약에 관한 도덕적 관점들의 진화하는 성격을 생각하면, 이 결과는 전혀 예상할 수 없는 일이었다.

이제 대리모 계약에는 한 아기를 이 세계에 데려오는 문제에서 누가 무엇을 제공하는지에 관한 가능한 모든 조합이 흔히 반영된다. 많은 남성 게이 커플들은 체외수정을 통해 공여 난자를 수정시키는 데 쓰일 한쪽의 정자를 제공한다. 레즈비언 커플들은 종종 공여자의 신체적 특성에 대한 상당한 정보와 함께 정자은행에서, 혹은 합의가

† '예비 부모' '부모가 되려는 의도를 가진 사람'을 뜻한다. 법적 용어로는 대개 '법적인 부모가 되고자 하는 사람' 정도로 풀이된다. '의뢰 부모'로 옮기기도 하는데, 영어에서는 '의뢰 부모'(commissioning parents)라는 용어가 상업적 대리모 계약(만)을 함의하는 것으로 이해되어 이 용어의 사용을 피하기도 한다.

필요한 사회적 관계를 갖고서 생물학적 부모의 한쪽이 되기를 원하는 친구에게서 정자를 얻는다. 여성이 임신하면 위험할 수 있는 이성애자 커플들은 대개 본인들의 난자와 정자를 이용하는 임신 대리모를 택한다.

미국에서는 전통적 결혼의 거의 절반 정도가 이혼으로 끝나는 것으로 추산되므로, 아동 양육권 분쟁에 대한 공정하면서도 투명한 규칙의 필요성이 새로운 재생산 기술에 특유한 것은 전혀 아니다. 그러나 이 새로운 재생산 기술들은 아동 양육권을 주장할 만한 위치에 있는 당사자 수를 가차 없이 늘린다. 임신 대리모의 경우 잠재적인 청구자로 두 명의 (계약을 맺은) 의도된 부모, 난자 기증자, 정자 기능자, (계약을 맺은) 임신 대리모를 들 수 있다. [임신 대리모와 관련해] 윤리적으로는 다음과 같은 주장이 가능하다. 즉, 당사자 간에 합의된 계약으로 대리모를 옹호하는 것, 임신 대리모를 불공정하게 착취하는 경우에 반대하는 것, 대리모의 존엄에 대한 모욕으로서 무조건적으로 반대하는 것 등을 들 수 있다. 불공정성 주장과 존엄 주장은 공히 대리모 사용 계약 자체에 (조건부로 혹은 무조건적으로) 반대하기에, 둘 중 어느 쪽도 완수된 대리모 계약의 당사자 간 양육권 갈등의 경우에 대해서는 해야 할 바를 명확히 답해 주지 않는다.

미국 내에서나 국제적으로나, 대리모에 대한 윤리적 찬반 주장들은 양육권 분쟁을 해결할 최선의 방법에 대한 합의를 이룰 기미가 거의 없다. 그런 한편 대리모 사용 계약은 줄어들 기미를 보이지 않는다. 대리모 계약에 다툼이 생기면 아동의 안녕이 위기에 처하게 되므로, 아이를 만드는 관계에 진입하기 전에 당사자 모두가 미리 아는 확실한 법적 규칙을 특별히 중요하게 다뤄야 할 이유는 충분하다. 그 규칙들이 근본적인 윤리 갈등을 해결해 줄 가능성은 낮다 해도 말이다. 여기에는 계약보다 훨씬 중요한 것, 아동의 미래의 안녕이 걸려 있다(전통적인 생식과 부모의 이혼에 따른 양육권 분쟁에서도 이는 마찬가지이다). 아동의 기본권을 진지하게 고려한다면 어떤 윤리적 입장에서든 영아가 양육권 분쟁이라는 불안한 상태에 내던져지지 않도록 보호하는 법적 규칙을 수립하는 것이 절대적으로 필요하다. 대리모나 다른 재생산 기술의 윤리와 적법성에 대해 시민들이 깊은 의견차를 보이기에, 대부분의 주에서 이런 윤리적 필요를 충족시키는 것은 힘든 싸움이 되었다.

국경을 넘나드는 임신 대리모 계약이 늘면서 법적 규칙을 적용하는 것은 훨씬 더 어려워졌다. 국경을 넘어 임신 대리모를 고용한 의도된 부모들 일부는 법적으로 인정되는 부모 지위와 그렇게 임신된 아기의 시민권을 확보하기 위한 복잡하고 오래 걸리며 세간의 관심을 받는 싸움을 하게 되었다. 2008년에 인도 — 임신 대리모가 합법인데다 '의료 관광' 사업의 상당한 수입원인 나라 — 에서 임신 대리모를 통해 태어난 쌍둥이 남아들은 무국적자가 되었다. 쌍둥이의 의도된 부모인 발라스 부부는 독일 — 우생학과의 잠재적 연관성 때문에 대리모가 불법인 — 시민권자로 독일에 살고 있었다. 그들이 시민권을 가진 나라이자 거주하는 곳에서, 그들은 쌍둥이의 법적 부모로 인정되지 않았다. 인도는 발라스 부부에게든 그들의 의도된[대리모가 낳은] 아이들에게든 시민권을 부여할 법적 의무도 그럴 의사도 없었다. 인도의 입양법이 발라스 부부가 인도에서 아기들을 입양하지 못하게 막은 것은 상황을 더 악화시켰다. 두 아이는 이렇게 세상에 나왔다. 법적으로 말하자면, 잠재적인 무국적 고아들로서.

법적 소송 끝에 인도 고등법원은 인도주의적 차원에서 아이들에게 인도 시민권을 부여했으며, 정자 제공자인 아버지 발라스를 법적 아버지로 인정하는 한편 임신 대리모가 쌍둥이를 출산했다는 것을 근거로 그녀를 법적 어머니로 인정했다. 그들이 태어나고 2년이 지나, 인도와 독일 양쪽에서의 긴 소송 끝에 발라스 부부는 독일에서 쌍둥이 입양을 허가받았다.[3] 마찬가지로 인도주의적인 차원에서였으며 법적인 선례를 남긴 것은 아니었다. 확실한 법적 선례 없이는, 상충하는 법적 경계를 넘나드는 재생산 계약의 결과는 근본적으로 불확실한 것으로 남는다.

오늘날까지도 임신 대리모에 의해 임신된 아이들은 법적으로 국적이나 부모 없이 태어날 수 있다.[4] 대리모를 불법으로 여기는 나라에 거주하고 있는 의도된 부모가 외국인의 입양을 제한하는 나라에 사는 이에게 임신 대리모를 의뢰한다면 둘 다 없이 태어나게 된다. 여러 나라에 걸치는 대리모 계약을 맺는 이들이 늘어나면서, 법적 부모 지위를 결정함에 있어 가능한 거의 모든 문제들이 현실화되었다. 상수라고는 결과의 불확실성뿐인, 부모에게든 아이에게든 위험한 상황이다. 이 불가피한 충돌들을 다룰 최선책을 두고 여러 나라들이 법적 혹은 문화적 수렴점을 찾을 기미는 전혀 없다. 법학자 야스민 에르가Yasmine Ergas의 말대로, "국제적인 상업 대리모는 계속해서 오직 느슨하게만 규제될 운명인 듯하다". "충돌하는 법적 틀들이 존속될 것"은 거의 분명하다.

그 자체로서의 배아

무언가 수를 쓰지 않으면 임신이 불가능한 커플들에게 뽑기를 할 수 있도록 해준 바로 그 기술들은 뽑기를 '조작'modify할 수도 있게 도울 기반도 제공했다. 체외수정 기술은 재생산 의료의 세계에 빠르게 퍼졌다.

루이스 브라운의 부모와 같은 이들이 성공적인 배아 생산을 위해 엄청난 감정적 투자를 하긴 하지만, 체외수정 그 자체는 분명 친밀감 있는 과정은 아니다. 50년 전까지만 해도, 수정이라는 생물학적 과정조차 인류에게는 미스터리였다. 정자와 난자의 결합 기제 자체는 19세기 말에야 겨우 이해되었다. 실험실에서 만들어진 배아는 이 세계에서 새로운 종류의 존재였다. 이 과정을 통해 독자적인 인간 배아가 자궁 바깥에서 물리적으로 존재하게 된다는 사실은 인류가 한번도 마주한 적 없는 함의와 논란을 불러 온다. 초기 배아를 나중의 착상을 위해 냉동하면, 그 존재는 며칠 정도에 그치지 않고 훨씬 연장될 수 있다.

루이스 브라운이 태어나고 몇 해 뒤, 생명공학이 어떻게 전에 없던 결과를 초래할 수 있는지를 보여 주는 충격적인 사례가 등장했다. 엘사 리오스와 마리오 리오스, 캘리포니아의 한 커플이 칠레에서의 비행기 사고로 유언 없이 사망한 1983년의 일이었다. 호주 멜버른에는 1981년에 만들어 보존해 둔 그들의 배아가 있었다. 법적·윤리적·철학적 질문들이 터져 나왔다. 그들의 냉동 배아 두 개를 어떻게 할 것인가? 누가 그것을 책임져야 하는가? 그것은 재산인가 인간인가? 파괴하거나 의학 실험에 사용하는 것은 잘못된 일인가? 리오스 부부의 배아가 부분적으로 인공수정의 산물임이 밝혀지면서 문제는 훨씬 더 복잡해졌다. 엘사 리오스의 난자는 익명 기증자의 정자로 수정된 것이었고, 이는 부유한 커플의 유산 상속 문제를 일으켰다. 1987년 빅토리아 주 정부는 유산에 대한 권리는 없다고, 하지만 배아들은 해동되어야 하며 생존한다면 (생식 전문가들에게서는 거의 가능성이 없는 것으로 생각되었다) 입양을 원하는 커플에게 기증되어야 한다고 판단했다.[5]

메리 수 데이비스와 주니어 데이비스의 사례를 통해서는 체외수정이 사회에 초래한 복잡한 문제들 가운데 또 하나가 나타났다. 전통적인 방식으로는 임신이 불가능했던 메리 수는 1988년에 수정된 난자 일곱 개를 냉동했다. 이듬해에 주니어가 이혼 소송을 제기했지만, 둘은 배아를 어떻게 할지 합의하지 못했다. 메리 수는 처음에는 스스로 임신하기를, 나중에는 다른 커플에게 기증하기를 원했으나 주니어는 폐기하고 싶어 했다. 일련의 법적 절차가 이어졌고 법원은 처음에는 배아는 인간이며 출산으로 이어지는 것이 그 최선의 이익이라고 판결했다. 하지만 상급심에서는 누구도 강제로 부모가 되어서는 안 된다는 주니어의 주장이 받아들여졌다. 이런 식으로 배아의 지위를 둘러싼 불확실성이 소용돌이쳤다. 배아는 그 인격에 따라 대우받아야 할 인간이었을까, 아니면 어느 한쪽에 귀속되어야 할 재산이었을까. 마침내 1992년 테네시 대법원은 배아는 둘 중 어느 쪽도 아니지만 어떤 중간적인 지위를 가지며 주니어 데이비스는 부모가 되도록 강요받아서는 안 된다고 판결했다.[6] 애리조나주 법이 양육권 분쟁 중인 냉동 배아는 다른 잠재적 부모가 반대하더라도 그 배아로 아이를 낳기를 원하는 쪽에 가야 한다고 명시한 2018년까지는, 이것이 합의된 법적 기준이었다.[7]

멋진 신세계

새로운 재생산 기술이 예비 부모가 어떤 위기나 갈등을 겪는지, 혹은 배아가 어떻게 될지 '신경 쓰지' 않는다는 것은 어느 정도 명백하다. 세간의 이목을 끄는 아동 양육에 관한 법적 분쟁들은, 이 새로운 재생산 기술들이 도덕적으로 위험하다는 일각의 생각을 강화한다. 새로운 재생산 기술이 제기하는 과제들을 어떤 식으로든 축소할 것은 아니지만, 우리는 두 사람 간의 생물학적인 재생산 과정 역시 출산 이후의 일에 대해 '신경 쓰지' 않음을 말해 둘 필요가 있다고 생각한다. 오랜 세월 동안 임신으로 가족이 이뤄지는 일의 규범은 그 생물학적 과정이 누가 아이의 부모가 될지를 정한다는 것이었다. 별거나 이혼 혹은 다른 종류의 이별 — 이것은 새로운 재생산 수단과는 상관없이 익숙한 윤리적 쟁점을 제기한다 — 을 하지 않는 한, 혹은 하기 전까지는 말이다. 새로운 재생산 기술들은 우리로 하여금 부모 지위와 아동의 안녕에 관해 지금껏 대면해 본 적 없는, 지금껏 존재하지 않았던 양식에 속하는 어떤 윤리적 질문과 불확실성과 모호성 등을 의식하게 만든다.

루이스 브라운의 출생, 리오스 부부나 데이비스 부부의 사례, 그리고 보다 최근에는 게이·레즈비언 커플들 사이에서의 체외수정 인구의 증가 등이 '생물학적으로 연결된 아이를 키운다는 목표를 넘어 아이들의 잠재적인 특성들에 대해 인간이 얼마만큼의 통제력을 가져야 하는가' 하는 질문으로 우리를 데려가는 어떤 논의의 기본 배경이 되었다. 실험실에서 배아를 만든다는 것은 그저 난임 문제가 있는 이들이나 게이·레즈비언 커플들이 부모가 될 수 있다는 것만을 뜻하지는 않았다. 또한 그 배아들이 조작의 대상이 될 수 있음을 뜻했다.[8] 고전이자 놀라우리만치 예언적인 올더스 헉슬리Aldous Huxley의 1932년 작 『멋진 신세계』*Brave New World*에 나올 법한 "태아 농장"이나 "부화장"의 이미지를 떠오르게 만드는 것이다.

헉슬리의 이야기에서는 산소를 제거하고 알코올에 노출시킨다고 모호하게 묘사되는 과정을 통해 낮은 계층, 보다 순응적인 계층에게 바람직한 특성들을 조작할 수 있다. 타고난 지도자가 가장 훌륭한 이들끼리 짝지어 주는 플라톤의 이상국가로부터 진화론을 인간 사회에 적용한 사회적 다윈주의자들에 이르기까지 철학자나 생물학자들이 2000년간 상상해 온, 미래 세대의 개선에 관한 사상들을 헉슬리는 잘 알았다. 21세기의 우리는 헉슬리의 멋진 신세계를 나치 식 '인종 개량'이라는 렌즈를 통해 볼 수밖에 없으며, 헉슬리도 자신이 상상한 세계를 디스토피아적인 것으로 묘사했다. 그의 소설은 H. G. 웰스Wells† 를 비롯한 당대 우생학 옹호자들에 대한 풍자적인 응답이었다.

진보주의자들이 지지했던, 생물학에 기반을 둔 사회 프로그램을 결정적으로 살인적 이념으로 바꾼 것은 히틀러의 독일이었다. 하지만 인종주의적이고 이주민 배척주의적이며 자민족 중심적인 우생학의 선구자는 매우 많았으며 그중에는 당시 진보주의자로 여겨지던 미국인들도 있었다. 19세기 말엽, 공중보건에 대한 널리 알려진 위협들(요리사로 고용된 아일랜드 이민자 장티푸스 메리로 상징되는)과 "미국인 유전자 풀pool"의 열화에 대한 우려가 한데 묶인 유독한 조합은 한 세기 뒤의 것과 공명하는 광범위한 반이민자 감정으로 이어졌다. 1901년에 폴란드계 미국인 '아나키스트' 레온 촐고츠가 윌리엄 매킨리 대통령을 암살한 뒤에는 테러리즘도 더해졌다. 1903년에 자유의 여신상 받침에는 엠마 래저러스의 시("나에게 다오, 지친 이들을, 가난한 이들을……")가 붙었지만 의회는 무정부주의자 추방법과 그 뒤를 이어 남유럽·동유럽을 겨냥한 일련의 반이민법을 통과시켰다. 이에 1930년

† 영국의 과학소설가. 대표작으로 『타임머신』(1895), 『투명인간』(1897) 등이 있다. 강압적인 우생학 정책보다는 교육의 필요성을 강조하긴 했지만, 기본적으로 열등한 유전자의 단종 등 우생학적 기획을 지지했다. 『예상』(1902), 『현대의 유토피아』(1905) 등에 이런 사상이 반영돼 있다.

대 이민율은 급락했다.

미국판 우생학이 전적으로 인종주의적인 운동이었다고 할 수는 없다. 후일 가족계획연맹Planned Parenthood으로 불리게 된 조직을 창설한 마거릿 생어Margaret Sanger 등 일부의 주된 관심사는 여성들이 피임을 통해 자신의 재생산 능력을 통제할 수 있도록 하는 것이었다. 빈곤을 피하도록 돕기 위해서였다. "정신적으로 결함이 있는" 이들에 대한 단종 수술을 지지한 이들은 그 대상으로 많은 빈곤 백인도 포함시켰고, 수만 명의 미국인이 단종 수술을 당하는 비극적인 결과를 초래했다. 이렇게 추하고 혐오에 찬 방식으로만 우생학이 유해해질 수 있었던 것은 아니다. '우량아' 선발 대회는 원래는 영아의 건강과 사망률에 대한 관심을 촉구하기 위한 것이었지만 종종 인종이나 민족과 연관 지어지곤 하는 '바람직한' 지적·신체적 특성들의 척도로 변모했다.

가장 강력한 목소리 중 일부는 분명히 인종주의적이었다. 그중 하나로, 영향력이 컸던 책 『위대한 인종의 소멸』*The Passing of the Great Race*의 저자 매디슨 그랜트Madison Grant는 반이민법을 지지하고 흑인과 백인의 결혼에 반대했다. 우월한 것으로 상정된 북유럽계 인종을 보존하기 위해서였다. 우량아 운동의 자문 역을 맡았던 전 하버드 생물학 강사 찰스 대븐포트Charles Davenport는 뉴욕 롱아일랜드의 콜드스프링하버에 우생학기록사무국Eugenics Records Office을 설립했다. 그는 다양한 민족국가 집단들의 사회적 특성들은 그 유전적 구성에서 찾을 수 있다고 주장했으며 나치의 원형 격인 과학자들, 학술지들과 서신을 주고받았다. 대븐포트의 우생학기록사무국 동료 해리 H. 로플린Harry H. Laughlin은 1936년에 나치화된 하이델베르크대학에서 명예학위까지 받았다. 많은 친우생학적 과학자들은 제2차 세계대전을 거치고서도 사회 개선에 대한 자신의 관점을 유지했다. 뜻밖에도 대븐포트나 로플린과 한 무리가 된 올더스 헉슬리의 남동생 줄리언Julian은 1946년에 유네스코, 즉 국제연합 교육과학문화기구 초대 사무총장으로서 "진정으로 과학적인 우생학"에 대한 지지를 표한 바 있다.[9] 대량학살과 인종주의 이데올로기라는, 그 배후의 큰 그림이 인식되기까지는 시간이 걸렸다.

올더스 헉슬리는 제3제국의 국가적 지원을 받는 전면화된 인종주의까지는 예측하지 못했으며 소설을 쓴 당시의 그는 1953년에 제임스 왓슨James Watson과 프랜시스 크릭Francis Crick이 해독한 인간 게놈의 본질을 알지 못했다. 유전학자들은 즉각적으로 게놈의 일부를 삽입하거나 제거하는 일의 함의를 알아차렸고 — 우생학적 목적에서가 아니라 생물체의 기초적인 화학 작용을 이해하기 위해 — 그 방법을 찾는 데 착수했다. 1970년대 초 목적지가 가까워지면서, 인간 재생산에 새로운 유전학을 적용하는 것에 대해 엄청나게 다른 관점을 가진 두 신학자 사이에 논의가 촉발되었다. 그 논의는 오늘날에도 놀라우리만치 들어맞는다.

논의의 한쪽에는 조지프 플레처Joseph Fletcher가 있었다. 전 감독교회 목사이자 자칭 인본주의자로, 어떤 이들에게는 행복하고 건강하며 성공적인 삶을, 다른 어떤 이들에게는 고통과 병과 실패를 운명 지우는 "재생산 룰렛"으로부터 인간이 역사상 최초로 해방될 수 있을 가능성을 그는 솔직하게 찬탄했다. 1974년 저서 『유전자 통제의 윤리』*The Ethics of Genetic Control*는 예비 부모가 취할 법한 거의 모든 "개선" 수단에 대한 옹호론이다.[10] 이 제목은 그가 너무도 싫어하는 인물이자 반론 대상인 프린스턴대학의 신학자 폴 램지Paul Ramsey를 향한 노골적인 도발이었다. 램지가 1970년에 낸 책에는 『만들어진 인간: 유전자 통제의 윤리』*Fabricated Man: The Ethics of Genetic Control*라는 제목이 붙어 있다.[11] 정자은행이나 인간의 선별 번식 전망을 포함해 재생산 의료라는 새 영토를 조망함에 있어 램지는 분명 플레처보다 덜 열광적이다. 하지만 양쪽 다 오늘날까지도 과학에 열광하는 이들과 과학에 회의적인 이들 사이에 유지되고 있는, 완전히 반대되는 두 입장을 놀라우리만치 선취한 선구자들이다. 아무리 상반된다 해도 그 관점들이 정확히 정치적 좌우로 나뉘지는 않는다. 어떤 자유주의자들은 이미 특권을 가진 이들이 아이들에게 테니스 레슨을 시키고 신탁 자금을 물려주는 것 이상으로 혜택을 누리게 될 것을 우려한다. 반면 어떤 보수주의자들은 부모의 바람에 제3자가 개입하는 것을 비판하는 자유지상주의자들과 자신을 동일시하는 경우도 있다.

우생학에 대한 역사적 고찰에서 정부의 역할은 중요하게 다뤄야 할 배경 요소이다. 제2차 세계대전 이전의 다양한 소위 인종 개량 운동의 핵심 요소는 국가 당국의 지원이었으며, 그중 하나로 비자발적 단종 수술을 국가가 시행할 수 있도록 한 법을 들 수 있다. 이것은 특정한 이들의 재생산을 예방하는 한편 다른 이들에게는 또한 재생산을 장려하는 상의하달 식 정책이었다. 하지만 이 같은 국가의 정책 결정이 우생학을 비판하기 위한 충분조건이라 하더라도, 국가권력이 우생학 비판의 필요조건인 것은 아니다. '소비자 우생학'이라고 부를 수 있을 만한 무언가는 국가 역할의 도덕적 중요성을 시험대에 올린다. 사람들이 그저 스스로, 특정한 자질이 있거나 없는 아기를 가지기로 혹은 이를 위해 노력하기로 한다면 어떻게 되는가? 이것은 아이를 갖는 데 국가가 조건을 부과하는 경우보다 도덕적으로 우월하고 받아들일 만한가? 차별적인 문화적 편견과 모순되지 않고 화해하기 위해서는 이 같은 관점에 상당히 엄격한 조건의 부과될 것이다.

국가에 기반한 것이든 소비자에 기반한 것이든, 과학과 현실은 우생학에 점점 더 우호적이지 않게 되어 가고 있다. 우생주의자들은 지성과 같이 복잡하고 다차원적인 특성을 식별할 수 있고 물려줄 수 있는 유전자와 간단히 연결 짓지만 이는 허상에 지나지 않는다. 과학 기자 칼 짐머Carl Zimmer는 이렇게 말한다.

> 20세기가 시작될 무렵, 과학자들은 **대물림**이라는 말을 유전자에 국한해 쓰게 되었다.† 머지않아 이 좁은 정의는 유전학 실험실 훨씬 너머로 영향력을 펼쳤다. 그것은 대물림이라는 우리의 가장 개인적인 경험 위에 그늘을 드리우고 있다. 우리로서는 유전자라는 새로운 언어에 대물림의 오랜 전통을 슬쩍 밀어 넣으려는[예컨대 자산을 물려주듯 단순히 유전자가 아니라 구체적인 성격을 물려주는 것으로, 혹은 우리의 가능성을 선조의 업적을 통해 설명하려 해왔듯 유전이 우리의 미래를 설명해 줄 것으로 상상하는] 시도를 멈출 줄 모르지만 말이다.[12]

지성, 신체적 강함, 미, 혹은 큰 키처럼 커플이 자신들의 아이에게 물려주고 싶어 할 만한 자질들은 수도사 그레고어 멘델의 유전학에 등장하는 단순한 색색의 콩깍지보다 훨씬 복잡하다. 이것들은 수백 가지 유전자와 환경적 유발 요인들이 섬세하게 상호작용한 결과물이다. 그러므로 유전

† 여기서 대물림으로 옮긴 영어 단어 heredity는 과정으로서의 유전, 유전되는 형질 등을 가리키며 또한 상속·계승·전통 등을 뜻하기도 한다.

은 바라는 특정 자질'에 대한 유전자' 문제가 아니다. 유전학이 실제로 어떻게 작동하는지에 대한 약간의 지식이 위험하고 잔인하고 부작용만 내는 정치를 예방하는 데 도움이 될 수 있다.

많은 이들에게는 남성 혹은 여성이라는 성별을 토대로 배아를 선별하거나 심지어는 태아를 유산시키는 것이 받아들여지지 않지만, 어떤 문화들에서, 특히 고령의 부모를 위해 수입을 제공할 가능성이 크고 결혼에 지참금이 필요하지 않은 남아에 가치를 두는 문화권에서 커플에게 이미 딸이 한 명 이상 있을 때 남아를 생산하는 '가족 균형 잡기'는 바람직한 것으로 여겨진다. 성별 선택은 우생학으로 분류되는 문제는 아니지만 그렇다고 해서 우리가 이를 비롯해 많은 이들이 불편하게 여기는 예비 부모의 결정들과 직면하지 않아도 되는 것은 아니다. 예를 들어, 양쪽 다 연골무형성증이라는 일종의 왜소증을 가진 일부 커플들은 자신들의 공동체에서 편안함을 느낄 수 있는 아이를 갖고 싶어 한다.[13] 일부 농聾문화 옹호자들이 청각장애를 기술적 수단으로 교정해야 할 것으로 보지 않는 것과 마찬가지로 말이다.

어떤 흔치 않은 선택들—작은 키나 청각장애 같은—은 아이의 최선의 이익을 무시하는 것이므로 부모의 바람에 반해 차단되어야 하는가? 출산 전에 아동 방임 개념을 적용하는 것도 논란거리일 테지만, 수정이 되지도 않은 시점에 적용하기는 훨씬 어렵다. 어쨌거나 장애가 있는 이들에게 어떤 유형의 아이를 가져야 한다 말하지 않아야 할 깊은 철학적 이유들이 있다. 건물에 경사로와 엘리베이터를 설치하고 반차별 정책을 시행하는 경우와 같이, '장애'는 애초에 종종 우리의 집단적 통제권 내 상황에 따라 달라지는 상대적 판단이기도 하다. 모두에게 공통의 삶에 참여할 합당한 기회를 제공해야 함을 현대사회는 이미 잘 알고 있다.

20세기 말이 되어 권위주의적 우생학은 대체로 과거지사가 되고, 자그마한 소비자 우생학 산업이 제 몸집 이상으로 대중을 매료하기 시작했다. 정자 공여 산업은 젊은 고학력 남성들의 정액을 제공했다. 그들의 각진 턱은 어떤 유형이 바람직하게 여겨지는지를 잘 말해준다. 커플들은 특정한 특성을 가진 난자 공여자, 특히 키가 크고 아이비리그 출신인 여성을 찾는 광고를 했다. 인종적 선호가 있는 경우도 많다. 예컨대 유대인이나 한국인 난자를 구하는 광고를 쉽게 찾을 수 있다. 정자를 제공할 남성이나 난자를 제공할 여성을 선택해 유전적으로 이어진 아이를 가질 수 있게 해주는 보조 생식에 관심을 갖는 LGBTQ(레즈비언, 게이, 바이섹슈얼, 트랜스젠더, 퀴어/퀘스처닝) 커플이 늘고 있다. 이 커플들 역시 바라는 특정 특성을 토대로 공여자를 선택할 수 있다.

결혼 생각이 있는 싱글들이 온라인상에 원하는 데이트 상대에 대한 세세한 선호 사항을 게시하는 것은 이제 흔한 일이다. 난임 커플들이 자식에게서 자신들이 바라는 특성을 추구하는 것은 이와 그리 멀지 않다. 배우자나 아이에게서 구체적인 특성들을 적극적으로 추구하는 것에 우리가 품는 모든 의혹은 생식 목적으로 짝을 고르는 선택적 짝짓기라는 오래된 관습에 대한 우리의 태도와 맞춰져야 한다. 온라인과 소셜미디어 광고는 새로운 생식 기술들과 결합되어 이런 선택들에 상당한 정밀성과 공지성을 더했다. 데이트 사이트에 쉽게 DNA 프로필을 게시할 수 있으며 이는 예비 짝들이 외모를 보고 판단하는 것에 비해 훨씬 과학에 기반했다는 느낌이 드는 방식으로 유전적 잠재력을 평가할 수 있게 해준다.

조지프 플레처가 유전자 룰렛이라고 부른 것이 곧 끝나게 되리라는 전망은 어떤 이들로 하여금 '어떤 눈이 나오든 우리는 유전자 주사위를 굴린 결과를 사랑하고 아낄 것이다'라는 부모 됨에 대한 우리의 가장 익숙한 기대에 그것이 미칠 영향을 우려하게 만들었다. 만약 주문한 대로 생산되지 않는다면 어떻게 될 것인가? 인간의 특성 가운데 단일 유전자로 제어할 수 있을 만큼 유전적으로 간단한 것은 거의 없다. 압도적으로 다수의 특성들, 특히 지능이나 성격과 관련된 특성들은 관리하기에는 너무 복잡할지도 모르며 가까운 미래에는 확실히 관리할 수 없을, 유전자와 환경이 섬세하게 상호작용한 결과물이다. '맞춤 아기'가 사실상 불가능할 것임을 염두에 두고, 우리는 어떤 기대된 등급을 맞추지 못한 어린이들이 받게 될 정신적 피해를 진지하게 고민해야 한다. 사랑받지 못하거나 방치되거나 혹은 학대받는 아동의 수는 이미 너무도 많다. 그들의 이력이 전통적인 재생산을 통해 태어난 아동들의 이력에 비해 나쁘게 작용하는지를 알기에는 이 영역에 대한 경험이 부족하다. '자연의 뽑기'에 거는 부모의 기대 역시 비현실적일지도 모른다.

가까운 미래에 모든 인간 재생산에 제시될 수 있을 가장 정확한 '경고' 표시는 바로 이것이다. "당신의 행위에 따른 결과는 대부분 재생산 뽑기에 달려 있을 것입니다." 이는 아이를 임신하는 전통적인 수단들에나 기술적으로 정교한 수단들에 모두 통하는 사실이다. 재생산 결과의 자그마한 부분에 어떤 영향을 미칠 예비 부모들의 여러 선택에 대해서도 마찬가지이다.

재생산 뽑기는 수학적인 의미로 말하자면 결코 무작위는 아니다. '맞춤 아기' 논의에서는 흔히 전통적인 재생산으로 이어지는 전통적인 짝짓기 방식이 무작위와는 거리가 멀었다는 사실은 간과된다. 미래의 배우자를 찾기 위한 상세한 온라인 설문을 갖춘, 목표가 정확한 온라인 앱이 발명되기 전부터도 커플들은 선택적으로 만나고 짝을 맺었다. 가족의 긴밀한 사회적 네트워크를 활용한 중매결혼이든 낭만적인 끌림을 전제로 한 현대적인 결혼이든, 오랜 세월 동안 예비 배우자들 대부분은 의식적으로든 아니든 사회적 배경이 비슷한 이들 가운데서 자신의 짝을 찾았다. 전통적으로는 짝들이 이후 재생산 결과에는 아무런 통제력을 행사하지 못했다는 것이 차이점이다. 그것이 소위 유전자 뽑기이다. 전통적으로 임신된 경우에 비해 새로운 재생산 기술로 임신된 아동들이 덜 사랑받는다는 증거는 없다. 새로운 재생산 기술을 통해 세계에 들여진 아이들이 적어도 다른 아이들만큼 간절한 바람 속에 태어났음을 생각하면, 이 아이들 대부분이 사실 앞으로도 행복하지 않을까 한다.

아기를 만드는 이런 새로운 방식들에 관한 예상치 못한 사회적 파장들은 계속해서 숙고할 것이다. 새로운 생식 기술들의 비전통적이거나 비자연적인 본성으로부터 그것들이 비윤리적이라거나 또는 이 기술들을 통해 태어난 아이들이 덜 깊이 사랑받는다거나 조금이라도 덜 보살핌받는다는 결론을 도출할 선험적 근거란 존재하지 않음을 말하는 것으로 시작해 보자. 그렇다고는 해도 체외수정의 등장 이래로, 실은 피임약의 출현 이래로 섹스와 재생산이 남녀 간 일부일처 식 관계에서 분리된 것의 사회적 함의는 줄곧 진지하게 숙고해야 할 문제였다. 생명윤리학자 레온 카스Leon Kass는 선진국에서 전통적인 우애와 가족관계가 멸종한 것을 애도한 바 있다.[14] 그는 이 거대한 사회 변화가 현대 재생산 기술들에 의해 더 흔해질 것으로 (아무리 못해도 강화될 것으로) 본다. 이런 관점에서 핵가족이란 낭만적 사랑을 토대로 하며 결혼은 소중하고 섬세한 제도이다. 카스는 아리스토텔레스로 거슬러 올라가는 소위 '자연법' 전통을 확장한 관점을 지닌 법률 이론가 로버트 조지Robert George[15]와 마찬가지로 사회적 보수주의자이기도 하다.

현대화된 신자연법New Natural Law은 사랑, 성, 재생산에 관한 것들을 비롯한 가장 근본적인 도덕적 가치들이 인간이 만든 법보다 앞선다고 주장한다. 이 근본적 가치들은 한편으로는 자연적으로 만들어진 인간의 감정 능력과 신체 기관, 또 한편으로는 이성으로 인식할 수 있는 윤리적 수칙을 참조해 도출된다. 신자연법은 "배우자끼리는 오직, 새로운 인간 생명을 이 세계에 들이는 선을 행하라고 명받은 성교[성행위 — 인용자]를 통해서만 육체적으로 결합한다"고 주장한다.[16] "유기적인 육체적 결합인 성교를 통해 확정되고 완성되는" 결혼은 또한 진정한 (인간 대 인간의) 사랑을 특유하게 포착하는 일로 언명된다.[17]

> 결혼은 가족생활을 명받는다. 배우자들이 사랑을 나누고 또한 새 생명을 만드는 이 행위, 다름 아닌 바로 이 행위가 결혼을 확정하며 또한 아이를 낳기 때문이다. 그렇기에 결혼만이 정신과 몸의 애정 어린 결합이며, 이는 전적으로 새로운 인간의 생식 — 과 양육 — 을 통해 완수된다.[18]

이런 팬데믹에서라면 저 전통적인 '자연적' 체제를 파열하는 것은 뭐가 됐든 '남자, 여자, 그 아이'로 구성되는 전통적 가족을 비롯해 저 체제에 달린 소중한 사회제도들을 약화시키는 것이다. 이런 입장을 날카롭게 비판하며 정치이론가 스티븐 마세도Stephen Macedo는 그 핵심을 정확히 짚어 낸다. "[출산으로 이어지는] 성교 없이는, 결혼도 없다."[19]

신자연법은 인간 성기의 구조와 기능으로부터 논리도 윤리도 모두 거스르는 결론을 도출한다. 그것은 애정 어린 부모가 되기 위한 대리모 계약과 같은 재생산 계약을 이용하는 것은 물론, LGBTQ인 이들이 성관계를 맺는 것을 비자연적인 것, 따라서 비윤리적인 것으로 묘사함으로써 성적 지향과 선호에 관한 사람들 사이의 존중할 만한 차이를 깎아내린다. 자연법 분석은 또한 한때 인종 간 결혼이 비자연적이라는 이유로 이에 대한 반대를 정당화했다. 더욱이 고래로 사람들은 자연법이 제시하는 모습에 비해 삶의 의미를 찾고 또 만드는 데 훨씬 더 융통성 있으며 다채롭다. 수천 년이 넘도록 자연법의 전형을 따르지 않고 형성된 많은 가족들이 번성했다. 사촌 간 결혼은 많은 문화 전통에서 여전히 흔하다. 새로운 재생산 기술들은 LGBTQ 부모들에게 사랑하고 보살필 아이들을 임신하고 기를 새로운 자유를 제공했다. 그 자유와 함께, 사랑을 쏟는 동성 부모로 구성된 새로운 가족 형태들이 그 어느 때보다 일반적—또한 공개적—이 되고 있다.

미래를 기억하라

재생산에 관한 결정에 따라 임신되거나 되지 않을 특수한 개인들은 그 결정 과정에는 물론 부재한다. 단지 그들이 아직 존재하지 않기 때문만은 아니다. 생기기 전까지는 그들이 누가 될지 알 수 없으며 수없이 많은 우연이 우리의 생식을 통해 존재하게 될 구체적인 자아를 바꾸어 놓기 때문이기도 하다. 이는 미래 사람들과 세대들에 대한 우리의 책임이 구체적인 미래의 개인들에 대한 의무라는 개념을 넘어섬을 뜻한다. 집단으로서 우리가 구체적으로 누구인지를 알지 못하는 미래의 사람들, 세대들의 안녕에 마음을 쓸 때 우리는 거시적인 규모에서의 인간 재생산 뽑기에 잘 들어맞는 윤리적 감수성을 공유한다. 어떤 의미에서 이것은 '우주적인' 감수성이다. 어떤 이가 되건 미래의 아이들, 사람들, 세대들은 미래에 대한 우리 책임의 대상이다. 그들에게 건강한 삶을 살 기회를 적어도 우리만큼은 보장하려고 노력하는 것이 의미있는 출발점이 될 수 있을 것이다.

책임 윤리란, 미래의 사람들과 다음 세대를 배려하는 것으로, [이 같은 배려는] 우리가 알고 있는 미래의 사람들에게만 국한될 필요는 없다. 제대로 된 사회라면 미래 세대의 안녕에 대한 그와 같은 전제를 두고 움직인다. 우리의 윤리적 의무는 어떤 이가 태어나든 그의 미래가 건강할 수 있도록 만드는 방향으로 향하는 것이라고 볼 수 있다. 미래를 향한 우리의 윤리적 행위들은 이런 점에서 우리가 삶의 재생산 뽑기에 다가가는 방식과 비슷하다. 우리는 아마, 아무리 신중하고 사려 깊게 계획해 행동한다 해도 미래에 그 덕을 보게 될 이들의 성격을 미리 정하지는 못할 것이다. 하지만 그들이 누가 되든 삶의 기회가 적어도 우리만큼은 좋도록 보장하기 위해 우리 몫을 해야 한다.

미래 세대의 안녕에 책임이 있다는 생각을 부정하는 사회는 없다. 부분적으로는 한 세대와 다음 세대 사이에 분명한 선이 없기 때문이다. 대부분의 사람들은 자손에게 괜찮은 삶을 보장해 주는 데 마음을 쓴다.

재생산 뽑기의 본질상 이 배려caring라는 것이 가족적이기는 해도 아직 생기지 않은 세대들을 향한 것이므로 이것은 특정한 개인들을 향한 의무는 아니다. 우리는 이것을 미래 세대들을 향하는 책임감으로서, 또한 선행을 통해 우리의 안녕에 기여한 현재와 과거의 수많은 실제 타자들에 대한 우리의 의무로서 옹호할 수 있다. 우리보다 먼저 왔던 이들에게 우리가 진 빚을 인정하는 이런 미래지향적인 방식은 흔히 "다음 사람에게 갚으라"pay it forward라는 격언을 길잡이로 삼는다.

구체적으로 누가 될지 모르는 미래의 사람들에게 무언가 주겠다는 이 깊은 도덕적 책임감과 일맥상통하는 중요한 사회적 기획들이 여럿 있다. 어떤 경작 방식들은 수십 년, 심지어는 수백 년에 걸쳐 미래 세대들에게 혜택을 주도록 구상된다. 어떤 위대한 건축 프로젝트들은 완성까지 수십 년이 걸린다. 많은 성당들은 완공되기까지 대를 잇는 엄청난 헌신을 요한다. 1882년에 착공한 바르셀로나의 사그라다 파밀리아 성당은 설계 책임자 안토니오 가우디의 사망 100주년이 되는 2026년에야 완공될 것으로 예상된다. 경탄스러운 일이다. 구체적으로 어떤 사람이 미래에 거할지는 그 누구도 알지 못한다는 사실에도 불구하고 누가 됐든 미래의 사람들, 세대들에게 돌아갈 득을 위해 우리 몫을 하고 싶을 수 있을 것이다. 이런 기획들은 바로 이런 생각을 좇아 펼쳐진다.

질병 예방

이런 일반적인 견해 이상으로 미래의 개인들, 세대들에 대한 우리의 책임에 대해 보다 구체적으로 말할 수 있을까? 대체로 논란의 여지가 적으며 가장 심각하고 생명을 위협하는 문제들로부터 신생아들을 보호해주는—재생산 뽑기의 결과로 그런 문제가 일어나지 않게 해주는—최소한의 조건을 구체화하는 것으로 시작해 보자. 예컨대 신생아들은 심각한 질환에 대한 선별검사를 받아야 한다. 선별검사 과정은 반드시 위험이 없거나 매우 적어야 하는데, 이를 통해 일반적으로 심각한 위험을 부과하는 것으로 여겨지는 특정 질병들을 찾을 수 있다. 그리고 해당 질병의 유해한 영향을 없애거나 크게 줄일 수 있는 조치가 마련되어야 한다. 현행 정책들은 대개 이런 지침을 따른다. 미국의 모든 주들이 이 기준에 따라 통례적으로 모든 신생아를 검사한다. 주마다 정책이 다르기는 하지만 대부분은 페닐케톤뇨증, 낭포성섬유증, 겸상적혈구 질환, 청각 손상, 선천성 심장 질환 등을 비롯한 수십 개의 질병을 검사한다. 피 몇 방울만 있으면 된다.

통상적인 신생아 검사는 다른 형태의 유전자를 제거하는 것이 아니라 치료할 수 있는 이상을 찾는 것이 목적이므로 어떤 의미에서도 우생학의 정의에 부합하지는 않는다. 청각 손상이 있는 일부 부모는 유전적 농 검사가 일종의 차별이라고 항의할 수도 있지만, 그들의 아이가 잘 자랄 최상의 환경을 만들어야 한다는 데 반대하는 사람은 찾기 힘들다. 그러므로 정부가 관여한다고 해도 신생아 선별검사를 제공하는 국가 제도는 우생학으로 간주되지 않으며 미래의 개인들에 대한 의무에 속한다.

의학적 이유에 따른 산전 검사를 논외로 하면, 우리가 소비자 우생학이라 칭했던 것은 특정 특성들에 대한 체계적 선택의 양상을 띠며 이는 역사의 오점을 반복하는 일이 될 수 있다. 단, 많은 커플이 공격적인 태세로 아이의 유전학적 미래를 세세하게 빚어내기로 — 유전자가 상호 작용하고 환경의 영향을 받는 방식들의 실상을 생각하면 그들이 실망하게 될 것이 분명한 계획이다 — 한다 해도 인간은 다가올 수 세기 동안 이 종에 유전자 변화가 널리 퍼질 만큼 충분히 많이 재생산하지 않는다. 곤충과 같이 급속히 번식하는 종은 다르다. 일부 모기들의 재생산 주기는 유전자가 모기 수백만 마리에게 퍼져 나가도록 할 수 있다. 그러므로 말라리아 같은 질병을 퍼뜨리지 못하도록 불임을 유발하려는 등의 발상은 흥미를 끌만 하지만, 생태계에는 미지의 위험부담을 가한다. 생물에 대해 기초과학적 지식이 늘어 갈수록 '완벽한 아기'라는 오랜 관념의 한계에 대한 지식도 늘어간다. 이와 동시에 새로운 유전자 기술들은 유전을 관장하는 단백질을 수정할, 전에 없이 정밀하고 효율적인 방식들을 제시하고 있다.

미래의 아동들에게서 질병을 예방하는 것이 우생학의 유해한 한 형태라고는 전혀 할 수 없다. 하지만 인간 배아의 유전자를 바꾸는 것은 — 특히 유전될 수 있는 경우 — 체외수정을 통해 가능해진, 곧 현실화될 일련의 질병예방적 재생산 기술에 속한다. 이 기술들의 함의는 생명윤리학적으로 진지하게 숙고해 봐야 한다. 전통을 꺾은 의료 기술과 그를 통해 무엇을 얻을 수 있는가 하는 문제가 한데 얽혀 국제적으로 강렬한 생명윤리학 논쟁을 불러일으킨 바 있는 미토콘드리아 대체 요법 mitochondrial replacement therapy, MRT이 좋은 예다. 미토콘드리아 대체 요법을 통해 여성 배아에서 그 유전이 한 번 방지되면 모든 여성 자손의 유전자 일부가 영원히 바뀌게 된다. 또한 MRT에는 세 명의 생물학적 부모가 관여된다. 후대까지 이어지는 변화를 일으키는 기술과 '세 배아 부모'라는 관념이 만나게 되는 것이므로, 미토콘드리아 대체 요법에

기대할 수 있을 만한 이득이 과연 그럴 만한 가치가 있을지를 궁금하게 만들 만했다.[20]

의학적 문제는 미토콘드리아에 있다. 미토콘드리아는 에너지를 생산하는 세포소기관으로, 인간의 미토콘드리아는 세포핵의 유전자 약 2만 개와 별개로 37개의 유전자를 함유하고 있다. 이 유전자들은 때로 변이를 일으키며 신경학적인 것을 비롯해 폭넓은 여러 질환과 연관된다. 치료법은 제한적이지만 재생산 기술의 정밀한 도구들은 고위험 배아가 영향을 받지 않도록 '조작'engineer할 수 있게 해준다. 예비 어머니가 미래의 딸에게 미토콘드리아 질환을 물려줄 가능성이 있으면 체외수정 클리닉에서는 그 난자 세포의 핵을 분리해 핵을 제거한 건강한 미토콘드리아를 가진 공여 난자에 이식한다. 그렇게 나온 난자 세포는 정자로 수정된다. 그렇게 나온 배아는 미토콘드리아 질환의 위험이 없으며 보통의 경우처럼 어머니의 자궁에서 분만일을 맞을 수 있다. 엄밀히 말해 이 배아에게는 세 명의 부모—공여 난자로 옮긴 핵 DNA를 가진 어머니, (아기의 유전자에서는 아주 적은 양에 해당하지만) 난자 공여자, 정자를 제공한 남성—가 있다. '기술상의' 부모들 가운데 오직 둘만이 법적으로 인정받고 사랑을 쏟고 돌봄을 제공하는 부모가 될 것이다.

2016년 미국과 영국 양국의 위원회들은 미토콘드리아 대체 요법을 조심스레 승인했다.[21] 다만 미국의 위원회는 미토콘드리아 대체 요법을 당분간은 남성 배아에 제한했다. 남성은 미래의 아이에게 미토콘드리아를 전달하지 않기 때문이다. 이 시술에 확신이 생기고 대중적으로 불안감이 줄어들면 그런 제약은 풀리게 될 것이다. 새로운 재생산 기술들이 불러온, '맞춤 아기'에 관한 고조된 우려에도 불구하고 미토콘드리아 대체 요법은 또 중요하고 오래 갈 교훈을 전해 준다. 아이의 특성이나 성격에 관한 문제에 있어, 우리가 점차 일부 유전 질환의 예방은 기대할 수 있게 되어 가고 있지만 인간 재생산 뽑기의 헤아릴 수 없는 유전자적·환경적 결과들은 마다 않고 통제할 수 있기는커녕 예상할 수 있을 지점까지도 오지 못했다는 것이다.

미토콘드리아 대체 요법은 인간 배아를 재설계해 아이가 일련의 치명적 질병을 갖고 태어날 가능성을 최소화한다. 미토콘드리아 대체 요법이 아니면 미토콘드리아 질환을 가진 아이를 낳을 위험이 높은 수많은 여성들이 결국 안전이 확인되어 미토콘드리아 대체 요법 시술을 이용하게 된다 해도, 그 아이들의 부모는 본질적으로 여전히 재생산 뽑기인 일에 뛰어들게 될 것이다. 물론 목적의식을 갖고 재설계한 뽑기이다. 하지만 기존의 재생산 뽑기와 마찬가지로 분명히, 이 재설계된 인간 재생산 뽑기는 우리 아이가 어떤 사람이 될지에 관해 미리 세워둔 모든 계획을 속수무책으로 무너뜨린다. 새로운 재생산 기술들은 인간의 탄생이라는 뽑기의 구체적인 요소들을 상당히 바꿔 놓고 있지만, 책임 있는 부모 됨의 가장 기본적인 비결을 바꾸지는 않는다. 그래서는 안 될 것이다. 우리 아이들의 예측할 수 없는 특징들과 성격을 좋아하고 또한 완벽한 불완전함 그대로 그들을 사랑하는 것이 바로 그 비결이다.

9장

세포의 문 열기

우리 몸에 있어 가장 분명한 사실은, 몸이란 갖가지가 합쳐진 것이라는, 구분되지 않는 한 덩어리가 아니라 다양한 부위로 나뉜다는 점이다. 인간이 이 부위들의 기능을 알아내는 데는 수천 년이 걸렸으며 우리 몸이 작동하는 방식을 완전히 설명하기에는 여전히 한참 역부족이다. 그 길을 오는 동안 수많은 질곡과 정체가 있었다. 간·신장·췌장 등의 커다란 실질 기관들은 이제 꽤 잘 이해하고 있지만, 사실 우리는 더 작은 여러 부분들의 기능에 대해서는 여전히 자신할 수 없으며 그것들이 어떻게 함께 작동하는지에 대해서는 더더욱 그러하다. 그리고 체내 미생물 생태계라 불리는 것을 구성하는 장내 미생물군과 같은 어떤 경우에는, 우리가 각 부위들이 상호작용하는 방식을 얼마나 모르고 있는지조차 최근에야 깨닫게 되었다. 우리가 이만큼 오기까지는 기술이 절대적으로 핵심적인 역할을 했다. 철학자이자 과학자였던 로버트 훅

Robert Hooke이 17세기에 현미경을 들여다봄으로써 코르크의 미세 구조를 확인했던 때도 그랬다. 수도사의 검소한 거주 공간처럼 생긴 그것을 그는 세포라 칭했다.†

불멸의 계보

돌이켜 보면, 훅의 이른바 세포는 현대 생물학의 출발점으로 삼을 만한 것이었다. 2백 가지 이상의 서로 다른 세포가 성인의 신체를 구성한다. 조사 대상으로서 세포는 골디락스의 금언††에 들어맞는다. 너무 크지도 너무 작지도 않고, 딱 적당하다. 무엇보다도 세포는 모든 기관의 구성 요소이다. 세포가 각자, 또 함께 어떻게 작동하는지를 이해할 수 있다면, 그리고 세포가 잘못되는 것을 예방할 수 있다면 보다 큰 우리 구조에서 '질병'이라고 불리는 것을 피하거나 고칠 수 있을 것이라고 볼 수 있다. 질병에 걸렸을 때의 선택지는 전통적으로 지켜보며 기다리기, 증상 관리, 혹은 물리치료나 대화 요법 같은 상대적으로 기술 수준이 낮은 조치, 그리고 약물, 방사선 치료, 수술 정도로 국한된다. 이 모든 선택지들

† 세포를 뜻하는 영어 단어 cell은 원래 수도원의 작은 방을 가리키는 말이다. 로버트 훅은 코르크를 이루고 있는 죽은 세포들의 세포벽을 관찰했고, 마치 격벽이 늘어서 있는 듯한 모습을 보고 이런 이름을 붙였다.

†† "골디락스와 곰 세 마리"라는 제목으로 알려져 있는 영국의 전래동화에서 유래한 표현이다. 이야기의 주인공 골디락스는 세 마리 곰이 준비한 세 그릇의 수프 가운데 차가운 것도 뜨거운 것도 아닌 적당한 것을 택한다. 과하지도 모자라지도 않은 이상적인 것을 가리키는 데에 흔히 쓰인다. 경제성장률은 높으면서도 물가는 안정적인 상황을 뜻하는 '골디락스 경제'와 같은 표현을 예로 들 수 있다.

은 직접적인 효과나 시간 효율이나 심각한 부작용의 회피에서, 혹은 그 셋 모두에 있어서 제한적이다. 또한 매우 비싸거나 후속 치료가 필요할 수도 있다.

세포를 직접 치료하는 것은 또 하나의 선택지뿐만 아니라 장기적인 후속 조치의 필요성 없이 우리를 회복시켜 주는 선택지 역시 제공한다. 세포들이 잘 기능하도록 유지하는 것을 넘어 그 일부를 개선할 수 있게 된다면, 우리와 같은 피조물들에게 가능한 영역의 한계를 확장할 수 있을 것이다. 세포나 그 부분들을 조작하는 능력에 따라오는 어려운 질문이 하나 있다. 이 조작은 어떤 조건에서 행할 때 윤리적인가?

기본적인 층위에서, 생명과학에서 세포의 핵심적인 역할은 헨리에타 랙스라는 아프리카계 미국인 여성의 이야기에 생생히 기록되어 있다. 랙스는 담배를 재배하며 다섯 아이를 키웠고, 1951년 볼티모어의 주요 병원 가운데 유일하게 흑인이 입원할 수 있었던 (존스홉킨스대학의) '흑인'colored† 병동에서 서른하나의 나이에 자궁경부암으로 사망했다. 그녀의 자궁경부암 종양에서 떼어 낸 세포들은 회복력이 매우 좋아서, [빠르게 성장했고, 몸 밖에서도 계속 살아남아] 최초의 폴리오 백신을 비롯해 역사적으로 중요하며 생명을 구한 실험들에 쓰인 "불멸의" 세포계††로 만들어질 수 있었다. 사학자 레베카 스클루트Rebecca Skloot가 쓴

† '색이 있는 (사람)'이라는 뜻의 형용사이자 명사로, 지역·시기에 따라 조금씩 다른 의미를 갖지만 일반적으로 미국에서는 노예제하의 흑인, 인종 분리의 역사와 연결되며 현재는 잘 쓰이지 않는 차별적 어휘이다.

†† 세포계(cell line, 혹은 세포주)는 세포 배양을 통해 만드는 동일 형질의 세포들을 뜻한다. 일반적으로 체세포는 노쇠화 과정을 겪기에 분열·증식에 한계가 있으나, 자연 돌연변이를 통해 노쇠화 없이 분열할 수 있게 되기도 하는데 헨리에타 랙스의 세포가 이에 해당한다. 이처럼 무한히 배양할 수 있는 '불멸의 세포주'는 동일 형질

랙스의 "불멸의 삶"이라는 흥미로운 역사는 공평한 치료를 위해 의료 행위와 생명과학 연구에 필요한 것들은 물론, 개인과 그 가족 및 공동체에 대한 존중의 부재와 인종주의의 역할 등과 같은 어려운 질문들을 제기했다.[1]

헨리에타 랙스가 사망하고 25년 뒤, UCLA 의료센터에서는 암에 걸린 존 무어의 비장이 적출되었다. 무어의 혈구 단백질은 백혈구의 성장을 촉진하고 감염 저항력을 개선할 수 있는 제품을 만드는 데 유용한 것으로 밝혀졌다. 무어의 비장 세포들은 그가 서명한 동의서에 명시된 대로 의료 폐기물로 처리되었다. 새로운 동의서 양식에 그의 혈액이나 골수에서 개발될 수 있는 잠재적 제품들이 언급되기 전까지 그는 수년 동안 다른 부위에서 추가 샘플을 채취하는 데 동의했다. 무어는 [자신의 인체 유래물을 통해 발생한] 모든 잠재적 이득에 대해 자신의 몫을 달라는 소송을 제기했는데, 법원은 최종적으로 그에게는 재산권이 없으나 의사는 본인의 금전적 이해관계를 밝혔어야 했다고 판결했다.[2]

랙스, 무어, 다른 많은 환자들의 몸에서 나온 세포들의 파생물을 활용해 많은 지식이 획득되었으며 많은 고통이 예방되었다. 또한 제약 산업과 그 이윤의 상당 부분이 그 세포들에 기반하고 있다. 하지만 1951년, 최초의 '헬라'† 세포는 랙스나 가족이 알지 못한 채 획득되었다. 그 시기 이후 반복적으로, 가까이는 2013년까지 랙스와 그 가족은 그녀의 의무 기록이나 가족의 유전적 역사를 공개한 연구자와 기자들에게 사생활을 침해당했다. 헨리에타 랙스와 존 무어의 이야기는 그들과 같은

의 세포를 지속적으로 공급해 안정적인 연구 환경을 제공한다.

† 헬라(HeLa)는 헨리에타 랙스(Henrietta Lacks)의 앞 글자들을 따서 붙인 이름이다.

입장에 있는 사람들이 실제로 기대하는 것이자 그들에게 주어져야 하는 것 — 투명성과 사생활 보호 — 을 강조한다. 생명과학의 모든 주요한 진전들은 우리가 과학과 윤리의 추상적인 내용을 넘어서 개인적·집단적으로 이해를 향상시킬 것을 요구한다.

줄기세포의 발견

수십 년 동안 난소와 고환에서 간간이 기형종이라는 이상한 종양이 발견되었다. 그곳에 털이나 뼈가 있는 것은 충격적인 것은 아니라 해도 별난 일이었고, 가시적으로 보이는 것 이상의 어떤 예감을 불러일으키는 일이기도 했다. 즉 이 제자리를 벗어난 조직들은 나중에 전신에서 다양하게 특화된 세포들을 생산할 분화능 세포가 실수로 만들어 낸 것이 틀림없다. 어째선지 생식기관이 형성되는 동안 그 세포들의 유전자 명령에 오류가 생긴 것이다. 이 오류는 나중에 정자나 난자 세포는 물론 모든 종류의 체세포를 만드는 초기 배아에서 전구세포, 즉 '줄기'세포를 얻어 낼 수 있을 가능성을 시사했다.

배아 줄기세포를 획득해 실험실에서 연구하는 것은 그저 과학적 호기심의 문제만은 아닐 터였다. 그것이 어떻게 분화하는지에 대한 정보는 또한 '왜, 어떻게 하여 어떤 태아는 생존하지 못하는가' 혹은 '왜 어떤 태아는 심각한 기형을 갖고 생존하는가'를 이해하는 데 도움을 줄 수 있을 것이었다. 또 하나의 유망한 발상은 그 줄기세포들을 조작해 예를 들면 심장 질환이 있는 사람들에게 그 자신의 건강한 심장 줄기세포를 이식하여 질환을 치료할 수 있으리라는 것이었다. 본인의 세포를 사용하면 면역 거부 문제 역시 피해 갈 수 있다. 개인 맞춤형 줄기세포 기반 의료가 되는 것이다.

이 같은 야심찬 생각들을 따라잡으려면 우선 실험실에서 배아 줄기세포를 분리해 내는 단계가 필요했다. 1998년 두 곳의 실험실에서 그 위업을 이뤄 냈다.[3] 하나는 위스콘신대학의 제임스 톰슨James Thomson이 이끄는 곳이었고 다른 하나는 당시 존스홉킨스대학에 있었던 존 기어하트John Gearhart가 이끄는 곳이었다. 이 세포들이 우리에게 알려 줄 수 있는 바를 배우는 것은 매혹적이었지만, 문제는 그리 간단치가 않았다. 이 배아 줄기세포는 엿새가량 된 기증받은 인간배아에서 추출해야 했는데, 이는 곧 배아를 파괴해야 한다는 뜻이었다. 아니면 유산된 5주령에서 9주령 태아에서 얻을 수 있었다. 그에 따른 논란으로 생명윤리학적 논쟁과 생명의 시작에 관해 상충하는 팬데믹을 가진 생명윤리학자들은 10년간 전례 없이 공공연하게 반목했다. 그들 사이의 갈등은 오늘날까지 수십 년째 미국 정치에 분쟁을 일으키고 있는, 프로라이프 지지자와 프로초이스 지지자 사이의 훨씬 다양한 갈등과도 가족유사성을 지녔다. 가족의 본질, 여성의 역할, 공적 삶에서 인종적·민족적 정체성의 중요성을 두고 깊이 분열된 의견을 가진 비판가들에 의해 (대개 느슨하게, 그러나 열렬하게) 집단이 형성될 때, 이런 논쟁들을 "문화 전쟁"이라 부른다.

1998년에 배아 줄기세포를 둘러싼 논쟁이 터지기도 전에, 또 하나의 획기적인 사건에 의해 중요하면서도 대중적인 생명윤리학 논의의 한 장이 달아올랐다. 1996년 일군의 스코틀랜드 수의사들이 비인간 포유류, 그들은 돌리라고 이름 붙인 양 한 마리를 복제했다(2장에서 간략히 언급한 바 있다).[4] 돌리는 얼굴이 검은 종류인 양의 수정되지 않은 난자 세포에서 DNA의 대부분이 들어 있는 핵을 제거하고 이를 얼굴이 흰 양의 유선 세포 핵으로 대체한 후 새 '배아'를 양의 자궁에 이식해 출산시킴으로써 만들어졌다. 그 결과물인 돌리는 난자 세포가 아니라 두 번째 양의 유전적 산물임을 증명하는 흰 얼굴을 갖고 있었다.

이 과학자들의 목표는 씨가축의 개량에 관한 어떤 법칙을 증명하는 것이었지만, 그들은 또한 그 제한적인 목적을 훨씬 넘어서는 후폭풍을 일으켰다. 어떤 종류의 포유류가 복제될 수 있다면, 인간이라고 안 될 것이 있는가? 그것은 정확히 무엇을 의미하게 될 것인가? 재생산적인 인간 복제는 사별한 남편이 죽은 아내의 DNA와 기증받은 난자로 아내의 '복사본'이 될 여아를 만들고는 그 아이를 입양해 딸로 키우고 싶어 할 수도 있다는 식의, 전통적인 가족 관계를 한층 더 흔들리게 할 소름끼치는 시나리오들에 관한 공포를 자극했다.

많은 이들이 재생산적 복제가 전통적 가치들을 더더욱 약화시키리라 우려한 한편, 어떤 이들은 인간 복제가 초인이라는 신새벽을 열어젖혀 줄 거라며 기뻐했다. 어떤 집단은, 증거도 제시하지 않으면서, 인간의 불사로 가는 길을 닦기 위해 사람을 복제했다고 발표했다. 이 약속의 복제 인간은 아직까지는 나타나지 않았다.

원본의 복사본이라는 복제 개념 자체가 오해를 일으킨다. 겨우 몇 가지 특성들을 제외하면, 우리가 무엇이 되는지는 유전자와 환경의 상호작용에 의해 결정된다. 유전자-환경 상호작용은 자궁 자체와의 사이에서부터 시작된다. 복제된 인간들이 독특한 개인들일 것이라고, 반드시 '원본'을 닮지는 않을 것이라고, 또한 일란성 쌍둥이가 서로 비슷한 정도에 비하면 복제 인간은 핵 DNA를 제공한 인간과 보다 덜 비슷할(DNA가 전부 핵에 있는 것은 아니므로) 것이라고 확언할 수 있다. 또한 실천윤리적 팬데믹에서 보자면, 인간 복제를 시도하는 것만 해도 어머니와 태아에게 매우 위험한 일이라고 할 수 있다. 돌리의 탄생에 이르기까지 수백 번의 시도가 있었기 때문이다(2018년, 마카크 원숭이로 최초의 영장류 복제에 성공한 것 역시 실패율이 높았다고 중국의 해당 연구진이 보고한 바 있다).[5] 이 모든 사실들은 돌리가 끌어낸 어마어마한 대중의 의견과 관심에서 비껴나 있었다. 1997년, 대통령 생명윤리위원회 위원장 해럴드 샤피로와 함께 클린턴 대통령은 인간 복제 연구에 대한 연방 재정 사용을 금지한다고 발표했다.[6]

돌리가 태어나고 2년 뒤, 인간 배아 줄기세포를 분리해 냈다는 발표가 났을 때도 복제의 의미에 관한 흥분과 혼란은 여전히 끓어오르는 중이었다. 줄기세포 연구라는 쟁점이 복제 논란과 한데 섞여 '재생산 생물학과 생명공학이 어디까지 갈 수 있으며 어디까지 가도록 허용되어야 하는가' 하는 보다 큰 질문들을 제기하게 되기까지는 그리 오래 걸리지 않았다. 서구 문화권에서는 적어도 메리 셸리의 1818년 작 『프랑켄슈타인』 이후로 새로운 질문은 아니었지만, 위스콘신대와 존스 홉킨스대의 실험실들에서 배아 줄기세포가 분리된 시점에 이르자 그에 관한 대화는 명백히 정치의 영역에 들어왔다. 주요 정당의 대통령 후보들은 이 쟁점에 관한 입장을 제시해야 한다는 커다란 압박을 느꼈다. 법적 다툼이 있었던 2000년 대선의 연기가 걷히자 조지 W. 부시 대통령은 2001년 여름 동안 철학자 및 신학자들과 집무실에서 여러 차례 진지한 대담회를 열었다. 역대 정권 최초의 심사숙고를 토대로, 부시는 이전에 파괴된 배아의 세포와 관련된 연구는 지속할 수 있지만 그날 이후로 파괴되는 인간 배아 세포를 이용한 연구에는 더 이상 연방 재정 지원을 허가하지 않겠다고 선언했다.[7] 그는 또한 생명의료

과학 및 기술에 관한 쟁점들에 대해 자문해 줄 생명윤리위원회를 구성하겠다고 발표했다.

대통령의 줄기세포 재정 지원 정책에 관한 초기 반응은 복합적이었다. 우선 많은 과학자들은 적어도 어느 정도의 세포들에 대한 작업을 지속할 수 있다는 점을 환영했고, 많은 보수주의자들과 일부 자유주의자들은 대통령이 관련 영역에 대한 윤리적 선을 그은 것으로 평가했다. 하지만 점차 과학계의 많은 이들은 실험실에서 체외수정으로 만들어지고, 온전한 동의하에 기증된, 임신에 쓰이는 일은 없을 배아와 관련된 연구에 대한 재정 지원 제한 조치가 갖는 상징성을 염려했다. 그들에게 있어 이 문제는 줄기세포 과학에 그치는 게 아니었다. 부시 행정부가 과학 일반을 대하는 태도에 관한 의심으로 확대되었다. 대통령 생명윤리위원회 위원들의 지배적인 철학적 성향으로 인해 우려는 더욱 깊어졌다. 의장 레온 카스는 혁신적인 생물학과 진보적 성향의 그 지지자들이 도덕적 전통을 약화시킨다 여겼고, 그런 경향을 날 세워 비판하는 이였다.[8] 그가 이끄는 생명윤리위원회는 그가 "보다 풍부한 생명윤리학"이라 칭하는 모델—무엇보다도, 새로운 기술적 가능성들과 변해 가는 가족의 본질을 그리 탐탁지 않게 여기는 생명윤리학 모델을 뜻한다—을 지지하고 추구했다.

분화능 정치

이전에도 윤리학자들은 임신중지나 안락사 같은 쟁점들에 관한 정치적 논의에 휩쓸려 보았지만, 줄기세포 논란은 문제를 새로운 차원으로 이끌었다. 앞서의 수십 년 동안은 임신을 중지시키거나 인간의 수명을 단축시키기 위한 일에 의사가 얼마나 기꺼이 가담할 것인지가 의심의 대상이었다. 이번 경우에는 과학자 본인들의 도덕성이, 그리고 임신에 쓰이지 않을 인간 배아 몇 개의 파괴를 수반하는 실험실 기술—배아에서 세포를 추출하는—의 산물을 그들이 기꺼이 이용하거나 이용하도록 권할 것인지가 의문에 붙여졌다. 생물학자들은 자신들의 목적은 기초과학을 이해하고 궁극적으로는 새로운 의학적 치료법을 만들어 내는 것이라고 항변했다. 일부 주들은 이 영역에 차단벽을 세웠지만 캘리포니아나 뉴욕 같은 주들은 줄기세포 생물학에 공적 자금을 투입하는 것으로 답했다.[9] 이전에는 정치적 쟁점에 관여한 적 없던 과학자들은 탄원서에 서명하고 사설을 쓰고 주 공무원들을 만나고 보다 과학 친화적으로 보이는 주들을 기반으로 자신의 진로를 결정하게 되었다.

거의 같은 시기, 일부 기후과학자들 역시 거짓으로 기후변화 위기를 역설하고 있다는 비난을 받으며 정치적 논쟁에 휘말려들었다. 우연의 일치는 아니었다. 1970년대 말 이후로 보수주의자 정체성을 가진 이들이 과학 일부 영역에 대한 신뢰를 잃었음을 보여 주는 조사들이 있다.[10] 그런 조사 결과들은 기성 제도에 대한 신뢰가 일반적으로 하락했음을 보여 주는 여러 연구들과도 상통한다. 1969년 달 착륙으로 정점을 찍은 우주 프로그램이 과학의 주된 서사였던 베트남전 및 워터게이트 이전 시기와 달라진 점이다. 캐런 앤 퀸런 사례, 재조합 DNA(rDNA)의 출현, '시험관 아기' 루이스 브라운의 탄생과 같은 사건들은 미국의 관심을 물리학과 공학에서 생명과학의 약속과 위험으로 옮겨 놓았다. 실험생물학의 산물들은 종종 임신중지와 피임에 관한 뜨거운 논의의 장으로 휘말려들었다. 모두가 인간 배아의 도덕적 지위에 관한 곤란한 질문을 건드린다. 카스의 말대로, 우리 모두는 복제나 줄기세포 같은 쟁점들에 둘러싸인 채 '배아의 시대'embryoville에 살고 있다.[11]

부시 대통령의 연구 지원 제한에도 불구하고 인간 배아 줄기세포에 관한 연구는 계속되었다. 하지만 배아 줄기세포계를 이용한 모든 연구가 반드시 비윤리적인 것은 아니라는 전제 하에서도 '어떤 연구가, 어떻게 해야 윤리적으로 수행될 수 있는가'에 관한 규칙은 거의 없었다. 1970년대에 초기 DNA 공학에 대한 대중의 우려와 정치적 반응에 대응하여 과학계가 주도권을 쥘 수 있게 된 방식을 상기한 과학계 지도자 일부는 과학자들이 세포에 대한 실험실 작업의 기준을 만드는 것이 중요하다고 생각했다. 링컨 행정부에 과학 자문을 제공하기 위해 1863년에 설립된 국립과학학술원이 적임이었다. 학술원의 위원회는 2005년에 정보에 기반해 동의한 커플이 배아에 대한 대가 없이 기증한 배아를 활용하는 연구에 관한 일련의 권고안을 내놓았다.[12] '과학만을 위한 배아는 절대로 만들지 않는다.' 이 지침은 또한 인간 줄기세포를 비인간 동물에 주입하는 것에 관해 엄격한 규칙을 세웠다. '인간화된' 동물에 관한 우려에 직접 대응한 것이었다.† 이런 연구에 반대하는 이들에게는, 얼마나 중요한 연구건 인간 배아를 연구를 위해 쓰고 버릴 수 있는 것으로 다루는 과학은 모두 용납할 수 없는 것이었다. 부시 대통령은 [냉동 배아에] "눈송이 아기들"이라는 이름을 붙이며, 체외수정을 통한 임신을 계획 중인 커플들에게 난임 클리닉에 남아 있는 배아를 입양할 것을 촉구하는 활동에 가세했다.

† [원주] 조너선은 이 위원회의 공동위원장을 맡았다.

문화 전쟁과 정치적으로 공명하고 연관되기는 하지만, 인간 배아 줄기세포에 관한 논쟁이 자유주의자와 보수주의자라는, 혹은 프로초이스 대 프로라이프라는 단순한 구분과 맞아떨어지지는 않는다. 일반적으로 친과학적인 자유주의자들 역시 줄기세포 생물학에서 나온 새로운 치료법들이 부유한 이들에게만 돌아갈 것을 염려했다. 일부 보수주의자들, 일부 자유지상주의자들은 사상과 과학적 탐구의 자유에 걸림돌이 되는 모든 정부 조치를 비난했다. 이 엇갈리는 흐름들 아래에는 인간의 자아와 관련해 현대 세계에서의 — 오랜 시간에 걸쳐 보다 복잡해져 온 것으로, 결코 줄기세포라는 쟁점 하나에만 국한된 것이 아닌 — 과학의 힘에 대한 근본적인 질문들이 깔려 있었다. 중요한 의학 연구는 종종 다양한 조건에서의 시험을 위해 일부 인간 세포를 동물에게 주입하는 과정을 수반한다. 주로 설치류인 이 실험동물들은 여러 동물들 — 주로 사자, 염소, 뱀 — 의 갖가지 신체 부위로 만들어지는 그리스 신화 속 생명체의 이름을 따서 흔히 '키메라'로 불린다.

조지 W. 부시 대통령은 2006년 신년 국정연설을 통해 생명윤리학의 또 다른 이정표를 세웠는데, 당시는 환자·피험자·동물의 돌봄에 관한 윤리에 대중들이 오랫동안 관심을 가지고 있을 때였다.[13] 대통령은 의회에 "의학 연구에서 몹시도 지독한 학대를 금지하는 법을 만들" 것을 촉구했다. 널리 퍼져 있는 백신 연구나 죽어 가고 있는 환자에 대한 약물 시험이나 동물 학대에 대한 우려가 아니라, 종의 경계를 흐린다는 것이 이번의 쟁점이었다. 부시 대통령은 서로 다른 두 종의 유전자가 융합되는 "인간-동물 혼성체"에 반대했다. 당시 상원의원이었던 샘

브라운백은 2009년 인간-동물 혼성체 금지 법안을 제출했다. 통과되었더라면 이 법은 "인간과 동물, 남성과 여성, 어른과 아이, 한 개인과 다른 개인의 경계를 흐린다"는 이유로, 종류를 막론하고 인간-비인간 유기체를 만드는 "끔찍하게 비윤리적"인 일을 금지했을 것이다.[14] 연방 의회는 이 법안을 통과시키지 않았지만 애리조나와 루이지애나, 두 주의 입법부는 브라운백의 법안과 유사한 언어로 된 법을 만들었다.

실험실에서만 알던 이 난해한 실험들이 대통령의 관심사로까지 떠오른 이유는 무엇이며 그런 연구들은 무엇이 문제인가? 연구의 중요한 과학적 목적과 상관없이, 인간과 비인간의 일부를 뒤섞어 실험실 동물을 만들어 내는 것은 인간 존엄을 약화할 것이라는 우려가 깔려 있었다.[15] (또한 종 자체가 도덕적 지위를 갖는가, 아니면 그저 편리한 분류일 뿐인가 하는 등의 깊은 철학적 질문들도 일부 있었다.) 생물학자들이 가끔 어떤 동물의 일부 특성을 '인간화'하는 것에 관해 이야기하기는 하지만, 이는 보통 인간에게서는 윤리적으로 혹은 실질적으로 연구될 수 없는 특정 기능을 분리하고 연구할 수 있게 해주는—종종 유전자적인—조작을 줄여서 이르는 말일 뿐이다. 예컨대, 어떻게 하면 사고나 병으로 귀를 잃은 아이들을 위해 귀를 다시 자라게 할 수 있을까? 인터넷 사이트들에는 소름끼치는 과학의 예시로 설치류의 등에 자라난 인간의 귀를 찍은 사진이 올라오지만, 마침내 그것을 이식받을 아동이나 그 부모는 분명 고마워할 것이다. 저런 법안들이 금지하고자 했던 동물 모델들은 또한 언젠가 세포로 손상된 조직을 대체할 수 있게 하기 위한 기본적인 연구 도구이다. 뇌세포로 파킨슨병이나 뇌졸중에 대처하는 것처럼 말이다. 에이즈나 백혈병 같은 질병 치료 연구에는 수십 년 동안 인간-쥐 골수이식이 수반됐다. 우리 경험상 인간-동물 혼성체를 활용한 연구를 수행하는 목적을 이해한다면 사람들은 그것이 계속되어야 한다는 데 압도적으로 동의할 것이며, 통계자료도 이를 뒷받침한다.[16]

과학적 해법?

1998년에 실험실에서 초기 배아와 임신중지된 태아로부터 배아 줄기세포가 추출되고 얼마 지나지 않아, 연구에서 배아 줄기세포의 사용을 둘러싸고 이어진 논쟁을 가까이서 지켜보던 이들은 배아 줄기세포를 대신할 것을 기술적으로 구현할 수 있다는 걸 알게 되었다. 그 대체재가 개발되기까지 10년이 채 걸리지 않았다. 생물학의 세계에서는 상당한 속도였다. 세포 속 DNA에 분화능이 있는 원래 상태로, 즉 특정 부류의 체세포로 특화되기 이전 상태로 돌아가라는 신호를 보내는 특정 유전자에 성인의 세포를 노출시킨다는 발상이었다. 알맞은 신호가 확인될 때까지 성체 세포를 여러 가지 조합의 유전자에 노출시키는 것이 관건이었다. 2007년 일본의 한 연구실은 겨우 네 가지 유전자를 조합한 것이 인간 세포에 그런 효과를 냈다고 보고했다.[17] 유도 만능 줄기세포가 만들어진 것이다. 성체 세포를 조작한 결과물이므로 '유도', 여러 다양한 체세포가 될 분화능이 있으므로 '만능'으로 불리게 되었다. 이 새 도구 덕분에 분화능이 큰 세포로 무엇을 할 수 있을지를 알아보는 데 배아 세포를 사용할 필요가 없어졌고, 따라서 그것이 수반하는 모든 논란을 피할 수 있게 되었다.

많은 실험실들은 즉각 배아 세포에서 유도 만능 세포로 돌아섰다. 일부 연구 목적에는 유용성이 덜했지만 관리와 배양은 보다 쉬웠다.

배아 줄기세포는 여전히 만능 세포의 분화능을 측정하는 '황금 기준'으로 남아 있으며 일부 실험에 계속 쓰이고 있다. 만능 줄기세포로 가장 직접적인 혜택을 본 것은 아마 과학을 열렬히 지지하지만 또한 배아에게 널리 부여되는 특별한 도덕적 지위도 존중하고자 하는 공직자들일 것이다. 일본에서 이뤄진 성과는 상원의원 존 매케인에게 표면상 충돌하는 가치들을 보다 긴밀히 결합시킬 수 있는 여지를 주었다. 당시 그는 상원의원이었던 버락 오바마를 상대로 2008년 대선에 도전한 중대한 시기였다. 공화당 경선 중의 어느 토론에서 상당수 보수주의자들이 굳건히 고수하고 있던 입장인 인간 배아 줄기세포 금지에 관한 질문을 받았을 때, 매케인 — 임신중지권에 강력히 반대하는 — 은 완전한 금지를 지지하지는 않았다. [당시 경선에서 공식적으로 매케인을 지지했던] 낸시 레이건은 특히 알츠하이머병 연구에서의 배아 줄기세포의 유용성에 관심을 두고 있었다. 사랑하는 남편 로널드 레이건 대통령을 죽기 전까지 10년이 넘도록 괴롭힌 병이었다. 매케인은 다른 공화당 경선 토론회에서 "이 줄기세포들은 폐기되거나 영원히 냉동되거나 둘 중 하나가 될 것"임을 지적하면서도,[18] 대체재로서의 성체 세포 유래 만능 줄기세포가 유용하기를 기대한다고 덧붙였다.

버락 오바마가 취임한 당시, 배아 줄기세포나 만능 줄기세포의 상대적 이점은 여전히 미확정 상태였다.[19] 그는 인간 배아 유래 줄기세포계 여럿에 대한 연구에 연방 재정 지원을 허가했다. 동시에 세포를 얻기 위한 배아 파괴로 이어지는 작업에 연방 재정 사용을 차단하는 문제는 의회에 맡겼다. 매케인과 오바마 — 한쪽은 보다 보수주의적이고 다른 한쪽은 보다 자유주의적인 출발점을 지닌 — 모두 생명을 구할 잠재력이 있는 과학의 추구와 인간 배아 보호 사이의, 그 어떤 공직자도 없앨 수 없었던 충돌을 완화할 길을 찾았다.

과학자들 사이에서는 만능 줄기세포의 한계에 관한 논쟁이 계속되었지만, 이어진 연구는 상당한 유용성을 입증했다. 한 예로 지카 바이러스의 기전을 이해할 수 있었는데, 영아 발병을 예방할 길을 열 수 있는 것이었다.[20] 다른 예는 파킨슨병의 근본 원인인, 도파민이라는 화학물질을 생산하지 못하는 뇌세포를 대체할 수 있도록 개발되고 있는 유도 만능 줄기세포다. 연구자들은 이 형질전환에 환자 본인의 세포를 이용할 수 있기를, 신체의 면역 체계가 이를 외부 세포로서 거부하지 않기를 기대하고 있다.

배아 줄기세포 논란과는 약간의 거리를 두자면, 유도 만능 줄기세포가 여러 실험에 유용하다는 것도, 배아 유래 세포를 통해 여기까지 올 수 있었다는 것도 이제는 분명한 사실이다. 이에 수반된 불확실성과 논란에도 불구하고 역사가 일러 주는 것은 알츠하이머병과 파킨슨병을 비롯한 신경퇴행성 질환으로 고통받은 전 세계 수백 수천만의 개인들과 가족들을 위한 더 나은 처치, 예방, 완치의 전망을 진전시키는 데 있어 이런 기초 연구를 대신할 수 있는 것은 존재하지 않는다는 사실이다.

죽은 세포들의 부활

생명윤리학이라는 영역은 2000년대 초반 무렵 — 여전히 환자 돌봄 문제에 관계하고 있기는 했지만 — 기초 실험과학의 윤리적 쟁점으로 방향을 틀었다. 이런 경향은 인간 게놈 프로젝트와 그것이 촉발한 대중적 관심의 규모와 함의에 크게 영향받은 것이었다. 줄기세포 논의에 어느 정도

해법이 제시되자마자 새로운 실험 결과들이 세포 조작에 관한 또 다른 논의를 열어젖혔다.

2010년 메릴랜드의 크레이그벤터연구소J. Craig Venter Institute는 연구진이 합성 게놈을 이용해 세포를 만들어 내는 데 성공했다고 발표했다.[21] 화학적 요소부터 인간에 의해 만들어진, 무로부터 창조된 DNA를 확보한 벤터 연구진은 이를 미코플라스마 카프리콜럼이라는 박테리아에 이식했다. 어느 정도의 세포 분열을 거치자 합성 DNA가 세포의 기능을 장악했고 원래 게놈의 흔적이 전부 사라졌으며 세포는 자기복제를 계속했다. 합성생물학synthetic biology, 혹은 줄여서 'synbio'라 불리게 된 영역에서 나온 이 괄목할 만한 성취는 곧 그 과학적·윤리적 중요성에 관한 여러 입장 표명을 촉발했다. 세포공학적으로 중요한 지점에 도달했다는 데는 이견의 여지가 없었다. 어떤 이들은 벤터가 신의 자리에 닿은 최초의 과학자라고 선언하기까지 했다. 벤터가 애써 부정하지는 않은, (잘 쳐준다면) 애매한 주장이었다. 예측할 수 있다시피, 이 선정적인 서술에는 합성 게놈 연구는 중지되고 단념되어야 하며 필요하다면 정부가 나서서 금지해야 한다는 요구가 뒤따랐다.

벤터가 이 대성공을 발표한 바로 그날, 오바마 대통령은 생명윤리학적쟁점연구대통령직속위원회에 그 첫 과제로 이 새로운 영역의 이익, 위험, "적절한 윤리적 한계"를 검토하고 그해 안에 그 결과를 보고할 것을 주문했다. 이 사실은 전 세계의 언론에 보도되었다.[22] 이런 공개적 숙의로, 규제 없이 "이 과학이 질주하게 내버려 두라"는 것에서부터 그 위험성이 분명히 확인되고 감소되기 전까지 "이 위험한 연구를 금지하라"는 것에 이르기까지 매우 폭넓은 팬데믹들이 나왔다.[23] "과학계와 공학계 모두의 도덕성과 적절한 규제 제도에 대한 신뢰의 **획득**" —

그리고 이 사안은 모두의 문제라는 공동의 믿음의 획득—이라는 중요한 목표 아래, 위원회는 이 새로운 생명공학의 포부와 그에 대한 비판을 모두 청취하는 공개적 숙의를 이어 갔다.

이 숙의는 합성생물학의 잠재적 이익을 가늠하는 것으로 시작했다. 믿을 수 있을 만한 이익의 전망이 없다면 어떤 위험도 감수할 가치가 없을 것이기 때문이었다. 보다 빠르고 비용이 적게 들며 희소한 천연물질에 덜 의존하는 약물이나 백신의 개발 등이 이에 속했다. 예를 들어, 말라리아 치료제의 바탕이 되는 식물 추출물을 부분적으로 합성해 매년 거의 50만 명—주로 어린 아이들—의 목숨을 앗아 가는 것으로 추산되는 이 질병에 대해 믿을 수 있고 비용이 부담 없는 1차 치료제를 제공할 잠재력을 갖고 있다. 해조류나 다른 미생물을 합성적으로 조작해 보다 효율적이고 보다 깨끗하게 연소되는 연료를 만들 수도 있다. 합성생물학이 그 잠재력을 현실화한다면 우리가 호흡하는 공기와 우리가 마시는 물은 더 깨끗하고 안전해질 수 있다. 그러므로 이 잠재력이 얼마나 불확실하건 간에 좋은 쪽으로 걸어 볼 만한 점은 많이 있다.

합성생물학에 대한 주된 반대는 두 갈래로 나뉜다. 첫째는 이 기술의 적용은 어떤 의도치 않은 환경적 위협을 가능케 함으로써 **바이오 에러**의 위험을, 또한 생명공학의 악의적 사용을 통한 **바이오 테러**의 위험을 심각하게 가중시킨다는 것이다. 두 번째 반대론은 부분적으로 비생명체(이 경우에는 염기쌍으로 배열되는 화학물질들의 가닥)로부터 일종의 개조된 생명체를 만듦으로써, 심지어는 이를 시도한 것만으로도 실험실에서의 "신 노릇"이 마침내 그리고 정말로 어떤 근본적인 선을 넘었다는 것이었다. 어떤 의료윤리학자들은 "합성생물학은 자연을 우리가 바라는 무엇으로든 채울 수 있는 빈 공간으로 여긴다"라는 말로 비판했다.[24]

그렇다면 이것은 인류가 무모하게도 자연의 지배자를 참칭한 인류사 최악의 오만인 것인가?

위원회는 첫 번째의 가중된 위험 반론에는 사람들이 흔히 지적하는 만큼은 아니지만 — 적어도 단기적으로 혹은 중기적으로는 아니지만 — 상당한 설득력이 있으며 그 위험이란 합성생물학에만 해당되는 것은 아니라고 보았다. 언제나 그렇듯, 교육을 통해 또한 과학자들 사이에서 문화의 변화를 통해, 인간이 실수를 저지를 가능성에 대처해야 할 필요가 있다. 여기에 더해, 책임 구조와 (합성생물학자들을 포함하도록 확대된) 기록 관리 체계를 명확히 확립할 필요가 있다. 벤터의 실험이 "본질적으로 판도라의 상자를 여는 행위"라는 어느 생명공학 비판가의 주장[25]에는 근거가 거의 없긴 하지만 이 기술을 발전시키는 것은 몇몇 심각한 위험을 야기한다. 예를 들면 부지중에 합성 유기체가 실험실에서 풀려나 환경을 파괴하는 형태로 번식하게 될지도 모른다. 합성생물학은 기후변화 억제에 도움이 되는 것은 물론 깨끗이 연소되는 연료나 생물적 환경 복원을 진전시켜 줄 수 있을 미생물을 만들어 낼 상당한 긍정적 잠재력 또한 지녔다는 점에서 이 예시는 특히 고민해 볼 만하다.

세포 재부팅에 대한 두 번째 반론은 벤터와 그 동료들이 합성 생명체를 만듦으로써 신 노릇을 했으며 따라서 도덕적 선을 넘었다는 것이었다. 전부터도 새로운 과학과 기술에 대해 수차례 들려온 비판이다. 하지만 벤터 연구진 작업의 경우에는, 무려 바티칸이라는 신학적 권위체가 병을 치료하고 환경을 깨끗이 하는 데 이용된다면 합성생물학을 받아들일 수 있다는 입장을 표명했다. 비슷한 시점에 이탈리아 주교회의의 한 관계자는 때를 놓치지 않고, 과학자들이 "신이야말로 유일한 창조자임을 결코 잊어서는 안 될 것"이라고 다시 한번 말했다.[26]

합성생물학자들이 무모하게, 심지어는 의도적이고 무자비하게, 함부로 자연을 좌지우지할 것이라는 일반적인 불안은 여전히 남아 있다. 그러니 분명히 해두자. 합성생물학이, 혹은 어느 것이든 과학이나 생명공학이 윤리적인 기획이 되려면 그 실행자들은 우리의 자연 세계를 결코 "우리가 [혹은 그들이 — 인용자] 바라는 무엇으로든 채울 수 있는 빈 공간"으로 취급해서는 안 된다. 위원회에서 증언한 보니 배슬러Bonnie Bassler 등 저명한 생물학자들은 우리가 "바라는 것"을 "빈 공간"에 부과한다는 생각이 — 우리는 생물학적 세계의 지극히 일부만을 이해하고 있으며 유기체의 진화는 오랜 시간 이어져 오고 있는 것이라는 바로 그 이유에서 — 최악의 오만임을 가장 열정적이면서도 냉철하게 주장하고 있다.27 그것은 비윤리적인 만큼이나 어리석은 일이다.

그런 오만을, 그와는 전혀 다른, 우리 호모 사피엔스의 활동 영역에 속하며 생명과학과 공학뿐만 아니라 또한 사회과학과 인문학을 그 최선으로 이끌어 가는 다음과 같은 생각과 혼동해서는 안 된다. 바로 우리는 자연을 중요한 요소로 포함하는 이 세계를 이해하기 위해 그리고 개선하기 위해 노력해야 한다는 점 말이다. 위원회의 보고서는 다음과 같은 사실에 주목할 것을 요청했다.

> 생물학적 체계는 수천만 년에 걸쳐 발전해 왔으며 그것과 환경의 상호작용들은 놀라우리만치 복잡하다. 우리는 생명의 언어를 유창하게 구사하기에는 한참 부족하며, 우리가 구상해 세계에 풀어놓을 합성 유기체에 대한 우리의 통제 능력은 유망하지만 증명되지 않았다.28

위원회는 세 가지 사회적 가치, 즉 혁명적인 기술들에 잠재되어 있는 **공적 이익**의 실현을 추구함에 있어 합성생물학자들이 누려야 할 **지적 자유**, 여기에 갖춰져야 하는 지속적으로 위험을 측정하고 경감시켜 **우리 행성에 대한 책임 있는 관리인 정신**을 확실히 할 안정적인 관리감독 체계를 확고히 하기 위한 "신중한 경계심"을 요청하며 이 공개적 숙의를 마무리했다.

빅데이터

사람에게 합성 분자 — 무력화한 바이러스를 이용해 사람이 만든 인공 분자 — 를 주입한다는 것은 한때는 SF에나 나오는 이야기로 들렸을지 모를 일이며 지금도 많은 이들에게는 그렇게 들릴 것이다. 하지만 이것은, 암 환자 본인의 세포를 출발점으로 삼는다는 점에서 자연을 백지로 취급하는 것과는 정반대되는 일이다. 또한 적어도 우리가 가늠해 볼 수 있는 한에서 이것은 딱히 인간이 만든 다른 약들 이상으로 "신 노릇"하는 것에 해당하지는 않지만, 공교롭게도 살아 있는 약물이다. 입양세포이식adoptive cell transfer, ACT이라는 혁명적인 접근법으로, 환자 본인의 면역 세포를 추출해 조작함으로써 극도로 치명적인 몇몇 암을 치료하는 것이다(일반적으로 면역 치료라 불리는 요법이다).

CAR-T 요법이 ACT의 일종이다. 이 면역 치료에 필수적인 CAR-T 세포는 변형 , 즉 '무력화' 한 HIV 바이러스를 이용해 환자의 — 인간 면역 체계에 중심적인 — T세포 DNA를 바꿈으로써 만들어진다. 이 합성생물학적 재조합은 표면에 T세포가 암세포의 특정 항원(단백질)을 식별하고 그에 달라붙어 암세포를 죽일 수 있게 해주는 수용체를 지닌 '키메라'(CARs)를 만들어 낸다. 현재 CAR-T가 성공적인 암 환자 치료에서 가장 앞서 있으며, 다른 형태의 ACT 요법들 역시 개발되고 있다. 앞에서 이야기했다시피, 2012년 당시 급성림프성백혈병acute lymphoblastic leukemia, ALL으로 죽어 가던 여섯 살의 에밀리 화이트헤드가 CAR-T 치료법으로 생명을 구한 최초의 아동이었다.

개발에 수십 년이 걸린, 생명공학과 함께한 소아과 임상실험에서의 이 약진은 시작일 뿐이었다. 급성림프성백혈병 환자인 아동 및 청소년 수백 명이 CAR-T 후보가 되어 아동 암 사망의 가장 흔한 원인인 이것을 치료하게 될 터였다. 비호지킨림프종 중 가장 흔한 미만성거대B세포림프종으로 죽어 가고 있는 성인들도 마찬가지였다. 면역 치료법으로서는 사상 최초로 2017년 FDA는 이 두 가지 암에 대한 면역 치료법들을 승인했다.[29] 자연에서는 구할 수 없는 살아 있는 합성 분자를 인간이 재조합하지 않았더라면 이 모든 것은 불가능했을 것이다. 이와 같은 더 많은 약진이 찾아오리라는 데는 의심의 여지가 없다. 무엇이 언제 올지는 누구도 정확히 알 수 없지만 말이다.

CAR-T 연구에서는 환자의 경험, 그들의 의무 기록, 유전학적 정보, 약물 효능 정보를 인공지능AI과 결합해 암을 비롯한 질병을 치료할 수 있게 해주는 [키메라 세포의 수용체가 결합할 수 있는 암세포의 특정 항원 같은] 약물 표적을 찾는다. 이런 연구들은 기술 수준은 높지만, 1950년대에 폴리오 백신 접종 정책을 수립하는 데 도움이 되었던 대규모 백신 접종 연구들과 마찬가지로 강제와 사생활에 관한 익숙한 생명윤리학적 쟁점들을 제기한다. 위험 요인에 노출된 인구 집단에 관한 모니터링은 물론 아동—때로는 부모의 동의가 없는—을 비롯해 보통은 아프지 않은 이들에 대한 주사, 알약, 물약 등의 신체적 침범을 정당화할 수 있으려면 대규모 예방접종 프로그램은 반드시 그 이익이 압도적이어야 한다. 인구 집단 내의 여러 개인들과 직접적으로 물리적 접촉을 하지 않는—예컨대 신년 세일 날 사람들이 상점 문 앞에 몰려드는 방식에 관한 사회학적 연구—경우라 할지라도 개인으로서의 그 열성 구매자들의 사생활은 반드시 존중되어야 한다. 데이터과학은 온라인 구매 습관을 추적하는 장치를 삽입하거나 소셜미디어를 통해 광고를 기획하거나 여론 조작용 이념적·정치적 캠페인을 설계하기 위한 정보를 수집하는 온라인 마케팅의 과오를 되풀이해서는 안 된다. 과학에 대한 대중의 신뢰를 지키는 일은 상업이나 정치의 세계보다 훨씬 높은 수준의 사생활 존중을 요한다.

하지만 인터넷 모니터링에는 긍정적인 이면도 존재한다. 역학 연구의 예측력을 높이고 생명을 구할 수 있다는 점에서 이는 강조할 필요가 있다. 구글은 독감 같은 증상에 대한 인터넷 검색을 추적함으로써 2008년의 독감 유행을 질병통제센터보다 먼저 예측할 수 있었다고 주장한 바 있다.[30] 인터넷은 또한 검색어에 관련 상품을 띄우는 그 방식 그대로, 웹을 검색하는 이들에게 백신을 맞을 수 있는 곳에 관한 최신 정보를 제공할 수 있다. 온라인 대화로 대표되는 소셜네트워크가 자살 위험에 처한 사람을 찾는 데 도움이 될 수도 있을 것이다. 하지만 동시에 소셜미디어는 특히 사춘기 청소년에게서 불안이나 식이장애 같은 정신 건강 문제를 촉발하거나 악화시킬 수도 있다. 대부분의 기술들과 마찬가지로 인터넷에는 장단점이 있다. 그것이 일상에 필수적이며 거의 모든 곳에 스며들어 있다는 사실은 집단으로서 우리가 그 사용에 관한 윤리적 합의점을 찾아야 할 필요성을 더더욱 크게 만든다.

웹 검색 자체는 의식적 활동이지만 그 입력 값을 제3자가 이용하는 것은 종종 검색엔진 이용자의 통제에서 벗어나 있다. 많은 환자들의 의무 기록을 모으는 과정에서 아마 유용할 많은 양의 정보가 수집될 수 있다. 의무 기록에는 치료 과정의 많은 정보가 생성되고 요약된다. 특정 개별 환자를 넘어 어떤 질병에 관해 배우는 데 유용할 정보들이다.

예컨대 당신이 암 진단을 받았고 가능한 화학요법이 몇 가지 있다고 상상해 보라. 거의 대다수의 성인 암 환자와 마찬가지로, 당신이 약물 치료 경험이 전문가들에게 기록되고 분석될 임상 시험에 들어가는 대신 당신과 담당의는 그 병에 대한 특정한 접근법을 택할 것이다. 당신이 고른 화학요법은 엄격한 임상 시험을 통과한 것이지만, 특히 집중적으로 모니터 되는 시험을 벗어난 현실 세계에서는 환자에 따라 반응이 다르다. 모든 환자의 경험을 수집하고 환자와 의사를 보다 효과적이고 효율적인 치료법과 연결해 줄 수 있는 소프트웨어를 개발하기 위해 운영 중인 회사가 최소 한 곳 이상이다.[31] 일종의 개인화된 의료, 개별 환자들에게 맞춤형 치료를 제공하는 의료이다.

이 유망하고 독창적인 시도들이 반드시 대중의 신뢰를 얻을 만한 것이 되어야 할 실질적이면서도 윤리적인 이유들이 있다. 정보기술이 대량의 자료에 제시하는 새로운 기회를 세계에서 가장 먼저 윤리학적으로 검토한 생명윤리학 집단 가운데 영국의 너필드생명윤리위원회Nuffield Council on Bioethics가 있었다.[32] 그들은 "도덕적으로 중요한 이해관계들에 적절히 주목하는, 데이터 수집·분석에서 데이터가 어떻게 사용될지에 관해 도덕적으로 합리적인 기대 사항으로 어떤 것을 들 수 있을지"를 논의했다. 사생활 보호, 데이터 사용의 투명한 공개, 동의서 양식 수정에 대한 개인의 자유, 참여자들의 합리적인 기대가 충족되도록 보장할 방법들, 이 모두가 지극히 중요하다는 것이 그들의 답이다.

빅데이터는 작은 곳들에서 나올 수 있다. 임상 연구를 통한 개인맞춤형 의료라는 목표와 관련해 개별적 유전 정보 또는 '개인 게놈 지도'를 둘러싸고 소비자 산업이 부상하고 있다. 이 "컵에다 침만 뱉"으면 되는 방식의 상업적 서비스들은 소비자에게 현재 혹은 미래의 건강 상태나 가계와 연관될 수 있는 유전자 변이 정보를 제공한다. 많은 이들이 소비자 직판direct-to-consumer, DTC 유전자 검사 결과에 개인적으로 강렬하게 끌릴 수 있다는 점을 비롯해, 과학의 결실에 대한 호기심 충족을 변호할 근거는 많다. 우리가 어떤 병에 걸리기 쉬운지, 혹은 무엇은 걱정하지 않아도 좋은지, 아니면 열 세대 전의 '내 핏줄들'이 어떤 사람들이었는지에 관해 과학이 말해 줄 수 있는 것을 누군들 알고 싶지 않겠는가? DTC 유전자 검사는 과학을 알기 쉬운 형태로 '집'에 가져다준다. 지식이 고도로 전문화되고 소수에게 머무는 오늘날에는 흔치 않은 일이다.

유의미한 정보를 제공해 DTC 소비자들에게 그들이 무엇을 받게 되는지를—또한 무엇은 받지 않는지를—분명히 알리는 것이 실질적·윤리적으로 중요하다는 점은 아무리 강조해도 과하지 않다. CAR-T 연구에서처럼 유전자적으로 적절한 새로운 치료법을 찾는 것과는 달리, 개인의 유전자적 운명에 대한 이 검사들은 유용성은 차치하고라도 대개는 그 의미부터가 매우 불분명하다. 일반적으로는 특정 질병이나 자질에 '대한 유전자'가 존재하지 않는 것과 마찬가지로, 유전자적 위험이나 이익에 관한 분명한 답도 드물다. BRCA1이나 BRCA2 유전자와 치명적인 유방암이나 난소암의 관련성처럼 답이 있을 때도, 검사를 통해 이익을 얻을 가능성이 있는 여성들 또한 그 결과에 관한 전문가의 상담을 받을 수 있어야 한다. 대부분의 유전자는 기본적으로 여러 유발 요인들의 복잡한 배열(환경, 식단, 생활양식, 그리고 운)을 만나야 어떤 질병이나 특성을 만들거나 예방한다. 여기에는 우리의 다른 유전자 2만 개 중 어떤 것과의 상호작용도 포함되며, (사회적으로 통용될 만한 그 어떤 흥미로운 팬데믹에서도) '우리'가 아닌, 우리 장 속에 있는 DNA는 말할 것도 없다.

오늘날 DTC 검사를 통해 알게 된 방법들의 고유한 조합을 통한 발병 예방의 전망은 천국보다는 허상과 희망 사이 어딘가에 가깝다. 일부 소비자들은 자신이 할 수 있는 게 없다는 나쁜 소식을 받을 수도 있다는 걸 모른다. 이것은 DTC 검사가 정확하다는 전제를 깔고 있다. 한 면밀한 연구로, DTC 회사들의 유전자 원자료 검사 결과 중 40퍼센트가 위양성임이 확인됐다.[33] 2013년, FDA는 부정확한 검사는 소비자들에게 위험을 초래할 수 있다며 23앤드미23andME[†]에 경고 조치를 내렸다. 23앤드미는 사과했고, 이후 소비자들에게 파킨슨병을 비롯한 일부 건강상 위험들에 대해 언급할 수 있도록 허가받았다. 하지만 한 FDA 관계자가 지적한 대로, "유전자상의 위험은 보다 큰 퍼즐의 일부일 뿐이며, 최종적으로 병으로 발전될 것임을, 혹은 그렇지 않을 것임을 뜻하는 게 아니다."[34]

이 수천만 달러짜리 산업의 사업 모델을 이해할 필요가 있다. DTC

† 2006년에 설립된 기업으로 질병 예측을 위한 유전자 검사 키트가 주력 사업이다. 창립 초기에는 유일한 DTC 판매사였다. 이름의 '23'은 인간의 염색체가 총 23쌍인 데에서 착안한 것이다. 스타트업으로 출발해 대규모 투자를 유치하며 사세를 불린 '유니콘 기업'으로, 검사의 효용이나 개인 정보의 상업적 이용 등의 문제로 논란을 겪기도 했다.

유전학 회사들은 당신에게 돈을 지급하고 당신의 DNA에 대해 알아낸 뒤 당신의 유전자 자료를, 늦든 이르든 가치 있는 수준이 될 때까지 다른 소비자들의 것과 모으는 쪽을 택할 수도 있었다. 23앤드미는 세계에서 가장 큰 생체 자원은행을 가진 것으로 보고되며,[35] 그런 '빅데이터'를 기반으로 하는 약물·질병 연구로 진출했다. 빅데이터에 기반한 개인 맞춤형 의료는 환자들에게 큰 혜택이 되므로 우리는 빅데이터 수집을 위해 대중의 신뢰를 얻는 가치 있는 노력들을 지지한다. 가치 있는 노력으로, 대중에게 사생활 위험을 알리는 일을 들 수 있다. 2018년 23앤드미와 다른 여러 유전자 검사 회사들은 소비자들의 유전 정보를 의학 연구를 진행하는 제약사와 같은 제3자에게 제공하기 전에 "각각에 대한 명시적 동의"를 구할 것이며 이 정보는 "비식별 처리"되므로 개개인과 연결되지 않는다고 발표했다.[36] 하지만 Y 염색체에서 얻은 자료로 일반인이 열람할 수 있는 가계 데이터베이스를 조금만 뒤져 봐도 미국에 사는 어떤 남성의 성을 알아낼 수 있다.[37] 우리는 모든 상업적 웹사이트 첫 페이지에, 이 사이트에 유전 정보를 제공하면 종종 예기치 않게 다른 목적에 사용될 위험을 지게 된다고 분명히 명시하는 "구매자가 주의하시오"라는 경고를 달아야 한다는 제안에 동의한다.

법 집행을 비롯해, 유전학의 기대치 않은 용도에도 많은 사회적 이점이 있을 수 있다. 범죄 해결 과정에서 흉악범의 '사생활'이 존중되지 않았다며 문제를 제기할 이는 없을 것이다. 하지만 일반인이 열람할 수 있는 빅데이터베이스를 통해 2018년, 오래 잡히지 않아 캘리포니아 주민들을 공포에 떨게 했던 연쇄 강간범이자 살인범을 찾아냈다는 소식에는 많은 이들이 놀랐다. 열 명이 넘는 사람을 살해하고 쉰 명이 넘는 여성을 강간한 그는 수십 년째 행적이 묘연했다. 어떻게 마침내 이 연쇄 강력범을 발견했을까? 이 흥미로운 이야기의 주연은 탐정이자 DNA 전문가인 폴 홀스로, 그는 DNA 샘플을 구하고 일반인이 열람할 수 있는 웹사이트를 통해 유전적 계보를 샅샅이 뒤지면 범인을 찾을 수 있으리라고 직감했다.[38]

탐정 홀스는 덜 알려져 있는, 군더더기 없는 [DNA 정보 비교 사이트] GED매치로 시작했다. 그는 가명을 써서 살인범의 DNA 샘플을 보냈고 이를 통해 첫 단서로 관련성이 뚜렷한 수십 명의 목록을 얻었다. 19세기 초까지 거슬러 올라가 찾은 끝에 그는 그들 모두의 공통 선조를 발견했고 이번에는 잘 알려져 있는 [유전자와 사료를 토대로 가계 정보를 제공하는 사이트인] 앤세스트리닷컴Ancestry.com을 이용해 가계도를 그리고 용의자를 추렸다. 캘리포니아의 이 살인범은 전직 경찰로, 그 덕에 덜 의심받은 한편 법망을 능숙히 피할 수 있었던 것으로 밝혀졌다. 이 범죄 미스터리의 결말은 빅데이터베이스와 결합된 DNA가 신원을 밝혀내는 탁월한 능력을 잘 보여 준다. 그 이후로 많은 살인 '미제 사건'들이 재조사되었고 유전자 데이터베이스를 통해 용의자들이 확인되었다. 여전히 법적인 관문이 기다리고 있기는 하지만 DNS의 다양한 활용도는 이미 무엇이 개인적이고 사적인 정보로 여겨지는지에 관한 전통적인 개념들을 바꾸어 놓기 시작했다. GED 매치는 이용자들에게 해당 사이트가 다른 용도로 이용될 수 있음을 알렸을 뿐만 아니라 이 기대치 않은 용도가 밝혀진 뒤에는 범죄에 연루되었거나 피해를 당한 친인척을 확인하는 등의 다른 목적에 사용되기를 원치 않는다면 DNA를 업로드하지 않거나 삭제해야 한다는 경고를 눈에 띄게 게시했다. 이 같은 재빠른 대처—모든 이용자들에게 유전자 정보의 잠재적 활용도를 눈에 띄게 경고하는 것 — 는 따라할 만한 가치가 있는 본보기이다.

크리스퍼

1990년에 시작한 인간 게놈 프로젝트에는 대중과 의회의 우려를 의식해 유전공학의 윤리적·법적·사회적 함의ethical, legal, and social implications, ELSI에 관한 프로그램이 포함되었다.[39] 예상대로 순식간에 갖가지 쟁점들이 제기되었다. 미국과 유럽의 몇몇 연구진이 각자 당시 실험실들에서 가능했던 그 어느 기술들보다도 훨씬 효율적인 기술 — 이후 유전자 편집이라 불리게 된 — 을 개발했다고 발표한 2010년대 초, DNA의 일부를 제거하거나 대체할 수 있는 능력이 급속히 증대되었다. 몇 년이 지나지 않아 '크리스퍼'는 대중적인 과학 용어가 되었다.[40]

크리스퍼/캐스9CRISPR/Cas9(크리스퍼는 '주기적으로 나타나는 짧은 회문 반복서열'clustered regularly inter-spaced short palindromic repeats이라는 뜻이다)은 박테리아가 바이러스에 대한 면역을 가질 수 있게 해주는 고대로부터 이어져 온 체계를 이용한다. 이전의 생명공학적 수단들과 달리 크리스퍼는 효소나 화학적 촉매를 이용해 선택된 DNA 염기서열 어디에든 RNA를 결합시키고 그 위치의 DNA를 잘라낸다. 그러면 연구자들은 그 틈에 새로운 유전물질을 삽입할 수 있다. 여러 실험 목적에 따라 다른 효소들도 쓰이지만, 크리스퍼에서 가장 널리 쓰이는 효소가 캐스9이다.

겸상적혈구빈혈증, 낭포성섬유증, HIV/AIDS, 특정 형태의 암, 근위축증, 헌팅턴병, 일부 신경퇴행성 질환을 비롯한 여러 병들이 환자 체세포의 유전자조작에 맞는 잠재적 표적으로 확인되었다. 크리스퍼를 이용해 이 질병들에 대한 치료법을 개발하는 것이 간단치는 않을 것이다. 예컨대 초창기의 실험실 작업이 보여 주었듯 인간의 면역 체계는 캐스9을 거부할지도 모른다. 하지만 다른 효소들이 이미 크리스퍼와 연관된 기술에 이용되고 있으므로 이것이 꼭 큰 차질인 것은 아니다. 영아형 백혈병의 한 형태에 치료 뒤 환자의 몸에 골수를 이식하기 위한 다리로서 보다 구식의 유전자 편집을 이용하는 것에 성공한 바 있으므로,† 유전자 치료를 위한 유전자 편집이라는 개념이 성립함은 증명된 셈이다. 하지만 안전성, 효율성, 그리고 잠재적으로 유전자 치료의 도움을 받을 수 있을 많은 환자들에게 적용되기 위해서는 중대한 장애물들을 극복해야 한다.

기술 개발이라는 과제와 함께, 이 장에 서술된 의학적으로 유망한 모든 생명공학 기술들과 마찬가지로 유전자 편집은 일부는 익숙하고 일부는 그렇지 않은 수많은 윤리적 쟁점을 제기한다. '비자연적인' 생물학적 기능들에 대한 발상을—앞서 논의했던 '신 노릇'이나 어리석게도 자연을 백지로 취급하는 것에 관한 우려와는 별개로—불안해하는 이들도 일부 있었지만, 주된 쟁점은 그것이 너무 위험한가, 아닌가 하는 것이었다. 질병 치료를 위해 유전자 편집으로 체세포를 조작하는 것이 과학적으로 용이해지면 유전자 치료 인체 실험에 적용되는 것과 동일한 윤리적으로 건전한 규칙들이 유전자 편집에도 적용되게 될 것이다.

우리가 『포린 어페어스』*Foreign Affairs* 지에서 논한 바 있듯, 미국에서 인간 유전자 편집을 수반하는 모든 연구는 의학 연구를 관장하는 엄격한

† '다리로서'라는 말은 여기서 언급된 것이 이식 가능한 T세포를 찾기 전까지 건강을 유지하기 위한 치료로 완치를 고려한 것은 아니었음을 가리킨다.

규제 기준에 반드시 부합해야 한다.[41] 일부 규칙들은 과학자들의 작업이 FDA 승인을 필요로 하거나 연방 재정의 지원을 받는 경우처럼 규정으로 공식화되어 있다. 과학계의 자체 규정을 비롯해, 인간 유전자 편집을 관장하는 다른 비공식적 규칙들도 있다. FDA는 연구자들에게 지연된 부작용을 발견하고 그에 대처할 수 있도록 시험이 끝나고 15년까지 유전자 치료 시험 참여자들을 추적 조사할 것을 권장한다. 유전자 치료 제품의 일반 판매를 승인하고 나면 FDA는 필요에 따라 회사들에 사용 모니터링, 부작용 보고, [리콜 등에 관한] 공공 경보 등을 요구한다. 여타의 세포 조작과는 다른 형태이기는 하지만 크리스퍼를 이용해 체세포 유전자를 조작하는 과정이 안전상 혹은 윤리적으로 새로운 쟁점을 제기하지 않는다면 이런 규제 제도로 충분할 것이다.

개개인의 생식세포 조작에 대해서는 이렇게 말할 수 없다. 대물림되는 유전자를 담고 있기 때문이다. 유전된다는 점에서 생식 계열 조작은 —생물학적인 측면에서는 물론 세계의 사회적 측면에서, 여러 세대에 걸치는—막대한 이익의 전망을 제시하는 동시에 '위험과 이익을 어떻게 평가해야 할 것인가' 하는 복잡한 질문들을 제기한다. 인간 게놈의 조작이 개별 환자뿐만 아니라 전체로서의 인류에도 위험을 제기한다는 것은 전혀 과장이 아니다. 빠르게 번식하는 모기 같은 종과는 달리 우리 인간 종은 많은 수를 재생산하기까지 오래 걸리며, 따라서 인간 생식 계열에서 생물학적으로 혹은 사회적으로 유해한 변화가 드러나기까지는 수십 년 혹은 수백 년까지도 걸릴 수 있다. 그런 위험을 지금 무시해서는 안 될 더없는 이유이다. 인간의 복잡한 생물학적 체계에서 유전될 수 있는 한 부분을 조정하는 것은 공중보건과 사회의 안녕에 돌이킬 수 없는 장기적 영향을 보다 널리 미칠 수도 있다.

유전자 편집의 잠재적 이익은 여전히, 반드시 그 위험과 함께 고려되어야 한다. 유전자 편집은 유방암이나 낭포성섬유증 같은 생명을 위협하는 질병의 위험을 증가시키는 유전자의 전달을 예방할 수 있을 것이다. 예컨대 (종양 예방에 도움이 되는 유전자인) BRCA1 및 BRCA2 유전자의 특정 변이와 연관된 유방암 가족력이 있는 경우 자신의 유전자를 편집함으로써 후손들을 지키려 할지도 모른다. 엄선한 배아를 모체에 이식하는 체외 수정 과정에서 이런 조작을 할 수 있다. 조사 결과들에 따르면 미국인들은 대체로 유전자 편집 연구는 생식 계열의 편집을 수반한다 하더라도 개선이 아니라 질병 예방에 선순위를 두어야 한다는 국립과학학술원의 2017년 보고서에 동의한다.[42]

질병 예방의 전망만으로는 연구자들이 독단으로 생식 계열을 편집하는 일을 정당화할 수 없다. 이런 사실이 극적으로 확인된 것은 중국의 한 연구진이 사전 승인이나 공지가 전혀 없어 보이는 상황에서 HIV의 한 종류에 저항성을 갖도록 인간 배아를 유전자적으로 조작했고 그 결과 쌍둥이 여아가 태어났다고 발표한 2018년의 일이었다.[43] 가장 기본적인 여러 윤리 기준들을 노골적으로 준수하지 않은 그들은 마땅한 분노와 맞닥뜨렸으며, 이는 미국 및 세계 과학계에 무책임한 유전자 편집에 대한 규칙과 제재를 전 세계적으로 보다 엄격히 적용하라는 압력을 다시 한번 불러일으켰다.

과학의 실행과 가치는 모두 투명성을 요한다. 17세기 로버트 보일Robert Boyle과 크리스토퍼 렌Christopher Wren 등 일군의 빼어난 자연철학자들은 스스로를 초창기 우편 제도를 통해 생각을 교환하는 "보이지 않는 대학"으로 생각했다.[44] 21세기의 과학 소통은 즉각적이면서도 지구적이어서, 과학자들의 "지구적 대학"을 만들어 낸다. 비가시성은 더 이상 용납될 수 없다. 장기적으로는 가능하지조차 않다. 과학적 작업에 대한 자금 지원과 규제는 갈수록 지구적으로 되고 있으며 또한 그래야만 한다. 여러 국가들과 회사들이 무언가를 처음으로 발견하고 시장에 내놓기 위해 경쟁하고 있지만 생의학의 윤리와 이익은 결코 사유물로 취급되어서는 안 된다.

유전자 편집 기술 수준이 빠르게 높아지는 가운데, 진정한 진보의 지속을 위해 많은 윤리적 쟁점들이 다뤄져야 할 것이다.[45] 자료 이용은 투명하게 공개되고 있는가? 유전될 수 있는 특성에 대한, 미래 세대에 강력한 위험을 부과하는 방식의 조작을 막을 방지책은 충분한가? 그리고 새로운 의과학의 이익들은 필요한 이가 비용 부담 없이 이용할 수 있게 될 것인가? 이 중요한 질문들에 확실히 대답할 수 있을 때에야 우리는 또한 세포의 문을 연 미래가 천국까지는 아니라 해도 허상보다는 희망이라고 말할 수 있을 것이다. 그 미래는 공중보건과 보건의료 모두의 건설적 변화에 강력히 기여하리라는 현실적인 약속을 내걸고 있다.

에필로그

마음을 바꾸기

수백만 년 전 우리의 선조들은 머리를 공격하는 것이 얼마나 큰 위해를 가하는지를 알게 되었다. 그럼에도 인간의 유골은 아마도 뇌압을 낮추기 위해 고대의 외과의들이 기꺼이 두개골에 구멍을 뚫었음을 보여 준다. 두부 외상이 전부 똑같지는 않음을 깨달았던 것이다. 같은 상처인데 그렇게나 다른 이유가 무엇인가? 미스터리는 수백 년에 걸쳐 점점 커졌다. 19세기 미국 철도 노동자 피니어스 게이지는 끝에 폭약 분말을 부착한 긴 쇠막대를 써서 바위에 구멍을 뚫는 작업을 하고 있었다. 그런데 갑자기 폭약이 점화되어 막대가 피어스의 두개골을 뚫었다. 한 쪽 눈의 시력과 뇌 앞쪽의 상당 부분을 잃었음에도 게이지는 살아남았다. 물리적으로는 같은 사람이었지만, 그를 알았던 많은 이들은 사고로 그의 성격이 완전히 바뀌었다고 했다. 그는 더 이상 근면하고 책임감 있는 "옛날의 피니어스"가 아니었다. 게이지가 부상을 당한 즈음, 프랑스의 외과의 폴 브로카는 외상으로 뇌 앞쪽의 한 영역을 잃은 사람들이 말하는 능력을 잃었다는 것을 발견했다. 뇌 결손은 우리에게 많은 것을 알려 주었다. 사고를 통해서만은 아니다. 뇌 뒤쪽에 있는 커다란 구조물인 소뇌 없이 태어나는 사람은 신체적으로 느리고 서투르고 건망증이 심할 수 있지만 그럼에도 꽤 잘 지낸다.

오늘날 수십만 명의 이라크·아프가니스탄 참전 군인은 다른 모든 전쟁에 참전한 이들과 마찬가지로 급조폭발물†[사제 폭탄]의 충격파나 파병지에서 겪은 사고에 따른 외상성 뇌손상으로 고통받고 있다. 신체 나머지 부분을 보호해 주는 현대의 방호구는 머리는 온전히 보호해 주지는 못한다. 외상성 뇌손상을 입은 많은 참전 군인들은 대화 치료나 표준적인 약물 치료에 반응하지 않았다. 게이지와 달리 그들의 부상은 현미경으로 조직을 비추지 않는 한 보이지 않지만, 그에 못지않게 삶을 바꿔 놓았다. 오늘날 수백만 명의 고령자는 공중보건의 증진 덕분에 훨씬 오래 살게 되었지만 알츠하이머와 같은 치매를 경험하고 있다. 보다 젊은 사람들 사이에서는 자폐나 정신병 등이 의학의 진보에 굴하지 않고 좌절을 안기고 있다.

뇌와 연관된 질환들은 환자, 가족, 친구, 공동체가 겪는 인간적 고통의 근원들 가운데 가장 파괴적이고 가장 상심되는 쪽에 속한다. 정신증 징후가 특징인 조현병은 정신 질환의 사회적 충격, 치료법 개선을 위한 오랜 분투, 기초 뇌과학 발전의 시급한 필요성 등을 잘 보여 준다.

† 아프가니스탄과 이라크 지역 같은 중동 지역의 테러범들이 주로 사용하는 무기. 흔히 사제 폭탄, 지뢰덫, 부비트랩 등으로 불리기도 한다. 현재 중동 지역에 주둔하는 미군들의 주된 사망 원인이 될 만큼 위력을 발휘하고 있다.

1950년대의 항정신병약과 그 이후의 신약들은 일부 환자들의 증상을 완화시켰지만 기저 질환에 대응하거나 일상생활에서의 기능 수행 능력을 높이지는 못했다. 예를 들어 직업 활동에는 많은 이들이 당연한 것으로 여기는 정신적 능력들, 주의력, 집중력, 작업 기억 등이 필요하다. 전부 조현병에 의해 흐트러지는 능력들이다. 현재로서는 회복의 예후가 좋지 않다. 조현병 환자 중 완전히 회복하는 이는 20퍼센트에 못 미친다. 최근 신경과학에서 진보가 이뤄지고 있기는 하지만, 우리가 알고 있는 세계에서 가장 복잡한 대상[인간의 뇌]에 대한 과학적 이해는 여전히 우리의 지적인 과제일 뿐만 아니라, 도덕적 책무이기도 하다.

하나의 뇌, 여러 개의 길

이 책 전체에 걸쳐 우리는 의학의 진보와 함께 찾아오는 불가피한 도덕적 선택들의 여러 가지 사례를 논했다. 우리 각자가 우리 자신, 우리가 사랑하는 이들, 또는 스스로는 말할 수 없는 이들을 위해 내려야 하는 어려운 결정들과 관련된다는 점에서 이 선택들이 부과하는 과제는 개인적이다. 우리는 지식을 진전시키고 보건의료를 제공하는 일에서 공적·사적 기관들이 수행하는 역할에 대해 고심하고 있기에, 그것은 또한 집단적 과제이기도 하다. 아무리 힘든 결정이라도 끝내 모두를 만족시키지는 못할 테지만 온전히 피할 수는 없는 결정들이다.

파킨슨병 이야기는 더 좋은 뇌 질환 치료법을 찾는 일의 시급성과 여러 가지 과학적 전략들이 지금까지의 진보에 어떻게 기여해 왔는지를 잘 알려준다. 1950년대의 동물 연구는 아미노산 엘도파L DOPA가 이

병과 관련된 고통스러운 떨림을 경감시킴을 입증했다. 몇 년 뒤, 파킨슨병 환자의 뇌 부검을 통해 뇌 화학물질인 도파민이 정상 수치보다 낮은 것이 알려졌다. 의사들은 환자들에게 도파민 전구물질인 엘도파를 투여하는 법을 알게 되었다. 신경학자 올리버 색스Oliver Sacks가 쓴 엘도파에 관한 책[1]에서 영감을 얻은 <사랑의 기적>Awakenings†이라는 영화는 엘도파 요법을 찬양하면서도 또한 관객들에게 그 한계를, 그리고 자아 감각을 잃어 가는 누군가와 연관된 슬픔을 상기시켰다. 수십 년 뒤 신경과학의 진전은 목표한 일군의 뇌세포들에 전기 자극을 주는 장치를 심는 뇌심부자극술deep brain stimulation, DBS의 도입에 기여했다. 뇌심부자극술은 많은 이들에게 삶을 되찾아 주었지만 여전히 기저 질환이 아니라 증상에 대처하는 것일 뿐이다.

약물과 장치는 모든 종류의 질환에 큰 이익을 줄 수 있으며 다른 것으로 효과를 전혀 보지 못했을 때에도 효과를 낼지 모른다. 하지만 때로는 우리 몸이 자체적으로 우리의 안녕을 위한 보다 기본적이고 간단한 자원을 제공할 수도 있다. 예컨대 물리치료는 기력을 약화시키는 약물 부작용이나 침습적인 수술 없이 파킨슨병 증상의 진척을 늦출 수 있다. 여기서 물리치료가 뇌에 미치는 영향 또한 중요한 가르침을 준다. 한 세기가 족히 넘도록 의심받아 왔으며 우리의 건강에 해가 될 지경으로 너무도 자주 무시되어 온 가르침이다. 뇌는 우리 생각과 행동의 원천으로서 존재할 뿐만 아니라 또한 우리 생각과 행동에 의해,

† 배인브리지 병원에 부임한 의사 세이어(로빈 윌리엄스 분)는 뇌염후증후군에 걸린 기면성 환자들에게 반사 신경이 살아 있음을 보고 환자들을 깨우기 위해 애쓰다가 새로 개발된 파킨슨병 치료제 엘도파를 환자 레너드(로버트 드니로 분)에게 투여한다. 레너드는 기적적으로 깨어나지만, 원래대로 다시 돌아간다.

종종 매우 크게, 변화한다. 우리 머릿속에 있는 이 놀라운 3파운드짜리 기관과 그것이 진화해 온 곳으로서의 환경 사이에는 강력한 피드백 루프가 작동하고 있다. 이때 환경이란 우리가 의식적으로 의도적인 행위들을 가하는 사회적 환경을 포함한다. 그런 행위로는 신체적인 운동이나 물리치료 외에도 의미 있는 작업, 지적·미적인 여가 활동이나 체육 활동, 시민 단체 활동, 우정, 사랑하는 관계 등을 들 수 있다. 전부를 열거하기에는 턱없이 부족한 목록이지만, 우리 뇌에서 비롯되고 또한 뇌에 피드백을 제공하는, 언제든 할 수 있는 사회적인 활동이 얼마나 폭넓은지를 말하는 데는 도움이 될 것이다.[2]

우리가 맺는 사회적 관계망(이는 우리의 삶에 변화를 일으킨다)과 우리의 뇌를 연결하는 강력한 경로의 한 가지 고전적 사례는 옥시토신이다. 옥시토신은 다른 사람과의 강력한 연관(연인들 사이에서뿐만 아니라, 아이와 양육자 사이에서와 같은 강력한 연관)을 맺도록 하는 신경화학물질이다. 옥시토신은 때로 "포옹 약"이라고 불리는데, 양쪽 모두에 어울리는 별명이다. 옥시토신 수치가 높다는 것은 대개 안전하다는 느낌과 함께 스트레스를 적게 받고 있음을 뜻한다. 여러 실험에 따르면 코를 통해 옥시토신 농축물을 흡입한 사람은 상대를 더욱 신뢰하게 된다. 하지만 우리를 사회적 관계들로 환원할 수 없는 것과 마찬가지로 뇌 화학물질로 환원할 수도 없다. 신경과학은 뇌 화학물질과 사회적 관계가 강력한 상호작용적 효과를 발휘해 우리의 건강과 삶의 경험에 영향을 미친다는 것을 보여 준다. 신경과학 강의를 수강한다고 해서 데이트 상대의 옥시토신 수치를 다른 사람보다 잘 조작하게 되지는 않을 것이다. 하지만 신경과학은 고위험 청소년을 비롯해 우리 자신과 다른 사람들이, 예컨대 담배나 다른 유해 약물, 위험한 성적 행동, 음주 운전, 고위험 범죄행위의 유혹에 넘어가지 않음으로써 보다 건강하고 오래 살 수 있도록 도울 좋은 방법들에 관한 많은 실마리를 제공한다.[3]

정부 기관은 수십 년간, 여러 공공장소에서 흡연이 금지되기 전 흡연 감소를 위해, 안전벨트 착용이 의무화되기 전에는 착용률 제고를 위해 공중보건 광고 캠페인을 해 왔다. 이런 캠페인들은 흔히 행동과학 연구 결과들을 토대로 메시지를 다듬으며, 상당한 개선의 여지를 제공한다. 안전벨트의 경우 "딸깍 소리가 날 때까지, 안전벨트를 매세요"나 "사랑한다고 말하는 좋은 방법입니다" 같은 메시지로 더 많은 사람이 벨트를 매도록 만들고자 했다.[4] 이 메시지들이 설득을 하는 것인지 조종을 하는 것인지를 두고 논란이 일었지만, 더 많은 이들이 벨트를 매게 하는 데 실패했다는 점에는 의심의 여지가 없다(안전벨트 사용에 대한 대중적 지지를 끌어올리기 위한 길을 닦았을 수는 있지만). 1985년, 뉴욕주는 보다 성공적인 종류의 캠페인을 진행했다. 설득도 조종도 아닌, 강제에 기대어 이렇게 방송했다, "뉴욕주에서는 이제 안전벨트 착용이 법적 의무입니다."

이 안전벨트 일화는 공중보건 광고 캠페인의 윤리에 관해 지금도 계속되고 있는 논의에 시사하는 바가 있다. 안전벨트 착용이 법적 의무가 된 것과 같은 시점에 생명윤리학자 루스 페이든은 공중보건 광고 캠페인이 정당화될 수 있는지를 날카롭게 묻고 있었다. 이성을 통해 설득하는(즉 개인의 자율성을 존중하는) 것이 아니라 기본적으로 공포를 비롯한 여러 감정에의 호소(즉 조종)를 통해 작동한다면 우리는 금연 캠페인을 지지할 수 있는가? 페이든이 이 질문에 답하는 방식은 우리가, 개인적으로나 집단적으로, 가치 있게 생각하는 모든 것을 [동시에] 극대화할 수 없다는 사실을 직시하는 것이다.[5] 우리는 고려해야 할 가치가 있는 다른 사안들(예컨대, 생명을 구하는 것, 비흡연자를 보호하는 것, 이런 것들이 가치 있는 목표라는 광범위한 합의를 지지하는 것, 상업적 이해관계에 따라 사람들이 건강하지 못한 선택을 하도록 조작하는 것에 대응하는 것)에 비추어 이성에 주로 호소하는 것을 적절히 중단해야 할 때가 언제인지 결정할 필요가 있다.

금세기에 신경과학은 우리의 의식적인 사유를 우회하거나 보완해 보다 건강한 삶의 경로를 선택하도록 동기를 부여하는 훨씬 효과적인 메시지들을 발견했다. 신경과학자들은 이제 뇌 영상, 대개 기능적 자기 공명 영상functional magnetic resonance imaging, fMRI을 이용해 각 피험자의 뇌 여러 부위를 지나는 혈류를 추적한다. 그들은 피험자들이 가장 효과적일 것이라고 말하는 것과 그들의 뇌가 여러 가지 금연 메시지나 이미지에 반응하는 방식을 비교한다.[6] 피험자들이 실제로 연구자들에게 가장 효과적일 것이라고 말하는 메시지와 비교할 때 어떤 메시지가 공중보건 진작에 가장 큰 힘을 발휘할지를 fMRI의 뇌 판독은 얼마나 정확히 예측할까? 신경과학자들은 더 건강한 게 분명한 것들, 즉 우리가 원해야 하는 것들을 행하도록 보다 효과적으로 동기를 부여하는 것이 무엇일지를 알려 주는 데 **대개 의식적인 마음보다 뇌가 훨씬 뛰어나다**는 것을 입증했다. 공중보건 캠페인에 대한 한층 더 정확한 예측은 뇌 영상을 자기보고self-reporting와 연결함으로써 해낼 수 있었다.

어떤 비판가들은 의식을 우회해 곧장 뇌에 접근하는 것을 자율성에 대한 모욕으로 여길지도 모른다. 우리는 이것이 행복한 역설이라고 생각한다. 자율성이 우리가 하고 싶은 것들에 대해 충분한 근거를 갖는 것을 뜻한다면 우리는 유해한 중독적 행위로부터 벗어나도록 조종당하기를 자율적으로 바랄 수 있다. 이 같은 제한적 의미에서, 사람들의 감정에 주로 호소하면서도 그들의 의식이 긍정하는 목표를 지향하는 효과적인 광고 캠페인은 개인의 자율성에 대한 존중과 화해될 수 있다. (뒤에서 논하겠지만, 신경과학 연구결과를 활용하면서 자율성이나 공중 보건 및 안전과는 훨씬 거리가 먼 다른 방식도 있다.)

"내 뇌가 시켰어요"

신경과학은 성큼성큼 발을 내딛으며 우리가 마음과 자기의식을 부여받은 피조물로서 기능할 수 있게 해주는 근본 기제를 이해하도록 돕는다. 우리의 마음은 뇌로부터 나온다. 하지만 뇌과학의 진보 자체가 우리가 우리 행동에 도덕적 책임이 있음을 이해할 수 있게 해주는 것은 아니다. 우리의 행동에 대한 인간적이고 윤리적인 이해는 우리의 도덕적 책임과 더불어, 개개인이 스스로 무엇을 하고 있는지를 알지 못할 때의 한계를 인정한다. 도덕적 책임을 크게 제한하거나 심지어 면제해 주는, 우리에게 익숙한 조건들이 있다. 뇌가 아직 미성숙한 유아기라든가, 심각한 뇌 부상을 입은 경우가 그러하다. 하지만 평범한 상황에서, 우리는 우리의 뇌일 뿐이라고 누군가[대표적으로 뇌과학자 딕 스왑Dick Swaab이 그렇게 말한다] 제아무리 우긴다 해도, 잘못된 행동에 대한 변명으로 "내 뇌가 시켰어요"라는 말을 받아 주는 사람은 없을 것이다.

예를 들어 아마도 뇌 활동을 영상으로 담는 가장 인상적인 방법일 fMRI로부터 잘못 도출될 수 있는 결론들을 생각해 보자. 복잡한 알고리즘을 가진 컴퓨터가 뇌 데이터를 해석해 피험자가 독서나 영화 보기, 명상 등의 과제를 수행할 때 뇌의 어디에 '불이 들어오는지'를 보여 주는 생생한 영상을 만든다. 이 영상은 상관계수에 기초하며, 실제 촬영 중인 사람의 뇌가 아니라 '평균적인' 뇌의 활동에 적용된다.† 그렇다고 그 영상이 덜 인상적이거나 과학적으로 덜 중요하게 되는 것은 아니지만, 이 영상들이 독서나 영화 보기나 명상에 있어 '실재하는 전부'라고 결론짓는 것은 비합리적인 일이 된다. 그저 우리의 뇌가 그 일들을 하는 것이 아니다. 우리가 하는 것이다. 전체로서의 우리 정체성은 뇌가 다가 아니다.

범죄를 계획하거나(혹은 행하거나) 거짓말을 하려 하는(혹은 하는) 사람들의 뇌 혈류 fMRI 영상은 최종 행위에 대한 그들의 책임을 면해주지 않는다. 위대한 과학자·작가·인도주의자들의 뇌가 다른 이들과는 다르게 '배선'되어 있다 할지라도 그들이 자신의 혁신적인 발견, 소설, 세계 평화에의 기여에 대해 노벨상을 받을 자격이 줄어드는 것은 아니다. 또한 우리는 사실이 뒷받침해 주는 한에서 범죄와 천재에 대한 일부 환경적 설명들을 받아들이고 있으며, 그렇다고 해서 우리가 사람들에게 비난이나 칭송을 돌리는 일의 윤리나 적법성을 포기해야 하는 것은 아니다.

또한 뇌는 전기화학적 구조물이기에, 파킨슨병과 같은 질환으로 인한 떨림을 제어하기 위해 내부에 전극을 넣거나, 현재 우울증 치료에 (DBS와 함께) 사용되는 것처럼 외부에서 전자기파를 가하는 방식을

† fMRI는 개별 신경세포의 활동을 직접 측정하는 것이 아니라 연구 목적에 따라 임의로 구획한 단위 구역의 혈중 산소치를 반영하는 신호를 탐지해 각 부위의 활성화 여부를 측정하는 기술이다. 측정 대상을 어떤 크기로 구획할지, 어느 정도의 신호 강도를 기준으로 활성 여부를 판단할지, '잡음'을 어떻게 걸러 낼지 등 여러 층위에서 평균적인 수치와 가정이 반영되며 통계적 검정 과정이 수반된다.

통해 뇌를 자극할 수 있다. 실제로 우리의 뇌는, 자궁 환경에서부터 당신이 지금 이 책을 읽고 있는 장소의 특질에 이르기까지, 그 안에서 우리가 획득하는 일상적 경험에 의해 달라진다. 우리 뇌가 처해 있는 환경에 비춰 변화한다는 사실은 그 환경을 조작하는 이들에게 특별한 책임을 부여한다.

상업 광고를 생각해 보자. [신뢰를 전제하는] 의사와 환자 또는 사랑하는 연인들 사이의 상호작용과는 달리 광고는 — 정치 공약과 마찬가지로 — 우리가 속을 수도 있다는 것을 알면서도 최악의 상황은 걸러낼 수 있으리라고 믿는 특수한 영역에 해당하는 듯하다. [하지만 뇌과학의 도구들 앞에서 속지 않기란 쉬운 일이 아니다.] 뇌과학은 정신적·신체적 건강의 증진 외에도 행동을 조종할 수 있게 만드는 도구들을 제공한다. 현대 심리학이 학제로 확립된 거의 그 시점에 마케팅 담당자들은 상품 판매에서 심리학이 가진 잠재력을 알아보았다. 1957년 언론인 밴스 패커드Vance Packard는 『숨은 설득자』*The Hidden Persuaders*라는 베스트셀러를 집필했다.[7] 패커드는 제품의 질보다는 소비자의 감정적 필요와 취약성에 호소하는 "동기 조사"[†]를 맹렬히 비판했다. 예를 들어, 케이크 믹스를 팔기 위해서는 소비자가 진짜 요리사인 듯 느끼게 만드는 것이 중요함을 깨달은 광고주들이 [믹스에 포함돼 있는데도] 상자 위 설명서에 우유와 계란 [그림]을 넣었다. 케이크를 만드는 데는 둘 중 어느 것도 필요하지 않았다.

† 동기 조사(motivational research)란 심층심리학적으로 소비자가 어떤 자극에 어떻게 반응하는지를 조사해 구매 동기를 분석하는 기법이다. 면접 조사나 문장 완성 테스트 등의 방식을 이용한다.

1950년대 이래로 뇌과학은 일련의 장비들과 함께 동기심리학을 토대로 삼고 있다. 광고에 대한 뇌의 반응을 연구하는 데는 fMRI에 더해 뇌전도검사가 적용되었다. 예를 들어 텔레비전 광고에 나오는, 뇌에서 감정 관련 부위를 활성화시키는 이야기들은 개인별 브랜드 선호도와 상관성을 띠는 경향이 있다. 우리는 어떤 감정이 결부되어 있을 때 사건들이나 지문의 내용 등을 더 잘 기억해 내는 경향이 있다—해마 같은 뇌내 기관들이 수행하는 기능이다—는 점에서 이는 그럴듯하다. 경쟁에서 우위를 차지하고자 하는 회사들이 또한 마케팅 전략 수립 과정에서 뇌 스캔이 구식의 포커스 그룹 인터뷰를 대체할 수 있게 되기를 바라는 이유를 어렵지 않게 알 수 있다. 자신들이 만든 헤드셋이 쇼핑을 하거나 텔레비전 광고를 보는 사람들의 뇌전도검사를 측정해 제공할 수 있다고 주장하는 업체가 최소 한 곳 있다.[8]

신경마케팅이라 불리는 이 신생 분야는 또한 일부 새롭고 일부 익숙한 윤리적 질문들을 제기한다. 상품 판매에 '마음을 읽는' 기기를 활용하는 것은 포커스 그룹에 광고 평가를 요청하거나 상점에서 사람들을 관찰하는 것 이상으로 반대할 만한 일인가? [포커스 그룹 조사 등에서의] 개인이나 소그룹의 응답에다 인터넷에서 구할 수 있는 소비자 대중의 온라인 행동에 관한 '빅데이터'를 더하면 또 어떤가. 2014년 페이스북은 부정적이거나 긍정적인 게시물이 사용자의 행동에 어떤 영향을 미치는지를 평가하기 위해 한 주간 거의 70만 명의 뉴스피드를 고의적으로 조작했다고 밝혔다.[9] 이 지점에서 생명윤리학의 영역은 기업 윤리의 영역과, 보다 놀랍게는 사이버 안보의 영역과 겹쳐진다. 지금으로서는 특정 회사나 국가가 선망의 대상이 되는 우위를 점하고 있지만, 장기적으로는 그 어떤 회사나 국가도 유의미한 격차를 갖지 않는 [지금보다 훨씬 더 심화된] 경쟁 구도로 바뀌지 않으리라는 보장도 없다.

확실한 것은 뇌 스캔, 빅데이터, 인터넷이 결합되면 사생활 [침해], 정보에 기반한 동의나 민주적 책임성의 결여, 강력한 기업 행위자들이 대중의 선호와 행동을 조종하는 능력 등이 현저한 문제가 될 수 있다는 점이다. 우리의 뇌는 물리적·사회적 환경과 네트워크를 이루고 있기에 이런 기술들에 의해 강력하게 조종당할 수 있다. 소셜네트워크 사이트들은 행동 데이터와 인터넷을 활용해 우리가 가장 '구미 당겨' 할 것으로 계산된 갖가지 것들을 선택적으로 '제공하는'feed 복잡한 알고리즘을 만들었다. '클릭 미끼'에 긍정적으로 반응하면 그들의 사업모델에 기여하게 되는 것이다.

물건을 파는 데 신경과학의 도구들을 사용하는 것은 생각을 파는 데 사용할 때의 잠재력에 비하면 사소한 일이다. 어떤 면에서 여기에는 뇌 기술은 거의 필요치 않다. 지금까지 그래 왔듯, 우리의 사회관계망을 통해 인터넷에 퍼져 있는 자료만으로도 우리가 세계를 보는 방식에 영향을 미치거나 그 정도를 측정할 수 있다. 상품 판매자들은 실험실에서의 스캔을 통해 브랜드명, 로고, 혹은 동영상이 사람의 뇌에 미치는 영향을 알아 가고 있다. 이제 그들은 특정 브랜드에 대한 반응과 연관되는 '신경 프로필'을 만들 수 있다.[10] 회사들은 이 지식을 이용해 정치체제를 혼란시키려는 목적을 가진 이들에게 서비스를 판매해 이윤을 낼 수 있다. 인터넷과 소셜미디어를 활용하면서 현대적인 마케팅 방식들은 보다 효율적이게 되었고, 그만큼 더 위험한 것이 되었다.

허위 메시지들이 한 번 퍼지고 나면 그 피해를 되돌리는 것은 거의 불가능하다. 여러 정부는 오랫동안 상대의 사기를 꺾을 목적으로 자신들이 목표로 삼은 집단을 심리적으로 조종하는 선전전을 해왔다. 미국은 민간인 거주 구역이나 군사적 표적지에 유인물을 뿌렸고, 일본은 제2차 세계대전 당시 흔히 '도쿄 로즈'라고 불렸던 여성 아나운서의 라디오 방송을 태평양 연안 미국군을 향해 송출했다. 21세기에는 비국가 행위자들 또한 많아져서, 정치 선동에 라디오 대신 인터넷이나 새로운 소셜미디어를 이용하고 있다. 전파 효과가 있는 이런 매체들을 이용해 과격 집단 ISIL(이라크-레반트 이슬람 국가Islamic State of Iraq and the Levant)은 2014년을 시작으로 섬뜩한 참수 장면을 담은 끔찍한 영상들을 게시하고 있다. 적어도 2016년부터 미국 선거에 영향력을 행사하려 시도해 온 러시아 어용 단체들은 심리적 조종, 거짓말과 기만, 인터넷 소셜네트워크를 결합시키고 있다. 역설적이게도 인터넷을 만든 것은 1960년대 펜타곤의 첨단 과학 부서였다.

금연 운동을 펼치고 건강한 습관을 독려하는 공중보건 캠페인들이 보여 주듯, 어떻게 보든 신경 프로필 작성에 기반한 마케팅에 나쁜 소식만 있는 것은 아니다. 이 도구들은 약물 남용과 같은 유해 행동에 관한 공중보건 캠페인의 메시지를 훨씬 더 효과적으로 만들어 줄 엄청난 잠재력 — 그 일부는 이미 실현되고 있는 — 을 갖고 있다. 새로운 뇌 기술의 다양한 적용은 문자 그대로 놀랍기 그지없다. 참여하는 대중은 정부에 책임성을 요구하고 기업들을 공개적으로 비판하며 자기규제를 하도록 압박하거나 정부에 악질 행위자들에 대한 규제와 처벌을 요구함으로써 그것이 위험하게 사용되는 것을 막을 수 있다.

신경과학 실험실에서 무슨 일이 벌어지고 있는지, 연구자들이 우리의 뇌를 읽음으로써 얼마나 많은 것을 알아낼 수 있는지와 상관없이 우리는 개인은 정상적인 상황에서 자신의 행위에 책임져야 함을 마땅히 주장한다. 특히 우리의 법률제도는 우리의 뇌가 하는 일과 법적으로 우리에게 책임을 돌릴 수 있는 일을 암묵적으로 구분함으로써 법적 책임성을 부과하고 있다. 일반적으로 말해 책임의 기준은 신경과학이 아니라 법의 영역이며, 우리의 뇌가 하는 일은 법이 아니라 신경과학의 영역이다.[11] 가족이 협박받는 것과 같은 외적 강요나 협박, 또는 정신이상 (자신의 행위와 그 의미를 인식하지 못하게, 옳고 그름을 판단하는 능력을 상실케 하는 정신 질환)에 대한 기존의 증거가 없는 한, 유무죄 판단에 있어 개인의 사법적 책임을 면제하기는 매우 어렵다.

최소 의무 형량 조항이 없으면, 법원은 주어진 범위 내에서 개개인에 대한 양형에 개인의 환경과 정신 상태를 고려할 수 있다. 반성의 표현, 혹은 극단적인 환경 박탈이나 학대 역시 (최소 의무 형량 조항에 따라 그런 고려가 배제되지 않는 한) 형량 구형에 감안될 수 있다. 이런 요소들은 대개 제한적이고 엄격하다. 뇌 스캔을 통해 판단하지 않으며, 그래야 할 이유도 없다.[12] 여기에는 대개 어느 정도의 자비를 구할 수 있을 감경 사유에 관한—수천 년을 거슬러 올라가는—폭넓은 사회적 판단이 반영된다.

그런 점에서 자비의 여부와 정도에 대한 판단은 과학적인 근거만으로는 내려질 수 없다. 어쩌다 나쁜 친구들과 어울리다보니 물이 든 것이라 하소연 하는 조폭 단원에게 우리의 법률제도는 성인은 자신이 누구와 어울리는지에 대해 책임을 져야 한다고 말한다. 유무죄를 나누어 판결하는 일은 건전한 도덕철학, 건전한 법률제도의 몫이다. 일반적으로 말하자면 우리는, '우리 뇌가 시킨' 경우에조차 책임을 요구받고 처벌받을 수 있다.

개인의 법적·도덕적 책임은 뇌가 우리의 인격과 밀접히 연관되어 있다는 현대적인 이해와 양립할 수 있으며, 따라서 인간의 뇌나 그 부위들에 대한 실험은 깊은 윤리적 쟁점들을 제기한다. 예컨대 신경과학자 어빙 와이스먼Irving Weissman은 2000년대 초에 인간의 특정 뇌 질환 기전들에 관한 작업을 하고 있었다. 이미 의사들은 상대적으로 적은 수의 인간 신경세포를 동물들에게 이식해 암세포를 자라게 할 수 있을지를 보고 있었다. 와이스먼은 더 나아가 인간 줄기세포를 통해 거의 다 인간 뇌세포로 구성된 뇌를 가진 쥐를 만들 수 있다고 말했다. 이 인간-쥐 키메라(둘 이상의 다른 기원에서 나온 DNA를 가진 동물)는 파킨슨병 같은 질병들에 대한 약물의 효과를 연구할 플랫폼이 되어 줄 것이었다. 인간을 대상으로는 할 수 없는 실험들 말이다.

앞에서 우리는 키메라 실험동물들, 즉 서로 기원이 다른 세포들을 갖는 생명체들에 관한 윤리를 논했다. 그 동물들이 그 자체로 윤리적 쟁점을 만들어 내는 것은 아니다. 예컨대 전부 인간의 간세포로 된 어떤 간과 인간 뇌세포만을 가진 쥐는 무엇이 다른가? 현대인은 뇌를 자아와 의식의 ― 인지뿐만 아니라 온갖 인간적인 감정들의 ― 자리로 여긴다. 인간 그 자체라고 할 수 있을 무언가, 동시에 인간으로 존재한다는 것에 관한 중요한 무언가의 상당 부분을 뇌가 맡고 있다고 여기는 것이다. 쥐의 행동이 우리가 느슨하게나마 인간 특유의 행동과 연결 짓는 무언가를 닮기 시작하면 큰 문제가 된다. 이런 당황스러운 깨달음으로부터 대단히 도발적인 SF가 만들어진다.

(인간의 뇌세포를 가진) 키메라 쥐의 행동이 다르지 않거나 이 쥐가

일종의 '인간 사유' 혹은 '인간 자의식'을 갖지 않는다고 해보자. 여전히 많은 이들은 이런 종류의 실험은 인간과 비인간 사이의 선을 넘는 위험을 감수하는 것이라는, 아직 알려지지 않았으며 어쩌면 되돌리기엔 너무 늦었을 만큼 오래되기 전에는 알 수 없을 위험을 부과한다는 느낌을 받을 것이다. 우리의 자기이해와 관련해 뇌의 독특한 지위를 인정하기에 우리는 이런 우려에 공감한다. 하지만 또한 우리는 이런 실험들이 미래 세대에게 가져다줄 어떤 의학적 이익도 부정하고 싶지 않다. 이 모든 것을 중요하게 생각한 와이스먼은 스탠퍼드대 동료 법학 교수 행크 그릴리Hank Greely를 찾아갔다. 그는 다른 이들과 함께 와이스먼이 제안한 실험을 검토했다. 그릴리 등의 결론은 이러했다. "만약 그 결과물이 인간의 뇌 구조나 인간의 행동을 내비친다면, 또는 상당한 모호성만이라도 내비친다면 실험은 중단되어야 하며 새로운 정보를 토대로 재고되어야 할 것이다. 우리는 그런 재고가 어떤 결론이 되어야 할지에 대한 권고는 하지 않았다. 매우 신중하게 진행되어야 함을 당부했다."[13]

동물을 끌어들이는 실험들은 이 스탠퍼드 윤리학자·과학자들이 우려한 것과 같은 예기치 않은 사건이 발생하지 않도록 꼼꼼히 모니터링 된다. 하지만 뇌 조직과 관련된 실험들을 둘러싼 윤리적 쟁점은 동물 혹은 인간 연구에 국한되지 않는다.[14] 최근의 작업은 줄기세포로부터 배양된 뇌 조직이 작은 신경계 모델, 즉 '뇌 유사 기관'을 이룰 수 있음을 보여 준다. 이 (대략 콩알만 한) 축소 모형 기관은 인간의 뇌 전체나 뇌의 일부에 비길 바는 결코 못 되지만 그 특성은 충분히 재현하기에 동물에서 재현될 수 없는 조현병 같은 뇌 질환의 기초적 사항들을 이해하기 위한 실험 연구의 플랫폼으로 활용될 수 있는 가능성이 있다. 인간의 뇌세포를 조작하고 배양하는 일은 지극히 진지한 윤리적 주의를 요하므로, 일군의 윤리학자·신경과학자들은 이 샬레 위의 뇌 조직과 연관된 작업에 지침이 될 윤리적 틀을 개발할 것을 권고한 바 있다.

인간의 뇌세포를 비인간 동물에게 이식하는 것보다 AI에 관한 작업이 인간의 지적 능력에 보다 큰 잠재적 시련을 부과한다는 사실은 놀라울 수도 있겠다. 고등 영장류조차도 언제까지나 그들과 인간을 구별해 줄 분명한 생리학적 특성들을 갖고 있지만, 비생물학적 장치들은 동일한 진화생물학의 법칙에 구속되지 않는다. 1996년, 체스 명인 가리 카스파로프가 IBM의 딥블루에 패배해 수많은 체스 애호가들에게 충격을 주었다. 그리고 2016년에는 알파고라는 시스템이 전술적 선택지와 결과의 수가 체스에 비해 월등히 많은 바둑을 정복했다. 생물학적인 뇌가 작동하는 방식을 이해한 바를 토대로 오늘날의 신경과학자들은, '신경망'에 적용해 전에 없이 강력하고 창의적인 컴퓨터를 설계할 수 있는 중요한 몇몇 도구들을 제공하고 있다. AI가 SF 작가들의 상상력의 극한에 도달하리라고 생각하는 사람은 많다. 컴퓨터의 잠재적 '창의력' — 예를 들면 인간의 사생활을 파괴하는 능력 — 이 일상적인 인간사의 근본적 윤리에 무엇을 의미하게 될지를 따지는 사람은 훨씬 적다.

인간을 추월하는 동물이나 기계에 대한 우려는 전혀 새로운 것은 아니다. 앨빈 토플러는 1970년에 낸 베스트셀러 『미래의 충격』에 이렇게 썼다.

> 원칙적으로 말해, 우리가 …… 지극히 다양한 행동을 할 수 있는, 심지어는 '인간적인' 실수나 되는 대로 하는 듯 보이는 선택까지도 할 수 있는 휴머노이드 기계를 개발하지 못할, 요컨대 고도로 복잡하고 정교한 시험을 거치지 않고서는 행동적으로 인간과 구

> 분할 수 없게 만들지 못할 이유는 없어 보인다. 그런 시점에 이르면 우리는 공항 예약 카운터 너머에서 웃고 있는 자신에 찬 휴머노이드가 예쁜 소녀인지 공들여 배선된 로봇인지를 알아내려 애쓰는 새로운 기분과 마주하게 될 것이다.[15]

"예쁜 소녀" 같은 말을 쓰거나 비행기 표를 사러 예약 카운터에 간다는 점에서 시대에 뒤처지기는 했지만, 더 이목을 끄는 것은 토플러가 우리가 여전히 충분히 정교한 시험을 통하면 인간과 비인간을 구분할 수 있을 것이라고 가정했다는 사실이다. 구글 어시스턴트나 그와 비슷한 제품들은 "어"나 "음"까지 구사하는 철저한 대화형 시스템을 구축해 나가고 있다. 또한 조립 공장의 로봇이나 치매인들의 도우미로 쓰이는 로봇들은 대개 외관이 휴머노이드가 아닐 때 더 잘 작동하는 것으로 나타났다. 하지만 온라인 가상 비서든 공장 로봇이든, 두 경우 모두 또 한 가지 소중한 인간 기능의 한 형태로부터 도움을 받는다. 바로 기억이다.

살아 있는 기억

기억이라는 개념은 우리가 흔히 생각하는 것보다 훨씬 복잡하다. 현재까지는 그 어떤 정보 저장장치도, 기억을 인간은커녕, 인간보다 훨씬 단순한 생명체들만큼도 활용하지 못한다. 철학자·과학자가 오래도록 기억에 매력을 느껴 온 이유가 있는 것이다. 플라톤은 모든 배움을 어떤 영원한 실재에서 온 정보를 기억해 내는 일로 생각했다. 18세기

스코틀랜드 철학자 데이비드 흄David Hume은 사람이란 정신적 사건들의 집합체이며 따라서 우리의 상당 부분은 우리의 기억으로 이뤄져 있다고 주장했다. 이런 팬데믹은 논쟁적이지만, 분명 우리 대부분은 마치 기억 — 종종 재소환되고 재평가되면서 우리 의식의 밑바탕에서 작동하는 — 이 개인의 정체성에 핵심적인 부분이라는 듯 행동한다.

하지만 신경학자 올리버 색스가 『뮤지코필리아: 뇌와 음악에 관한 이야기』*Musicophilia*에서 묘사한 극단적인 기억상실증 환자는 새로운 기억을 수 분 동안밖에는 유지할 수 없음에도 자아감을 갖는 듯 보인다.[16] 결혼한 사이인 것을 알면서도 그는 아내를 볼 때마다 마치 여러 해 동안 보지 못했던 것처럼 반가워했다. 신경과학자 에릭 캔델Eric Kandel은 감동적인 자서전 『기억을 찾아서』*In Search of Memory*에서 그가 가재와 같은 단순한 해양 생물들의 뉴런을 연구해 이룩한 획기적인 연구는 물론, 자신과 자신의 가족이 어쩌다가 고향인 오스트리아를 떠나 미국에 정착할 수밖에 없었는지에 대해 회상하고 있다.[17] 캔델이 자신의 이야기를 나눌 수 없었더라면 그 얼마나 큰 손실이었을지. 캔델은 90년 동안이나 날카로운 기억력을 유지했지만, 기억력 저하는 흔하면서도 심각한 의학적·감정적 문제이다. 최근 신경과학자들은 캔델 등의 작업에 토대를 두고 뇌전증 같은 질환이 있는 이들의 기억력 회복을 도울 수 있는 기술을 개발하는 작업을 하고 있다.[18] 이 유망한 초기 성과들이 마침내는 알츠하이머병 등의 치매를 가진 이들에게 적용될 수 있으리라 기대된다.

물론 기억이 모두 즐거운 것은 아니다. 많은 이들이 잊고 싶어 하는 특히 고등학교 때의 부끄러운 일들 말고도, 트라우마 피해자들에게 있어 삶의 고통스런 사건들과의 감정적 연결을 끊어 내는 것은 삶을 바꾸는 작업이다. 몇몇 연구에 따르면 심장 질환 치료에 쓰이는 베타블로커라는 약물은 외상후스트레스장애를 유발할 수 있는 사건에 대한 기억과 연결되는 감정들을 둔화시킨다. 안타깝게도 다른 연구들에서는 기억의 본질을 이해하기에는 우리가 아직 한참 멀었다는 실망스러운 결론이 나왔다.[19] 그렇다고는 해도, 언젠가 영화 <이터널 선샤인>[†]에서처럼 기억을 선택적으로 편집할 수 있다면 어떻게 될까? 기억을 저장하는 뇌세포에 관한 실험들은 언젠가 특정한 기억을 선택적으로 삭제하는 약이나 장치의 개발 가능성을 내비치고 있다.

기억을 둔화시키거나 삭제할 수 있을 새로운 치료법들은 함의하는 바가 크다. 거창한 철학적 의미에서만 그런 것이 아니다. 예를 들어 법률제도는 증인을 필요로 한다. 그런데 피해자가 [과거의 고통을 잊기 위해] 기억 치료를 받기로 결정함에 따라, 중요한 증언이 사라지거나, 증거능력이 위태로워지게 되면 어떻게 될까? 그런 일이 허용되기는 할까? 기억은 그저 개개인의 뇌에 있는 세포에 기록되어 '우리 머릿속에' 존재하는 것이 아니다. 기억은 공유 자원이다. 가족 이야기에서부터 예술과 종교, 뉴스, 소셜미디어, 디지털 자료에 이르는 수많은 문화적 매체를 통해 전달되고 각색되는 것이다. 기억은 우리를 우리이게 하지만 또한 우리를 우리 자신에 그치지 않게 한다.

이것이 무슨 뜻일까? 우리에게 가장 의미 있고 지울 수 없는 기억은 많은 부분이 사랑하는 사람들, 친구들, 지인들, 우리에게 강한 인상을 남기는 이따금의 낯선 이들에 대한 기억이다. 우리는 그들의 팬데믹을

† 2004년에 발표한 미셸 공드리 감독의 영화. 헤어진 연인을 잊기 위해 기억을 지운다는 설정이 나온다.

받아들여 우리의 것과 한데 섞는다. 심리학자들은 이를 '팬데믹 수용'이라 부른다. 이처럼 도리 없이 인간적인 방식으로, 다른 이들의 삶은 그들의 것이면서도 또한 우리의 것이 된다. 기억은 자기 서사들의 직조물이 된다. 기억은 우리가 미래 세대에게 전달하는 이야기들이다.

사실 우리는 기억 속에서 죽은 이들의 이야기를 들을 수 있고, 실제로 듣는다. 이 책 첫머리에서 우리는 의사더러 에이미의 할머니 에바에게 직접 수술 동의를 받으라고 했던 에이미의 어머니 베이를, 그리고 팔을 절단한 후 받아야 했던 정보를 박탈당했던 조너선의 어머니 제르카를 불러냈다. 생사가 걸린 상황들에 대한 베이, 에바, 제르카의 경험은 우리 삶의 경험에서 중요한 일부인 동시에 우리의 기억이 되었다. 이는 우리가 그들과 유전자적으로 이어져 있어 가능한 것이 아니다. 사실 에이미의 어머니는 태어나면서 생모를 여의었고 에바에게 입양되었다. 저 기억들이 우리를 형성했고 우리가 『죽기는 싫으면서 천국엔 가고 싶은』을 쓰는 동기가 되었다. 키케로는 이렇게 말했다. "죽은 자들의 삶은 산 자들의 기억 속에 자리하고 있다."

기억과 함께, 미래를 향한 희망과 열망이 우리를 추동한다. 뇌과학의 진보는 자폐나 정신병을 더 잘 치료하고, 파괴적인 형태의 기억상실을 예방하며, 어떻게 하면 보다 건강한 습관이 사람들 몸에 밸 수 있게 가장 잘 유인할 수 있을지 알아내고, 가족·친구·동료 인간들을 위한 보다 나은 삶을 일궈 낼 수 있으리라는 현실적인 희망을 준다. 과학의 진보는 또한 언제나 우리의 윤리를 시험에 들게 하는데, 뇌에 대해 더 알아 가는 일 역시 예외가 아니다. 그 한계를 받아들이지 않으면서 신경과학이 줄 수 있는 모든 것을 갖고 싶어 하는 것은 죽지 않고 천국에 가고 싶어 하는 것이나 마찬가지다.

신경과학자들은 이제 인간의 뇌가 온갖 외부 자극에 어떻게 반응하는지를 보여 줄 수 있다. 갓 구운 빵 냄새는 우리 뇌로 하여금 당분과 지방을 갈망하게 만든다. 인터넷과 소셜미디어를 통해 퍼진, MMR 백신을 맞아 자폐가 된 아이들의 가슴 아픈 이야기는 많은 부모들을 자극해 아이에게 백신을 맞히지 않고 버티도록 만들었다. 그 엉터리 주장은 널리 신뢰를 잃은 사기적인 연구에서 나온 것이었는데도 말이다. 신경과학자들이 우리의 뇌가 어떻게 행동을 추동하는지를 더 많이 보여 줄수록, 누가 어떤 행동에 도덕적·법적으로 책임을 져야 하는지에 관한 고민은 더욱 중요해진다. 의과학이 진보를 밀고 나아가는 데는 언제나 윤리와의 협력이 필요했다.

정의를 추구하는 선함

축하할 만한, 더더욱 매진해야 할 중요한 진보가 하나 있다. 의료의 놀라운 발전, 선택에 관한 정보에의 접근성, 정보에 기반한 동의는 단 한 세대 만에 수백만 미국인들에게 크나큰 기여를 했다. 여성에게 여덟 명에 한 명 꼴로 닥쳐올 유방암이나, 여성 스물네 명마다 한 명씩 진단받는 결장암을 예로 들어 보자.[20] 좋은 건강보험과 좋은 의료를 누릴 수 있을 만큼 운이 좋다면 오래 살 가능성이 있다. 그런 여성 가운데 하나가 (이제는 은퇴한) 존경받는 학장으로 에이미와 함께 실천윤리를 강의하기도 한 에바 고스먼Eva Gossman이다.

1930년생인 에바는 그녀의 가족이 1948년에 미국으로 이주하기 전이었던 제2차 세계대전 시기에 다행히 나치를 피했다. 한 올곧은 기독교인 여성이 자신과 열 살짜리 딸의 목숨을 걸고 에바와 그 가족을 침실이 하나뿐인 자기 집에 숨겨 주었다. 나치가 점령한 슬로바키아에서였다. 에바는 감동적인 자서전 『악 너머의 선』*Good Beyond Evil*에 이 이야기를 담았다.[21] 이제 88세가 된 에바는 다른 의미에서도 생존자이다. 그녀는 두 번의 유방암과 한 번의 결장암, 세 차례에 걸쳐 주요 암에서 살아남았다. 고통과 불안이 낯설지 않으며 비관주의자를 자처하는 에바는 살아남았을 뿐만 아니라 건강상의 시련을 거치며 더 풍요로워졌다. 에이미가 그녀의 이야기에 대한 인용 허락을 구한 어느 겨울 아침, 에바는 매일 하는 3마일짜리 산책을 마치고 막 돌아온 참이었다. 빠르게 걷지 못하는 친구와 함께였으므로 좀 더 빠르게 걸으려 오후에 한 번 더 나섰다. 젊은이들에게나 늙은이들에게나 소중한 멘토인 에바는 긴 인생의 매일을 빼곡히 채우고 있다. 그녀의 이야기는 미국 보건의료의 주요 강점과 주요 실패를 잘 보여 준다.

지난 40년이 넘도록 에바가 활력 있게 장수한 것은 여러 가지 첨단 기술의 선별검사, 세 번의 수술(근치적 유방절제술 한 번, 단순 유방절제술 한 번, 결장 수술), 유전자 검사, 몇 건의 주요 신약 발견, 지속적인 전문가의 진료·진단·치료 덕에 가능했다. 두 번의 유방절제술 뒤 스무 해가 넘게 지난 1999년 12월 에바는 다시 한번 유방암 진단을 받았다(그녀의 첫 번째 유방암은 1975년 12월, 그녀의 생일날 발견되었다). 표준 화학요법 치료를 견뎠지만 2002년까지도 진단 검사에서는 종양표지가 점증하는 것으로 나왔다. 또 한 번의 암 재발을 시사하는 것이었다. 다행히도 혁신적인 의학 연구가 얼마 전 트라스투주맙Trastuzumab의 발견과 임상 사용 승인으로 이어진 터였다. 트라스투주맙은 널리 '기적의 약'으로 여겨졌으며 허셉틴이라는 상표로 판매되었는데, 가격이 매우 비쌌지만 그만큼 확실한 효과가 있었다.[22] 정기적인 허셉틴 주사를 통해, 유전자 검사에서 종양이 HER2 양성으로 확인된 많은 여성들의 —이 약이 없으면 치명적인—유방암을 완화시킬 수 있다.

에바의 암 치료 경험은 20세기 중반 내내 만연했던 "의사가 제일 잘 안다"와 "치료를 위한 특권"이라는 규범으로부터의 커다란 변화를 잘 보여 준다. 그 이후의 혁신적 신약의 발견 속도 역시 변화를 이끌었다. 수많은 검사와 치료 과정 내내 에바는 자신의 선택지에 대해 명확한 정보를 제공받았고 치료법들—일부는 부족한 정보에 기대어 개인적으로 판단해야 했던—에 동의하는 과정에 적극적으로 관여했다.

에바의 이야기는 기술적인 의료 역량 및 정보에 기반한 동의에 있어서의 혁명을 잘 보여 줄 뿐만 아니라, 에바 스스로 말한 대로 미국의 보건의료에서는 "역량과 분배가 함께 가지 않는다"는 점을 또한 알려준다. 에바는 여러 해에 걸쳐 반복적으로 에이미를 비롯한 이들에게 그녀가 받은 치료가 사회에 지우는, 아마도 그녀와 가족이 다 갚을 수 없을 높은 비용에 대한 우려를 표했다. 효험이 있다는 분명한 임상적 증거가 나온 뒤에도 만일의 경우에 대비해 허셉틴 투여를 계속하라는 의사의 권고에 그녀는 몇 년간은 동의했지만 나중에는 종양외과의와의 상담을 거쳐 중단하기로 결정했다. 진단 혈액검사는 계속 받았다. 그녀의 유방암과 (8개월간 화학요법을 받은) 결장암은 완화된 상태를 유지했다. 생명을 구하는 의료의 수없는 혁신과 윤리적인 환자 돌봄의 주요한 진전들이 한데 엮이면 에바의 이야기처럼 영감을 주는 이야기들은 이제 꽤나 흔한 일이 된다. 하지만 여전히 보험이 없고, 받을 수 있는 의료 서비스가 턱없이 부족한 수백만 명의 미국인들과 연대하고 있는 사람들이 보기에, 보건의료 분야에서 나타난 이 같은 혁신은 미국 사회가 놀라운 성과를 이룩한 보건의료에 대한 접근권을 수백만에 달하는 가난한 미국인들에게 제공하는 데 지속적으로 실패해 왔다는 사실과 극명한 대조를 이룬다.

계속되는 변화

생명윤리학은 미국 보건의료의 놀라운 변화에 동참해 왔지만, 그 과정이 완수되었다고 하기에는 한참 이르다. 어린 시절 우리는 의료부권주의의 마지막 잔재를 목격했다. 환자에게 진실을 말하고 정보에 기반한 동의를 요구하며 환자의 자율성을 존중하고 피험자를 보호하는 것에 관한 기대는 지난 반세기 동안 근본적으로 변화했다. 생명윤리학자들은 그런 변화를 구체화하고 토론하고 옹호해 왔다. 연구자로서, 교육자로서, 관찰자로서, 비판가로서, 때로는 활동가로서, 그들은 미국 보건의료의 변화에 동참해 왔다. 환자-의사 관계의 그 모든 갑작스런 변화에 응답할 생명윤리학은, 존재하지 않았더라면 발명될 수밖에 없었을 것이다.

자율성 존중이라는 원칙, 정보에 기반한 동의를 구할 의사의 의무를 비롯한 여러 생명윤리학적 가치들은 미국 보건의료에서 압도적인 수준으로 수용되었지만 보건의료를 모두에게 제공하는 일에 관한 정의의 원칙은 전혀 그렇지가 않다. 이 실패에는 여러 이유가 있다. 무엇이 정의인지에 대한 대한 입장 차는 철학 그 자체만큼이나 오래된 것이다. 영향력 있는 정의론들 사이에는 여전히 어마어마한 차이가 있다. 미국 보건의료에서 정의라는 화두는 의료적 문제를 넘어 우리 사회의 정치적·사회경제적 구조 자체에 닿아 있다. 이런 사실은 미국에서 누구에게나 접근성 있고 비용이 부담 없는 보건의료를 미국식의 당파 정치, 단기적 사고, 강력한 이익 단체들에 특히나 취약하게 만든다. 미국 정부는 국가적 법률의 통과보다는 저지가 쉽도록, 대대적인 지지가 있다 해도 논쟁적인 공동선을 위한 입법을 하기보다는 오만한 국가권력으로부터 시민을 보호하기 쉽도록 만들어져 있다. 그러므로 부담 없는 비용의 보건의료를 확대하기 위한, 거의 한 세기를 거슬러 올라가는 전국적인 정치적 싸움에도 불구하고 미국은 아직도 이를 제공하지 않는, 심지어는 재난적인 질환에 대한 보험조차 모두에게 제공하지 않는 유일한 주요 산업국가 — 또한 세계에서 가장 부유한 나라 — 로 남아 있다.

생명윤리학은 상이한 사회적·정치적 체제들에 응답해 스스로의 위치를 정한다. 미국 보건의료 체제는 점점 더 비용을 감당할 수 없고, 다른 어느 나라보다도 비용이 많이 들며, 평균적인 미국인, 특히 가장 취약한 이들을 위해서는 훨씬 적은 것만을 해내는 쪽으로 되어 가고 있다. 미국 사회 보건의료 체제의 불공평은 미국인들이 공동선을 위해 결집하도록 만들 엄청난 잠재성을 갖고 있다. 보건의료에 관한 미국의 선택들은 미국이 무엇을 우선시하는지를 드러낼 것이며, 모두에게 그들이 정당한 권리를 갖는 보건의료를 제공하기 위한 미국의 결단력을 시험대에 올릴 것이다. 미국 보건의료에서의 정의를 향한 변화와 여정은 모두가 계속해서 우리의 이성은 물론 동정심까지의 힘을 시험할 미완의 이야기이다.

2020년판 후기†

팬데믹 윤리

> 이 세상에는 전쟁만큼이나 많은 페스트가 있어 왔다. 그러면서도 페스트나 전쟁이나 마찬가지로 그것이 생겼을 때 사람들은 언제나 속수무책이었다.
>
> — 알베르 카뮈, 『페스트』††

1918~19년의 독감 팬데믹pandemic 이래 가장 심각한 전 지구적 보건 위기를 지나며 이 후기를 쓴다. 신종 코로나바이러스 확산을 막기 위해, 코로나19COVID-19 사망자 수를 최소화하기 위해, 우리는 여러 가지 의미에서 각자도생하고 있다. 한때 협업은 면 대 면으로 행해졌지만 지금은 온라인으로만 이뤄진다. 함께 사는 직계 가족을 제외한 누군가와 연락을 계속해서 유지할 수 있는 수단은 전자 기기가 유일하다. 이 같은 우리의 일상적인 선택으로 누군가가 죽을 수도 살 수도 있다. 인터넷 기술을 빌려 우리 둘은 마스크 착용 같은 간단한 것에서 백신 개발 같은 복잡한 것에 이르는 온갖 생명윤리학적 선택들을 고민해

† 2020년판 페이퍼백 버전에 추가된 후기를 저자들의 허락을 받아 실었다.

†† 알베르 카뮈, 『알베르 카뮈 전집 3』, 김화영 옮김, 책세상, 2010, 194쪽.

보았다.

수많은 생명을 구하고 팬데믹을 가능한 한 빨리 끝내려면 의학적으로 건전한 방식으로 행동해야 한다. 그것은 또한 흑인, 히스패닉, 아메리카 원주민, 저소득층에게 학교와 직장의 폐쇄, 대량 실업, 사회적 분리 등과 같은 뼈아픈 부담을 불균등하게 부과하는 것이기도 하다. 이 같은 부담 때문에 영세 사업자가 노동력을 유지할 수 있게 하고, 실업자에게 지속적인 소득과 수당을 제공하며, 백인에 비해 유색인의 입원율과 사망률이 훨씬 높은 것과 연관된 제도적 인종차별 문제에 대처하는 완화 정책이 필요하다. 우리가 기꺼이 이런 노력을 함께 기울이고, 합당한 대가를 함께 치르려 하지 않는 한, 이번 펜데믹에 맞설 인도주의적인 길이란 없다.

정보에 기반한 개개인의 선택이 언제나 중요하지만, 오늘날과 같은 시기에는 개인들의 선택이 전 지구적 공중보건의 위기 상황에 가장 중요한 결과를 가져오고 있다. 오늘날 미국의 정치 지도자들은 어려움을 겪고 있는[시험에 들어 있는] 미국 국민들에게 의학적으로 건전한 조언과 일관된 지침을 제시하지 못하고 있다. 그리하여 이 나라에서는 마스크를 쓸지 말지가 정치적 전쟁의 땔감이 되고 있다. 전 세계적으로는 민족주의가 발흥하고 있으며 국가 간 협력은 이에 상응해 시들어 가고 있다. 우리가 팬데믹 윤리라 칭하는 것은 익숙한 윤리적 수칙들, 특히 공정성과 호혜성 — 개개인과 제도가 서로에게 도움이 되도록 행동하는 것 — 에 기반을 두고 있다. 하지만 모두가 그런 기본 수칙을 이해하고 실천하는 데는 우리의 개인적·집단적 삶에 전에 없이 엄청난 노력이 필요하다.

팬데믹 윤리는 여러 가지 질문을 던진다. 우리의 터전이 자연 속에 있음을 자연이 이토록 혹독히 상기시킬 때, 우리는 모두의 모두에 대한 전쟁에 굴복할 것인가, 아니면 앞으로 나아가며 인간적 연대가 우리에게 내어 주는 것을 더욱 잘 실현하기 위해 노력할 것인가? 개인으로서든 공동체로서든 다른 이들이 살아남고 생계를 유지할 수 있도록 돕는 일에 우리가 무엇을 할 수 있는가? 과학, 윤리학, 시민, 공직자, 의료 전문가의 역할은 무엇인가? 비극적인 선택 앞에서 우리는 어떤 도덕적 가치를 지침으로 삼아야 하는가?

면역력 없음

2020년 6월 말 기준으로 미국은 다른 어느 나라보다도 높은 사망자 수를 기록했고[1]•† 대부분의 주에서 확진자 수가 줄곧 늘고 있었다. 이미 12만 5000명이 넘는 미국인이 코로나19로 세상을 떠났는데,• 이는 전 세계 코로나19 사망자의 약 25퍼센트에 해당한다. 미국에는 세계 인구의 단 4퍼센트가량만이 살고 있음에도 불구하고 말이다.[2] 이 숫자가 와 닿지 않는다면 3개월 동안 뉴욕 이스트할렘 (아니면 플로리아의 클리어워터, 미시간의 랜싱, 캘리포니아의 이스트 로스앤젤레스) 인구가 어른 아이 할 것 없이 모두 사망한다고 상상해 보라. 그저 우리의 상상이 아니라 매일의 뉴스 기사가 수백 곳의 미국 도시에서—동서남북

† 이하 존스홉킨스 코로나바이러스 자원센터(Johns Hopkins Coronavirus Resource Center)의 "COVID-19 MAP FAQ"(https://coronavirus.jhu.edu/map-faq)를 참고한 부분은 •로 표시했다.

을 가리지 않고 — 길었던 팬데믹 1차 파동 동안의 코로나19 확진이 급증하고 있음을 보도했다. 이 같은 급증으로 여러 도시에서 집중치료실 수용 역량이 초과될 지경에 처했을 뿐만 아니라, 수많은 이들이 위험에 처하고 생명을 잃었다. 역사에 대입해 보자면, 미국의 전체 사망자 수는 이미 지난 70년간 한국, 베트남, 걸프만, 아프가니스탄, 이라크에서 미국이 치른 전쟁에서 사망한 군인들의 수를 넘어섰다. 전 세계 코로나19 사망자 수는 이미 50만을 넘겼다.[3†] 하나의 세계가 통째로 사라졌다. 최종 사망자 수는 이보다도 훨씬 높을 것이다.

당연하게도 각국은, 문화적 규범과 정치체제가 서로 다르기 때문에, 팬데믹에 다양하게 대응했다. 그런 만큼이나 충격적이게도, 제1차 파동 당시 코로나19 발생 규모와 사망자 수는 지도자와 시민들이 내리는 매일의 결정에 따라 갈렸다. 일부 국가에서 코로나19 양성 판정을 받은 사람들을 확인하고 격리하는 데 활용한 대규모 감시 체제(이는 인터넷에 힘입은 바 크다)는 이번 펜데믹을 과거의 팬데믹과는 완전히 다른 것으로 만들었다. 예컨대 중국 정부가 통제하는 전자지갑 앱은 사용자의 휴대전화에 예상 감염 상태를 표시하는 색상표(녹색, 황색, 적색)를 띄웠다.[•] 판정 기준이 무엇이고, 개인 정보를 경찰과 공유하는 문제에 대해서는 명확한 입장이 알려지지 않았다. 한국은 여러 가지 정보 가운데 특히 휴대전화 정보와 신용카드 결제 정보에 기댔다.[•] 접촉자 추적에 매우 효율적이었고, 이는 조기 검사와 결합되어 바이러스 확산과 사망률을 다른 대부분의 나라보다 낮게 유지하는 데 도움이 되었다. 이런 대규모

† 존스홉킨스대학교 코로나바이러스 자원센터에 따르면 2021년 9월 10일 현재, 전 세계 확신사 수는 460만 명을 돌파했다.

감시 조치 — 목숨을 구한다고는 해도 상당한 사생활 침해 문제를 야기하는 — 는 정치적으로 미국에서는 받아들여질 가능성이 낮다. 인구 대비 코로나19 사망자 수가 계속해서 높은 수준을 유지했던• 미국 입장에서는 독일이나 덴마크의 대응이 더 참고할 만했다. 독일은 보건의료 접근성이 잘 관리되고 있었으며, 총리는 비필수적 경제활동을 셧다운shutdown 하고 동료 시민들에게 "우리 모두의 이익을 위해" 어떤 희생이 필요한지를 열정적으로 설명하는 한편 진단 검사를 신속히 전개했다. 덴마크는 마스크 착용과 사회적 거리 두기를 적극적으로 활용했다. 팬데믹의 첫 넉 달 동안 확인된 미국 10만 명당 코로나19 사망자 수는 독일과 덴마크의 세 배를 웃돌았다.• (영국의 코로나19 사망자 수는 여섯 배 높은 충격적인 수치를 기록했다. 보리스 존슨 수상은 다른 유럽 국가들보다 늦게까지 학교, 식당, 술집 폐쇄를 미뤘다. 그 자신이 바이러스가 감염돼 병원 집중치료실에 입원하게 되기 전의 일이었다. 그는 또한 사회적 거리 두기의 필요성을 두고 오락가락하는 메시지를 보냈다.)

예방 백신이나 유효한 치료법이 개발되어 보편적으로 이용 가능해지기 전까지는 기초적이고 첨단 기술을 필요로 하지 않는 두 가지 행동 지침, 즉 안전거리를 유지하고 사람들과 함께 있을 땐 마스크를 착용하는 것이 전염성 높은 바이러스의 치명적인 확산을 막는 데 효과적이다.• 이 같은 예방 조치는 처음에는 인간적인 사회생활을 제약하는 것처럼 보였다. 특히나 미국은 마스크를 핼러윈Halloween이나 마르디 그라Mardi Gras[사순절] 같은 축제 때만 쓰는 곳이다. 그러다 미국 전역에서 친구나 가족이 코로나19로 사망하는 것을 지켜보면서 미국인 가운데 마스크를 착용하는 사람의 비율이 늘어나기 시작했다. 공중보건 전문가들이 필수적이라 여기는 이 안전 조치를 두고 도널드 트럼프 대통령과 몇몇 주지사가 자발성을 강조하면서 상당수의 사람들이 마스크 착용을 거부하고 나섰다. 거슬린다고는 해도 이처럼 단순한 안전 조치를 모두가 취하도록 촉구하지 않는 것은 "이것은 단지 정부의 권고 사항이 아닙니다. 이것은 규칙이며 우리 모두의 이익을 위해 반드시 지켜야 합니다"라는 앙겔라 메르켈 독일 총리의 메시지와 충격적인 대비를 이뤘다. 트럼프 대통령은 (모든 주지사에게 의무화를 요구하기는 고사하고) 모든 미국인에게 사회적으로 거리를 두고 사람들과 함께 있을 땐 마스크를 착용하라고 촉구하기를 거부했다. 그는 코로나19 검사 결과가 과장되어 있다고 말하고 반복적으로 이 바이러스가 조만간 갑자기 사라질 것임을 암시해 자신의 감염병 전문가들과 몇 번이나 충돌했다. 또한 그는 자신을 인정하지 않음을 표하기 위해 마스크를 쓰는 이들이 있다고 추측하는 등 마스크 착용을 정치적인 문제로 만들었다.*

공직자들이 — 무지, 방기, 불신, 혹은 정치적·경제적 반향에 대한 두려움 등 가운데 어떤 이유로든 — 거리 두기 조치를 미룬 매일매일, 코로나19 확진자 수는 기하급수적으로 늘었고 일부 도시에서는 병원 수용 역량이 거의 소진되었고, 최전선에 있는 돌봄 노동자들의 부담이 치솟았다. 사망자 수도 사망률도 급등했다. 컬럼비아대학교 연구자들의 계산에 따르면, 미국이 2020년 3월에 한 주 더 빨리 사회적 거리 두기 조치를 발표했더라면 3만 6000명이나 되는 사람들이 살 수 있었다.*

두 달 후 늦봄에 이르자 마스크 착용은 그저 보건 문제가 아니라 극도의 당파적 정치로 양극화되고 마비된 한 나라의 또 한 가지 분열의 상징이 되었다. 모든 주와 도시에서 이런 양극화가 나타났다. 뒤따른 마비는 물리적 거리 두기, 검사, 접촉자 추적, 양성 확진자 격리에 대한 일관된 국가정책의 개발과 적용을 방해했다. 같은 시기, 독일 등 비견할 만한 민주주의 국가들은 이런 정책을 효과적으로 활용해 코로나19 상승 곡선을 아래로 꺾이게 했다.• 성급하게 물리적 거리 두기 제한을 완화한 미국의 여러 곳에서는 거의 불가피하게 환자 수가 급등했다.• 텍사스주 휴스턴이 좋은 예다. 민주당원인 리나 이달고Lina Hidalgo 카운티[해리스 카운티] 부장판사가 공공장소에서는 모두가 마스크를 착용해야 한다는 명령을 발표했지만 공화당원인 그레그 애벗Greg Abbott 주지사와의 충돌로 이어졌을 뿐이다. 그는 자신은 마스크 착용을 강력히 권고하지만 의무화하지는 않을 것이라 선언했고 추가로 텍사스 전 관할권에 "마스크를 착용하지 않은 사람에게 어떤 형태든 처벌이나 벌금을 부과"하는 것을 금하는 행정명령을 내렸다.•

수없이 오락가락하는 메시지들을 받으며 휴스턴의 의사들은 심지어 팬데믹 1차 파동이 텍사스를 비켜 갈 것인지를 두고도 의견이 갈렸다.• 그런 일은 일어나지 않았다. 4월 1일부터 15일까지 신규 확진자가 600~800명에 그치자 애벗은 질병통제센터 지침에 반해 5월까지 텍사스의 경제활동을 단계적으로 재개한다고 발표했다. 텍사스는 전국에서 인구 대비 검사 수가 가장 낮은 편에 속했고 이틀 연속 확진자 감소조차 겪어보지 못했다. 6월 초, 애벗은 식당, 술집, 미용실 등 사업체의 추가 영업 재개를 발표했다. 곧이어 환자들이 급증했다. 6월 중순에 이르자 텍사스는 하루 4200명 확진이라는 자체 최고 기록을 세웠고, 급증은 계속되었다. 월말이 되자 애벗은 방침을 바꿔 영업 재개 지침을 철회했다. 독립기념일(7월 4일)을 앞두고는 그저 개인적 판단이 아니라 집단적 동의를 토대로, 코로나19 위험 장소에서는 모두의 이익을 위해 누구나 마스크를 착용해야 한다는, 한때는 생각할 수 없었던 행정명령을 내렸다.

이와 함께 그는 놀랍게도 코로나19 수치가 "매우 엄연한 현실임을 알리는" 영상 메시지를 공개했다.•

뉴욕을 비롯해 초기부터 급증을 경험한 지역에 확진자, 사망자 증가세를 늦추는 데 필요한 안전한 행동 지침을 구축하는 대신 정치인들은 몇 달씩이나 가장 두드러지고 강력하게 코로나바이러스 문화 전쟁에 기름을 붓는 이, 미국 대통령의 지휘를 따랐다. 6월 초 사회적 거리 두기도 마스크도 없이 로즈가든 연설을 하고서 몇 주 후 트럼프 대통령은 그 수위를 한층 더 높였다. 미국 코로나19 확진자, 사망자 수가 기록을 경신한 시점이었다. 그는 오클라호마주 툴사의 1만 9000석 실내 경기장에서 대통령 선거 유세를 벌였다. 청중이 많지 들지는 않았다. 덕분에 얼마간 생명을 구했을는지도 모를 일이다. 마치 호혜성과 연대라는 에토스의 반대쪽 극단을 만들기라도 하려는 듯, 이 병의 지역 확산을 한층 더 확대하기라도 하려는 듯, 허세로 바이러스를 없앨 수 있다고 말하기라도 하려는 듯, 대통령 유세 참석 약관에는, 대통령을 제외하고는, 사회적 거리 두기 계획이 없었고 마스크 활용은 선택 사항이었다. 모든 참석자는 코로나19 노출에 관련된 모든 위험을 감수하며 "어떤 병이나 부상에 대해서도" '도널드 트럼프를 대통령으로' 주식회사Donald J. Trump for President Inc.[트럼프 선거운동 캠프]에 책임을 묻지 않겠다는 데 서명해야 했다.• 그 자신의 공중보건 전문가들이 사회적 거리 두기와 마스크 착용은 바이러스 확산을 늦출 수 있는 쉽고도 중요한 방법이라고 뜻을 모았음에도 불구하고, 트럼프는 이 모든 일을 한 것이다.

미국인들이 공공장소 마스크 착용 의무화의 불공정성을 두고 갈등을 벌인 것—심지어 우격다짐을 벌인 것—은 놀랄 일은 아니다.• 행동 양상뿐만 아니라 많은 여론조사에서 정치적 분열이 확인됐다.•

민주당원은 75퍼센트가 마스크를 착용한다고 밝혔지만 공화당원의 경우는 50퍼센트에 못 미쳤다. 정치적 분열은 생명을 위협하는 수준 이하의 시민적 태도에 대한 변명은 못 된다. 심지어는 정치적 통제력을 강화하려 드는 중국 정부와 투쟁하는 와중에도 홍콩 주민의 97퍼센트가 마스크를 착용했다.• 공중보건을 정치적 문제로 만든 것이 팬데믹에 대한 미국의 초기 대응에서 아마도 가장 묵과할 수 없으면서도 가장 치명적인 측면일 것이다. "내 자유에 마스크를 씌우지 말라" 시위대는 호혜성의 에토스를 근본적으로 거부했다. 텍사스의 식당 노동자 아론 리드가 분명하게 보여 준 바로 그 에토스를 말이다. 손님을 보호하기 위해 언제나 마스크를 썼던 그는 이렇게 말했다. "가게에 있는 15분 동안조차도 마스크를 쓰지 않으려 드는 건 그야말로 모욕적이다."•

바이러스 확산을 통제하는 데 필수적이기는 하지만 사회적 거리 두기 조치에는 당연하게도 대가가 따른다. 흉통이 있거나 말하기가 불편하다 해도, 보험이 모자라 1차 진료를 응급실에 의존하고 있다 해도, 혹은 아이가 천식 발작이 있다 해도, 코로나19에 걸릴까 봐 겁이 나 응급실에 가지 않기로 하는 일이 생겼을지도 모른다. 2020년 4월이 되자 응급실 방문이 급락했다. 암 치료부터 결장경 검사까지 여러 가지 의료 시술 또한 연기되었다. 일부는 위험한 결과로 이어지거나 후일 다른 질환이 증가할 위험을 각오해야 하는 일이었다.• 미래의 위험보다는 현재의 확실성을 택했다. 비행기 여행, 대중교통 이용, 건축, 서비스 노동, 대면 쇼핑이나 식당에서의 식사, 경기장, 극장, 박물관, 놀이공원 가기 등을 비롯한 우리가 일상적으로 당연하게 여기는 수많은 활동이 실제로 봉쇄되었다. 이 같은 붕괴는 많은 이들에게 생계와 현실 경제에 대한 치명상으로 느껴졌다. 미국에서 사회적 거리 두기 및 재택 조치가 시작된 후의 3개월간 미국 노동자의 4분의 1, 즉 4000만 명 이상이 신규로 실업수당을 청구했고 이는 대공황 이래 최고치였다.• 헤아릴 수 없이 생명을 잃지 않으면서도 지속가능한 경제 회복을 이루기 위해 공중보건 관료들은 성급하고 확진자 재급등을 예방할 제대로 된 검사 및 접촉자 추적 프로그램 없이 경제활동을 재개하지 않는 것이 얼마나 중요한지를 역설했다.• 그렇지 않고서는 병원 수용 역량이 소진되고 훨씬 더 재앙적인 보건 위기와 경제 셧다운을 피할 수 없을 것이었다.

팬데믹에 따른 감정적 피해는 눈에 덜 띄지만, 여러 달이 흐르자 실업률이 증가하고 공중보건의 질이 하락하는 것과 더불어 정신 질환 또한 늘었다.• 정신 건강 재정이 충분치 않다는 점은 겨우 몇 달 전에 비해 훨씬 더 큰 고민거리가 되었다. 심리적으로 가장 괴로운 일 중 하나는 심지어는 마지막 순간에도 환자를 가장 가까운 가족이나 친구와 물리적으로 격리해야 한다는 점이었다.• 환자 중심 의료의 윤리는 새로운 시험에 들었고, 환자의 돌봄 제공자, 가족, 친구 모두에게 엄청난 감정적 부담을 안겼다. 병원 수련의들은 죽어 가는 환자와 가족이 소통할 수 있을—입을 맞추고 껴안고 손을 잡는 데 비하면 턱없이 모자라다 해도—가능한 한 최선의 방안을 찾느라 애를 먹는 가운데 몇 주 만에 수년의 실습 기간 내내 본 것보다 많은 죽음을 목도했다. 통신 기술이 새로운 열쇠가 되어 임종을 앞두고 가족들과 대화할 수 있게 해줌으로써 안전에 필요한 물리적 단절에 어느 정도는 다리를 놓아 주었다. 하지만 그처럼 기기를 통해 가능해지는 소통은 너무도 드물게만 이용할 수 있었고 이상적으로 국가가 재정을 대는 따스한 말기 치료 프로그램의 일환으로 제공되어야 할 자원과 계획, 준비를 요했다.

앞에서 봤듯 생명윤리학은 현실적practical이다. 생명윤리학은 과학 및 윤리학과 결합함으로써 우리가 역사로부터 배울 수 있게 해준다. 저절로 되는 것은 아니다. 그 교훈을 잘 따져야 한다. 무시무시한 에볼라 출혈열이 시에라리온, 기니, 라이베리아를 휩쓸었던 2014년부터 2016년까지, 이 재앙에 무너지는 것에 대한 미국인들의 공포에 공직자들은 재빨리 전면적인 여행 금지와 격리로 화답했다. 의료 전문가들은 전염력이 없다고 판단한• 무증상자들까지도 격리 대상이 되었다. 보건의료 노동자들은 이 병의 확산을 막는 데 필수적인 만큼이나 부족했지만 용감했다. 그러나 많은 이들이 불필요한 격리로 인해 업무에서 배제되었다.

공포는 강력한 동기가 될 수 있지만 질병의 유행 앞에서 공포를 토대로 행동하는 것은 윤리적인 일도 신중한 일도 아니다. 에볼라 유행 초기 당시, 미국에서는 대중과 개인의 안전에 대해 논의하기보다는 대중의 공포를 부채질하기 바빴고 많은 이들이 확산을 막기보다는 히스테리를 고조하는 데 골몰했다. 크리스 크리스티Chris Christie 뉴저지지사는 서아프리카에서 에볼라 환자들을 치료하다 미국으로 돌아온 간호사 케이시 히콕스Kaci Hickox에게 뉴어크 공항에 도착하는 즉시 격리할 것을 명령했다. 그녀는 아무런 증상도 없었고 매일 검사를 받겠다고 했는데도 말이다. 그녀가 격리를 마치고 집이 있는 메인 주로 돌아가자, 폴 르페이지 주지사는 추가로 21일간의 격리를 요구했다. 잘 알려진 대로 히콕스는 격리를 거부했고 이후 이에 대한 법적인 정당성을 인정받았다.• 미국에서 행해진 여행 금지와 격리는 감염병 전문가들의 권고에도, 생명을 보호하고 구하는 데 필수적인 최소한의 구속만을 하는 조치를 활용해야 한다는 생명윤리 원칙에도 반하는 것이었다. 미국은 겁에 질려 역효과만 낳고 있었던 그때, 서아프리카 3개국은 1만 1000명이 넘는 생명을 잃었다.• 추정키로 에볼라 사망률은 40~50퍼센트였다. 에볼라 유행 기간을 통틀어 미국에서는 네 명이 확진되고 한 명이 사망했다.• 널리 퍼진 것은 공포뿐이었다.

하지만 아프리카에서의 에볼라 발생이 미국과는 동떨어진 문제라 여긴다면 잘못이다. 코로나19와 에볼라를 비교해 보는 것이 도움이 된다. 둘 다 전염성이 높지만 에볼라는 오직 감염된 혈액이나 체액과 접촉해야 전파되는 반면 코로나19는 공기 중의 입자로도 감염된다.• 결정적으로, 코로나19는 증상이 없는 사람을 통해서도 전파되지만 에볼라는 그렇지 않다. 그래서 에볼라 유행의 파문을 막고자 무증상자를 격리하는 것이 말이 안 된다는 것이다. 이는 불필요하게 개인의 자유를 구속한 (구속 수단 최소 활용의 원칙을 깬) 것일 뿐만 아니라 환자의 보건의료 접근성을 굉장히 떨어뜨렸다. 이와 반대로 코로나19에 노출된 무증상자 격리는 확산을 막는 데 **절대적으로 필요하다**. 같은 윤리적 원칙, 즉 질병의 확산을 막는 데 필수적인 최소한의 구속만을 하는 조치를 활용하라는 원칙도 의학적 증거에 따라 전혀 다른 처방을 내리는 것이다. 바로 그렇기에, 에볼라 유행 초기에 몇몇이, 코로나19 팬데믹 이전과 도중에 여럿이 — 가장 두드러지게는 미국 대통령이 — 그랬던 것처럼 정책 입안자가 의학적 증거를 무시하는 것은 무책임한 일이다.

두려워하고 겁에 질려 했던 미국과 세계는 에볼라의 위협이 사라지자 안주하고 아무것도 하지 않기로 했다. 에볼라와 코로나19의 두 번째 비교점은 미국과 같은 나라들이 스스로를 위해서도 국제 협력의 일환으로도 공중보건에 더 투자하지 않는다면 얼마나 더 많은 생명이 여전히 위험에 처하게 될지를 분명히 보여 준다. (뒤에서 논하는 대로, 세계보건기구WHO의 개혁과 책임 강화를 통해 이를 이룰 수 있다.) 에볼라의 추정 사망률(감염자 중 사망자 수)은 코로나19 추정 사망률의 열 배가 넘는다.* 다음 팬데믹을 대비하지 않는다면 코로나19처럼 공기 중 입자로 퍼지면서도 에볼라처럼 사망률이 높은 신종 바이러스로 수백만의 생명을 잃게 될 수 있다. 그런 신종 바이러스가 어디서 나올지는 물새나 박쥐 등 동물군에 대한 꾸준한 모니터링 없이는 거의 예측할 수 없다. 사실, 바이러스가 여러 유기체 사이를 오가는 가운데 일어나는 진화적 변화의 성격상 어떤 바이러스의 정확한 기원은 결코 알아내지 못할 수도 있다. 한 세기가 넘게 지나고도 소위 스페인 독감의 시작점은, 분명 스페인은 아니었다는 점만 빼고는 여전히 논쟁거리다. 많은 증거가 그 시작점이 캔자스주의 캠프 펀스턴 육군 기지였음을 가리키고 있다. 하지만 이 병의 이름이 캠프 펀스턴 독감으로 바뀌는 일은 없을 것이다.*

1온스에 그치지 않는 예방

생명윤리학은 현실적일 뿐만 아니라 또한 무한히 건설적이다. 생명윤리학은 과학과 힘을 합쳐 생명을 구하고 생계를 지킬 여러 선택지를 검토한다. 슬프게도 우리는 치료제도 없을 또 하나의 신종 바이러스가 등장하고 확산될 것이라고 확언할 수 있다. 많은 역학자가 제2차 세계대전 이래 신종 바이러스성 질환의 등장이 가속화된 원인을 인구 증가와 급속한 산업화, 그에 따른 인간의 동물 서식지 잠식에 돌린다. 그런 점에서 농수산물 시장과 같은 특정한 장소를 탓하는 것은 주의를 엉뚱한 데로 돌리는 일일 것이다. 1950년대, 1960년대, 1970년대, 기세 높았던 몇 십 년 동안에는 감염병 박멸이 그럴싸한 목표로 여겨졌지만 기록된 역사에서는 단 두 개의 질병만이 — 인간 질병은 천연두 단 하나만이 — 진정으로 지구상에서 박멸된 것으로 알려져 있다.* 백신이 개발되고 보편적으로 이용할 수 있게 되면, 그리고 여러 세대에 걸쳐 충분한 수가 접종을 받아 집단 면역이 형성되면, 코로나19같이 감염성이 높은 질병이라도 사실상 박멸될 수 있다. 하지만 덮어놓고 믿기에는 조건이 너무 많다. 질병 예방과 완화의 선순환을 작동시킬 개인적·집단적 행동을 지금 취해야 한다.

말라리아나 HIV/AIDS 같은 질병에 대한 최근의 경험은 공중보건에 대한 일관적인 접근법에 반드시 [확진자 격리를 비롯해 전파를 차단할] 억제책과 [사회적 거리 두기 등 확산세를 늦추고 사회적 타격을 줄일] 완화책이 포함되어야 함을 보여 준다. 과학과 윤리학은 힘을 모아, 예방에, 다음으로는 억제에, 마지막으로는 예방과 억제가 끝내 실패하면 (어떤 경우 박멸이 아니라) 완화에 도움을 줄 제도 개혁을 위한 전 지구적 운동을 요청한다. 우리가 일했던 버락 오바마 정부의 생명윤리위원회는 최소 세 가지의 그런 개혁을 제시했다. 어느 때보다도 지금 시행 필요성이 높은 개혁들이다.

첫째, 위원회는 미국이 WHO의 지침, 보고, 신속대응 역량의 효율화를 돕는 한편 협력과 재정 지원을 확대해 WHO의 역량을 강화해야 하며 결코 축소시켜서는 안 된다고 지적했다.* 인간이 세운 벽이 있다 해도 바이러스는 국경을 넘기 때문이다. 전 지구의 보건 문제를 추적하는 기구의 재정 80퍼센트가 개인의 인류애 같은 "자발적 기여"에서 온다는 게 대관절 말이나 되는가? 트럼프 대통령은 WHO의 발전을 돕기는커녕

미국의 재정 지원을 대폭 삭감하면서 미국은 WHO에서 완전히 탈퇴하겠다는 의사를 밝혔다.•

둘째로, 생명윤리위원회는 미국 대통령이 경험 많은 고위 보건 관료를 발굴하고 권한을 부여해 미국의 모든 공중보건 비상사태에 대비하고 조정할 수 있게 해야 한다고 판단했다.• 에볼라 유행 당시 오바마 대통령은 바이든 부통령의 수석 보좌관 출신인 론 클레인Ron Klain을 대응 조정관으로 임명했다. 흔치 않게 초당적 지지를 얻어 낸 이 자리의 무게를 경험한 클레인은 2016년, 다음 팬데믹 전에 조정팀을 구성하고 공중보건 전문가로서 지속적인 관리 감독, 계획, 대비를 할 수 있는 사람을 책임자로 임명할 것을 요청했다.• 같은 해, "새로 나타나거나 늘어나는 감염병"의 위해로부터 나라를 지키는 것이 국가 안보와 맞닿아 있음을 인정하며 대통령과학기술자문위원회President's Council of Advisors on Science and Technology, PCAST는 국가안보위원회 소속으로 팬데믹 예방 대통령 보좌관을 임명할 것을 권고했다.• 또한 PCAST를 관리하는 과학기술정책실을 비롯한 여러 연방 기구가 협력해 다음 행정부가 활용할 수 있도록 「새로 나타나거나 늘어나는 치명적 감염병의 위협 및 생물학적 재난 조기 대응 각본」Playbook For Early Response To High-Consequence Emerging Infectious Disease Threats And Biological Incidents을 제작했다. 트럼프 행정부는 이런 권고를 무시했지만, 믿을 수 있는 고위급 팬데믹 대비·대응 전문가 조정관의 필요성은 여전히 긴급하면서도 중요하다.

셋째, 위원회는 연방 정부가 공중보건 예산을 늘리고 공중보건국의 배치 역량을 강화해야 한다고 주문했다.• 공중보건국 배치 역량은 여전히 심각한 자원 부족 상태이지만 더없이 중요하다. 정부 각급의 지난

10년간 경향은 반등이 절실하다. 지역 보건부서 인력은 가파르게 줄어들어 왔다. 2017년 공중보건 국가 지원은 2009년보다도 낮았다. 공중보건에 대한 투자는 일반적으로 다른 보건의료 지출에 비해 반대급부가 훨씬 크지만 연간 3조 5000억 달러가 넘는 미국 보건의료 지출의 2.5퍼센트에 그치고 있다.•

최근에 간염, 매독, 임질, 클라미디아—모두 예방 가능한 질병이다—가 대규모로 발생하면서, 팬데믹이 아니더라도 미국이 공중보건에 더 많이 투자해야 할 이유는 더없이 분명히 드러났다. 하지만 이번 팬데믹은 합심해 국가적 조치를 취할 역사적인 기회다. 이것을 의료에 있어서의 21세기 마셜 플랜으로 여기고 미국은 공중보건에 훈련된 부대를 양성해 대규모 검사나 접촉자 추적 역량이 요구될 때 미국이 만반의 태세를 갖추고—또한 다른 나라를 도울 위치에—있을 수 있게 대비해야 한다.

코로나바이러스 팬데믹에 대응하며 이 같은 권고를 무시한 미국이 겪고 있는 지금의 현실이야말로 이 권고안이 옳았다는 증거다. 무엇보다도 전 지구적 보건이 곧 각 지역의 보건임이 증명되었다. 감염성이 높은 질병의 경우, 중국 우한, 시에라리온 프리타운, 이탈리아 밀라노, 혹은 뉴욕시 등등 그 가운데 어디의 생명을 구하는 일을 돕든 그것이 곧 우리 각자가 사는 곳의 생명을 구하는 일이기도 하다는 점을 확실히 해야 한다. 전염병은 국경을 모르기에, 신중을 기하는 것이 곧 생명윤리에 맞는 일이다. 전 지구적 팬데믹 앞에 민족주의의 자리는 없다. 전 세계의 공중보건을 강화하는 것이 우리 모두에게 득이다. 현대 팬데믹의 매개체인 전 지구적 무역과 여행을 생각할 때, 세계 보건에 전념하는 기구가 이미 있지 않았다면 새로 만들어야만 했을 것이다. 미국은 덮어놓고 WHO를 버릴 것이 아니라 다른 나라들과 협력해 WHO가 불필요한 관료주의적 성격을 줄이고 위기에 더욱 잘 대응하며 각자의 이익을 옹호하는 지역 자문위원회에의 의존도를 낮출 수 있도록 도와야 한다. WHO가 코로나19 팬데믹 직전에 얼마간의 개혁을 단행했음에도 이번 팬데믹의 치명적으로 중요한 조기 신호를 소통하며 일사불란하게 대응하지 못한 것은 [개혁이 무용하다는 증거가 아니라] 더 나아간 혁신이 얼마나 절실히 필요한지를 드러내는 일일 뿐이다. 또한 WHO는 반드시 미국을 비롯한 여러 나라에서 안정적이고 충분하게 재정을 지원받아야 하며 부침하는 인류애에 대한 의존도를 훨씬 낮춰야 한다.

코로나19 팬데믹 이전에도 지금도 그렇고 이후로도 그럴 가능성이 크듯, 지정학적 경쟁이 맹렬할 수는 있지만, 국제적인 과학적 협력을 배제할 합당한 사유란 존재하지 않는다. 두 강대국 군대가 일촉즉발 상태에 있었던 냉전 시기에도 미국과 소비에트연방은 폴리오 백신 개발에 협력했다. 1957년을 시작으로 앨버트 세이빈Albert Sabin은 모스크바의 동료들과 함께 자신의 경구 백신이 적어도 조너스 소크Jonas Salk의 백신만큼 효과가 있으며 사용은 더 쉽다는 점을 보였다.• 헝가리는 1959년에 백신 접종 캠페인을 시작해 이 "철의 장막" 국가에서 10년 안에 폴리오를 근절했으며 이는 미국보다 몇 년이나 앞선 일이었다.• 이런 사례를 가슴에 새기기에 아직 늦지 않았다. 더 빨리 움직일수록 우리는 자국에서든 외국에서든 더 많은 생명을 구하게 될 것이다.

팬데믹은 사회적으로도 문화적으로도 길을 잃게 만드는 사건으로, 과거의 교훈을 지침으로 삼는 분명하고 일관된 리더십을 요한다. 전염병은 역사를 빚어낸다. 생존자들이 임금 인상을 요구할 수 있었을 만큼 수많은 노동자가 죽어 봉건제를 무너뜨린 14세기 유럽의 흑사병이 그랬다. 경제를 새로 빚는 것을 넘어, 팬데믹은 강력한 군사적 함의 또한 갖는다. 투키디데스는 아테네가 스파르타에 패배한 것을 기원전 5세기의 전염병 탓으로 돌렸다. 심지어는 당대 최고의 군사 책략가였던 나폴레옹 보나파르트도 러시아의 겨울과 함께 군대를 궤멸시킨 티푸스 팬데믹을 셈에 넣지 못했고, 유럽의 지도는 다시 쓰였다.• 2017년으로 건너와 보면 미국 중앙정보부는 신종의, 쉽게 전파되는 미생물의 등장 가능성을 국가·권역 안보에의 주요 위협 중 하나로 꼽았다.• 그 몇 해 전인 2014년에는 에볼라 팬데믹이 서아프리카의 안보를 위협해 국가 붕괴와 테러 활동 증가 우려를 낳았다.• 천년이 넘는 경험에도 불구하고 "현대적"이어 보이는 우리네 국제사회는 국제 보건과 안보의 긴밀한 관계에 대한 반복되어 온 교훈을 행동으로 옮기지 못하고 있다.

두 번째 생명윤리학적 교훈은 공평한 보건의료 체제가 없으면 팬데믹은 제도적 인종차별에 대한 미봉책마저 없애 버린다는 점이다. 미국의 흑인·히스패닉은 코로나19에 따른 입원 및 사망이 백인 미국인의 다섯 배까지도 높았다.• 이처럼 보건 취약성이 높은 배경에는 주거, 교육, 고용, 임금, 부는 물론 보건의료에서도 오래 이어져 온 인종 간 불평등이 있다.• 이 모든 확연한 격차—팬데믹으로 훨씬 더 뚜렷이 드러나게 된 현재진행형 보건의료 불평등에 기여하는—는 좁혀질 수 있으며 반드시 그래야만 한다. 하지만 이 같은 요소들을 차치하고도 미국에서 보건의료는 그 자체로 불공평하게 전달된다.• 제도적 인종차별은 지구상에서 가장 부유한 대형 민주주의 국가가 공중보건에 충분한 재정을 대지 않고 보편적 보건의료를 부정하는 데 있어 여전히 문제적 요인으로 남아 있다. 보건의료 제도가—보건의료 종사자를 교육하고 필수적인 자원을 들이며 성과를 평가하고 유색인 공동체나 환자와 협력함으로써

—인종적 공평성을 분명한 전략적 우선순위로 둘 때, 유의미한 진보가 가능하다.* 미국은 다른 부유한 사회들에 비해 보건의료에 막대한 지출을 하고서도 성과는 나쁘지만, 생명과 생계를 모두 지키면서도 재난적 질환에 대해 모두에게 보험을 제공할, 비용을 감당할 수 있는 수인 방법이 여럿 있음을 우리는 알고 있다.

개인적인 보건의료만 불평등하고 개선이 필요한 것이 아니다. 이 책 전체에 걸쳐 말했듯 공중보건 또한 미국에서나 세계적으로 만성적으로 무시되고 있다. 이 위험천만한 무시가 제도적 인종차별을 한층 더 심화시켜 가장 취약한 개인들과 유색인에게 더없는 위험을 부과한다. 미국의 흑인, 히스패닉, 원주민, 저소득 노동자는 팬데믹 상황에서 "필수 노동자"인 경우가 [백인이나 중산층 이상 계급에 비해] 과도하게 많다.* 집 바깥에서 과중한 노동에 오랜 시간 종사한다. 다른 이들이 먹고 입고 생활하고 돌봄을 받을 수 있도록 하는 사이 그들 자신은 상당한 위험을 무릅쓴다. 종종 자신에게 주어진 것보다 훨씬 나은 것을 제공하면서 말이다. 한 사회가 대개 위기의 시기에 영웅적인 일을 하는 이들을 지원하지 못하는 것은 특히나 음험한 부정의다. 호혜성을 부정하고 신뢰를 비롯해 일상에서 민주 시민이 기대는 필수적인 상호 유대를 좀먹는다.

미국의 제도적 인종차별이 모습을 드러낸 것은 놀랍도록 높은 흑인의 사망률을 통해서만이 아니었다.* 여러 가지 필수적인 공중보건 조치가 기존의 부정의와 정치적 분열을 악화시켰다. 팬데믹 동안 코로나19 급증을 저지하는 데 필요한 사회적 거리 두기 조치로 경제적 불평등과 정치적 양극화가 심화되었다.* 유색인 실업자가 급증했다. 경찰의 끔찍한 살인은 미국 흑인에게 수 세기 동안 이어져 온 인종차별, 잔혹 행위,

억압을, 그리고 혐오라는 염증이라는 엄혹한 현실을 드러냈다. 영상을 통해 이 나라와 전 세계가 목격한 공원이나 공공장소에서의 소름 끼치는 사건들을 하나하나 언급할 필요조차 없을 만큼.

조지 플로이드George Floyd의 죽음—브리오나 테일러Breonna Taylor, 아흐무드 아버리Ahmaud Arbery를 비롯한 여러 죽음의 뒤를 이은—은 코로나19 팬데믹 시기의 한 전환점이 되었다고 할 수 있다. 2020년 6월 초, 미네소타주 미네아폴리스에서 경찰이 잔인하게도 이미 수갑이 채워진 채 바닥에 엎어져 있는 플로이드의 목을 8분 46초 동안 무릎으로 누르는 영상을 본 수만의 평화시위대가 미국과 세계 각지에서 거리 시위에 나섰다. 다른 경관 세 명은 방조했다. "숨을 못 쉬겠어요." 플로이드는 몇 번이나 말했다. 그가 힘겹게 마지막 숨을 들이켠 후에도 경찰의 무릎은 움직이지 않았다. 제도적인 인종차별적 부정의에 또 하나의 생명이 스러졌다. 경찰과 주 방위군의 대부대 앞에서도 시위대 수천 명은 인종차별에 맞설 권리와 그래야 할 책임을, 흑인의 생명은 중요하다Black Lives Matter는 자명한 진리를 단호히 외쳤다. 팬데믹 와중에 거리로 나온 만큼 이 시민들은 크나큰 위험을 감수했다. 해묵은 불평등이 더욱더 치명적으로 될 수 있는 공중보건 비상 상황에서는 반드시 평화롭게 반대 의견을 내고 시위할 수 있는 헌법상의 권리가 철저히 보호되어야 한다. 동시에 그 기저의 원인에 대처해야 함은 물론이다. 일부 합법 시위는 폭동과 약탈로 이어졌다. 마틴 루서 킹이 말했듯 "폭동은 들어주는 이 없는 자들의 언어다".* 팬데믹은 만성적인 역사적 부정의의 영향을 배가시키기에 팬데믹 윤리는 우리에게 직접적인 공중보건 비상 상황에의 대처 이상을 할 것을 요구한다.

이로부터 세 번째 생명윤리학적 교훈이 도출된다. 곧, 미국이 다음 신종 바이러스가 등장하기 전에 공중보건을 지키기 위한 대규모 제도 변화를 일구는 것이 더없이 중요하다는. 전염병의 재난과 인종차별의 고통이 연결되어 있다는 것은 부정할 수 없는 사실이다. 생명윤리학은 완전히 다른 방식으로 만성적인 인종적·경제적·교육적·사회적 부정의에 대처할 시급성을 폭로한다. 우리는 또한 선제적으로 공중보건과 혁신적 연구에 투자해야 한다. 이런 투자야말로 경제를 활성화면서도 생명을, 그것도 모든 생명을 구한다.* 우리가 깨끗한 물, 깨끗한 공기, 개선된 영양 공급, 생명을 구해 주는 백신, 약품 개발에 기대어 살고 있다는 점을 생각해 보라. 우리 사회는 이 같은 팬데믹을 완화해 줄 수 있을 건강·의학 연구에 충분히 투자하지 못하고 있다. 공중보건 조치를 개발하고 방어하는 데, 또한 공중보건상의 해법으로 이어질 연구에 시급히 투자를 늘려야 한다. 순수하게 경제적인 의미에서의 미국과 같은 대국이나 다른 훨씬 빈곤한 국가들의 경제적 안정은 물론, 수천만의 생명과 생계가 문자 그대로 여기에 달려 있다.

연구 이야기를 해보자. 장기적으로 사유하고 계획하는 데는 귀중한 인간적 역량이 요구된다. 1950년대를, 미국이 소비에트연방을 따라잡으려면 과학에 투자하고 우주 계획을 세워야만 한다는 지상 명제를 잠시 생각해 보라. 자리를 빼앗기는 것에 대한 공포가 국가적 소명이 되었다, 지금 우리 상황이 그와 매우 비슷하다는 점은 너무도 확실하다. 충분한 자본 지출 없이는 미래의 팬데믹 재난으로부터 우리 국가를 지킬 능력이 훨씬 더 떨어지게 될 것이다.

소수의 특수한 전문가 집단을 제외하면 코로나19 팬데믹 전에 박쥐의 코로나바이러스에 신경을 쓰는 이는 거의 없었다.* 정부는 박쥐 연구 재정 지원을 확대해 달라는 요청을 UFO 연구에 돈을 더 쓰고 싫어 하는 것과 비슷하게 여겼을 것이다. 팬데믹이 닥치자 갑작스레, 코로나바이러스 전문가인 생물학자 수전 와이스Suan Weiss에게 전 세계 언론의 연락이 쏟아졌다. 그녀로서는 그저 놀라운 일이었다. "마찬가지로 충격적이에요, 아시다시피 저는 한 해 전에도 똑같은 것을 알고 있었지만 아무도 신경 쓰지 않았으니까요. 제 팬데믹에서 보자면 미친 짓이었던 거죠."• 하지만 이제는, 경제적 이유로나 의학적 이유로나, 비인간 동물에서 기원하는 질병과 그 숨은 위험이 "머나먼" 중국에만 있는 것이 아니란 데 모두가 관심을 가져야 한다.• 이것은 우리가 현재 코로나바이러스과에 대해 알고 있는 그야말로 모든 것을 알 수 있게, 그리고 그 지식을 치료법과 완치법을 찾는 연구에 적용할 수 있게 해준 수많은 기초 연구 중 한 가지 사례일 뿐이다. 미세한 공기 중 입자와 현미경으로 관찰해야 하는 바이러스에 기반하고 있다는 점에서만 다른 새로운 우주 개발 경쟁을 마주하고 있다는 자세로, 미국은 다음 신종 병원체에 더욱더 잘 대비할 수 있도록 기초 연구와 응용 연구 모두에 투자를 확대해야 한다.

집단적 동의

정보에 기반한 동의는 흔히 현대 생명윤리학의 초석으로 불린다. 하지만 팬데믹 윤리는 시민으로서의 우리에게 개인으로서의 우리 너머에서 생각하고 사유할 것을, 그리하여 사회적 거리 두기나 마스크 착용같이 공동선에 이바지하는 실천과 정책에 집단적으로 동의할 것을 요구한다. 최선의 대의 민주주의는 집단적 동의에 기반한다.

미국혁명은 "과세 없다"가 아니라 "대표권 없이 과세 없다"라는 구호 아래 이뤄졌다. 집단적 동의의 경구다. 대의 민주주의에서 집단적 동의가 없다면 상호적으로 큰 득이 되는 정책과 실천은 불가능할 것이다. 우리의 삶은—잘 알려져 있듯 토머스 홉스가 자연 상태의 삶을 묘사한 대로—"고독하고 가난하고 비천하고 짐승 같고 짧을" 것이다.* 정부가 백신을 개발하고 배포하기 전에 모든 개인의 동의를 구해야 한다고 생각해 보라. 결과는 끔찍할 것이다. 대의 민주주의에서 집단적 동의는 공직자들이 다수의 의지를 고려하게 하면서도 생명을 구하고 삶을 향상시키는 조치를 가능케 해준다.

보건의료 결정에서, 행동할 힘을 가진 이가 행동하지 않는 것—의사가 초기 유방암이나 고혈압 같은 질병을 검사하거나 치료하지 못하는 것—은 나쁘게 행동하는 것만큼이나 위험하다. 의과학의 찾고 치료하고 고치는 역량이 점차 커지고 있다는 점에서 더더욱 그러하다. 검사, 추적, 격리를 통해 확산을 예방, 억제, 완화할 조치를 재빨리 취하지 않는 것, 사회적 거리 두기나 마스크 착용을 의무화하지 않는 것, 팬데믹 시 필요한 집단적 조치를 하지 않는 것 등도 마찬가지다. 유해한 조치를 취하는 경우보다도 그 같은 실패가 훨씬 흔하다. 히포크라테스는 독감 유행이었을 수도 있었을 무언가를 치료하며 "무엇보다도 해를 가하지 말라"라고 조언하며 또한 위기 시에는 대담하게 행동하라고 촉구했다. 코로나19와 같이 무증상자를 통해 쉽게 전파되는 바이러스의 경우에 특히나, 빠르고 일관되게 사회적 거리 두기를 조언하고, 보건의료 노동자들을 위한 보호 장비 확보를 지시하고, 비상 지휘권을 발해 필수적인 검사 장비를 생산하게 할 힘이 있었던 연방 관료들의 실패는 유해하기 그지없는 방기라고 할 수밖에 없다.* 이 모든 것은 언제든 피할 수 있는 일이었다.

국가 안보 기구, 과학자, 의사, 간호가, 생명윤리학자, 공중보건 전문가들이 고조된 팬데믹의 위험을 누차 경고했던 이 나라에서, 미국인들이 준비되지 않은 채로 남겨졌다는 점은 충격적이다. 부정否定의 심리는 강력했고 여전히 강력하다.•

공중보건 전문가의 의견을 토대로 국가정책을 만드는, 자신의 안전과 경제의 안정에 대한 대중의 우려에 응답하는, 그리고 공동선에 이바지하는 방향으로 나라를 이끌려는 지도자들이 분명하고 일관되게 소통함으로써 극렬한 부정을 극복해야 한다.• 앙겔라 메르켈 독일 총리는 정치 지도자가 실제로 정보에 기반하고 생산적인 길을 찾을 수 있음을 보여 주었다. 3월 중순 독일이 봉쇄에 들어간 얼마 후, 메르켈은 감정을 드러내고 공감을 표하면서도 과학적 연구에 바탕을 둔 텔레비전 연설을 했다.• "정상적인 상태, 공적인 삶, 사회적인 함께함이라는 우리의 이상理想, 이 모든 것이 전에 없는 시험에 들고 있다"라며 그녀는 팬데믹에 관해 면밀하게 연구된 정보만 공유해 줄 것을 호소했다. 이어 메르켈은 독일의 가장 암흑 같았던 시기를—분명 더없이 세심하게 고민한 끝에—언급하며 "우리 독일이 제2차 세계대전 이래로 연대의 정신에 기반을 둔 행동이 이만큼이나 절실했던 적은 없었다"라고 말했다. 그녀는 독일의 모든 시민에게 연대해 함께 행동함으로써 "이 시험을 통과"하라고, 바이러스의 확산에 맞서 싸우라고 요청했다.• 부분적으로는 세심하고 자신감 있으면서도 겸손하게 독일 시민들을 안내하며 무서운 경제적 셧다운을 통과한, 또한 마찬가지로 중요하게도 전문가의 공중보건 지침을 따라 검사, 접촉자 추적, 격리, 집중치료 수용 능력을 급격히 끌어올린 메르켈의 리더십 덕에, 독일은 다른 나라들보다 잘 해냈다. 생명과 생계가 더없이 직접적으로 집단적 협력에 달려 있는 시기에, 치명적인 질병의 확산을 막기 위해서는 폭넓은 정보에 기반을 두고 있으며, 광범위한 신뢰를 받는 (그리고 신뢰할 만한) 정치 지도자가 필수적이다.

팬데믹 윤리는 정부는 물론 민간 조직 역시 합법적인 범위 내에서 사회적 거리 두기나 희소한 의료 인력·자원 배치 같은 전통적인 공중보건 조치는 물론 시기적절한 검사, 백신, 치료법 개발 등과 같은 선제적이고 예방적인 조치를 취할 것을 요구한다. 팬데믹 초기, 미국 여러 병원의 집중치료실이 중증 호흡기 환자로 넘치게 될 것을 걱정할 이유가 충분했던 당시, 한때는 생각조차 할 수 없었던 것을 두고 논쟁이 일었다. 바로 산소호흡기 접근 배분 문제다. "모두를 구할 수는 없을 때 누구를 구할 것인가?"가 생명윤리학의 핵심 질문 중 하나이기는 하지만, 갑작스레 더 이상 학술적인 논쟁의 문제가 아니게 되어 버린 것이다. 앤드루 쿠오모Andrew Cuomo 뉴욕주 주지사의 독려로,• 나이 많고 더 아픈 환자가 배제되면 안 된다는 합의가 형성되었다.• 다행히도 미국에서 가장 크고 코로나19를 가장 빨리 그리고 최대로 경험한 바 있는 도시인 뉴욕시가 그런 상황에 처하지는 않았다. 표준적인 경우와는 맞지 않았지만 경우에 따라 산소호흡기 하나가 두 환자를 맡았다. 시간이 가면서 이 병에 대한 경험은 보건의료 제공자들에게 코로나19 호흡기 질환은 산소를 쓰면, 그리고 환자를 등을 대고 눕는 대신 배를 대고 엎드리게 ("복와위伏臥位 유지") 하면 더 잘 치료된다는 점을 알려 주었다.• 하지만 각 주 정부와 보건의료 체제는 비생산적이고 혼란스러운 희소 자원 경쟁을 계속했다.•

또한 처음부터 그랬듯 이번 위기는 자원을 가장 필요로 하는 곳에 적시에 배치할 권역별, 나아가 전국적인 체제가 시급히 필요함을 드러냈다. 그런 제도적 실패의 대가를 치르는 것은 환자만이 아니다. 뉴욕 여러 병원의 보건의료 노동자, 특히 주로 저소득층 환자를 대하는 이들은 야전병원을 방불케 하는 끔찍한 상황을 마주했다.• 이 헌신적인 이들이 우리네 나머지를 위해 입은 감정적 손상은 어쩌면 결코 충분히 이해되지 못할지도 모른다. 물론 우리는 팬데믹 내내 일터에서 비롯된 트라우마에 대처하기 위해 정신 건강 돌봄이 필요한 이들을 돌보는 데 제 생명을 건 이들에게도 빚을 지고 있다.•

똑똑한 편보다 운이 좋은 편이 낫다고들 하는데, 뉴욕 주민들은 언감생심 운이 좋기를 바라키는커녕 [병원 수용 역량이 초과되어] 코로나19 환자들의 병원 치료 접근성을 배분해야 하는 상황에 빠지지 않도록 똑똑한 지도자나마 절실히 필요한 지경이었다. 뉴욕주와 지역 관료들은 대체로 급증을 저지하기 위해 공중보건 전문가들이 조언을 좇아 대담한 조치를 취했다. 여전히 논쟁적인 한 가지 예외만 빼고 말이다. 앤드루 쿠오모 뉴욕 지사의 지지 아래, 2020년 3월에는 코로나19 환자 수천 명을 병원에서 요양원과 성인 돌봄 시설로 옮기는 주 지침이 나왔다. 이미 자원이 심각하게 부족한 바이러스 확산의 온상으로 알려진 곳들이었다. 5월 초, 쿠오모는 최중증 환자를 위해 병상을 확보하는 것이 목적이었을 이 지침을 철회했다. 주 정부가 의뢰한 보고서에 따르면 요양원 사망자 급증은 이 정책 탓이 아니었지만, 이 같은 조사 결과를 둘러싼, 나아가 퇴원 결정이 불필요한 죽음의 원인이 되었는지를 둘러싼 논란은 여전하다.

대중매체를 통해 코로나19 확진 상승 곡선을 끌어내리기 위한 모두의 역할에 관한 메시지를 쏟아 내며, 쿠오모는 하루도 허튼소리를 하지 않는 소통가로 자리매김했다. 끝이 날 것 같지 않아 보였던 넉 달이 끝나 여름에 되기까지 각자의 몫을 해 준 수백만의 뉴욕 주민들의 엄청난 지원으로, 최대 발생지인 뉴욕시는 물론 뉴욕주 전역에서 코로나19 확진자 수가 떨어졌다. 또한 공중보건 지침을 따라 확진자 수가 그저 떨어지기만 하는 것이 아니라 안정되기를 기다려 세심히 단계를 조정하며 마비되어 있던 경제활동을 권역별로 서서히 재개했다.

일부 다른 주의 지사들은 주민들이 뉴욕의 경험을 통해 얻은 교훈에 도움을 받을 수 있게 하지 않고 그 반대를 행했다. 예상할 수 있다시피, 심각한, 종종 치명적인 결과가 이어졌다. 그들은 사회적 거리 두기와 공공장소 마스크 착용의 필요성에 대해 오락가락하는 메시지를 전달했다. 그들의 발표 내용이 개인의 자유라는 금과옥조와 피고용인, 고용주, 소비자 모두가 널리 느꼈던 경제활동 재개의 화급한 필요성에 초점을 맞춘 것은 우연이 아니었다. 이데올로기에 따른 것이었다. 우리에게 자유라는 금과옥조는 팬데믹의 확산을 완화하는 데 쓸 수 있는 최소한의 구속만을 하는 수단을 활용하기를 지지하는 데 적용된다. 코로나19 확산 완화의 경우, 공중보건 전문가들은 사회적 거리 두기와 마스크 착용이 그와 같은 수단에 해당한다는 데 뜻을 모은다. 경제활동 재개의 가치 역시 중대하다. 살기 위해 우리는 모두 생계를 유지해야 한다. 하지만 생계를 유지하라면, 우선 살아 있어야 한다. 이는 공공장소 마스크 착용을 의무화하고 바이러스 확산이 억제될 때까지 비필수적 경제활동을 닫아 둘 가장 단순하면서도 가장 인간적인 이유다.

극도의 당파적 교착으로 이번 세기에 이름을 떨친 미국 의회는, 전국 각지에서 이뤄진 셧다운에 따른 전대미문의 황폐화를 인정하며 미국 역사상 최대의 경기부양책 법안을 통과시켰다. 2조 달러 규모의 코로나바이러스 지원·구제·경제안보 법Coronavirus Aid, Relief, and Economic Security, CARES은 개인과 사업체에 직접 지원을 제공했다. 실업자의 3분의

2가 자신의 손실 임금을 상회하는 수표를 받았고• 저소득 노동자와 그 가족에게는 5000억 달러라는 기록적인 규모의 안전망 수당이 4개월에 걸쳐 지급되었다.• CARES 부양책은 필수적이었던 만큼, 이 법안의 통과에는 평소 같은 "끼워 넣기 예산"이 아니라 미등록 구성원이 한 명이라도 있는 모든 미국 가구에 부양 수당을 지급하지 않기로 하는 비극적인 타협이 따랐다.• 수백만의 미등록 이주민과 등록되어 있는 그 가족 구성원들이 팬데믹 동안 자신보다 더 부유한 다른 이들에게 서비스를 제공하는 데 필수적이라 여겨지는 고위험 직종에 종사하고 있다는 사실에도 불구하고 이 같은 조항이 통과되었다.• 이에 미국 시민권자나 합법적 거주자인 500만의 아동과 배우자를 포함해 1500만 명이 넘는 인구가 경제적 셧다운 동안의 안전망 수당에서 배제된 것으로 추산된다.• 신원을 밝히기를 꺼린 미등록 이주민 머시디스는 미국 시민권자인 세 아이를 다른 미국인들과 달리 취급하는 것을 "끔찍한 부정의"라 칭했다. 머시디스의 남편은 미등록으로, 건설 업종에서 해고당했다. 우리는 머시디스나 그 남편과 같이 성실히 일하고 세금을 내는 주민들을 팬데믹 안전망에서 배제하는 일의 잔혹성 또한 고민해야 한다.•

CARES 법은 다른 면에서는 분열되어 있는 의회가 이 가슴 아픈 타협과 함께 취한 대담한 조치이자 필요한 조치였다. 팬데믹 시국에 대담한 행동에 나서길 거부한 공직자들은 대개가 분명하거나 생산적인 방향으로 나아가지 못했다. 많은 수가 유권자들에게 각자의 "상식"을 따르라고 요청했다. 바이러스에 노출되어도 위험이 크지 않은 많은 젊은 사람들의 상식이란 붐비는 해변이나 술집에 가서 좋은 시간을 보내는 것임을 우리는 알고 있다. 상당한 수가 의도치 않게 침묵의 전달자가 되어 연장자들(그리고 기저 질환이 있는 이들)에게 바이러스를 전파했고 그들의 생명이 위험에 빠졌다. 텍사스, 애리조나, 플로리다는 운 좋게도 초기 확진자 급증을 피했지만 코로나19 확진자 수가 꾸준히 줄어들기 전인 6월 초에 성급하게 술집, 식당, 미용실 영업을 재개함으로써 갑자기, 또한 예상 가능하게도, 취약한 환자들에게서의 급증을 경험했다. 이는 해당 지역 병원이 환자들로 넘칠 위험을 초래했다. 6월 말이 되자 텍사스주 휴스턴의 대형 병원 집중치료실은 코로나19 환자로 수용 역량의 한계에 이르렀다. 이에 『뉴욕타임스』는 헤드라인으로 "'또다시' 뉴욕 같아졌다"라고 선언했다.* 병원들은 당장 생명이 위급하지는 않지만 기다리고 있을 수만은 없는 다른 중요한 치료를 필요로 하는 환자들을 돌려보내야 할 심각한 상황에 다가갔다. 이는 또 한 가지 종류의 배분이다. 팬데믹 상황에서 병원을 책임져야 하는 운영진은 이를테면 부상자 분류법과 같은 제도를 시행할 수밖에 없다. 생명을 구하는 데 필요한 한에서만 개인의 자유를 제한하는 인도적인 공공 정책에의 집단적 동의에 의지했다면 이를 비롯해 예상 가능한 급증을 피할 수 있었을 것이다.

공중 보건 위기가 끼치는 해를 완화하는 데는 폭넓은 정보를 갖추고 있으며 용감한 지도자와 정책이 필요하다. 생명의학 기초 연구 재정 지원에서부터 백신 개발까지, 개인 보호 장비의 국가적 확보에서부터 필요에 따른 분배까지, 비필수 사업체 폐쇄 명령부터 공공장소 마스크 착용 의무화까지. 이런 것들은 대중이 정보에 기반해 우리의 자기 이익이라고 말할 수도 있을 공동선을 지탱하기 위해 기꺼이 협력하는 데 달려 있는 종류의 기획이다. 이런 상황에서 우리 개개인의 정보에 기반한 동의를 구하는 것은 불가능하거나 역효과만 낳는다. 팬데믹 시국에는, 당신이 마스크를 착용하고 검사를 받는 것이 우선 타인들을 보호하며, 이제 타인들은 당신을 보호해야 한다. 이런 류의 공중보건 조치들은 만장일치로 승인받을 수 있기는 고사하고 여론조사를 할 수도 없다. 하지만 비상 상황에도 (어쩌면 그럴 때 특히) 대중을 상대로 그런 조치의 필요성을 분명히 설명할 때가, 민주정의 지도자가 — 메르켈이 그랬듯 — 제몫을 다하는 때이다.

우리는 용납할 수 없는 그 반대편을 목도한 바 있다. 정치적 가식으로 공중보건 조치를 대신하는 것은 누구에게도 도움이 되지 않으며 실상 질병을 확산시킨다. 너무도 많은 선출직 지도자들의 "스트롱맨" 스타일은 괴이하고도 궁극적으로는 치명적이게도 그들이 마치 바이러스가 거친 말에 반응하기라도 한다는 듯 자연 세계에서 인간의 위치를 부정함을 폭로했다. 미국에서 확진자와 사망자가 사상 최대 규모로 급증하기 몇 달 전이었던 2020년 2월 말, 미국 대통령은 기자회견에서 자신의 코로나바이러스대책위원회를 대신해 이 바이러스가 기적처럼 사라질 것이라고 주장했다. "사라질 겁니다. 어느 날, 기적처럼, 사라질 것입니다." 영국 수상은 가혹한 고통에도 불구하고 집단 면역 달성을 궁리했고 자신의 산소호흡기 확충 계획을 "최후의 헐떡임 작전"Operation Last Gasp으로 칭했다. 러시아 대통령은 평소답지 않게 침묵에 빠졌다. 브라질 대통령은 이렇게 말했다. "내게 원하는 게 뭐요? 난 기적을 행하는 자가 아니오."

다음 팬데믹에 대비하는 것이 공공의 안전과 국가 안보에 필수적이라는 전문가들 공통의 경고와 조언을 무시한 데 책임이 없는 정당이 따로 있다는 말이 아니다. 21세기 들어 그 어느 주요 정당이나 정치 지도자도 전염병을 넘어선 것과는 거리가 멀고 대대적인 대비 없이는 머지않은 미래의 불의의 시점에 어떤 전염병에 황폐화될 공산이 크다는 사실을 미국인들에게 분명히 경고하거나 국가를 그 사실에 충분히 대비

시키지 않았다. 하지만 근래 미국 대통령 그 누구도 트럼프가 몇 번이고 그런 것처럼 이만큼이나 생명윤리의 선을 넘지도 않았다. "미시건 해방!", "미네소타 해방!", "버지니아 해방!"을 향한 그의 트윗은 팔로어들에게, 자기 자신과 동료 시민들의 건강과 안전을 걸고서, 최선의 팬데믹 억제책에 관한 전문가들의 조언을 무시하고 각 주의 코로나바이러스 관련 재택 명령의 법적 권위에 반항할 것을 호소했다. 이 모든 것이 그가 최선의 팬데믹 대응책에 관한 정책 결정을 주 정부 관료들에게 넘긴 후의 일이었다. 전문가들의 의학적 합의에 온전히 접근할 수 있었던 대통령에게서 솔직한 말도, 책임 있는 리더십도 나오지 않았다. 구속적인 조치에 대한 대중의 불평, 심지어는 저항도 예상된 일이었다. 팬데믹이 미국을 휩쓴 일은 몇 세기 동안 없던 일이니 말이다.

과학과 연대를 위한 분투

21세기의 미국인에게 인터넷 없는 코로나19 팬데믹을 상상하기란 불가능하다. 하지만 수많은 사람들이 물리적으로는 거리를 두면서도 사회적으로 연결되어 있게 해 준 전자우편과 온라인 영상 플랫폼은 코로나바이러스가 등장하기 10년 전만 해도 이용할 수 없었던, 우리 시대의 전염병에 대한 이해를 바꿔 놓은 역사적 요소다. 픽셀이 직접적인 개인적 접촉을 대신할 수는 없지만 동시에 공유되는 온라인 이벤트는 감정적인 연결감과 고무감을 모두 줄 수 있다. 또한 구조적 인종차별을 비롯한 유구하면서도 무시되어 온 부정의에 대처할 혁신적인 길을 찾는 가운데 인간적 연대의 감각을 주기도 한다. 기후변화와 같은 전 지구적 과제에 대해서는 물론 널리 퍼진 조지 플로이드 살해 영상을 통해 고통스런 삶에 연대의 감각이 닿았듯이 말이다. 바이럴 영상과 팬데믹 동안 집에 머무는 수많은 미국인이 만났을 때의 힘을 과신할 수는 없지만, 어떤 증거 기반 추산에 따르면 플로이드가 살해당하고 단 한 달 후에 인종차별적 부정의에 맞서 시위에 참여한 미국인의 수는 1500만에서 2600만에 이른다. 미국 시위의 정치학을 연구하는 대니얼 Q. 길리언Daniel Q. Gillion은 "당신의 속에 아무것도 없지 않다면, 조지 플로이드 영상에 마음이 움직일 것이다. 게다가 사람들이 아마도 시위 활동에 참여할 시간이 더 많아졌기에 이제 이 기폭제는 더욱 강력해질 수 있다"라고 말한다.• 역사적 불평등에 대처하는 방식으로 인간 사회를 새로 짓는 것은 다른 면에서는 비극적인 이 팬데믹에서 비롯되는 것 가운데 가장 가치 있는, 미국의 여러 세대에 걸친 기획일 것이다.

검사에, 궁극적으로는 치료에 초점을 맞추는 데에는 세심한 기록 관리가 필요하며 오늘날에는 새로이 등장한 접촉자 추적 기술과 사회 연결망 기술이 활용되고 있다.• 이 위기에 대한 최선의 해법은 궁극적으로는 인구 전반에 걸친 자연 노출과 백신 접종의 조합과 같은 코로나바이러스에 대한 일정 수준의 면역이 될 것이다. 18세기에는, 에드워드 제너Edward Jenner가 우두법이 천연두 자체에 노출되는 것만큼이나 효과가 있으면서도 훨씬 안전하다는 것을 확인하기까지 수십 년이 걸렸다. 겨우 수십 년 전만 해도 알 수 없었던 질병의 기전과 조처에 관한 지식을 현대 과학이 제공할 수 있다는 사실은 철학자 존 듀이John Dewey가 지성적 행동이라 칭한 것을• 행해야 할 강력한 도덕적 의무를 제시한다. "워프 스피드Warp Speed 작전", 트럼프 행정부가 백신 개발 활동에 붙인 이 이름은 <스타트렉>Star Trek의 우주 함선 엔터프라이즈호의 동력원인

미지의 기술에서 따온 미국식 상상력의 산물이다. 하지만 <스타트렉> 팬이라면 조종사는 반드시 워프 항행으로 함선이 블랙홀에 빠지는 일이 없게 해야 한다는 것을 알고 있다.

전 지구적 팬데믹은 대중의 신뢰 — 미국인들 사이에서는 언제나 낮은 — 를 얻기를 포기하고 속도를 내야 하는 때가 전혀 아니다.* 누구나가 증명되지 않은 약물을 "시도할 권리"의 자리는 여기에는 결코 없다. 반드시 안전과 효능이 우선이어야 한다. 어떤 이들로 하여금 자신들이 코로나19 바이러스에 면역력을 갖게 되었다고 생각했다가 그렇지 않음이 드러나게, 혹은 더 나쁘게는 여전히 전파자인 것으로 드러나게 만드는 것은 개개인의 건강과 공중보건 모두를 위협한다. 안전과 효능은 오직 세심하게 설계된 임상 시험을 통해서만 입증될 수 있으며 믿을 만한 정보를 얻기까지 여기에는 여러 달이 걸릴 수도 있다. 우리는 좋은 과학과 일관되는 만큼이나 재빠르게 움직일 수 있으며 그래야 한다. 불필요한 규제는 없이, 그러나 필요한 규제는 모두 시행하면서 말이다.

많은 이들이 백신 시험과 승인에 속도를 내는 데 활용되어야 한다고 생각하는 전략 하나는 투여 시험이다. 알려져 있는 위험과 미지의 위험에 대한 정보를 제공받은 건강한 자원자가 백신 후보를 접종받은 후 고의로 바이러스에 노출되는 것이다. 건강한 사람을 잠재적으로 위험한 병원체에 고의로 노출시키는 것이 윤리적으로 우려스러운 일이라는 데 이의를 제기할 이는 많지 않다. 백신이 실패할 경우에 쓸 수 있는 치료법이 없다면 특히나 그렇다. 건강한 사람에 대해 알려져 있는 직접적인 이익은 없으면서 생명을 위협하는 위험이 있는 의학 실험의 경우 정보에 기반한 동의는 언제나 윤리적으로 반드시 필요하지만 결코 충분치는 않다. 하지만 백신의 성공에 전 지구적으로 많은 것이 걸려 있고 수백 가지 잠재적 백신 후보가 시험 중이라면, 다양한 집단에서 가장 유망한 백신 후보를 신속히 추려야 한다. 이처럼 표준적인 백신 시험 윤리가 통하지 않는 상황에는 투여 시험이 윤리적으로 정당화될 수 있다. 바이러스 사태가 가라앉으면 충분한 규모의 실험 집단과 통제 집단이 자연 노출되는 데 긴 시간이 걸릴 것이다. 그리고 바이러스 수치가 높은 지역은 소득이 매우 낮은 국가의 매우 가난한 지역밖에는 없을 것이다. 그렇다면, 투여 시험의 윤리적 단점은 이런 지역을 택[해 일반적인 임상 시험을 진행]하는 경우의 불공정성에 비하면 가볍다고 할 수도 있을 것이다.* 또한 시험이 지연되면 (이런 지역에서를 포함해) 대규모로 사망자가 나오게 된다는 점도 이를 지지하는 근거가 될 수 있다. 다른 윤리적 조건과 함께 이런 조건들이 갖춰진다 해도 투여 시험 방식을 택하는 데는 많은 양의 바이러스가 연구실을 벗어나는 것을 막을 수 있는 엄격한 안전 기준을 비롯해 여러 특별 조치가 필요하다. 자연 노출에 의지하는 백신 시험과는 달리 투여 시험은 자원자들을 보관 중인 바이러스 샘플에 적극적으로 노출시키는 것이기 때문이다. 어마어마한 윤리적 쟁점들을 차치하고도 투여 시험을 조직하는 데의 현실적 장애물들은 만만치가 않다.

백신 개발 연구가 고된 만큼이나 이를 대규모로 생산·분배하는 일 역시 복잡하고 어려울 수 있다. 몇 가지 기술들은 이제껏 백신 생산에 쓰인 적이 없는 것들이다. 수백만 회, 궁극적으로는 수조 회 분이 반드시 세심하게 통제된 조건 하에서 생산되어야 한다. 과학자들이 바이러스의 생리를 갈수록 더 잘 이해하게 되므로, 초기의 백신은 나중 것보다 덜 믿을 만할 수 있다. 어떤 백신은 두 번 이상 맞아야 할 수도 있지만, 모든 백신은 결국에는 필요한 곳, 필요한 몸에 가 닿아야 한다. 마지막으로, 백신은 반드시 잘 수립된 윤리적 기준에 따라 분배되어야 하며 이 기준의 정당성은 공개적으로 논의되어야 한다. 예컨대 보건의료 노동자, 의학적으로 가장 취약한 이들, 필수 노동자, 나머지 일반인 순으로 분배할 수 있을 것이다. 유색인이 팬데믹에 과도하게 영향받으면서도 적기의 보건의료는 흔히 덜 제공받는 지속적인 불평등을 생각할 때, 가장 높은 위험에 처한 지역사회를 찾는 고민 역시 필요하다. 다양한 나라들에 백신을 분배하는 기준은 그다지 확립되어 있지 않지만, 생명을 구하는 일이기에 모든 면에서 중요하다. 고소득 국가들은 각자, 더 낫게는 함께 힘을 합쳐, 저소득 국가가 자국민들에 나눠 줄 수 있는 공평한 몫의 백신을 받을 수 있도록 협력하는 것이 특히 중요하다.

가장 유망한 약물의 생산을 임상 3상 완료 전으로 앞당기는 것은 대체로 대가가 너무 크다. 승인되지 않는 일이 너무 많기 때문이다. 하지만 몇몇 잠재적 코로나19 백신의 경우 연방 정부는 승인 전 생산에 재정을 지원하고 있다. 어느 백신이 안전하고 효능이 있다고 밝혀질지는 알 수 없지만 이 같은 패스트트랙은 백신이 승인되는 즉시 수백만 회분을 쓸 수 있게 하는 것을 목적으로 한다. 조기 생산된 백신 중 하나가 성공적인 것으로 확인되면 이 선제적 절차는 최초로, 그리고 적시에 백신을 맞을 수 있는 사람의 수를 최대화 해주며, 이는 윤리적 문제를 상당히 덜어 준다.

코로나19 팬데믹 초기의 여러 패착은 큰 손실이고 피할 수 있는 일이었지만, 초기에 이룬 일들은 모범적인 협업이라는 것을 보여 주었고 크게 유익하기도 했다. 3월 말부터 5월 초까지, 우한의 뒤를 이어 뉴욕시가 코로나19로 아비규환이 되었을 때, 주 정부와 지역 정부가 서로 합심한 개입과 주민들 사이에 이뤄진 대규모의 협력은 코로나19

상승 곡선을 늦춰 주었다. 적기에 코로나19 상승 곡선을 꺾는 데, 그리고 그를 유지하는 데 성공한 뉴욕시를 비롯해 미국과 세계 각지를 살펴보면 이만큼이나 다양한 사회 각층에서 이만큼이나 많은 단체와 기관이 생명을 위협하는 목전의 문제에 이만큼이나 빠르게 이만큼이나 집단적으로, 과학에 근거해 초점을 맞춘 것은, 그야말로 처음임을 알 수 있다. 유전학과 같은 20세기의 과학은 추측이나 우연한 행운에 기대는 것이 아니라 체계적으로 연구되는 시험, 치료법, 백신의 지속적인 개발에 기술적 토대를 제공했다. 과학자들이 어떤 위기에 대한 해법을 즉각적으로 내놓지 못했을 때 나타나는 실망은—이 같은 실망은 이번 펜데믹에서 가장 두드러졌는데, 우리는 최소한 하나의 안전하고 효과적인 백신을 초조하게 기다릴 필요가 있었다—역설적이게도, 생명을 구하는 발견을 해내는 일에서 과학이 할 수 있는 것에 대한 자신감을 반영한다. 적어도 우리가 시간과 자원을 과학계에 제공하기만 한다면 말이다.

요컨대 팬데믹 윤리의 본질은 알지 못하는 타인에게 마음을 쓰는 집단적 헌신이다. 이것이야말로 공중보건 위기 속에서 우리 자신, 우리의 가족, 친구를 잘 돌볼 수 있는 유일한 길이다. 팬데믹은 기본적인 도덕적 뿌리로 돌아가는 윤리와 에토스를 요청한다. 세 살 먹은 아이도 공평성과 호혜성—동등한 존중이라고도 불리는—의 감각을 보여 준다.* 알지 못하는 동료와의 협업적 활동이라는 맥락에서 주고 또 받는 데 대한 기대를 토대로 행동한다. 이 같은 기초적인 감각만큼이나, 이것이 대개는 즉각적인 상황(예컨대 사탕이 평등하게 혹은 불평등하게 주어지는 공평한 혹은 불공평한 협업)에 대한 반응이며 공중보건 위기 때는 물론 충분치 않으리라는 점도 중요하다. 치명적인 질병의 확산을 예방하고 억제하고 완화하기 위한 계획은 폭넓은 생의학 연구와 공중보건을, 그리고 공평하고 비용이 부담되지 않는 보건의료 체제, 강력한 공중보건 인프라, 해당 분야 전문가를 신뢰하고 충분한 정보를 토대로 생명을 구하기 위해 노력하는 지도자와 시민을 필요로 한다. 우리의 수많은 차이에도 불구하고 연대해 행동하는 것은 호시절의 고매한 일로 보일지 모르지만, 실은 팬데믹에 대비하고 팬데믹을 헤쳐 나갈 수 있는 길은 여기에 달려 있다.

미국의 전통은 분명 팬데믹에 대한 효과적이고 과학에 기반한 대응과 연대의 감각, 둘 모두의 씨앗을 품고 있다. 팬데믹 전에 선출직 공직자에 대한 미국인들의 신뢰도는 겨우 17퍼센트라는 60년간 최저 수준을 기록했지만,• 85퍼센트가 넘는 미국인이 과학자, 의과학자를 신뢰하며 그들이 과학적 쟁점에 관한 정책 논의에서 적극적인 역할을 맡아야 한다고 말했다.• 그렇기에 팬데믹이 닥쳐오자, 당파적 분열은 여전했지만, 상당수의 미국인이 가감 없이 말하는 국립알레르기·감염병연구소National Institute of Allergy and Infectious Disease 소장 앤서니 파우치Anthony Fauci 박사와 같은 걸출한 공중보건 전문가에 대한 신뢰를 표했다.• 또한 결정적이라고 해도 좋을 만큼 많은, 그리고 아마도 전에 없이 많은 사람들이, 폭력 시위로 이어진 경우를 포함해도 시위보다는 경찰의 행태와 조지 플로이드의 죽음이 더 문제적이라고 여긴다고 밝혔다.• 무엇보다도 이 두 가지는 보다 포용적인 연합을 위해 분투하고 투쟁하는 다양한 대중의 사회계약이 완전히 망가지지는 않았다는 신호다. 250년 가까이 미국 민주주의를 지탱해 온 그 계약 말이다. 이번 팬데믹은 또한 수백 년의 인종차별, 미국의 약속에 태초부터 있었던 오점에 새로이 주목하게 만들었으며, 이런 주목은 팬데믹을 비판적으로 검토하게 만들었다.

그런 점에서, 미국은 남북전쟁 이래 최대의 도덕적 위기와 스스로를 새로 지을 기회를 열어 주는 위기와 마주하고 있다고 할 수 있겠다. 사람이 다른 사람을 소유하는 체제를 옹호했던 남부연합 인사들의 동상 같은 낡은 상징들이 문자 그대로 무너뜨려지고 있다. 그것들이 사라진 자리를 사회적 다양성과 도덕적 연대의 새 상징들이 채울 것이다. 상징으로 충분할 리야 만무하지만, 상징은 우리를 북돋아 줄 것이다.

자연이 언제 또 이렇게나 잔인하고 덮쳐 올지를 알 수는 없지만, 팬데믹 윤리는 우리에게 모두에 대한 모두의 전쟁이 아니라 인간적 연대를 택해 대비할 것을 촉구한다. 함께한다면, 수많은 시민과 미등록 이주민 모두에게서 우리가 직접 목도한 일상의 영웅적 행위를 우리 토대로 삼을 수 있을 것이다. 우리는 인종차별을 비롯한 여러 불평등에 대처하는 비용이 부담되지 않는 공중보건 체제, 보편적 보건의료 체제를 만들 수 있다. 우리는 다른 나라나 비정부 기구와 힘을 모아 보건의료 공평성을 전 세계로 확대할 수 있으며, 그리하며 백신 접종이나 다른 생명을 구하는 치료법을 보편적으로 이용 가능하게 만들 수 있다. 그렇게 한다면 한 나라로서 우리는 지역적으로나 지구적으로나 보건의료 공정성과 인간적 연대가 더욱 잘 실현된 세상에서 다음 팬데믹에 대처할 수 있게 될 것이다. 다음 위기에 대한 대비 없이는, 더 공정하고 따라서 더욱 완전한 연합을 향한 우리 세대의 여정은 불가능하다.

감사의 말

어떤 저자도 섬은 아니다. 세계 각지에서 그리고 40년 세월 동안 멋진 동료들, 학생들, 친구들, 여기서 한 명 한 명 감사를 표하기에는 너무도 많은 이들이 우리가 이 중요한 생명윤리학적 화두들을 이해하는 데 도움을 주었다.

생명윤리학적쟁점연구대통령직속위원회에서 경험한 것은 많은 문제들에 대한 우리 사유를 알차게 해주었다. 위원회를 만들어 준 버락 오바마 대통령에게 사의를 표한다. [당시] 조 바이든 부통령과 보건사회복지부 캐슬린 시벨리어스 장관의 도움에, 짐 와그너 부위원장과 동료 위원들, 임원들, 스태프들의 다학제적 전문성과 훌륭한 팀워크에 사의를 표한다. 또한 전문 스태프로서 위원장 에이미를 보조해 주었으며, 그에 더해 최종 초고의 참고 문헌을 능란하게 정리해 주고 믿음직한 교정과 그 밖의 많은 것을 해준 애덤 마이클스에게 감사한다.

또한 위원회 스태프였던 마이클 테니슨을 꼼꼼한 팩트체커 겸 보조 연구원으로 기용할 수 있어 기뻤다. 조시 그린이 가쇄 교정을 맡아 주었다. 혹 남아 있는 오류는 모두 우리 탓이다.

모든 사무는 그레그 로스트가 훌륭하게 관리해 주었다. 우리가 협업하는 과정에서의 수많은 세부 사항들은 조디 사르키지언, 마이크 마르코, 미셸 제스터가 조율해 주었다.

커다란 용기를 준 에바 고스먼은 관대하게도 그녀의 고무적인 인생사와 함께 의료사 작업을 공유할 수 있도록 허락해 주었다. 도로시 로버츠는 의과학과 의료 행위에 있어 인종과 인종차별의 역사와 유산에 대한 자문을 해주었다. 애비게일 에르드만은 서문의 우리 개인사와 책 전체에 걸친 여러 복잡한 쟁점들을 어떻게 잘 전달할 수 있을지를 일러 주었다. 마리 니콜리니는 유럽의 안락사 정책에 대한 통찰을 제공했다. 톰 비첨은 우리가 생명윤리학의 핵심적인 몇 가지 개념들의 기원을 보다 잘 이해할 수 있도록 해주었다.

펜실베이니아대학교의 교원, 학생, 이사, 졸업생들의 도움에 감사한다. 이들이 너그러이 나눠 준 보건의료, 과학, 기술에 대한 다학제적 지식에서 영감을 얻었다.

에이미는 숙의민주주의에 대한 저작을 함께 썼고 예전에 윤리와 공공 정책에 관한 강의의 저술을 함께했던 데니스 F. 톰슨에게 감사한다. 그 경험들에서 많은 것을 가져왔다.

스킵 케이트는 에이미에게 자신이 맡고 있는 노튼 시리즈에 책을 써보라고 먼저 권해 주었고 에이미는 펜실베이니아대 총장직이 이 시리즈에 때맞게 책을 쓸 능력을 가져가 버리기 전에 감사히 수락했다. 그 제안이 없었더라면 결코 이 책을 쓰지 못했을 것이다.

노튼 출판사의 로비 해링턴과 로버트 바일은 아직 한 글자도 쓰기 전부터 우리를 믿어 주었다. 일단 쓰고 나니, 바일이 감히 평가할 수 없는 편집을 해주었다. 두 사람의 신뢰와 전문적인 안내에 감사한다. 니나 네이토프가 공들여 교열해 주었다. 이 책이 여러 발달단계를 거쳐 태어나기까지 개브리엘 커척과 마리 판토한이 이끌어 주었다.

각 장의 제목과 텔레비전 의학 드라마의 세세한 내용들을 비롯해 크고 작은 문제들에 조언을 해준 우리의 배우자들, 마이클 도일과 레슬리 펜튼에게 사랑을 담은 감사를 보낸다.

옮긴이 후기

이 책이 미국에서 출간된 것은 2019년 여름이다. 그해 가을, 그러니까 지금의 이 "공중보건 위기"를 전혀 예상할 수 없었던 시점에 처음 읽었다. 책의 흐름을 따라 미국에서 의료와 윤리가 변화 혹은 발전한 궤적을 다소 가벼운 마음으로 훑었다. 본격적으로 번역을 시작한 시점에는 이미 코로나19가 거대한 사회적 '조건'이 되어 있었다. 개개인이 일상의 매 순간에 신경을 써야 한다는 정도의 의미에서가 아니라, 이 사회 전체가 어떻게 운영되는지에 강력한 영향을 미친다는 의미에서의 거대한, 사회적, 조건. 자본주의나 소수자 배제 같은 이 사회의 몇 가지 근본 원리들과 같은 층위에서 작동하는 것으로 자리매김했다는 뜻이다.

지금까지의 나로서는 기껏해야 여름철의 거리 소독이나 겨울철의 독감 백신 정도만을 생각했으나 실은 그런 것이 아님을—매 순간 논의와 감시를 요구하는 정치의 문제임을—새삼 깨달을 수밖에 없었던 공중보건을, 특정한 관심사만 뚝 떼어 생각할 수는 없는 총체로서의 보건의료를 생각하며 다시 읽었다. 조금 속도를 내어 이 책의 한국어판과 함께 이 시국을 지날 수 있으면 좋겠다고 생각했다. 이 지면에는 책이 다루는 주제들을 코로나19 팬데믹 속에서 어떻게 다시 읽을 수 있을지를 꼼꼼히 쓸 생각이었다. 뜻대로 속도가 나지는 않았지만 늦지 않게 책을 내게 된 셈이다. 여전히 지나지 못했으니 말이다. 덕분이라면 덕분으로, 두 저자가 2판에 추가한 후기 「팬데믹 윤리」까지 옮겨 실을 수 있게 되었다. 저자 후기에 기대어 조금은 가벼운 마음으로, 이곳 한국에서 내가 봐온 코로나19를 간략히 짚는 것으로 옮긴이 후기를 대신하기로 한다.

시작은 낙인이었다. 한 번에 그치지도 않았다. 코로나19의 발원지로 초기부터 중국 우한이 지목되었고 이는 너무도 쉽게 외국인 혐오, 이주민 혐오와 결합했다. 성소수자들이 주로 찾는 업소, 이주노동자 숙소 등에서 집단 감염이 발생했을 때도 마찬가지였다. 신종 바이러스의 위협은 이 사회가 건강과 안전을 어떻게 상상하는지, 그것의 효용을 무엇으로 여기는지를 그야말로 여과 없이 드러냈다. 어떤 위험이나 위협을 특정 집단에 귀속시킴으로써 나머지 다수 집단의 안전을 (상상적으로) 확보하는 새로울 것 없는 방식이다.

소위 '이태원 집단 감염 사태'를 마주한 성소수자 사회는 '코로나19 성소수자긴급대책본부'를 꾸려 자체 상담에 나서는 한편 방역 당국에 과도한 확진자 개인 정보 노출 자제, 익명 검사 실시, 검사 과정 등에서의 인권침해 우려 해소 등을 요구했다. 한편 이주노동자 사이에서 집단 감염이 발생하자 경기도를 비롯한 전국 각지의 지자체에서 전수 검사 행정 명령을 내렸다. 전수 검사는 그 자체로 인권침해 소지가 높으며 개인 공간이 확보되지 않는 — '거리 두기'가 불가능한 — 열악한 숙소 문제 해결 등 생활환경 개선이 근본적인 해결책이라는 시민사회의 비판이 일었다.

그간 여러 지면에 문자로 쓰거나 입에 올린 말이 하나 있다. 코로나19가 새로이 어떤 문제를 일으킨 것이 아니라, 원래부터 있던 문제가 팬데믹 시국을 통해 비로소 드러나게 된 것이라는 말. 성소수자 혐오는 새로 등장한 것이 아니다. 특히 HIV/AIDS를 중심으로 동성애자를 공중보건을 위협하는 것으로 지목해 온 유구한 역사가 있었고 역설적이게도 HIV/AIDS 감염인 운동 덕분에 인권을 지키는 것이 공중보건을 지키는 보루라는 교훈을 얻었다. 이주노동자가 집단감염 발생 위험이 높은 환경에서 생활한다는 사실은 지금껏 그들이 비닐하우스 등 덥고 춥고 비위생적인 환경에서 노동하고 심지어 숙식하며 살아 왔음을 사실을 다시 한번 확인한 것뿐이다. 이는 코로나19 유행 초기 감염병 정보 제공이나 공적마스크 판매 등 정부 시책이 한국어를 사용하지 않고 한국 국적이 아닌 이들을 누락한 시점에서 이미 예견된 문제기도 했다.

다른 방식으로도 작동했다. 공공병원이 코로나19 대응 체제로 전환하면서, 저소득층, 노숙인 등 공공의료를 통해서만 건강을 지킬 수 있던 이들은 갈 곳을 잃었다. 장애인 생활 시설, 교정 시설, 요양원 등의 문은 일찌감치 닫혔다. 면회를 비롯해, 그렇잖아도 지극히 제한적이었던 사회적 교류가 사실상 차단되었다. 생활인들의 건강을 위한다는 명목으로 감염 사례가 나오면 확진자와 비확진자를 가리지 않고 코호트 격리를 실시했고 이는 시설 내 전파 확산으로 이어졌다. 놀랄 일은 아니다. 시설화 기조 속에서 애초에 제 삶을 인정받지 못했던 이들이 좁은 의미에서의 건강까지, 조금 더 빼앗긴 것이다.

저자들이 몇 번이나 강조하듯 건강은 삶의 모든 가능성을 위한 필요조건으로서 보장되어야 한다. 삶의 가능성이 닫혀 있는 시설이라는 공간에서 건강의 의미는 의문스럽다. 이 틀 속에서라면, 건강은 적어도 그들 자신의 삶을 위한 것은 애초부터 아니었던 셈이다. 바깥에 있는 이들, 보다 확고하게 혹은 정당하게 사회 성원으로서의 지위를 보장받는 이들의 삶을 위한 것일 뿐.

코로나19와 견줄 만한 거대한 것으로 자본주의와 소수자 배제를 언급한 것은 그저 이 둘이 나의 일상적인 관심사여서는 아니다. 한국 정부는 다른 여러 나라에 비해 균형을 잘 잡으면서도 효과적으로 코로나19에 대응했다고 할 만하다. 하지만 이 대응은 새로운 삶의 방식을 직조하는 일과는 거리가 멀었고 여전히 그렇다. 기존의 원리를 보다 강경하게 관철하는 식이었다고 해야 할 것이다. 감염병 확산을 억제하는 가운데 기존의 문제들을 심화시키는 일이었다는 뜻이다. 원흉으로 지목하거나 우선적으로 잘라 내기 좋은 집단을 배제함으로써 중심을 단단히 굳히고 경제성장률 같은 지표로 표시되는 목표에 매진하는 것, 그것이 내가 본 이 사회의 코로나19 대응이었다. '팬데믹 시국'은 기존의 거대 담론과 단순히 같은 층위에서 작동한 것이 아니라 그에 복무하도록 조직되었다.

'겪었다'라고가 아니라 '보았다'라고 쓴 것은 내가 안전한 곳에서 지냈기 때문이다. 확진자가 비교적 많이 나온 지역에서 주로 지냈지만 대중교통으로 먼 거리를 출퇴근하거나 불특정 다수를 대면해야 하는 일을 하지는 않았다. 경기에 직접적인 영향을 받는 영역에서 생계를 해결하지도 않았다. 몇 번인가 선별 진료소를 방문했고 친구들과의 만남이나 회의는 종종 온라인으로 대체되었지만, 일상이 그 이상으로 흔들리지는 않았다. 다른 누군가가 더 큰 위험에 노출됨으로써 내 일상은 유지되었다. 내가 안전하게 지내고 생활 반경을 유지할 수 있었던 것은 의료나 방역은 물론 물류, 청소 등 온갖 일에 종사하며 내 것이 될 수도 있었을 위험을 대신 진 사람들 덕분이다.

부질없는 죄책감은 잠시 밀어 두고, 친구들을 생각한다. 새벽부터 줄을 서도 공적마스크를 살 수 없는 이들을 위해 손수 마스크를 만들고 소독제를 챙긴 친구들, 국제 물류 마비로 해외 지원 단체가 보내 주는 유산유도제를 배송 받지 못하게 된 이를 위해 병원을 수소문한 친구들, 감염 확산을 막는 데 힘을 보태겠다는 마음만으로 그야말로 두문불출하며 외로움을 견딘 친구들, 거리에 내몰리거나 시설에 갇힌 이들과 함께하고자 위험을 무릅쓰고 집을 나선 친구들을.

뜻하지 않게 이런 시기에 내게 된 이 책이 친구들에게 힘이 될 수 있기를 바란다. 이 모든 마음이 외롭지 않도록 스스로를 돌보는 데도, 누군가를 만나고 설득하는 데도. 그러기에는 문장이 조금 거칠지도 모르겠다. 처음에는 훨씬 딱딱하게, 읽다 자주 멈추게 되더라도 유용한 자료로 쓰일 수 있을 문장으로 옮겼다. 철학적 논의의 구도가 전달될 수 있도록 원문의 구조를 그대로 옮기는 데 치중하느라 꼭 필요하지 않은 대목에서도 한국어로 읽기에 퍽 나쁜 문장을 쓰곤 했다. 강소영 편집자가 몇 번이고 고쳐 읽으며 풀어 주었다. 큰 수고 없이 읽고 이해할 수 있는 문장들이 있다면, 그리고 저자들과 그들이 언급하는 여러 사람의 마음을 조금은 느낄 수 있는 문장들이 있다면 전부 문장을 다듬어 준 편집자의 덕이다.

하지만 여러 곳에서 고집을 부려 딱딱한 번역을 고수했다. 주로는 읽기에 다소 어색하더라도 지키고 싶은 단어들에서다. 먼저, health care는 '건강보험'으로 옮기는 쪽이 편할 대목에서도 최대한 '보건의료'라는 역어를 유지했다. 단순히 의료 소비자로서 지불하는 금액의 문제가 아니라 의료 행위나 약제에 최종적으로 — 한국에서라면 건강보험공단을 거쳐 — 지급되는 대가나 그것을 산정하는 체제는 물론 어떤 의료 행위나 약제를 이 제도를 통해 권리로 보장할 것인지를 판정하는 기준까지가 연결되는 문제임이 줄곧 의식되기를 바랐기 때문이다. 의료와 건강이 그저 약을 처방하고 환부를 도려내는 문제가 아니라 개개인의 삶을, 또한 삶의 가능성을 챙기는 일임을 생각하며 care는 '치료'로 써도 무리 없을 대목에서도 '돌봄'으로 옮겼다. 한편 access는 '접근성' '접근권' 등으로 의역한 곳을 포함해, '이용하다' 정도로 족할 대목에서도 종종 굳이 '접근'이라는 말이 포함되도록 옮겼다. 이 역시 단편적인 행위로서의 이용이 아니라 권리와 제도의 문제로서 논의될 수 있기를 바랐다.

내 관점에서 논의 구도를 분명히 할 수 있는 의역을 삼가고 마뜩잖더라도 원어의 의미를 살리는 역어를 쓴 대목도 있다. 예를 들어 저자들은 임신중지 권리를 옹호하고 태아 생명권 주장에 비판적인 관점을 견지하면서도 '프로라이프'라는 명칭을 사용한다. 최근의 국내 논의를 고려하면 '임신중지 반대론자' 쯤으로 옮기는 편이 이들의 논지에도 나의 관점에도 적당하겠지만 논의 상대를 최대한 존중하고자 하는 이들의 어휘를 나 역시 존중하기로 했다.

두 저자가 이런 존중을 토대로 자유주의, 보수주의, 자유지상주의 등 여러 정치적 입장의 공통 기반을 마련하고자 하기 때문이다. 물론 나로서는 건전한 시장의 가능성을 믿기에는 (비교적 안정적인 한국의

의료 환경에서조차) 너무도 심각한 의료 격차를 목격하고 있다. 먼저 얻은 것을 나누는 선진국의 역할을 높이 사기에는 (예컨대 명목상으로는 독립한 국가들이 여전히 과거 식민 본국이었던 강대국의 백신 지원을 기다릴 수밖에 없는 상황 같은 데서 볼 수 있는) 현대판 식민주의의 역효과를 이미 배워 버렸다. 그러므로 이들의 입장에 온전히 동의하거나 이들만큼 기꺼이 저들을 존중하기는 어려웠다.

다만 저자들은 자유주의자로서의 입장을 가감 없이 제시하면서 자신들의 입장을 보편타당한 것으로 포장하지 않고 여러 관점을 고루 설명하는 데 노력을 기울인다. 섣불리 답을 내리려 들지 않고 끊임없고 폭넓은 대화를 펴고자 하는 생명윤리학의 지향과 필요를 생각한다면, 이어질 토론을 위한 입구로서의 이 책이 갖는 미덕이라고 해도 좋을 것이다. 끝내 거친 모양으로 남겨 둔 문장들이, 한편으로는 이런 미덕을 지키고 또 한편으로는 이 논의에서 잊어서는 안 될 지평을 놓치지 않고 전달해, 독자들에게 조금이나마 도움이 되기를 바란다.

주

서문

1 언제 만들어졌는지는 알려져 있지 않으며, 최초로 작자를 밝힌 기록인 1948년 10월 16일자 『아프로아메리칸』(*Afro-American*)에 따르면 아프리카계 미국인인 블루스·재즈 작곡가 톰 딜레이니(Tom Delaney)의 곡이다. 이후 로레타 린(Loretta Lynn) 등의 컨트리음악 스타들 역시 이 곡을 공연한 바 있다.

2 Daniel Kahneman, *Thinking, Fast and Slow* (New York: Farrar, Straus and Giroux, 2011).

3 Garrett Hardin, "Lifeboat Ethics: The Case Against Helping the Poor," *Psychology Today* (September 1974).

4 Politifact, accessed September 14, 2018, https://politifact.com/truth-o-meter/statements/2013/oct/28/nick-gillespie/does-emergency-care-account-just-2-percent-all-hea/.

5 Lenny Bernstein, "U.S. Life Expectancy Declines Again, A Dismal Trend Not Seen Since World War I," *Washington Post*, November 29, 2018, https://washingtonpost.com/national/health-science/us-life-expectancy-declines-again-a-dismal-trend-not-seen-since-world-war-i/2018/11/28/ae58bc8c-f28c-11e8-bc79-68604ed88993_story.html?utm_term=.7fcf78ee8356.

6 Edwin F. Healy, *Medical Ethics* (Chicago: Loyola University Press, 1956), 45.

7 Jay Katz, *The Silent World of Doctor and Patient* (New York: Free Press, 1984), xiv.

8 Sciencedaily, accessed October 13, 2018, https://sciencedaily.com/releases/2014/01/140124115750.htm.

9 Atul Gawande, "Why Doctors Hate Their Computers," *New Yorker*, November 12, 2018.

1/ 전환의 시대

1 Rosemary Stevens, "Health Care in the Early 1960s," *Health Care Financing Review* 18, no. 2 (1996): 11-22.

2 Paul Starr, *The Social Transformation of American Medicine: The Rise of a Sovereign Profession and the Making of a Vast Industry* (New York: Basic Books, 1982), 379.

3 Rashi Fein, "Toward Adequate Health Care: Why We Need National Health Insurance,"

Dissent (Winter 1988), http://dissent.symionic.com/article/toward-adequate-health-care-why-we-need-national-health-insurance.

4 Robert J. Blendon, John M. Benson, and Joachim O. Hero, "Public Trust in Physicians: U.S. Medicine in International Perspective," *New England Journal of Medicine* 371, no. 17 (October 2014): 1570-1572.

5 Dennis Novack et al., "Changes in Physicians' Attitudes toward Telling the Cancer Patient," *JAMA* 241, no. 9 (March 1979): 897-900.

6 UCR, "Poor Ben Casey! Dr. Maggie's Switching Roles from That of Anesthesiologist," *Desert Sun* 36, no. 268 (June 14, 1963), 14.

7 Eric Deggans, "'Nurse Jackie' Ends as TV's Most Honest Depiction of Addiction," NPR, April 12, 2015, https://npr.org/2015/04/10/398713112/nurse-jackie-ends-as-tvs-most-honest-depiction-of-addiction.

8 Healy, *Medical Ethics*, 45.

9 Katz, *Silent World*, xiv.

10 *Schloendorff v. Society of New York Hospital*, 211 N.Y. 125, 129-30, 105 N.E. 92-93 (1914).

11 이 국면에 대한 보다 자세한 내용은 다음을 보라. Faden and Tom Beauchamp, *A History and Theory of Informed Consent*, 32-34.

12 Ruth Faden and Tom L. Beauchamp, *A History and Theory of Informed Consent* (New York: Oxford University Press, 1986), 132-138.

13 Thomas K. McElhinney and Edmund D. Pellegrino, "The Institute on Human Values in Medicine: Its Role and Influence in the Conception and Evolution of Bioethics," *Theoretical Medicine and Bioethics* 22, no. 4 (August 2001): 291-317.

14 Armand M. Antommaria, "'Who Should Survive? One of the Choices on Our Conscience': Mental Retardation and the History of Contemporary Bioethics," *Kennedy Institute of Ethics Journal* 16, no. 3 (September 2006): 205-224.

15 Albert R. Jonsen, *The Birth of Bioethics* (New York: Oxford University Press, 1998).

16 "Front Matter," *Philosophy and Public Affairs* 1, no. 1 (Autumn 1971): 1-2.

17 Norman Daniels, *Just Health Care* (Cambridge: Cambridge University Press, 1985).

18 Amartya Sen, *Commodities and Capabilities* (New York: Oxford University Press, 1999).

19 Robert Nozick, *Anarchy, State, and Utopia* (New York: Basic Books, 1974), 169, 235.

20 Amartya Sen, "Universal Health Care: The Affordable Dream," *Harvard Public Health Review* 4 (2015), http://harvardpublichealthreview.org/universal-health-care-the-affordable-dream/.

21 As discussed in Amy Gutmann, "For and Against Equal Access to Health Care," *Milbank*

Memorial Fund Quarterly 59, no. 4 (1984): 542-560.

22 Norman Daniels, "Equity of Access to Health Care: Some Conceptual and Ethical Issues" (paper delivered to the President's Commission for the Study of Ethical Issues in Medicine and Biomedical and Behavioral Research, Washington, DC, March 13, 1981).

23 Sen, "Universal Health Care."

24 Friedrich A. Hayek, *The Road to Serfdom* (New York: Routledge, 1944), 125.

25 Immanuel Kant, *Critique of Pure Reason* (1781) (Cambridge: Cambridge University Press, 1999).

2/ 생명윤리학, 널리 퍼지다

1 Jonsen, *Birth of Bioethics*, 361.

2 Pub. L. No. 93-348 § 202(a)(1)(A), 88 Stat. 342, 349 (1974), https://gpo.gov/fdsys/pkg/STATUTE-88/pdf/STATUTE-88-Pg342.pdf.

3 The National Commission for the Protection of Human Subjects of Biomedical and Behavioral Research, *The Belmont Report: Ethics Principles and Guidelines for the Protection of Human Subjects of Research* (Washington, DC, 1979), https://hhs.gov/ohrp/regulations-and-policy/belmont-report/read-the-belmont-report/index.html.

4 Tom L. Beauchamp and James A. Childress, *Principles of Biomedical Ethics* (New York: Oxford University Press, 2012).

5 Please Let Me Die, produced by Dax Cowart and Robert White (1974), DVD.

6 Dax's Case, produced by Unicorn Media, Inc. for Concern for Dying (1985), DVD.

7 *Tarasoff v. Regents of University of California*, 17 Cal. 3d 425, 442 (1976).

8 Tarasoff (J. Clark, dissenting).

9 Donald N. Bersoff, 2013 Presidential Address to the American Psychological Association, described in Donald N. Bersoff, "Protecting Victims of Violent Patients While Protecting Confidentiality," *American Psychologist* 69, no. 5 (2013): 461-467.

10 Rebecca Johnson, Govind Persad, and Dominic Sisti, "The Tarasoff Rule: The Implications of Interstate Variation and Gaps in Professional Training," *Journal of the American Academy of Psychiatry and the Law Online* 42, no. 4 (2014): 469-477.

11 Peter Singer, *Animal Liberation* (New York: HarperCollins, 1975).

12 Jeremy Bentham, *Rights, Representation, and Reform: Nonsense upon Stilts and Other Writings on the French Revolution*, eds. Philip Schofield, Catherine Pease-Watkin, and Cyprian Blamires (New York: Oxford University Press, 2002), 330.

13 예를 들어 다음을 보라. Paul Berg, "Asilomar 1975: DNA Modification Secured," *Nature*

455 (2008): 290-291.

14 Shelley McKellar, *Artificial Hearts: The Allure and Ambivalence of a Controversial Medical Technology* (Baltimore: Johns Hopkins University Press, 2018), 25. 클라크의 고통이 헛된 것은 아니었다. 인공 심장이라는 목표가 달성되지는 못했지만, 이를 비롯한 여러 노력들은 많은 이들의 수명을 연장해 온 좌심실 보조 장치(left ventricular assist device) 등의 혁신으로 이어졌다.

15 Jon F. Merz, Catherine A. Jackson, and Jacob Alex Klerman, "A Review of Abortion Policy: Legality, Medicaid Funding, and Parental Involvement, 1967-1994," *Women's Rights Law Report* 17, no. 1 (Winter 1995): 1-61.

16 Roe v. Wade, 410 U.S. 113, 164-165 (1973).

17 Gallup, "In Depth: Topics A to Z, Abortion," accessed September 14, 2018, http://news.gallup.com/poll/1576/abortion.aspx.

18 Amy Gutmann and Dennis F. Thompson, *Democracy and Disagreement* (Cambridge, MA: Belknap Press, 1998), 74.

19 Roe, 410 U.S. 113, 159.

20 Roe, 410 U.S. 113, 163-165. 앞에서 언급했듯, 법원은 이 점을 지적하기에 앞서 1분기와 독자 생존 가능 시점 사이에는 모성 건강을 위한 경우에 한해 주의 규제가 허용된다는 단서와 함께, 사생활의 권리를 근거로 여성이 스스로의 임신을 종결할 권리가 우선시되어야 한다고 판결했다.

21 Roger Wertheimer, "Understanding the Abortion Argument," *Philosophy and Public Affairs* 1, no. 1 (1971): 67-95.

22 Sidney Callahan and Daniel Callahan, eds., *Abortion: Understanding Differences* (New York: Springer, 1984).

23 Gutmann and Thompson, *Democracy*, 85.

24 Amy Gutmann and Dennis F. Thompson, *Why Deliberative Democracy?* (Princeton, NJ: Princeton University Press, 2004): 89.

25 Judith Jarvis Thomson, "A Defense of Abortion," *Philosophy and Public Affairs* 1, no. 1 (1971): 47-66.

26 John Locke, *Two Treatises of Government* (1690), ed. Peter Laslett (Cambridge: Cambridge University Press, 1988).

27 Immanuel Kant, *Groundwork of the Metaphysics of Morals* (1785), eds. Mary Gregor and Jens Timmermann (Cambridge: Cambridge University Press, 2012).

3/ 공중의 건강

1 John Halstead, "The Best Public Health Interventions of the 20th Century," Giving What We Can, April 25, 2015,

https://givingwhatwecan.org/post/2015/04/best-public-health-interventions-20th-century/.

2 Rebecca Masters et al., "Return on Investment of Public Health Interventions: A Systematic Review," *Journal of Epidemiology and Community Health* 71, no. 8 (August 2017): 827-34.

3 Aaron E. Carroll and Austin Frakt, "Save Lives. It Can Save Money. So Why Aren't We Spending More on Public Health?" *New York Times,* May 28, 2018; 다음을 참조. Muireann Quigley, "Nudging for Health: On Public Policy and Designing Choice Architecture," *Medical Law Review* 21, no. 4 (2013): 588-621.

4 David T. Levy et al., "Seven Years of Progress in Tobacco Control: An Evaluation of the Effect of Nations Meeting the Highest Level MPOWER Measures between 2007 and 2014," *Tobacco Control* 27, no. 1 (2018): 50-57.

5 예컨대 다음을 보라. "Achievements in Public Health, 1900-1999: Fluoridation of Drinking Water to Prevent Dental Caries," *MMWR* 48, no. 41 (October 1999): 933-940, and Jane Brody, "25 Years of Fluoride Cuts Tooth Decay in Newburgh," *New York Times,* May 3, 1970, L64. 단락 끝에 인용한 말은 맥스웰 서먼의 것으로, Brody, "25 Years of Fluoride"에서 재인용.

6 Presidential Commission for the Study of Bioethical Issues, *Bioethics for Every Generation: Deliberation and Education in Health, Science and Technology* (Washington, DC, May 2016), https://bioethicsarchive.georgetown.edu/pcsbi/sites/default/files/PCSBI_Bioethics-Deliberation_0.pdf.

7 Nancy Kass, "An Ethics Framework for Public Health," *American Journal of Public Health* 91, no. 11 (2001): 1776-1782.

8 "Bill and Melinda Gates Give $4 Million for Malaria-Killing Mosquito: Here's How It Could Work," *Business Insider*, June 21, 2018, https://businessinsider.com/bill-gates-melinda-gates-malaria-killing-mosquito-2018-6.

9 Andrew J. Wakefield et al., "RETRACTED: Ileal-Lymphoid-Nodular Hyperplasia, Non-Specific Colitis, and Pervasive Developmental Disorder in Children," *Lancet* 351, no. 9103 (February 1998): 637-641.

10 Brian Deer, "Andrew Wakefield: The Fraud Investigation," accessed September 14, 2018, https://briandeer.com/mmr/lancet-summary.htm.

11 Martine O'Callaghan, "Autism: A Mother's Story," *Vaccines Today*, June 22, 2012, https://vaccinestoday.eu/stories/autism-a-mothers-story/.

12 Richard H. Thaler and Cass R. Sunstein, *Nudge: Improving Decisions about Health, Wealth, and Happiness*, rev. ed. (New York: Penguin Books, 2009)[리처드 H. 탈러, 캐스 R. 선스타인, 『넛지: 똑똑한 선택을 이끄는 힘』, 안진환 옮김, 리더스북, 2018].

13 Richard Thaler, "Nudge, Not Sludge," *Science* 361, no. 6401 (2018): 431.

14 Thaler and Sunstein, *Nudge*, 9-10[위의 책, 27-28쪽].

15 Neel P. Chokshi et al., "Loss-Framed Financial Incentives and Personalized Goal-Setting

to Increase Physical Activity among Ischemic Heart Disease Patients Using Wearable Devices: The ACTIVE REWARD Randomized Trial," *Journal of the American Heart Association* 7, no. 12 (June 2018): e009173.

16 Jennifer L. Matjasko et al., "Applying Behavioral Economics to Public Health Policy: Illustrative Examples and Promising Directions," *American Journal of Preventive Medicine* 50, no. 5 Suppl 1 (May 2016): S13-19.

17 Jeremy Waldron, "It's All for Your Own Good," *New York Review of Books*, October 9, 2014.

18 "Statement from Michael R. Bloomberg on Philadelphia's Tax on Sugar Sweetened Beverages," June 16, 2016, https://mikebloomberg.com/news/statement-from-michael-r-bloomberg-on-philadelphias-tax-on-sugar-sweetened-beverages/.

19 Laura McCrystal, "Pa. Supreme Court Upholds Philadelphia Soda Tax," July 18, 2018, http://www2.philly.com/philly/news/soda-tax-philadelphia-supreme-court-pennsylvania-20180718.html.

20 Thomas Insel, "Post by Former NIMH Director Thomas Insel: Mental Health Awareness Month: By the Numbers," May 5, 2015, https://nimh.nih.gov/about/directors/thomas-insel/blog/2015/mental-health-awareness-month-by-the-numbers.shtml.

21 Andrew Scull, *Madness in Civilization: A Cultural History of Insanity, from the Bible to Freud, from the Madhouse to Modern Medicine*, Kindle ed. (Princeton, NJ: Princeton University Press, 2015), 14[앤드루 스컬, 『광기와 문명: 성경에서 DSM-5까지, 문명 속 광기 3000년의 역사』, 김미선 옮김, 뿌리와이파리, 2017, 18쪽].

22 예컨대 다음을 보라. Olga Khazan, "Most Prisoners Are Mentally Ill," *Atlantic*, April 7, 2015, https://theatlantic.com/health/archive/2015/04/more-than-half-of-prisoners-are-mentally-ill/389682/.

23 Dominic A. Sisti, Andrea G. Segal, and Ezekiel J. Emanuel, "Improving Long-Term Psychiatric Care: Bring Back the Asylum," *JAMA* 313, no. 3 (2015): 243-244; Dominic A. Sisti, Elizabeth A. Sinclair, and Steven S. Sharfstein, "Bedless Psychiatry: Rebuilding Behavioral Health Service Capacity," *JAMA Psychiatry* 75, no. 5 (2018): 417-418; Andrea A. Segal, Rosemary Frasso, and Dominic A. Sisti, "County Jail or Psychiatric Hospital? Ethical Challenges in Correctional Mental Health Care," *Qualitative Health Research* 28, no. 6 (2018): 963-976.

4/ 편치 않은 죽음

1 Brittany Maynard, "My Right to Death with Dignity at 29," CNN, November 2, 2014, http://cnn.com/2014/10/07/opinion/maynard-assisted-suicide-cancer-dignity/index.html.

2 Simone de Beauvoir, *A Very Easy Death*[시몬 드 보부아르, 『아주 편안한 죽음』, 강초롱 옮김,

을유문화사, 2021], trans. Patrick O'Brian (New York: Pantheon Books, 1965). 원본은 *Une mort très douce* (Paris: Gallimard, 1964). 경험 많은 어느 사회복지사는 헌신적인 종사자들의 선한 의도에도 불구하고 "한 개인의 개인적 응급 상황이 다른 개인에게선 업무상의 루틴"이라고 말했다. 이 루틴이 달라지는 것은 의사들 스스로가 심각한 질환을 직면할 때이다. 종양학자 마크 가닉(Marc Garnick)은 "스스로 환자가 되기 전까지는, 환자의 인내심을 무너뜨릴 수 있는 치료 부담 누적 — 비용, 서류 작업, 전문 약국들을 상대하는 어려움, 부작용 관리를 위한 사후 대처 — 은 내 상상력 바깥에 있었다. …… 지금 와서 하는 '이해합니다'라는 말은 정말로 이해하게 되었다는 뜻이다"라고 쓴 바 있다. Marc B. Garnick, "Filling in the Gaps," *JAMA* 319, no. 20 (May 22, 2018): 2079-2080.

3 de Beauvoir, *A Very Easy Death*, 81[위의 책, 114-116쪽].

4 de Beauvoir, *A Very Easy Death*, 88[위의 책, 127쪽].

5 de Beauvoir, *A Very Easy Death*, 94-95[위의 책, 137-138쪽].

6 Mitchell T. Rabkin, Gerald Gillerman, and Nancy R. Rice, "Orders Not to Resuscitate," *New England Journal of Medicine* 295 (August 1976): 364-366.

7 이 "생명권" 주장에 대한 보다 자세한 내용으로 다음을 보라. Jill Lepore, "The Politics of Death," *New Yorker*, November 30, 2009, https://newyorker.com/magazine/2009/11/30/the-politics-of-death.

8 *In re Quinlan*, 70 N.J. 10, 355 A.2d 647 (NJ 1976).

9 Lewis Thomas, "The Technology of Medicine," *New England Journal of Medicine* 285 (1971): 1366-1368.

10 President's Commission for the Study of Ethical Problems in Medicine and Biomedical and Behavioral Research, *Deciding to Forego Life-Sustaining Treatment* (Washington, DC: U.S. Government Printing Office, 1983).

11 David J. Rothman, *Strangers at the Bedside: A History of How Law and Bioethics Transformed Medical Decision Making* (New York: Basic Books, 1991).

12 Beauchamp and Childress, *Biomedical Ethics*.

13 Albert R. Jonsen and Stephen Toulmin, *The Abuse of Casuistry: A History of Moral Reasoning* (Berkeley: University of California Press, 1988).

14 Jonsen and Toulmin, *Abuse of Casuistry*, 242.

15 *Superintendent of Belchertown State School v. Saikewicz*, 373 Mass. 728, 370 N.E.2d 417 (1977).

16 Richard B. Miller, *Casuistry and Modern Ethics: A Poetics of Practical Reasoning* (Chicago: University of Chicago Press, 1996), 17-18.

17 Name withheld by request, "It's Over, Debbie," *JAMA* 259, no. 2 (1988): 272.

18 Letters to the Editor, *JAMA* 259, no. 14 (1988): 2094-2095.

19 *Jack Kevorkian, Prescription: Medicide: The Goodness of Planned Death* (Amherst, NY: Prometheus Books, 1991), 214.

20 Timothy E. Quill, "Death and Dignity: A Case of Individualized Decision Making," *New England Journal of Medicine* 324 (1991): 691-694.

21 Timothy E. Quill, *Death and Dignity: Making Choices and Taking Charge* (New York: W. W. Norton, 1994), 215.

22 George F. Will, "Affirming a Right to Die with Dignity," *Washington Post*, August 25, 2015, https://washingtonpost.com/opinions/distinctions-in-end-of-life-decisions/2015/08/28/b34b8f6a-4ce7-11e5-902f-39e9219e574b_story.html.

23 Will, "Affirming a Right."

24 Timothy E. Quill, Robert M. Arnold, and Stuart J. Youngner, "Physician-Assisted Suicide: Finding a Path Forward in a Changing Legal Environment," *Annals of Internal Medicine* 167, no. 8 (October 2017): 597-598.

25 여러 조사에 따르면 미국인의 3분의 2가량은 의사조력죽음을 지지한다. 조사에 사용하는 용어에 따라 상이한 결과가 나온다는 사실(소위 프레이밍 효과)은 잘 알려져 있다. 하지만 "의사조력자살"이라고 칭했을 때 역시도 다수가 이것을 지지했다. 다음을 참조. Ezekiel J. Emanuel et al., "Attitudes and Practices of Euthanasia and Physician-Assisted Suicide in the United States, Canada, and Europe," *JAMA* 316, no.1 (July 2016): 79-90.

26 Emanuel et al., "Attitudes and Practices", 79-90.

27 Daniel Sulmasy, "Chapter 18: Dignity and Bioethics: History, Theory, and Selected Applications," in Human Dignity and Bioethics: Essays Commissioned by the President's Council on Bioethics (Washington, DC, March 2008), https://bioethicsarchive.georgetown.edu/pcbe/reports/human_dignity/chapter18.html.

28 Jo Cavallo, "Debate over Legalizing Physician-Assisted Death for the Terminally Ill," *ASCO Post*, December 15, 2014, http://ascopost.com/issues/december-15-2014/debate-over-legalizing-physician-assisted-death-for-the-terminally-ill/.

29 Daniel P. Sulmasy and Edmund D. Pellegrino, "The Rule of Double Effect: Clearing Up the Double Talk," *Archives of Internal Medicine* 159, no. 6 (March 1999): 545-550.

30 숙고된 자기결정으로서의 존엄 개념과 그 역사적 뿌리, 공적인 삶에서의 그 함의를 보다 폭넓게 이해하려면 다음을 보라. George Kateb, *Human Dignity* (Cambridge, MA: Harvard University Press, 2011).

31 Emanuel et al., "Attitudes and Practices", 79-90.

32 Ruth Macklin, "Dignity Is a Useless Concept: It Means No More Than Respect for Persons or Their Autonomy," *British Medical Journal* 327, no. 7429 (December 2003): 1419-1420.

33 Universal Declaration of Human Rights, accessed September 14, 2018, http://un.org/en/universal-declara tion-human-rights/.

34 Emanuel et al., "Attitudes and Practices", 79-90.

35 Daniel P. Sulmasy, "Health Care Justice and Hospice Care," special supplement, *Hastings Center Report* 33, no. 2 (2003): S14-15,

https://growthhouse.org/nhwg/sulmasy_supplement.htm.

36 이것은 공통의 지반을 찾음으로써 계속되는 깊은 의견 대립 속에서도 그에 경제적으로 대처하는 방법의 한 예이다. 거트먼과 톰슨은 이를 의견 대립의 경제화라 칭했다. 예컨대 2017년 10월 17일자 『내과학 연보』(*Annals of Internal Medicine*, 167권 8호)는 의사조력죽음에 반대하는 사설, 찬반 기사들, 오리건에서의 경험에 관한 간략한 사실 자료 등 다음의 글들을 실었다. "Oregon's Death with Dignity Act: 20 Years of Experience to Inform the Debate," "The Slippery Slope of Legalization of Physician-Assisted Suicide," "Physician-Assisted Suicide: Finding a Path Forward in a Changing Legal Environment," and "Ethics and the Legalization of Physician-Assisted Suicide: An American College of Physicians Position Paper."

37 Paula Span, "A Quiet End to the 'Death Panels' Debate," *New York Times*, November 24, 2015, https://nytimes.com/2015/11/24/health/end-of-death-panels-myth-brings-new-end-of-life-challenges.html.

38 Robert Pear, "New Medicare Rule Authorizes 'End-of-Life Consultations,'" *New York Times*, October 31, 2015, https://nytimes.com/2015/10/31/us/new-medicare-rule-authorizes-end-of-life-consultations.html

5/ 불공정한 보건의료의 비싼 대가

1 Lenny Bernstein, "U.S. Life Expectancy Declines for the First Time since 1993," *Washington Post*, December 8, 2016, https://washingtonpost.com/national/health-science/us-life-expectancy-declines-for-the-first-time-since-1993/2016/12/07/7dcdc7b4-bc93-11e6-91ee-1adddfe36cbe_story.html?utm_term=.181fa1dc4e55.

2 Samuel L. Dickman et al., "Health Spending for Low-, Middle-, and High-Income Americans, 1963-2012," *Health Affairs* 35, no. 7 (July 2016): 1189-1196.

3 Anne Case and Angus Deaton, "Rising Morbidity and Mortality in Midlife among White Non-Hispanic Americans in the 21st Century," *PNAS* 112, no. 49 (December 2015): 15078-15083.

4 "The American Middle Class Is Losing Ground," Pew Research Center (December 2015).

5 John Rawls, *A Theory of Justice: Revised Edition* (Cambridge: Belknap Press, 1999), 73-78, 263-267; *Daniels, Just Health Care*, 36-58.

6 Sen, *Commodities and Capabilities*.

7 다른 서방국가들과의 비교로 다음을 보라. Commonwealth Fund, "New 11-Country Study: U.S. Health Care System Has Widest Gap between People with Higher and Lower Incomes" (July 2017); 또한 다음을 참조. Sen, "Universal Health Care."

8 Nozick, *Anarchy, State*, 169.

9 Hayek, *Road to Serfdom*, 37[프리드리히 A. 하이에크, 『노예의 길: 사회주의 계획경제의 진실』, 김이석 옮김, 자유기업원, 2018].

10 Hayek, *Road to Serfdom*, 125[위의 책, 183쪽].

11 Alexander, "They Decide Who Lives," 125.

12 Alexander, "They Decide Who Lives," 118.

13 Alexander, "They Decide Who Lives," 118.

14 Richard A. Rettig, "Origins of the Medicare Kidney Disease Entitlement: The Social Security Amendments of 1972," in *Biomedical Politics*, ed. Kathi E. Hanna (Washington, DC: National Academy Press, 1991).

15 Richard A. Rettig, "The Policy Debate on End-Stage Renal Disease," *Law and Contemporary Problems* 40 (1976), reprinted in *Ethics and Politics: Cases and Comments*, 1st ed., eds. Amy Gutmann and Dennis F. Thompson (Chicago: Nelson-Hall, 1984).

16 Gina B. Kolata, "Dialysis after Nearly a Decade," *Science* 208, no. 4443 (May 1980): 473-476.

17 Katie Thomas, "Insurers Battle Families over Costly Drug for Fatal Disease," *New York Times*, June 22, 2017, https://nytimes.com/2017/06/22/health/duchenne-muscular-dystrophy-drug-exondys-51.html.

18 Sen, "Universal Health Care."

19 President's Commission for the Study of Ethical Problems in Medicine and Biomedical and Behavioral Research, *Securing Access to Health Care* (Washington, DC: U.S. Government Printing Office, 1983).

20 Rettig, "Policy Debate," 225.

21 Rettig, "Policy Debate," 225.

22 Gutmann and Thompson, *Democracy and Disagreement*; 다음을 참조. the wide range of perspectives and practical applications of deliberative democracy compiled in André Bächtiger, John S. Dryzek, Jane Mansbridge, and Mark E. Warren, *The Oxford Handbook of Deliberative Democracy* (Oxford: Oxford University Press, 2018).

23 Bächtiger et al., *Oxford Handbook*, 2.

24 Gutmann and Thompson, *Democracy and Disagreement*.

25 Rettig, "Policy Debate."

26 버크의 삶과 철학을 보다 깊이 알려면 다음을 보라. David Bromwich, *The Intellectual Life of Edmund Burke: From the Sublime and the Beautiful to American Independence* (Cambridge, MA: Belknap Press, 2014); Michael Oakeshott (1991), "Rationalism in Politics and Other Essays," new and expanded ed., ed. T. Fuller (Indianapolis: Liberty

Fund, 1991). Original edition London: Methuen, 1962.

27 Edmund Burke, Reflections on the Revolution in France (London: Dodsley in Pall Mall, 1790). 미국혁명에 대한 버크의 입장에 관해서는 다음을 보라.
http://oxfordscholarlyeditions.com/view/10.1093/actrade/9780199665198.book.1/actrade-9780199665198-div1-38?r-1=1.000&wm-1=1&t-1=contents-tab&p1-1=1&w1-1=1.000&p2-1=1&w2-1=0.400#page329.

28 David Brooks and Gail Collins, "The Conversation: What Would Edmund Burke Say?," *New York Times*, October 21, 2014,
https://opinionator.blogs.nytimes.com/2014/10/21/what-would-edmund-burke-say/.

29 Quoted in Terry Maley, *Democracy & the Political in Max Weber's Thought* (Toronto: University of Toronto Press, 2011).

30 Robert Pear, " 'Short Term' Health Insurance? Up to 3 Years under New Trump Policy," *New York Times*, August 1, 2018,
https://nytimes.com/2018/08/01/us/politics/trump-short-term-health-insurance.html.

31 Starr, *Social Transformation*.

32 Starr, *Social Transformation*.

33 Meghan McCarthy, "Seniors Love Their Medicare (Advantage)," *Morning Consult*, March 30, 2015,
https://morningconsult.com/2015/03/30/seniors-love-their-medicare-advantage/.

34 Kahneman, *Thinking, Fast and Slow*, 283-286.

35 "Public Support for 'Single Payer' Health Coverage Grows, Driven by Democrats," Pew Research Center (July 2017).

36 Paul Safier, "Rationing the Public: The Oregon Health Plan" in *Ethics and Politics: Cases and Comments*, 4th ed., eds. Amy Gutmann and Dennis F. Thompson (Belmont, CA: Thomson/Wadsworth, 2006).

37 Charles J. Courtemanche and Daniel Zapata, "Does Universal Coverage Improve Health? The Massachusetts Experience" (NBER working paper no. 17893, Cambridge, MA: National Bureau of Economic Research, 2014), https://nber.org/papers/w17893.

38 Susan L. Hayes, "What's at Stake: State's Progress on Health Coverage and Access to Care, 2013-2016," Commonwealth Fund, December 14, 2017,
https://commonwealthfund.org/publications/issue-briefs/2017/dec/whats-stake-states-progress-health-coverage-and-access-care-2013#/.

39 David Cutler and Steven M. Walsh, "The Massachusetts Target on Medical Spending Growth," NEJM Catalyst, May 11, 2016,
https://catalyst.nejm.org/massachusetts-target-medical-spending-growth/.

40 Margot Sanger-Katz and Quoctrung Bui, "The Impact of Obamacare in Four Maps," *New York Times*, October 31, 2016,
https://nytimes.com/interactive/2016/10/31/upshot/up-uninsured-2016.html.

41 Elizabeth Rosenthal, "Nine Rights Every Patient Should Demand," *New York Times*, April 27, 2018,
https://nytimes.com/2018/04/27/opinion/sunday/patients-rights-hospitals-health-care.html.

42 Atul Gawande, "The Cost Conundrum," *New Yorker*, June 1, 2009; 다음을 참조. Atul Gawande, "Overkill," New Yorker, May 11, 2015.

43 Thomas J. Bollyky, Aaron S. Kesselheim, and Joshua M. Sharfstein, "What Trump Should Actually Do about the High Cost of Drugs," *New York Times*, May 14, 2018,
https://nytimes.com/2018/05/14/opinion/trump-costs-drugs-pricing.html.

44 Irene Papanicolas, Liana R. Woskie, and Ashish K. Jha, "Health Care Spending in the United States and Other High-Income Countries," *JAMA* 319, no. 10 (March 2018): 1024-1039.

45 Gerard Anderson et al., "It's the Prices, Stupid: Why the United States Is So Different from Other Countries," *Health Affairs* 22, no. 3 (May-June 2003): 89-105. 텔레비전 약품 광고에 월간 약제비를 포함하게 하는 것이 이 문제에 주목을 요청하는 한 방법이며 아마도 장기적으로는 소비자들이 정책 입안자들에게 압력을 가하게 만들 것이다. 하지만 제약 시장의 결함과 대개 소비자들이 직접 구매하지는 않는다는 사실을 생각하면, 가격 투명성이 궁극적인 해법은 아니다.

46 Ezekiel J. Emanuel, "The Real Cost of the US Health Care System," *JAMA* 319, no. 10 (2018): 983-985.

47 Austin Frakt, "Medical Mystery: Something Happened to U.S. Health Spending after 1980," *New York Times*, May 14, 2018,
https://nytimes.com/2018/05/14/upshot/medical-mystery-health-spending-1980.html.

6/ 윤리를 찾아서

1 Kenneth J. Arrow, "Uncertainty and the Welfare Economics of Medical Care," *American Economic Review* 53, no. 5 (1963): 941-973.

2 Henry Waxman, et al., "Getting to the Root of High Prescription Drug Prices: Drivers and Potential Solutions," *CommonwealthFund.org*, July 10, 2017,
https://commonwealthfund.org/publications/fund-reports/2017/jul/getting-root-high-prescription-drug-prices-drivers-and-potential. 다음을 참조. Daniel J. Kevles, "Why Is Medicine So Expensive," *New York Review of Books*, February 21, 2019,
https://nybooks.com/articles/2019/02/21/why-is-medicine-so-expensive/.

3 Centers for Disease Control, "National Antimicrobial Resistance Monitoring System for Enteric Bacteria (NARMS)," accessed September 14, 2018,
https://cdc.gov/narms/faq.html.

4 다음을 참조. *Life*, August 10, 1962.

5 Robert D. McFadden, "Frances Oldham Kelsey, Who Saved U.S. Babies from

Thalidomide, Dies at 101," *New York Times*, August 7, 2015, https://nytimes.com/2015/08/08/science/frances-oldham-kelsey-fda-doctor-who-exposed-danger-of-thalidomide-dies-at-101.html.

6 Frances O. Kelsey, "Thalidomide Update: Regulatory Aspects," *Teratology 38*, no. 3 (1988): 221-26; 다음을 참조. FDA, "Kefauver-Harris Amendments Revolutionized Drug Development," accessed September 14, 2018, https://fda.gov/ForConsumers/ConsumerUpdates/ucm322856.htm.

7 Daniel F. Hayes, review of *False Hope: Bone Marrow Transplantation for Breast Cancer*, by Richard A. Rettig et al., *New England Journal of Medicine* 357 (September 2007): 1059-1060.

8 Editorial, "Want Reliable Medical Information? The Trump Administration Doesn't," *New York Times*, July 19, 2018, https://nytimes.com/2018/07/19/opinion/trump-medicine-data-hhs-ahrq.html.

9 Editorial, "Reliable Medical Information."

10 "Expanding Access to Investigational Therapies for HIV Infection and AIDS," Institute of Medicine Conference Summary (1991).

11 "Expanding Access."

12 탈리도마이드 사건에는 당시에는 잘 알려지지 않았던 또 하나의 어두운 면이 있다. 탈리도마이드의 유해성을 숨기려 했던 독일 회사 그뤼넨탈(Grünenthal)은 살인적인 "안락사" 프로그램과 인체 실험에 연루된 나치 의사들이 의탁한 곳이기도 했다. 이 회사의 고문이었던 오토 암브로스(Otto Ambros)는 사린(Sarin) 신경가스의 공동 개발자였다. 암브로스는 이 게 파르벤(I. G. Farben)에서 노예 노동을 시킨 것으로 독일 뉘른베르크 전범 재판에서 유죄판결을 받은 바 있었다. 안타깝게도, 다우(Dow)와 그레이스(W. R. Grace), 두 회사도 암브로스를 고용했으므로 미국 역시 결백을 주장할 수 없다. 미 육군 화학전 부대도 마찬가지다. 사업과 국가 안보에 있어서의 개인의 유용성이 심지어는 야만적인 잔혹 범죄의 기록까지도 덮어 버릴 수 있음을 상기하는 절망적인 이야기다. *Newsweek*, "The Nazis and Thalidomide: The Worst Drug Scandal of All Time," September 10, 2012, https://newsweek.com/nazis-and-thalidomide-worst-drug-scandal-all-time-64655을 보라.

13 Libertarian Party, 2018 Platform, accessed September 14, 2018, https://lp.org/platform/.

14 John Hudak and Grace Wallack, "Ending the U.S. Government's War on Medical Marijuana Research," Center for Effective Governance at Brookings, June 2016, https://brookings.edu/wp-content/uploads/2016/06/Ending-the-US-governments-war-on-medical-marijuana-research.pdf; 다음을 참조. David Downs, "The Science behind the DEA's Long War on Marijuana," *Scientific American*, April 19, 2016, https://scientificamerican.com/article/the-science-behind-the-dea-s-long-war-on-marijuana/.

15 Hatch, Harris Call on Sessions, DOJ to Stop Blocking Medical Marijuana Research, April 12, 2018, https://hatch.senate.gov/public/index.cfm/2018/4/hatch-harris-call-on-sessions-doj-to-stop-blocking-medical-marijuana-research.

16 National Academies of Sciences, Engineering, and Medicine, *The Health Effects of Cannabis and Cannabinoids: The Current State of Evidence and Recommendations for Research* (Washington, DC: National Academies Press, 2017), 127-128.

17 "Heart Surgeon Christiaan Barnard Dies," *Washington Post*, September 3, 2001, https://washingtonpost.com/archive/local/2001/09/03/heart-surgeon-christiaan-barnard-dies/82ab4aae-4854-462e-96b3-dbf042ecadf4/.

18 Uniform Determination of Death Act, 1980, http://uniformlaws.org/shared/docs/determination%20of%20death/udda80.pdf.

19 "A Definition of Irreversible Coma: Report of the Ad Hoc Committee of the Harvard Medical School to Examine the Definition of Brain Death," *JAMA* 205, no. 6 (1968): 337-340.

20 Henry K. Beecher, "The Powerful Placebo," *JAMA* 159, no. 17 (1955): 1602-1606.

21 Rachel Aviv, "What Does It Mean to Die?," *New Yorker*, February 5, 2018, https://newyorker.com/magazine/2018/02/05/what-does-it-mean-to-die.

22 James F. Childress and Cathryn T. Liverman, eds., *Organ Donation: Opportunities for Action: Committee on Increasing Rates of Organ Donation, Board on Health Sciences Policy* (Washington, DC: National Academies Press, 2006).

23 Arthur Caplan, "Bioethics of Organ Transplantation," *Cold Spring Harbor Perspectives in Medicine* 4, no. 3 (March 2014), a015685.

24 International Registry in Organ Donation and Transplantation, "Final Numbers 2016," December 2017, http://irodat.org/img/database/pdf/IRODaT%20newletter%20Final%202016.pdf.

25 Michael Sandel, *What Money Can't Buy: The Moral Limits of Markets* (New York: Farrar, Straus, and Giroux, 2013), 93-130[마이클 샌델, 『돈으로 살 수 없는 것들』, 안기순 옮김, 와이즈베리, 2012, 130-188].

26 Sandel, *What Money Can't Buy*, 110[위의 책, 156].

27 Julia D. Mahoney, "Altruism, Markets, and Organ Procurement," *Law and Contemporary Problems* 72 (2009): 17-36.

28 Alexander M. Capron and Francis L. Delmonico, "Cover the Costs for Kidney Donors to Increase the Supply," *New York Times*, August 22, 2014, https://nytimes.com/roomfordebate/2014/08/21/how-much-for-a-kidney/cover-the-costs-for-kidney-donors-to-increase-the-supply.

29 For a thorough discussion of organ markets, 다음을 참조. *New York Times*, August 8, 2014, https://nytimes.com/roomfordebate/2014/08/21/how-much-for-a-kidney.

30 Organ Donation and Transplantation Activities, 2015 Report, accessed September 14, 2018, http://transplant-observatory.org/organ-donation-transplantation-activities-2015-report-2/.

31 Zofeen Ebrahim, "Organ Trafficking Resurfaces in Pakistan," IPS News Agency, August 27, 2012, http://ipsnews.net/2012/08/organ-trafficking-resurfaces-in-pakistan/.

32 International Bioethics Committee, "Report of the IBC on the Principle of Non-Discrimination and Non-Stigmatization," March 6, 2014, p. 18, http://unesdoc.unesco.org/images/0022/002211/221196E.pdf.

33 Mahoney, "Altruism, Markets," 25.

34 Lee Bolton, "OPTN/UNOS: Public Comment Proposal— A White Paper Addressing Financial Incentives for Organ Donation," accessed September 14, 2018, https://optn.transplant.hrsa.gov/media/2084/Ethics_PCProposal_Financial_Incentives_201701.pdf.

7/ 인체 실험

1 Jonathan D. Moreno, Ulf Schmidt, and Steve Joffe, "The Nuremberg Code 70 Years Later," *JAMA* 318, no. 9 (2017): 795-796.

2 *Trials of War Criminals before the Nuernberg Military Tribunals*, Vol. 1 (Washington, DC: U.S. Government Printing Office, 1949), 27.

3 "Prison Malaria: Convicts Expose Themselves to Disease so Doctors Can Study It," *Life Magazine*, June 4, 1945, 43-46.

4 Lawrence O. Gostin, Cori Vanchieri, and Andrew Pope, eds., *Ethical Considerations for Research Involving Prisoners* (Washington, DC: National Academies Press, 2007).

5 The Nuremberg Code, accessed September 14, 2018, https://history.nih.gov/research/downloads/nuremberg.pdf.

6 Rothman, *Strangers*, 62.

7 Jay Katz, "The Consent Principle of the Nuremberg Code: Its Significance Then and Now," in *The Nazi Doctors and the Nuremberg Code: Human Rights in Human Experimentation*, eds. George J. Annas and Michael A. Grodin (New York: Oxford University Press, 1992), 228.

8 Jon M. Harkness, "Nuremberg and the Issue of Wartime Experiments on US Prisoners: The Green Committee," *JAMA* 276, no. 20 (1996): 1672-1675; 다음을 참조. Dwight H. Green, "Ethics Governing the Service of Prisoners as Subjects in Medical Experiments," *JAMA* 136, no. 7 (1948): 457-458.

9 As quoted in Vincent J. Kopp, "Henry Knowles Beecher and the Development of Informed Consent in Anesthesia Research," *Anesthesiology* 90, no. 6 (1999): 1756-1765.

10 Henry K. Beecher, "Experimentation in Man," *JAMA* 169 (1959): 461-478; 다음을 참조. Henry K. Beecher, "Ethics and Experimental Therapy," *JAMA* 186 (1963): 858-859.

11 Henry K. Beecher, "Ethics and Clinical Research," *New England Journal of Medicine* 274 (1966): 1354-60; for more information, 다음을 참조. David S. Jones, Christine Grady, and Susan E. Lederer, " 'Ethics and Clinical Research'—The 50th Anniversary of Beecher's

Bombshell," *New England Journal of Medicine* 374, no. 24 (June 2016): 2393-2398.

12 James P. McCaffrey, "Hospital Accused on Cancer Study; Live Cells Given to Patients without Their Consent, Director Tells Court; Allegation Is Denied; Chronic Disease Institution Defends Action—Value of Tests Is Praised," *New York Times*, January 21, 1964, 31, 51.

13 Allen M. Hornblum, "NYC's Forgotten Cancer Scandal," *New York Post*, December 28, 2013, https://nypost.com/2013/12/28/nycs-forgotten-cancer-scandal/.

14 Walter M. Robinson and Brandon T. Unruh, "The Hepatitis Experiments at the Willowbrook State School," in *The Oxford Textbook of Clinical Research Ethics*, eds. Ezekiel J. Emanuel et al. (New York: Oxford University Press, 2008), 80-85; 다음을 참조. Saul Krugman, "The Willowbrook Hepatitis Studies Revisited: Ethical Aspects," *Reviews of Infectious Diseases* 8, no. 1 (1986): 157-162.

15 Jean Heller, "Syphilis Victims in U.S. Study Went Untreated for 40 Years," *New York Times*, July 26, 1972, 1.

16 *Final Report of the Tuskegee Syphilis Study Ad Hoc Advisory Panel*, April 28, 1973, http://research.usf.edu/dric/hrpp/foundations-course/docs/finalreport-tuskegeestudyadvisorypanel.pdf.

17 Todd Savitt, "The Use of Blacks for Medical Experimentation and Demonstration in the Old South," *Journal of Southern History* 48, no. 3 (1982): 331-348.

18 Allen M. Hornblum, *Acres of Skin: Human Experiments at Holmesburg Prison* (New York: Routledge, 1999).

19 예컨대 다음을 보라. *The Belmont Report*, https://hhs.gov/ohrp/regulations-and-policy/belmont-report/read-the-belmont-report/index.html.

20 Jerome Groopman, "The Elusive Artificial Heart," *New York Review of Books*, November 22, 2018, 25.

21 *Advisory Committee on Human Radiation Experiments—Final Report*, accessed September 14, 2018, https://ehss.energy.gov/ohre/roadmap/achre/report.html.

22 리버비는 미네소타주 로체스터의 메이요 의료원에서 열린 미국의료사협회(American Association for the History of Medicine) 연례회의 발표문 Susan M. Reverby, "'Normal Exposure' and Inoculation Syphilis: PHS 'Tuskegee,' Doctors in Guatemala, 1946-48 and at Sing Sing Prison, Ossining, New York, 1953-54" (May 2, 2010)를 통해 이 연구를 처음 공개했다. 이후 "'Normal Exposure' and Inoculation Syphilis: A PHS 'Tuskegee' Doctor in Guatemala, 1946-48," *Journal of Policy History* 23 (2011): 6-28로 출간했다.

23 Presidential Commission for the Study of Bioethical Issues, *Ethically Impossible: STD Research in Guatemala from 1946 to 1948* (Washington, DC, 2011), https://bioethicsarchive.georgetown.edu/pcsbi/sites/default/files/Ethically%20Impossible%20(with%20linked%20historical%20documents)%202.7.13.pdf.

24 "FDA's Notice of Initiation of Disqualification Proceeding and Opportunity to Explain," November 30, 2000, https://fda.gov/downloads/RegulatoryInformation/FOI/ElectronicReadingRoom/UCM144493.pdf.

25 Robin Fretwell Wilson, "The Death of Jesse Gelsinger: New Evidence of the Influence of Money and Prestige in Human Research," *American Journal of Law and Medicine* 36 (2010): 295-325.

26 Patent and Trademark Law Amendments Act (Bayh-Dole Act) of 1980, Pub. L. No. 96-517, 94 Stat. 3015 (35 U.S.C. §§ 200-212 [2012]에서 개정).

27 희망하는 성과를 내는 데 "여러 사람의 손"이 들어갈 때 개개인이 책임을 시노록 하는 것의 제도적인 어려움과 그 대처에 관해 Dennis F. Thompson, "The Problem of Many Hands," *American Political Science Review* 74, no. 4 (1980): 905-916를 보라.

28 David L. Porter et al., "Chimeric Antigen Receptor-Modified T Cells in Chronic Lymphoid Leukemia," *New England Journal of Medicine* 365, no. 8 (August 2011): 725-733.

29 Shannon L. Maude et al., "Chimeric Antigen Receptor T Cells for Sustained Remissions in Leukemia," *New England Journal of Medicine* 371 (October 2014): 1507-1517.

30 FDA News Release, "FDA Approval Brings First Gene Therapy to the United States," August 30, 2017, https://fda.gov/NewsEvents/Newsroom/PressAnnouncements/ucm574058.htm; "Dr. Scott Gottlieb Remarks on FDA Approval of First Gene Therapy in the United States," August 30, 2017, https://fda.gov/NewsEvents/Speeches/ucm574113.htm. 엄격한 승인 절차라는 것이 불필요하게 중복적인 것이 되어서는 안 된다. 2018년, 국립보건원은 인간 유전자 치료법 시험 평가 체계를 간소화하고 실험실 안전을 한층 더 강조하는 적절한 제안을 한 바 있다. Francis M. Collins and Scott Gottlieb, "The Next Phase of Human Gene-Therapy Oversight," *New England Journal of Medicine* 379, no. 15 (October 2018): 1393-1395.

31 Allysia Finley, "How HIV Became a Cancer Cure," Wall Street Journal, August 18, 2017, https://wsj.com/articles/how-hiv-became-a-cancer-cure-1503092082. 칼 준 등이 제약사들이 책정하는 가격에 관한 우려를 펴는 것에 우리도 공감한다. 적어도 한 분석 결과는 실제 생산 비용은 높은 가격을 정당화하지 못함을 보여 준다. Ezekiel J. Emanuel, "We Can't Afford the Drugs That Could Cure Cancer," *Wall Street Journal*, September 20, 2018, https://wsj.com/articles/we-cant-afford-the-drugs-that-could-cure-cancer-1537457740.

32 Presidential Commission for the Study of Bioethical Issues, Transcript, Meeting 9, Distinguished Speaker, May 17, 2012, https://bioethicsarchive.georgetown.edu/pcsbi/node/716.html.

33 이 이야기의 일부는 다음 글에서 온 것이다. Amy Gutmann and James W. Wagner, "Reflections on Democratic Deliberation in Bioethics," special issue, *Hastings Center Report*, May/June 2017.

34 Presidential Commission for the Study of Bioethical Issues, *Safeguarding Children: Pediatric Medical Countermeasure Research* (Washington, DC, 2013).

8/ 재생산 기술

1 *In the Matter of Baby M, a Pseudonym for an Actual Person*, 109 N.J. 396, 537 A.2d 1227 (1988).

2 Ted Sherman, "N.J. Gay Couple Fight for Custody of Twin 5-Year-Old Girls," nj.com, December 20, 2011, https://nj.com/news/index.ssf/2011/12/nj_gay_couple_fight_for_custod.html.

3 Yasmine Ergas, "Babies without Borders: Human Rights, Human Dignity, and the Regulation of International Commercial Surrogacy," *Emory International Law Review* 27 (2013): 117-188.

4 Ergas, "Babies without Borders," 188.

5 Keith Dalton, "Dead Couple's Embryos to Be Thawed," *Washington Post*, December 4, 1987, https://washingtonpost.com/archive/politics/1987/12/04/dead-couples-embryos-to-be-thawed/53c4cacb-ab70-4f2b-86b1-c0ff72879da9/.

6 *Davis v. Davis*, 842 S.W.2d 588 (Tenn. 1992).

7 "Arizona Passes Law to Dictate How Separated Couples' Frozen Embryos Can Be Used," wbur.org, April 17, 2018, http://wbur.org/hereandnow/2018/04/17/arizona-frozen-embryos-law.

8 이 논점들에 관한 전반적인 논의로 다음을 보라. Paul Lombardo, ed., *A Century of Eugenics in America: From the Indiana Experiment to the Human Genome Era* (Bloomington: Indiana University Press, 2011).

9 Julian Huxley, *Unesco: Its Purpose and Its Philosophy* (London: Frederick Printing, 1946), 38, http://unesdoc.unesco.org/images/0006/000681/068197eo.pdf.

10 Joseph Fletcher, *The Ethics of Genetic Control: Ending Reproductive Roulette* (New York: Anchor Press/Doubleday, 1974).

11 Paul Ramsey, *Fabricated Man: The Ethics of Genetic Control* (New Haven, CT: Yale University Press, 1970).

12 Carl Zimmer, *She Has Her Mother's Laugh: The Powers, Perversions, and Potential of Heredity* (New York: Dutton, 2018).

13 Susannah Baruch, "Preimplantation Genetic Diagnosis and Parental Preferences: Beyond Deadly Disease," *Houston Journal of Health Law and Policy 8* (2008): 245-270.

14 Leon R. Kass, "The End of Courtship," *American Enterprise Institute*, September 23, 2002, https://aei.org/ publication/the-end-of-courtship/.

15 Robert P. George, *In Defense of Natural Law* (Oxford: Oxford University Press, 2001).

16 Sherif Girgis, Ryan T. Anderson, and Robert P. George, *What Is Marriage? Man and Woman: A Defense* (New York: Encounter Books, 2012), 36.

17 Sherif Girgis, Ryan T. Anderson, and Robert P. George, "What Is Marriage?" *Harvard Journal of Law and Public Policy* 34, no. 1 (2010): 245-288.

18 Girgis et al., What Is Marriage?, 30.

19 신자연법의 결혼관에 대한 더없이 포괄적이고 정중하며 날카로운 비판으로 다음을 보라. Stephen Macedo, *Just Married: Same-Sex Couples, Monogamy & the Future of Marriage* (Princeton, NJ: Princeton University Press, 2015), 43.

20 Sara Reardon, " 'Three-Parent Baby' Claim Raises Hope — and Ethical Concerns," *Nature*, September 29, 2016, https://nature.com/news/three-parent-baby-claim-raises-hopes-and-ethical-concerns-1.20698.

21 National Academies of Science, Engineering, and Medicine, *Mitochondrial Replacement Techniques: Ethical, Social, and Policy Considerations* (Washington, DC: National Academies Press, 2016), 123; 또한 다음을 보라. Human Fertilisation and Embryology Authority, "UK's Independent Expert Panel Recommends 'Cautious Adoption' of Mitochondrial Donation in Treatment," October 10, 2017, https://hfea.gov.uk/about-us/news-and-press-releases/2016-news-and-press-releases/uks-independent-expert-panel-recommends-cautious-adoption-of-mitochondrial-donation-in-treatment/.

9/ 세포의 문 열기

1 Rebecca Skloot, *The Immortal Life of Henrietta Lacks* (New York: Broadway Books, 2011).

2 *Moore v. Regents of University of California*, 51 Cal. 3d 120, 793 P.2d 479 (1990).

3 James A. Thomson et al., "Embryonic Stem Cell Lines Derived from Human Blastocysts," *Science* 282, no. 5391 (November 1998): 1145-1147; Michael J. Shamblott et al., "Derivation of Pluripotent Stem Cells from Cultured Human Primordial Germ Cells," *PNAS* 95, no. 23 (November 1998): 13726-13731.

4 Accessed September 14, 2018, http://dolly.roslin.ed.ac.uk/facts/the-life-of-dolly/index.html.

5 Ben Guarino, "Researchers Clone the First Primates from Monkey Tissue Cells," *Washington Post*, January 24, 2018, https://washingtonpost.com/news/speaking-of-science/wp/2018/01/24/researchers-clone-the-first-primates-from-monkey-tissue-cells/?utm_term=.fbe9f502d253.

6 Rick Weiss, "Clinton Forbids Funding of Human Clone Studies," *Washington Post*, March 5, 1997, https://washingtonpost.com/archive/politics/1997/03/05/clinton-forbids-funding-of-human-clone-studies/3b2f831f-f23e-4457-8611-6c9bda0b8ebf/.

7 George W. Bush White House Archives, "President Discusses Stem Cell Research,"

August 9, 2001, https://georgewbush-whitehouse.archives.gov/news/releases/2001/08/20010809-2.html.

8 Leon R. Kass, "Reflections on Public Bioethics: A View from the Trenches," *Kennedy Institute of Ethics Journal* 15, no. 3 (2005): 221-250.

9 Ruchir N. Karmali, Natalie M. Jones, and Aaron D. Levine, "Tracking and Assessing the Rise of State-Funded Stem Cell Research," *Nature Biotechnology* 28, no. 12 (2010): 1246-1248; 다음을 참조. National Research Council and Institute of Medicine of the National Academies, *Guidelines for Human Embryonic Stem Cell Research* (Washington, DC: National Academies Press, 2005), 75.

10 Evan Lehmann, "Conservatives Lose Faith in Science over Last 40 Years," *Scientific American*, March 30, 2012, https://scientificamerican.com/article/conservatives-lose-faith-in-science-over-last-40-years/.

11 Kass, "Reflections on Public Bioethics," 223.

12 National Research Council, *Guidelines*, 99-102, 105-106.

13 George W. Bush White House, State of the Union address, January 31, 2006, https://georgewbush-whitehouse.archives.gov/stateoftheunion/2006/.

14 S.1435 Human-Animal Hybrid Prohibition Act of 2009, 111th Congress (2009-2010), accessed September 14, 2018, https://congress.gov/bill/111th-congress/senate-bill/1435/text.

15 Jonathan D. Moreno, "Why We Need to Be More Accepting of 'Humanized' Lab Animals," *Atlantic*, October 2011, https://theatlantic.com/health/archive/2011/10/why-we-need-to-be-more-accepting-of-humanized-lab-animals/246071/.

16 Alison Abbott, "Regulations Proposed for Animal-Human Chimaeras," *Nature* 475 (2011): 438.

17 Kazutoshi Takahashi et al., "Induction of Pluripotent Stem Cells from Adult Human Fibroblasts by Defined Factors," *Cell* 131, no. 5 (November 2007): 861-872. 같은 시기, 톰슨이 이끈 다른 팀에서도 같은 발견을 했다. Junying Yu et al., "Induced Pluripotent Stem Cell Lines Derived from Human Somatic Cells," *Science* 318, no. 5858 (December 2007): 1917-1920.

18 Rich Klein and Jennifer Parker, "Politics of Stem Cell Debate in Flux," abcnews.go.com, June 20, 2007, https://abcnews.go.com/Politics/story?id=3297955&page=1.

19 Obama Executive Order 13505, accessed September 14, 2018, https://gpo.gov/fdsys/pkg/DCPD-200900136/ content-detail.html; https://gpo.gov/fdsys/pkg/FR-2009-03-11/pdf/E9-5441.pdf; 다음을 참조. Sheryl Gay Stolberg, "Obama Is Leaving Some Stem Cell Issues to Congress," *New York Times*, March 8, 2009, https://nytimes.com/2009/03/09/us/politics/09stem.html.

20 Jonathan D. Moreno, "How a Zika Virus Breakthrough Vindicates Stem Cell Research," *Huff Post*, March 16, 2017, https://huffingtonpost.com/jonathan-d-moreno/how-a-zika-virus-breakthr_b_9472846.html.

21 Daniel G. Gibson et al., "Creation of a Bacterial Cell Controlled by a Chemically Synthesized Genome," *Science* 329, no. 5987 (July 2010): 52-56.

22 위원회에서 공동으로 작성한 보고서의 표현 일부를 직접 가져왔지만 여기 개진된 것은 우리의 의견이며 우리가 위원회 전체를 대표하지는 않음에 주의하라. Presidential Commission for the Study of Bioethical Issues, *New Directions: The Ethics of Synthetic Biology and Emerging Technologies* (Washington, DC: 2010), accessed September 14, 2018, https://bioethicsarchive.georgetown.edu/pcsbi/sites/default/files/PCSBI-Synthetic-Biology-Report-12.16.10_0.pdf; 오바마 대통령이 굿먼에게 보낸 서한은 vi쪽에 실려 있다; 인용문은 "New Directions," p. 23, 강조 추가.

23 Presidential Commission for the Study of Bioethical Issues, "New Directions," 21.

24 Joachim Boldt and Oliver Muller, "Newtons of the Leaves of Grass," *Nature Biotechnology* 26, no. 11 (2008): 387-389.

25 ETC Group, "Synthia Is Alive… and Breeding: Panacea or Pandora's Box?," etcgroup.org, May 20, 2010, http://etcgroup.org/content/synthia-alive-%E2%80%A6-and-breeding-panacea-or-pandoras-box.

26 Jonathan D. Moreno, "The First Scientist to 'Play God' Was Not Craig Venter," *Science Progress*, May 25, 2010, https://scienceprogress.org/2010/05/synbio-ethics/.

27 Bonnie Bassler, testimony, Overview and Context of the Science and Technology of Synthetic Biology (Washington, DC: July 8, 2010), https://bioethicsarchive.georgetown.edu/pcsbi/node/164.html.

28 Presidential Commission for the Study of Bioethical Issues, "New Directions," 22.

29 Kymriah approved August 30, 2017, https://fda.gov/newsevents/newsroom/pressannouncements/ucm574058.htm; Yescarta approved October 18, 2017, https://fda.gov/newsevents/newsroom/pressannouncements/ucm581216.htm. 면역요법은 여전히 그 위험성이 다 밝혀지지 않은 까다로운 치료법이다. 에밀리 화이트헤드의 경우와 같은 사례들에서 인상적인 성공을 거두었지만, 한 백혈병 환자는 이 실험적인 치료를 받고 사망했다. 그의 항암 세포는 계획대로 변형되었지만 백혈병 세포 역시 변형된 것이다. 그 하나의 세포가 증식해 결국 그의 죽음을 초래했다. 이 흔치 않고 예기치 못했던 사건은 과학자들에게 겨우 하나의 세포가 가진, 상상 가능한 최대의 대가를 치르게 하는 파괴적인 힘에 관한 교훈을 주었다. Denise Grady, "Breakthrough Leukemia Treatment Backfires in Rare Case," *New York Times*, October 1, 2018.

30 Miguel Helft, "Google Uses Searches to Track Flu's Spread," *New York Times*, November 12, 2008, https://nytimes.com/2008/11/12/technology/internet/12flu.html.

31 Flatiron, accessed September 14, 2018, https://flatiron.com/about-us/.

32 Nuffield Council on Bioethics, *The Collection, Linking and Use of Data in Biomedical Research and Health Care: Ethical Issues* (February 2015), 46-57.

33 Stephany Tandy-Connor et al., "False-Positive Results Released by Direct-to-Consumer Genetics Tests Highlight the Importance of Clinical Confirmation Testing for Appropriate Patient Care," *Genetics in Medicine* (2018), doi:10.1038/gim.2018.38

34 U.S. Food & Drug Administration, "FDA Allows Marketing of First Direct-to-Consumer Tests That Provide Genetic Risk Information for Certain Conditions", April 6, 2017. https://fda.gov/NewsEvents/Newsroom/PressAnnouncements/ucm551185.htm.

35 Antonio Regalado, "23andMe Sells Data for Drug Search," *MIT Technology Review*, June 21, 2016,
https://technologyreview.com/s/601506/23andme-sells-data-for-drug-search/.

36 "Privacy Best Practices for Consumer Genetic Testing Services," Future of Privacy Forum, July 31, 2018,
https://fpf.org/wp-content/uploads/2018/07/Privacy-Best-Practices-for-Consumer-Genetic-Testing-Services-FINAL.pdf.

37 Erika Check Hayden, "Privacy Protections: The Genome Hacker," *Nature* 497 (2016): 172-174.

38 Justin Jouvenal, "To Find Alleged Golden State Killer, Investigators First Found His Great-Great-Great Grandparents," *Washington Post*, April 30, 2018,
https://washingtonpost.com/local/public-safety/to-find-alleged-golden-state-killer-investigators-first-found-his-great-great-great-grandparents/2018/04/30/3c865fe7-dfcc-4a0e-b6b2-0bec548d501f_story.html.

39 Accessed September 14, 2018,
https://genome.gov/10001618/the-elsi-research-program/.

40 Eric S. Lander, "The Heroes of CRISPR," *Cell* 164 (2016): 24-25.

41 National Academies of Sciences, Engineering, and Medicine, "Human Genome Editing" (Washington, DC: National Academies Press, 2017).

42 Dietram A. Scheufele et al., "U.S. Attitudes on Human Genome Editing," *Science* 357, no. 6351 (August 2017): 553-554.

43 Kat Eschner, "Scientists 'Went Rogue' and Genetically Engineered Two Human Babies—or at Least Claimed to," *Popular Science*, November 26, 2018,
https://popsci.com/crispr-twin-babies-genetic-engineering.

44 Caroline S. Wagner, *The New Invisible College* (Washington, D.C.: Brookings Institution Press, 2008).

45 예컨대 다음을 보라. Amy Gutmann and Jonathan D. Moreno, "Keep CRISPR Safe: Regulating a Genetic Revolution," *Foreign Affairs* (May/June 2018), 171-176.

1 Oliver Sacks, *Awakenings*, reprint ed. (New York: Vintage, 1999).

2 Emily B. Falk and Danielle S. Bassett, "Brain and Social Networks: Fundamental Building Blocks of Human Experience," *Trends in Cogntive Science* 21, no. 9 (2017): 674-690.

3 학자들은 발달신경과학에서의 발견이 법 체제가 청소년 특유의 의사 결정에의 취약성을 고려할 수 있도록 할 방안을 탐구한 바 있다. 다음을 보라. Michael N. Tennison and Amanda C. Pustilnik, " 'And If Your Friends Jumped Off a Bridge, Would You Do It Too?' How Developmental Neuroscience Can Inform Legal Regimes Governing Adolescents," *Indiana Health Law Review* 12, no. 2 (2015): 534-585.

4 Philip H. Dougherty, "Advertising; Seat Belt Campaign and Law," *New York Times*, November 30, 1984, D19; 다음을 참조. Joseph Berger, "Deaths Drop 27% with State's Seat-Belt Law," *New York Times*, May 1, 1985, A1.

5 Ruth Faden, "Ethical Issues in Government Sponsored Public Health Campaigns," *Health Education Quarterly* 14, no. 1 (1987): 27-37.

6 뉴욕주립금연센터(New York State Smokers' Quitline)의 후원을 받은 이메일 캠페인은 다음 세 가지 메시지를 활용했다. 부정적이거나 중립적인 이미지와 함께 제시된 "흡연을 멈추세요, 삶을 시작하세요."; 중립적인 이미지와 함께 제시된 "금연을 하면 어떤 좋은 일들이 일어날까요?"; 부정적인 이미지와 함께 제시된 "금연을 하지 않으면 어떤 나쁜 일들이 일어날까요?" Emily B. Falk et al., "Functional Brain Imaging Predicts Public Health Campaign Success," *Social Cognitive and Affective Neuroscience* 11, no. 2 (February 2016): 204-214를 보라. 또한 Emily B. Falk et al., "Predicting Persuasion-Induced Behavior Change from the Brain," *Journal of Neuroscience* 30, no. 25 (June 2010): 8421-8424를 보라.

7 Vance Packard, *The Hidden Persuaders*, reissue ed. (New York: IG, 2007).

8 Natasha Singer, "Making Ads That Whisper to the Brain," *New York Times*, November 13, 2010, https://nytimes.com/2010/11/14/business/14stream.html.

9 Vindu Goel, "Facebook Tinkers with Users' Emotions in News Feed Experiment, Stirring Outcry," *New York Times*, June 30, 2014, https://nytimes.com/2014/06/30/technology/facebook-tinkers-with-users-emotions-in-news-feed-experiment-stirring-out cry.html.

10 Rotterdam School of Management, Erasmus University, RSM Discovery (blog), *Identifying Strong Brands in the Brain*, June 8, 2018, https://discovery.rsm.nl/articles/detail/348-strong-brands-can-be-identified-in-the-brain/.

11 Nita Farahany and James E. Coleman Jr. "Genetics, Neuroscience, and Criminal Responsibility," in *The Impact of the Behavioral Sciences on Criminal Law*, ed. Nita Farahany (Oxford: Oxford University Press, 2009). 파라하니와 콜먼은 범죄에 대한 뇌 손상 경향을 증명하는 것은 양날의 검이라는 중요한 점을 지적한다. 그것은 폭력적인 범죄 성향이 있는 이들을 수감하는 것이 사회적으로 가치 있는 일이라는 주장에 이용될 수 있다.

12 흉악 범죄로 유죄판결을 받은 이들의 일부 사례에서 심리학자 에이드리언 레인(Adrian

Raine)은 법정에 사형에서 가석방 없는 종신형으로의 감형을 탄원하는 데 유년기의 학대라는 생애사적 정보, 심리 측정 검사, 중대한 해부학적 결함을 보여 주는 뇌 스캔 결과 등을 한데 묶어 이용한 바 있다. 반면, 뇌 결함이 흉악 범죄 성향을 갖게 만든다는 같은 증거가 범죄 억제력의 팬데믹에서는 종신형에 못 미치는 처벌에 반대하는 논거로도 쓰일 수 있음을 말해 둔다. 다음을 보라. Adrian Raine, *The Anatomy of Violence: The Biological Roots of Crime* (New York: Random House , 2013).

13 Henry T. Greely et al., "Thinking about the Human Neuron Mouse," *American Journal of Bioethics* 7, no. 5 (May 2007): 27-40.

14 Nita A. Farahany, et al., "The Ethics of Experimenting with Human Brain Tissue," *Nature* 556 (April 26, 2018): 429-432.

15 Alvin Toffler, *Future Shock* (New York: Bantam, 1984), 211.

16 Oliver Sacks, *Musicophilia: Tales of Music and the Brain* (New York: Knopf, 2007).

17 Eric R. Kandel, *In Search of Memory: The Emergence of a New Science of Mind* (New York: W. W. Norton, 2006).

18 Youssef Ezzyat et al., "Closed-Loop Stimulation of Temporal Cortex Rescues Functional Networks and Improves Memory," *Nature Communications* 9, no. 1 (February 2018): 365.

19 Joachim C. Burbiel, "Primary Prevention of Posttraumatic Stress Disorder: Drugs and Implications," *Military Medical Research* 2 (2015): 24.

20 Steven Nurkin, "Symptoms of Colon Cancer in Women," RoswellPark.org, March 23, 2018, https://roswellpark.org/cancertalk/201803/symptoms-colon-cancer-women.

21 Eva Gossman, *Good Beyond Evil: Ordinary People in Extraordinary Times* (London: Vallentine Mitchell, 2002).

22 Louis P. Garrison, Jr., et al., "Cost-Effectiveness Analysis of Trastuzumab in the Adjuvant Setting for Treatment of HER2-Positive Breast Cancer," *Cancer* 110, no. 3 (August 1, 2007): 489-498.

2020년판 후기

1 Johns Hopkins University, "Johns Hopkins Coronavirus Resource Center," accessed July 6, 2020, https://coronavirus.jhu.edu/map-faq.

2 United States Census Bureau, "U.S. and World Population Clock," accessed June 7, 2020, https://census.gov/popclock/.

3 실제 사망자 수는 의료적으로 코로나19 관련 사망으로 기록된 것보다 높을 수밖에 없으므로, 이는 보수적으로 추산한 수치다.

참고 문헌

Abbott, Alison. "Regulations Proposed for Animal-Human Chimaeras." *Nature* 475 (2011): 438.

"Achievements in Public Health, 1900-1999: Fluoridation of Drinking Water to Pre vent Dental Caries." *MMWR* 48, no. 41 (October 1999): 933-940.

Adams, Tim. "How to Spot a Murderer's Brain." *Guardian*, May 12, 2013. https://theguardian.com/science/2013/may/12/how-to-spot-a-murderers-brain.

Advisory Committee on Human Radiation Experiments —Final Report. Accessed September 14, 2018. https://ehss.energy.gov/ohre/roadmap/achre/report.html.

Alexander, Shana. "They Decide Who Lives, Who Dies." *Life Magazine*, November 9, 1962.

Anderson, Gerard, Uwe E. Reinhardt, Peter S. Hussey, and Varduhi Petrosyan. "It's the Prices, Stupid: Why the United States Is So Different from Other Countries." *Health Affairs* 22, no. 3 (May-June 2003): 89-105.

Antommaria, Armand Matheny. "'Who Should Survive? One of the Choices on Our Conscience': Mental Retardation and the History of Contemporary Bioethics." *Kennedy Institute of Ethics Journal* 16, no. 3 (September 2006): 205-224.

"Arizona Passes Law to Dictate How Separated Couples' Frozen Embryos Can Be Used." wbur.org, April 17, 2018. http://wbur.org/hereandnow/2018/04/17/arizona-frozen-embryos-law.

Arrow, Kenneth J. "Uncertainty and the Welfare Economics of Medical Care." *American Economic Review* 53, no. 5 (1963): 941-973.

Aviv, Rachel. "What Does It Mean to Die?," *New Yorker*, February 5, 2018. https://newyorker.com/magazine/2018/02/05/what-does-it-mean-to-die.

Bächtiger, André, John S. Dryzek, Jane Mansbridge, and Mark E. Warren. *The Oxford Handbook of Deliberative Democracy*. Oxford: Oxford University Press, 2018.

Baruch, Susannah. "Preimplantation Genetic Diagnosis and Parental Preferences: Beyond Deadly Disease." *Houston Journal of Health Law and Policy* 8 (2008): 245-270.

Bassler, Bonnie. Testimony before the Presidential Commission for the Study of Bioethical Issues: "Overview and Context of the Science and Technology of Synthetic Biology." Washington, DC, July 8, 2010. https://bioethicsarchive.georgetown.edu/pcsbi/node/164.html.

Beauchamp, Tom L., and James F. Childress. *Principles of Biomedical Ethics*. New York: Oxford University Press, 2012.

Beecher, Henry K. "Ethics and Clinical Research." *New England Journal of Medicine* 274 (1966): 1354-1360.

______. "Ethics and Experimental Therapy." *JAMA* 186 (1963): 858-859.

______. "Experimentation in Man." *JAMA* 169 (1959): 461-478.

______. "The Powerful Placebo." *JAMA* 159, no. 17 (1955): 1602-1606.

Bentham, Jeremy. *Rights, Representation, and Reform: Nonsense upon Stilts and Other Writings on the French Revolution*. Edited by Philip Schofield, Catherine Pease Watkin, and Cyprian Blamires. New York: Oxford University Press, 2002.

Berg, Paul. "Asilomar 1975: DNA Modification Secured." *Nature* 455 (2008): 290–291. Berger, Joseph. "Deaths Drop 27% with State's Seat-Belt Law." *New York Times*, May 1, 1985, A1.

Bernstein, Lenny. "U.S. Life Expectancy Declines Again, A Dismal Trend Not Seen Since World War I." *Washington Post*, November 29, 2018. https://washingtonpost.com/national/health-science/us-life-expectancy-declines-again-a-dismal-trend-not-seen-since-world-war-i/2018/11/28/ae58bc8c-f28c-11e8-bc79-68604ed88993_story.html?utm_term=.7fcf78ee8356.

______. "U.S. Life Expectancy Declines for the First Time since 1993." *Washington Post*, December 8, 2016. https://washingtonpost.com/national/health-science/us-life-expectancy-declines-for-the-first-time-since-1993/2016/12/07/7dcdc7b4-bc93-11e6-91ee-1adddfe36cbe_story.html?utm_term=.181fa 1dc4e55.

Bersoff, Donald N. 2013 Presidential Address to the American Psychological Association. Described in Donald N. Bersoff, "Protecting Victims of Violent Patients While Protecting Confidentiality." *American Psychologist* 69, no. 5 (2013): 461–467. Blendon, Robert, John M. Benson, and Joachim O. Hero. "Public Trust in Physicians: U.S. Medicine in International Perspective." *New England Journal of Medicine* 371, no. 17 (October 2014): 1570–1572.

Boldt, Joachim, and Oliver Muller. "Newtons of the Leaves of Grass." *Nature Biotech nology* 26, no. 11 (2008): 387–389.

Bollyky, Thomas J., Aaron S. Kesselheim, and Joshua M. Sharfstein. "What Trump Should Actually Do about the High Cost of Drugs." *New York Times*, May 14, 2018. https://nytimes.com/2018/05/14/opinion/trump-costs-drugs-pricing.html.

Bolton, Lee. "OPTN/UNOS: Public Comment Proposal — A White Paper Addressing Financial Incentives for Organ Donation." Accessed September 14, 2018. https://optn.transplant.hrsa.gov/media/2084/Ethics_PCProposal_Financial_Incentives_201701.pdf.

Brody, Jane. "25 Years of Fluoride Cuts Tooth Decay in Newburgh." *New York Times*, May 3, 1970, L64.

Bromwich, David. *The Intellectual Life of Edmund Burke: From the Sublime and the Beautiful to American Independence*. Cambridge, MA: Belknap Press, 2014.

Brooks, David, and Gail Collins. "The Conversation: What Would Edmund Burke Say?" *New York Times*, October 21, 2014. https://opinionator.blogs.nytimes.com/2014/10/21/what-would-edmund-burke-say/.

Burbiel, Joachim C. "Primary Prevention of Posttraumatic Stress Disorder: Drugs and Implications." *Military Medical Research* 2 (2015): 24.

Bush, George W. "President Discusses Stem Cell Research." August 9, 2001. https://georgewbush-whitehouse.archives.gov/news/releases/2001/08/20010809-2.html.

______. "State of the Union 2006." https://georgewbush-whitehouse.archives.gov/stateoftheunion/2006.

Callahan, Sidney, and Daniel Callahan, eds. *Abortion: Understanding Differences.* New York: Springer, 1984.

Caplan, Arthur. "Bioethics of Organ Transplantation." *Cold Spring Harbor Perspectives in Medicine* 4, no. 3 (March 2014), a015685.

Capron, Alexander M., and Francis L. Delmonico. "Cover the Costs for Kidney Donors to Increase the Supply." *New York Times,* August 22, 2014. https://nytimes.com/roomfordebate/2014/08/21/how-much-for-a-kidney/cover-the-costs-for-kidney-donors-to-increase-the-supply.

Carroll, Aaron E., and Austin Frakt. "Save Lives. It Can Save Money. So Why Aren't We Spending More on Public Health?" *New York Times,* May 28, 2018. https://nytimes.com/2018/05/28/upshot/it-saves-lives-it-can-save-money-so-why-arent-we-spending-more-on-public-health.html.

Case, Anne, and Angus Deaton. "Rising Morbidity and Mortality in Midlife among White Non-Hispanic Americans in the 21st Century." *PNAS* 112, no. 49 (December 2015): 15078-15083.

Cavallo, Jo. "Debate over Legalizing Physician-Assisted Death for the Terminally Ill." *ASCO Post,* December 15, 2014. http://ascopost.com/issues/december-15-2014/debate-over-legalizing-physician-assisted-death-for-the-terminally-ill/.

Centers for Disease Control and Prevention. "National Antimicrobial Resistance Monitoring System for Enteric Bacteria (NARMS)." Accessed September 14, 2018. https:/cdc.gov/narms/faq.html.

Childress, James F., and Cathryn T. Liverman, eds. *Organ Donation —Opportunities for Action: Committee on Increasing Rates of Organ Donation, Board on Health Sciences Policy.* Washington, DC: National Academies Press, 2006.

Chokshi, Neel P., Srinath Adusumalli, Dylan S. Small, Alexander Morris, Jordyn Feingold, YoonHee P. Ha, Charles A. Rareshide, Victoria Hilbert, and Mitesh S. Patel. "Loss-Framed Financial Incentives and Personalized Goal-Setting to Increase Physical Activity among Ischemic Heart Disease Patients Using Wearable Devices: The ACTIVE REWARD Randomized Trial." *Journal of the American Heart Association* 7, no. 12 (June 2018): e009173.

Collins, Francis M., and Scott Gottlieb. "The Next Phase of Human Gene-Therapy Oversight." *New England Journal of Medicine* 379, no. 15 (October 11, 2018): 1393-95.

Commonwealth Fund. "New 11-Country Study: U.S. Health Care System Has Widest Gap between People with Higher and Lower Incomes." July 2017.

Courtemanche, Charles J., and Daniel Zapata, "Does Universal Coverage Improve Health? The Massachusetts Experience." NBER Working Paper Number 17893, Cambridge, MA: National Bureau of Economic Research, 2014. https://nber.org/papers/w17893.

Cutler, David, and Steven M. Walsh. "The Massachusetts Target on Medical Spending Growth." NEJM Catalyst, May 11, 2016. https://catalyst.nejm.org/massachusetts-target-medical-spending-growth/.

Dalton, Keith. "Dead Couple's Embryos to Be Thawed." *Washington Post*, December 4, 1987. https://washingtonpost.com/archive/politics/1987/12/04/dead-couples-embryos-to-be-thawed/53c4cacb-ab70-4f2b-86b1-c0ff72879da9/.

Daniels, Norman. "Equity of Access to Health Care: Some Conceptual and Ethical Issues." Paper delivered to the President's Commission for the Study of Ethical Issues in Medicine and Biomedical and Behavioral Research, Washington, DC, March 13, 1981.

______. *Just Health Care*. Cambridge: Cambridge University Press, 1985.

Dax's Case, produced by Unicorn Media, Inc. for Concern for Dying (1985), DVD.

de Beauvoir, Simone. *A Very Easy Death*. Translated by Patrick O'Brian. New York: Pantheon Books, 1965. Originally published as *Une mort très douce*. Paris: Gallimard, 1964.

Deer, Brian. "Andrew Wakefield: The Fraud Investigation." Accessed September 14, 2008. https://briandeer.com/mmr/lancet-summary.htm. "A Definition of Irreversible Coma: Report of the Ad Hoc Committee of the Harvard Medical School to Examine the Definition of Brain Death." *JAMA* 205, no. 6 (1968): 337-340.

Deggans, Eric. "'Nurse Jackie' Ends as TV's Most Honest Depiction of Addiction." NPR, April 12, 2015.
https://npr.org/2015/04/10/398713112/nurse-jackie-ends-as-tvs-most-honest-depiction-of-addiction.

Dickman, Samuel L., Steffie Woolhandler, Jacob Bor, Danny McCormick, David H. Bor, and David U. Himmelstein. "Health Spending for Low-, Middle-, and High- Income Americans, 1963-2012." *Health Affairs* 35, no. 7 (July 2016): 1189-1196.

Dougherty, Philip H. "Advertising; Seat Belt Campaign and Law." *New York Times*, November 30, 1984, D19.

Downs, David. "The Science behind the DEA's Long War on Marijuana." *Scientific American*, April 19, 2016.
https://scientificamerican.com/article/the-science-behind-the-dea-s-long-war-on-marijuana/.

Ebrahim, Zofeen. "Organ Trafficking Resurfaces in Pakistan." IPS News Agency, August 27, 2012. http://ipsnews.net/2012/08/organ-trafficking-resurfaces-in-pakistan/.

Editorial. "Want Reliable Medical Information? The Trump Administration Doesn't." *New York Times*, July 19, 2018.
https://nytimes.com/2018/07/19/opinion/trump-medicine-data-hhs-ahrq.html.

Emanuel, Ezekiel J. "The Real Cost of the US Health Care System." *JAMA* 319, no.10 (2018): 983-985.

______. "We Can't Afford the Drugs That Could Cure Cancer." *Wall Street Journal*, September 20, 2018.
https://wsj.com/articles/we-cant-afford-the-drugs-that-could-cure-cancer-1537457740.

Emanuel, Ezekiel J., Bregje D. Onwuteaka-Philipsen, John W. Urwin, and Joachim Cohen. "Attitudes and Practices of Euthanasia and Physician-Assisted Suicide in the United States, Canada, and Europe." *JAMA* 316, no. 1 (July 2016): 79-90.

Ergas, Yasmine. "Babies without Borders: Human Rights, Human Dignity, and the Regulation of International Commercial Surrogacy." *Emory International Law Review* 27 (2013):

117–188.
Eschner, Kat. "Scientists 'Went Rogue' and Genetically Engineered Two Human Babies — or at Least Claimed to." *Popular Science*, November 26, 2018. https://popsci.com/crispr-twin-babies-genetic-engineering.
ETC Group. "Synthia Is Alive…… and Breeding: Panacea or Pandora's Box?," etc group.org, May 20, 2010. http://etcgroup.org/content/synthia-alive-%E2%80%A6-and-breeding-panacea-or-pandoras-box.
"Expanding Access to Investigational Therapies for HIV Infection and AIDS." Institute of Medicine Conference Summary, 1991.
Ezzyat, Youssef, et al. "Closed-Loop Stimulation of Temporal Cortex Rescues Functional Networks and Improves Memory." *Nature Communications* 9, no. 1 (February 2018): 365.
Faden, Ruth. "Ethical Issues in Government Sponsored Public Health Campaigns." *Health Education Quarterly* 14, no. 1 (1987): 27–37.
Faden, Ruth, and Tom L. Beauchamp. *A History and Theory of Informed Consent*. New York: Oxford University Press, 1986.
Falk, Emily B., and Danielle S. Bassett. "Brain and Social Networks: Fundamental Building Blocks of Human Experience." *Trends in Cogntive Science* 21, no. 9 (2017): 674–690.
Falk, Emily B., Elliot T. Berkman, Traci Mann, Brittany Harrison, and Matthew D. Lieberman. "Predicting Persuasion-Induced Behavior Change from the Brain." *Journal of Neuroscience* 30, no. 25 (June 2010): 8421–8424.
Falk, Emily B., Matthew Brook O'Donnell, Steven Tompson, Richard Gonzalez, Sonya Dal Cin, Victor J. Strecher, Kenneth Michael Cummings, and Lawrence C. An. "Functional Brain Imaging Predicts Public Health Campaign Success." *Social Cognitive and Affective Neuroscience* 11, no. 2 (February 2016): 204–214.
Farahany, Nita, and James E. Coleman Jr. "Genetics, Neuroscience, and Criminal Responsibility." In *The Impact of the Behavioral Sciences on Criminal Law*, edited by Nita Farahany. New York: Oxford University Press, 2009: 183–240, 202.
Farahany, Nita A., et al. "The Ethics of Experimenting with Human Brain Tissue." *Nature* 556 (April 26, 2018): 429–432.
Fein, Rashi. "Toward Adequate Health Care: Why We Need National Health Insurance." *Dissent*, Winter 1988. http://dissent.syminic.com/article/toward-adequate-health-care-why-we-need-national-health-insurance.
Final Report of the Tuskegee Syphilis Study Ad Hoc Advisory Panel. April 28, 1973. http://research.usf.edu/dric/hrpp/foundations-course/docs/finalreport-tuskegeestudyadvisorypanel.pdf.
Finley, Allysia. "How HIV Became a Cancer Cure." *Wall Street Journal*, August 18, 2017. https://wsj.com/articles/how-hiv-became-a-cancer-cure-1503092082.
Fletcher, Joseph. *The Ethics of Genetic Control: Ending Reproductive Roulette*. New York: Anchor Press/Doubleday, 1974.
Food and Drug Administration. "FDA Approval Brings First Gene Therapy to the United States." August 30, 2017.

https://fda.gov/NewsEvents/Newsroom/PressAnnouncements/ucm574058.htm.

______. "Kefauver-Harris Amendments Revolutionized Drug Development." Accessed September 14, 2018. https://fda.gov/ForConsumers/ConsumerUpdates/ucm322856.htm.

______. "Notice of Initiation of Disqualification Proceeding and Opportunity to Explain." November 30, 2000. https://fda.gov/downloads/RegulatoryInformation/FOI/ElectronicReadingRoom/UCM144493.pdf.

Frakt, Austin. "Medical Mystery: Something Happened to U.S. Health Spending after 1980." *New York Times*, May 14, 2018. https://nytimes.com/2018/05/14/upshot/medical-mystery-health-spending-1980.html.

"Front Matter." *Philosophy and Public Affairs* 1, no. 1 (Autumn 1971): 1-2.

Garnick, Marc B. "Filling in the Gaps." *Journal of the American Medical Association* 319, no. 20 (May 22/29, 2018): 2079-2080.

Garrison, Jr., Louis P., Deborah Lubeck, Deepa Lalla, Virginia Paton, Amylou Dueck, Edith A. Perez. "Cost-Effectiveness Analysis of Trastuzumab in the Adjuvant Setting for Treatment of HER2-Positive Breast Cancer." *Cancer* 110, no.3 (August 1, 2007): 489-498.

Gawande, Atul. "The Cost Conundrum." *New Yorker*, June 1, 2009.

______. "Overkill." *New Yorker*, May 11, 2015.

______. "Why Doctors Hate Their Computers." *New Yorker*, November 12, 2018.

George, Robert P. *In Defense of Natural Law*. Oxford, UK: Oxford University Press, 2001.

Gibson, Daniel G., et al. "Creation of a Bacterial Cell Controlled by a Chemically Synthesized Genome." *Science* 329, no. 5987 (July 2010): 52-56.

Girgis, Sherif, Ryan T. Anderson, and Robert P. George. *What Is Marriage? Man and Woman: A Defense*. New York: Encounter Books, 2012.

______. "What Is Marriage?" *Harvard Journal of Law and Public Policy* 34, no. 1 (2010): 245-288.

Goel, Vindu. "Facebook Tinkers with Users' Emotions in News Feed Experiment, Stirring Outcry." *New York Times*, June 30, 2014. https://nytimes.com/2014/06/30/technology/facebook-tinkers-with-users-emotions-in-news-feed-experiment-stirring-outcry.html.

Gossman, Eva. *Good Beyond Evil: Ordinary People in Extraordinary Times*. London: Vallentine Mitchell, 2002.

Gostin, Lawrence O., Cori Vanchieri, and Andrew Pope, eds. *Ethical Considerations for Research Involving Prisoners*. Washington, DC: National Academies Press, 2007.

Gottlieb, Scott. "Remarks on FDA Approval of First Gene Therapy in the United States." August 30, 2017. https://fda.gov/NewsEvents/Speeches/ucm574113.htm.

Grady, Denise. "Breakthrough Leukemia Treatment Backfires in a Rare Case." *New York Times*, October 1, 2018. https://nytimes.com/2018/10/01/health/leukemia-immunotherapy-kymriah.html.

Greely, Henry T., Mildred K. Cho, Linda F. Hogle, and Debra M. Satz. "Thinking about the Human Neuron Mouse." *American Journal of Bioethics* 7, no. 5 (May 2007): 27-40.

Green, Dwight H. "Ethics Governing the Service of Prisoners as Subjects in Medical Experiments." *JAMA* 136, no. 7 (1948): 457–458.

Groopman, Jerome. "The Elusive Artificial Heart." *New York Review of Books*, November 22, 2018.

Guarino, Ben. "Researchers Clone the First Primates from Monkey Tissue Cells." *Washington Post*, January 24, 2018. https://washingtonpost.com/news/speaking-of-science/wp/2018/01/24/researchers-clone-the-first-primates-from-monkey-tissue-cells/?utm_term=.fbe9f502d253.

Gutmann, Amy. "For and Against Equal Access to Health Care." *Milbank Memorial Fund Quarterly* 59, no. 4 (1984): 542–560.

Gutmann, Amy, and Jonathan D. Moreno. "Keep CRISPR Safe: Regulating a Genetic Revolution." *Foreign Affairs* (May/June 2018), 171–176.

Gutmann, Amy, and Dennis F. Thompson. *Democracy and Disagreement*. Cambridge, MA: Belknap Press, 1998.

______. *Why Deliberative Democracy?* Princeton, NJ: Princeton University Press, 2004.

Gutmann, Amy, and James W. Wagner. "Reflections on Democratic Deliberation in Bioethics." Special issue, *Hastings Center Report* (May/June 2017).

Halstead, John. "The Best Public Health Interventions of the 20th Century." *Giving What We Can*, April 25, 2015. https://givingwhatwecan.org/post/2015/04/best-public-health-interventions-20th-century/.

Hardin, Garrett. "Lifeboat Ethics: The Case Against Helping the Poor." *Psychology Today*, September 1974.

Harkness, Jon M. "Nuremberg and the Issue of Wartime Experiments on US Prisoners: The Green Committee." *JAMA* 276, no. 20 (1996): 1672–1675.

Hayden, Erika Check. "Privacy Protections: The Genome Hacker," *Nature* 497 (2016): 172–174.

Hayek, Friedrich A. *Law, Legislation and Liberty, Volume 2: The Mirage of Social Justice*. Chicago: University of Chicago Press, 1976.

______. *The Road to Serfdom*. New York: Routledge, 1944.

Hayes, Daniel F. Review of *False Hope: Bone Marrow Transplantation for Breast Cancer*, by Richard A. Rettig, Peter Jacobson, Cynthia M. Farquhar, and Wade M. Aubry. *New England Journal of Medicine* 357 (September 2007): 1059–1060.

Hayes, Susan L., Sara R. Collins, David C. Radley, and Douglas McCarthy. "What's at Stake: State's Progress on Health Coverage and Access to Care, 2013–2016." Commonwealth Fund, December 14, 2017. https://commonwealthfund.org/publications/issue-briefs/2017/dec/whats-stake-states-progress-health-coverage-and-access-care-2013#/.

Healy, Edwin F. *Medical Ethics*. Chicago: Loyola University Press, 1956.

"Heart Surgeon Christiaan Barnard Dies." *Washington Post*, September 3, 2001. https://washingtonpost.com/archive/local/2001/09/03/heart-surgeon-christiaan-barnard-dies/82ab4aae-4854-462e-96b3-dbf042ecadf4/.

Helft, Miguel. "Googles Uses Searches to Track Flu's Spread." *New York Times*, November 12,

2008. https://nytimes.com/2008/11/12/technology/internet/12flu.html.

Heller, Jean. "Syphilis Victims in U.S. Study Went Untreated for 40 Years." *New York Times*, July 26, 1972, 1.

Hornblum, Allen M. *Acres of Skin: Human Experiments at Holmesburg Prison*. New York: Routledge, 1999.

______. "NYC's Forgotten Cancer Scandal." *New York Post*, December 28, 2013. https://nypost.com/2013/12/28/nycs-forgotten-cancer-scandal/.

Hudak, John, and Grace Wallack. "Ending the U.S. Government's War on Medical Marijuana Research." Center for Effective Governance at Brookings, June 2016. https://brookings.edu/wp-content/uploads/2016/06/Ending-the-US-governments-war-on-medical-marijuana-research.pdf.

Insel, Thomas. "Post by Former NIMH Director Thomas Insel: Mental Health Awareness Month: By the Numbers." May 5, 2015. https://nimh.nih.gov/about/directors/thomas-insel/blog/2015/mental-health-awareness-month-by-the-numbers.shtml.

International Bioethics Committee. "Report of the IBC on the Principle of Non-Discrimination and Non-Stigmatization." March 6, 2014. http://unesdoc.unesco.org/images/0022/002211/221196E.pdf.

International Registry in Organ Donation and Transplantation. "Final Numbers 2016." December 2017. http://irodat.org/img/database/pdf/IRODaT%20newletter%20Final%202016.pdf.

"It's Over, Debbie." *JAMA* 259, no. 2 (1988): 272.

Jacobson, Louis. "Does Emergency Care Account for Just 2 Percent of All Health Spending?" *Politifact*, October 28, 2013. https://politifact.com/truth-o-meter/statements/2013/oct/28/nick-gillespie/does-emergency-care-account-just-2-percent-all-hea/.

Johnson, Rebecca, Govin Persad, and Dominic Sisti. "The Tarasoff Rule: The Implications of Interstate Variation and Gaps in Professional Training." *Journal of the American Academy of Psychiatry and the Law Online* 42, no. 4 (2014): 469–477.

Jones, David S., Christine Grady, and Susan E. Lederer. " 'Ethics and Clinical Research' — The 50th Anniversary of Beecher's Bombshell." *New England Journal of Medicine* 374, no. 24 (June 2016): 2393–2398.

Jonsen, Albert R. *The Birth of Bioethics*. New York: Oxford University Press, 1998. Jonsen, Albert R., and Stephen Toulmin. *The Abuse of Casuistry: A History of Moral Reasoning*. Berkeley: University of California Press, 1988.

Jouvenal, Justin. "To Find Alleged Golden State Killer, Investigators First Found His Great-Great-Great Grandparents." *Washington Post*, April 30, 2018. https://washingtonpost.com/local/public-safety/to-find-alleged-golden-state-killer-investigators-first-found-his-great-great-great-grandparents/2018/04/30/3c865fe7-dfcc-4a0e-b6b2-0bec548d501f_story.html.

Kahneman, Daniel. *Thinking, Fast and Slow*. New York: Farrar, Straus and Giroux, 2011.

Kandel, Eric R. *In Search of Memory: The Emergence of a New Science of Mind*. New York: W. W. Norton, 2006.

Kant, Immanuel. *Critique of Pure Reason* (1781). Cambridge: Cambridge University Press, 1999.

______. *Groundwork of the Metaphysics of Morals* (1785). Edited by Mary Gregor and Jens Timmermann. Cambridge: Cambridge University Press, 2012.

Karmali, Ruchir N., Natalie M. Jones, and Aaron D. Levine. "Tracking and Assessing the Rise of State-Funded Stem Cell Research." *Nature Biotechnology* 28, no. 12 (2010): 1246–1248.

Kass, Leon R. "The End of Courtship." American Enterprise Institute, September 23, 2002. https://aei.org/publication/the-end-of-courtship/.

______. "Reflections on Public Bioethics: A View from the Trenches." *Kennedy Institute of Ethics Journal* 15, no. 3 (2005): 221–250.

Kass, Nancy. "An Ethics Framework for Public Health." *American Journal of Public Health* 91, no. 11 (2001): 1776–1782.

Kateb, George. *Human Dignity*. Cambridge, MA: Harvard University Press, 2011.

Katz, Jay. "The Consent Principle of the Nuremberg Code: Its Significance Then and Now." In *The Nazi Doctors and the Nuremberg Code: Human Rights in Human Experimentation*, edited by George J. Annas and Michael A. Grodin, 228. New York: Oxford University Press, 1992.

______. *The Silent World of Doctor and Patient*. New York: Free Press, 1984.

Kelsey, Frances O. "Thalidomide Update: Regulatory Aspects." *Teratology* 38, no. 3 (1988): 221–226.

Kevles, Daniel J. "Why Is Medicine So Expensive." *New York Review of Books*, February 21, 2019. https://nybooks.com/articles/2019/02/21/why-is-medicine-so-expensive/.

Kevorkian, Jack. *Prescription: Medicide: The Goodness of Planned Death*. Amherst, NY: Prometheus Books, 1991.

Khazan, Olga. "Most Prisoners Are Mentally Ill." *Atlantic*, April 7, 2015. https://theatlantic.com/health/archive/2015/04/more-than-half-of-prisoners-are-mentally-ill/389682/.

Klein, Rich, and Jennifer Parker. "Politics of Stem Cell Debate in Flux." June 20, 2007. https://abcnews.go.com/Politics/story?id=3297955&page=1.

Kolata, Gina B. "Dialysis after Nearly a Decade." *Science* 208, no. 4443 (May 1980): 473–476.

Kopp, Vincent J. "Henry Knowles Beecher and the Development of Informed Consent in Anesthesia Research." *Anesthesiology* 90, no. 6 (1999): 1756–1765.

Krugman, Saul. "The Willowbrook Hepatitis Studies Revisited: Ethical Aspects." *Reviews of Infectious Diseases* 8, no. 1 (1986): 157–162.

Lander, Eric S. "The Heroes of CRISPR." *Cell* 164 (2016): 24–25.

Lehmann, Evan. "Conservatives Lose Faith in Science over Last 40 Years." *Scientific American*, March 30, 2012. https://scientificamerican.com/article/conservatives-lose-faith-in-science-over-last-40-years/.

Lepore, Jill. "The Politics of Death." *New Yorker*, November 30, 2009. https://newyorker.com/magazine/2009/11/30/the-politics-of-death.

Letters to the Editor. *JAMA* 259, no. 14 (1988): 2094–2095.

Levy, David T., Zhe Yuan, Yuying Luo, and Darren Mays. "Seven Years of Progress in Tobacco

Control: An Evaluation of the Effect of Nations Meeting the Highest Level MPOWER Measures between 2007 and 2014." *Tobacco Control* 27, no. 1 (2018): 50-57.

Libertarian Party. 2018 Platform. Accessed September 14, 2018. https://lp.org/ platform/.

Locke, John. *Two Treatises of Government* (1690). Edited by Peter Laslett. Cambridge: Cambridge University Press, 1988.

Lombardo, Paul, ed. *A Century of Eugenics in America: From the Indiana Experiment to the Human Genome Era*. Bloomington: Indiana University Press, 2011.

Macedo, Stephen. *Just Married: Same-Sex Couples, Monogamy & the Future of Marriage*. Princeton, NJ: Princeton University Press, 2015.

Macklin, Ruth. "Dignity Is a Useless Concept: It Means No More Than Respect for Persons or Their Autonomy." *British Medical Journal* 327, no. 7429 (December 2003): 1419-1420.

Mahoney, Julia D. "Altruism, Markets, and Organ Procurement." *Law and Contemporary Problems* 72 (2009): 17-36.

Maley, Terry. *Democracy & the Political in Max Weber's Thought*. Toronto: University of Toronto Press, 2011.

Masters, Rebecca, Elspeth Anwar, Brendan Collins, Richard Cookson, and Simon Capewell. "Return on Investment of Public Health Interventions: A Systematic Review." *Journal of Epidemiology and Community Health* 71, no. 8 (August 2017): 827-834.

Matjasko, Jennifer L., John H. Cawley, Madeleine M. Baker-Goering, and Dvaid V. Yokum. "Applying Behavioral Economics to Public Health Policy: Illustrative Examples and Promising Directions." *American Journal of Preventive Medicine* 50, no. 5 Suppl 1 (May 2016): S13-19.

Maude, Shannon L., Noelle V. Frey, Pamela A. Shaw, Richard Aplenc, David M. Barrett, Nancy J. Bunin, Anne Chew, Vanessa E. Gonzalez, Zhaohui Zheng, Simon F. Lacey, Yolanda D. Mahnke, Jan Joseph Melenhorst, Susan R. Rheingold, Angela Shen, David Teachey, Bruce L. Levine, Carl H. June, David L. Porter, and Stephan A. Grupp. "Chimeric Antigen Receptor T Cells for Sustained Remissions in Leukemia." *New England Journal of Medicine* 371 (October 2014): 1507-1517.

Maynard, Brittany. "My Right to Death with Dignity at 29." CNN, November 2, 2014. http://cnn.com/2014/10/07/opinion/maynard-assisted-suicide-cancer-dignity/index.html.

McCaffrey, James P. "Hospital Accused on Cancer Study; Live Cells Given to Patients without Their Consent, Director Tells Court; Allegation Is Denied; Chronic Disease Institution Defends Action — Value of Tests Is Praised." *New York Times*, January 21, 1964, 31, 51.

McCarthy, Meghan. "Seniors Love Their Medicare (Advantage)." *Morning Consult*, March 30, 2015.
https://morningconsult.com/2015/03/30/seniors-love-their-medicare-advantage/.

McCrystal, Laura. "Pa. Supreme Court Upholds Philadelphia Soda Tax." July 18, 2018. http://www2.philly.com/philly/news/soda-tax-philadelphia-supreme-court-pennsylvania-20180718.html.

McElhinney, Thomas K., and Edmund D. Pellegrino. "The Institute on Human Values in Medicine: Its Role and Influence in the Conception and Evolution of Bioethics." *Theoretical Medicine and Bioethics* 22, no. 4 (August 2001): 291-317.

McFadden, Robert D. "Frances Oldham Kelsey, Who Saved U.S. Babies from Thalidomide, Dies at 101." *New York Times*, August 7, 2015. https://nytimes.com/2015/08/08/science/frances-oldham-kelsey-fda-doctor-who-exposed-danger-of-thalidomide-dies-at-101.html.

McKellar, Shelley. *Artificial Hearts: The Allure and Ambivalence of a Controversial Medical Technology*. Baltimore: Johns Hopkins University Press, 2018.

Merz, Jon F., Catherine A. Jackson, and Jacob Alex Klerman. "A Review of Abortion Policy: Legality, Medicaid Funding, and Parental Involvement, 1967-1994." *Women's Rights Law Report* 17, no. 1 (Winter 1995): 1-61.

Miller, Richard B. *Casuistry and Modern Ethics: A Poetics of Practical Reasoning*. Chicago: University of Chicago Press, 1996.

Moreno, Jonathan D. "The First Scientist to 'Play God' Was Not Craig Venter." *Science Progress*, May 25, 2010. https://scienceprogress.org/2010/05/synbio-ethics/.

______. "How a Zika Virus Breakthrough Vindicates Stem Cell Research." *Huff Post*, March 16, 2017. https://huffingtonpost.com/jonathan-d-moreno/how-a-zika-virus-breakthr_b_9472846.html.

______. "Why We Need to Be More Accepting of 'Humanized' Lab Animals." *Atlantic*, October 2011. https://theatlantic.com/health/archive/2011/10/why-we-need-to-be-more-accepting-of-humanized-lab-animals/246071.

Moreno, Jonathan D., Ulf Schmidt, and Steve Joffe. "The Nuremberg Code 70 Years Later." *JAMA* 318, no. 9 (2017): 795-796.

National Academies of Sciences, Engineering, and Medicine. *The Health Effects of Cannabis and Cannabinoids: The Current State of Evidence and Recommendations for Research*. Washington, DC: National Academies Press, 2017.

______. *Human Genome Editing: Science, Ethics, and Governance*. Washington, DC: National Academies Press, 2017.

______. *Mitochondrial Replacement Techniques: Ethical, Social, and Policy Considerations*. Washington, DC: National Academies Press, 2016.

The National Commission for the Protection of Human Subjects of Biomedical and Behavioral Research. *The Belmont Report: Ethics Principles and Guidelines for the Protection of Human Subjects of Research*. Washington, DC, 1979. https://hhs.gov/ohrp/regulations-and-policy/belmont-report/read-the-belmont-report/index.html.

National Research Council and Institute of Medicine of the National Academies. *Guidelines for Human Embryonic Stem Cell Research*. Washington, DC: National Academies Press, 2005.

Novack, Dennis H., Robin Plumer, Raymond L. Smith, Herbert Ochitill, Gary R. Morrow, and John M. Bennett. "Changes in Physicians' Attitudes toward Telling the Cancer Patient." *JAMA* 241, no. 9 (March 1979): 897-900.

Nozick, Robert. *Anarchy, State, and Utopia*. New York: Basic Books, 1974.

Nuffield Council on Bioethics. *The Collection, Linking and Use of Data in Biomedical Research*

and Health Care: Ethical Issues. February 2015.
http://nuffieldbioethics.org/wp-content/uploads/Biological_and_health_data_web.pdf.

The Nuremberg Code. Accessed September 14, 2018. https://history.nih.gov/research/downloads/nuremberg.pdf.

Nurkin, Steven. "Symptoms of Colon Cancer in Women." *RoswellPark.org*, March 23, 2018. https://roswellpark.org/cancertalk/201803/symptoms-colon-cancer-women.

Obama, Barack. Executive Order 13505. Accessed September 14, 2018.
https://gpo.gov/fdsys/pkg/DCPD-200900136/content-detail.html;
https://gpo.gov/fd sys/pkg/FR-2009-03-11/pdf/E9-5441.pdf.

O'Callaghan, Martine. "Autism: A Mother's Story." *Vaccines Today*, June 22, 2012. https://vaccinestoday.eu/stories/autism-a-mothers-story/.

Oken, Donald. "What to Tell Cancer Patients: A Study of Medical Attitudes." *JAMA* 175, no. 13 (1961): 1120-1128.

Organ Donation and Transplantation Activities, 2015 Report. Accessed September 14, 2018. http://transplant-observatory.org/organ-donation-transplantation-activities-2015-report-2/.

Packard, Vance. *The Hidden Persuaders*, reissue ed. New York: IG, 2007.

Papanicolas, Irene, Liana R. Woskie, and Ashish K. Jha. "Health Care Spending in the United States and Other High-Income Countries." *JAMA* 319, no. 10 (March 2018): 1024-39.

Pear, Robert. "New Medicare Rule Authorizes 'End-of-Life Consultations.'" *New York Times*, October 31, 2015.
https://nytimes.com/2015/10/31/us/new-medicare-rule-authorizes-end-of-life-consultations.html.

______. "'Short Term' Health Insurance? Up to 3 Years under New Trump Policy." *New York Times*, August 1, 2018.
https://nytimes.com/2018/08/01/us/politics/trump-short-term-health-insurance.html.

Pew Research Center. "The American Middle Class Is Losing Ground." December 2015.

______. "Public Support for 'Single Payer' Health Coverage Grows, Driven by Democrats." July 2017.

Please Let Me Die, produced by Dax Cowert and Robert White (1974), DVD.

Porter, David L., Bruce L. Levine, Michael Kalos, Adam Bagg, and Carl H. June. "Chimeric Antigen Receptor-Modified T Cells in Chronic Lymphoid Leukemia." *New England Journal of Medicine* 365, no. 8 (August 2011): 725-733.

Presidential Commission for the Study of Bioethical Issues. *Bioethics for Every Generation: Deliberation and Education in Health, Science and Technology*. Washington, DC, May 2016.
https://bioethicsarchive.georgetown.edu/pcsbi/sites/default/files/PCSBI_Bioethics-Deliberation_0.pdf.

______. *Ethically Impossible: STD Research in Guatemala from 1946 to 1948*. Washington, DC, 2011.
https://bioethicsarchive.georgetown.edu/pcsbi/sites/default/files/Ethically%20Imp

ossible%20(with%20linked%20historical%20documents)%202.7.13.pdf.

______. *Gray Matters: Integrative Approaches for Neuroscience, Ethics, and Society, Volume 1.* Washington, DC, 2014. http://bioethics.gov/sites/default/files/Gray%20Matters%20Vol%201.pdf.

______. *Gray Matters: Integrative Approaches for Neuroscience, Ethics, and Society, Volume 2.* Washington, DC, 2015. https://bioethicsarchive.georgetown.edu/pcsbi/sites/default/files/GrayMatter_V2_508.pdf.

______. *New Directions: The Ethics of Synthetic Biology and Emerging Technologies.* Washington, DC, 2010. https://bioethicsarchive.georgetown.edu/pcsbi/sites/default/files/PCSBI-Synthetic-Biology-Report-12.16.10_0.pdf.

______. *Safeguarding Children: Pediatric Medical Countermeasure Research.* Washington, DC, 2013. https://bioethicsarchive.georgetown.edu/pcsbi/sites/default/files/PCSBI_Pediatric-MCM508.pdf.

President's Commission for the Study of Ethical Problems in Medicine and Biomedical and Behavioral Research. *Deciding to Forego Life-Sustaining Treatment.* Washington, DC, 1983.

______. *Securing Access to Health Care.* Washington, DC, 1983.

"Prison Malaria: Convicts Expose Themselves to Disease so Doctors Can Study It." *Life Magazine*, June 4, 1945, 43-46.

"Privacy Best Practices for Consumer Genetic Testing Services." https://fpf.org/wp-content/uploads/2018/07/Privacy-Best-Practices-for-Consumer-Genetic-Testing-Services-FINAL.pdf, accessed 9/14/2018.

Quigley, Muireann. "Nudging for Health: On Public Policy and Designing Choice Architecture." *Medical Law Review* 21, no. 4 (2013): 588-621.

Quill, Timothy E. "Death and Dignity: A Case of Individualized Decision Making." *New England Journal of Medicine* 324 (1991): 691-694.

______. *Death and Dignity: Making Choices and Taking Charge.* New York: W. W. Norton, 1994.

Quill, Timothy E., Robert M. Arnold, and Stuart J. Youngner. "Physician-Assisted Suicide: Finding a Path Forward in a Changing Legal Environment." *Annals of Internal Medicine* 167, no. 8 (October 2017): 597-598.

Rabkin, Mitchell T., Gerald Gillerman, and Nancy R. Rice. "Orders Not to Resuscitate." *New England Journal of Medicine* 295 (August 1976): 364-366.

Raine, Adrian. *The Anatomy of Violence: The Biological Roots of Crime.* New York: Random House, 2013.

Ramsey, Paul. *Fabricated Man: The Ethics of Genetic Control.* New Haven, CT: Yale University Press, 1970.

Rawls, John. *A Theory of Justice: Revised Edition.* Cambridge: Belknap Press, 1999.

Reardon, Sarah. "'Three-Parent Baby' Claim Raises Hope — and Ethical Concerns." Nature, September 29, 2016.

https://nature.com/news/three-parent-baby-claim-raises-hopes-and-ethical-concerns-1.20698.

Regalado, Antonio. "23andMe Sells Data for Drug Search." *MIT Technology Review*, June 21, 2016. https://technologyreview.com/s/601506/23andme-sells-data-for-drug-search/.

Rettig, Richard A. "Origins of the Medicare Kidney Disease Entitlement: The Social Security Amendments of 1972." *In Biomedical Politics*, edited by K. E. Hanna. Washington, DC: National Academy Press, 1991.

______. "The Policy Debate on End-Stage Renal Disease," *Law and Contemporary Problems* 40 (1976). Reprinted in Ethics & Politics: Cases and Comments, 1st ed., edited by A. Gutmann and D. Thompson. Chicago: Nelson-Hall, 1984.

Reverby, Susan M. " 'Normal Exposure' and Inoculation Syphilis: A PHS 'Tuskegee' Doctor in Guatemala, 1946-48." *Journal of Policy History* 23 (2011): 6-28.

______. "Normal Exposure" and Inoculation Syphilis: PHS "Tuskegee." Doctors in Guatemala, 1946-48 and at Sing Sing Prison, Ossining, New York, 1953-54. Paper presented at the annual meeting of the American Association for the History of Medicine, Mayo Clinic, Rochester, MN, May 2, 2010.

Robinson, Walter M., and Brandon T. Unruh. "The Hepatitis Experiments at the Willowbrook State School." In *The Oxford Textbook of Clinical Research Ethics*, edited by Ezekiel J. Emanuel, Christine C. Grady, Robert A. Crouch, Reidar K. Lie, Franklin G. Miller, and David D. Wendler. New York: Oxford University Press, 2008.

Rosenthal, Elizabeth. "Nine Rights Every Patient Should Demand." *New York Times*, April 27, 2018.
https://nytimes.com/2018/04/27/opinion/sunday/patients-rights-hospitals-health-care.html.

Rothman, David J. *Strangers at the Bedside: A History of How Law and Bioethics Transformed Medical Decision Making*. New York: Basic Books, 1991.

Rotterdam School of Management, Erasmus University. RSM Discovery (blog). *Identifying Strong Brands in the Brain*. June 8, 2018.
https://discovery.rsm.nl/articles/detail/348-strong-brands-can-be-identified-in-the-brain.

Sacks, Oliver. *Awakenings. Reprint ed*. New York: Vintage, 1999.

______. *Musicophilia: Tales of Music and the Brain*. New York: Knopf, 2007.

Safier, Paul. "Rationing the Public: The Oregon Health Plan." In *Ethics & Politics: Cases and Comments*. 4th ed. Edited by A. Gutmann and D. Thompson. Chicago: Nelson-Hall, 2006.

Sandel, Michael. *What Money Can't Buy: The Moral Limits of Markets*. New York: Farrar, Straus, and Giroux, 2013.

Sanger-Katz, Margot, and Quoctrung Bui. "The Impact of Obamacare in Four Maps." *New York Times*, October 31, 2016.
https://nytimes.com/interactive/2016/10/31/upshot/up-uninsured-2016.html.

Savitt, Todd. "The Use of Blacks for Medical Experimentation and Demonstration in the Old South." *Journal of Southern History* 48, no. 3 (1982): 331-348.

Scheufele, Dietram A., Michael A. Xenos, Emily L. Howell, Kathleen M. Rose, Dominique

Brossard, and Bruce W. Hardy. "U.S. Attitudes on Human Genome Editing." *Science* 357, no. 6351 (August 2017): 553-554.

Scull, Andrew. *Madness in Civilization: A Cultural History of Insanity, from the Bible to Freud, from the Madhouse to Modern Medicine*. Kindle ed. Princeton, NJ: Princeton University Press, 2015.

Segal, Andrea G., Rosemary Frasso, and Dominic A. Sisti. "County Jail or Psychiatric Hospital? Ethical Challenges in Correctional Mental Health Care." *Qualitative Health Research* 28, no. 6 (2018): 963-76.

Sen, Amartya. *Commodities and Capabilities*. New York: Oxford University Press, 1999.

______. "Universal Health Care: The Affordable Dream." *Harvard Public Health Review* 4 (2015). http://harvardpublichealthreview.org/universal-health-care-the-affrdable-dream/.

Shamblott, Michael J., Joyce Axelman, S. P. Wang, Elizabeth M. Bugg, John W. Littlefield, Peter J. Donovan, Paul D. Blumenthal, George R. Huggins, and John D. Gearhart. "Derivation of Pluripotent Stem Cells from Cultured Human Primordial Germ Cells." *PNAS* 95, no. 23 (November 1998): 13726-13731

Sherman, Ted. "N.J. Gay Couple Fight for Custody of Twin 5-Year-Old Girls." December 20, 2011. https://nj.com/news/index.ssf/2011/12/nj_gay_couple_fight_for_custod.html.

Singer, Natasha. "Making Ads That Whisper to the Brain." *New York Times*, November 13, 2010. https://nytimes.com/2010/11/14/business/14stream.html.

Singer, Peter. *Animal Liberation*. New York: HarperCollins, 1975.

Sisti, Dominic A., Andrea G. Segal, and Ezekiel J. Emanuel. "Improving Long-Term Psychiatric Care: Bring Back the Asylum." *JAMA* 313, no. 3 (2015): 243-244.

Sisti, Dominic A., Elizabeth A. Sinclair, and Steven S. Sharfstein. "Bedless Psychiatry — Rebuilding Behavioral Health Service Capacity." *JAMA* Psychiatry 75, no. 5 (2018): 417-418.

Skloot, Rebecca. *The Immortal Life of Henrietta Lacks*. New York: Broadway Books, 2011.

Span, Paula. "A Quiet End to the 'Death Panels' Debate." *New York Times*, November 24, 2015. https://nytimes.com/2015/11/24/health/end-of-death-panels-myth-brings-new-end-of-life-challenges.html.

Starr, Paul. *The Social Transformation of American Medicine: The Rise of a Sovereign Profession and the Making of a Vast Industry*. New York: Basic Books, 1982.

"Statement from Michael R. Bloomberg on Philadelphia's Tax on Sugar Sweetened Beverages." June 16, 2016. https://mikebloomberg.com/news/statement-from-michael-r-bloomberg-on-philadelphias-tax-on-sugar-sweetened-beverages.

Stevens, Rosemary. "Health Care in the Early 1960s." *Health Care Financing Review* 18, no. 2 (1996): 11-22.

Stolberg, Sheryl Gay. "Obama Is Leaving Some Stem Cell Issues to Congress." *New York Times*, March 8, 2009. https://nytimes.com/2009/03/09/us/politics/09stem.html.

Sulmasy, Daniel. "Chapter 18: Dignity and Bioethics: History, Theory, and Selected Applications." In *Human Dignity and Bioethics: Essays Commissioned by the Presidents'*

Council on Bioethics. Washington, DC, March 2008.
https://bioethicsarchive.georgetown.edu/pcbe/reports/human_dignity/chapter18.html.

______. "Health Care Justice and Hospice Care." Supplement, *Hastings Center Report* 33, no. 2 (2003): S14-15. https://growthhouse.org/nhwg/sulmasy_supplement.htm.

Sulmasy, Daniel P., and Edmund D. Pellegrino. "The Rule of Double Effect: Clearing Up the Double Talk." *Archives of Internal Medicine* 159, no. 6 (March 1999): 545-550.

Takahashi, Kazutoshi, Koji Tanabe, Mari Ohnuki, Megumi Narita, Tomoko Ichisaka, Kiichiro Tomoda, and Shinya Yamanaka. "Induction of Pluripotent Stem Cells from Adult Human Fibroblasts by Defined Factors." *Cell* 131, no. 5 (November 2007): 861-872.

Tandy-Connor, Stephany, Jenna Guiltinan, Kate Krempely, Holly LaDuca, Patrick Reineke, Stephanie Gutierrez, Phillip Gray, and Brigette Tippin Davis. "False- Positive Results Released by Direct-to-Consumer Genetics Tests Highlight the Importance of Clinical Confirmation Testing for Appropriate Patient Care." *Genetics in Medicine* (2018).

Tennison, Michael N., and Amanda C. Pustilnik. "'And If Your Friends Jumped Off a Bridge, Would You Do It Too?' How Developmental Neuroscience Can Inform Legal Regimes Governing Adolescents." *Indiana Health Law Review* 12, no. 2 (2015): 534-585.

Thaler, Richard. "Nudge, Not Sludge." *Science* 361, no. 6401 (2018): 431.

Thaler, Richard H., and Cass R. Sunstein. *Nudge: Improving Decisions about Health, Wealth, and Happiness*. Rev. ed. New York: Penguin Books, 2009.

Thomas, Katie. "Insurers Battle Families over Costly Drug for Fatal Disease." *New York Times*, June 22, 2017.
https://nytimes.com/2017/06/22/health/duchenne-muscular-dystrophy-drug-exondys-51.html.

Thomas, Lewis. "The Technology of Medicine." *New England Journal of Medicine* 285 (1971): 1366-1368.

Thompson, Dennis F. "The Problem of Many Hands." *American Political Science Review* 74, no. 4 (1980): 905-916.

Thomson, James A., Joseph Itskovitz-Eldor, Sander S. Shapiro, Michelle A. Waknitz, Jennifer J. Swiergiel, Vivienne S. Marshall, and Jeffrey M. Jones. "Embryonic Stem Cell Lines Derived from Human Blastocysts." *Science* 282, no. 5391 (November 1998): 1145-47.

Thomson, Judith Jarvis. "A Defense of Abortion." *Philosophy and Public Affairs* 1, no.1 (1971): 47-66.

Toffler, Alvin. *Future Shock*. New York: Bantam, 1984.

Trials of War Criminals Before the Nuernberg Military Tribunals, Vol. 1. Washington, DC: U.S. Government Printing Office, 1949.

UCR. "Poor Ben Casey! Dr. Maggie's Switching Roles from That of Anesthesiologist." *Desert Sun* 36, no. 268 (June 14, 1963), 14.

"UK's Independent Expert Panel Recommends 'Cautious Adoption' of Mitochondrial Donation in Treatment." October 10, 2017. https://hfea.gov.uk/about-us/news-and-press-releases/2016-news-and-press-releases/uks-independent-expert-panel-recommends-cautious-adoption-of-mitochondrial-donation-in-treatment.

Wagner, Caroline S. *The New Invisible College*. Washington, D.C.: Brookings Institution

Press, 2008.

Wakefield, A. J., Simon H. Murch, Andrew Anthony, John Linnell, D. M. Casson, Mohsin Malik, Mark Berelowitz, A. P. Dhillon, M. A. Thomson, P. Harvey, Alan Valentine, Susan Davies, and John Walker-Smith. "RETRACTED: Ileal- Lymphoid-Nodular Hyperplasia, Non-Specific Colitis, and Pervasive Developmental Disorder in Children." *Lancet* 351, no. 9103 (February 1998): 637-641.

Waldron, Jeremy. "It's All for Your Own Good." *New York Review of Books*, October 9, 2014.

Waxman, Henry, Bill Corr, Kristi Martin, and Sophia Duong. "Getting to the Root of High Prescription Drug Prices: Drivers and Potential Solutions." CommonwealthFund.org, July 10, 2017, https://commonwealth fund.org/publications/fund-reports/2017/jul/getting-root-high-prescription-drug-prices-drivers-and-potential.

Weiss, Rick. "Clinton Forbids Funding of Human Clone Studies." *Washington Post*, March 5, 1997. https://washingtonpost.com/archive/politics/1997/03/05/clinton-forbids-funding-of-human-clone-studies/3b2f831f-f23e-4457-8611-6c9bda0b8ebf.

Wertheimer, Roger. "Understanding the Abortion Argument." *Philosophy and Public Affairs* 1, no. 1 (1971): 67-95.

Will, George F. "Affirming a Right to Die with Dignity." *Washington Post*, August 25, 2015. https://washingtonpost.com/opinions/distinctions-in-end-of-life-decisions/2015/08/28/b34b8f6a-4ce7-11e5-902f-39e9219e574b_story.html.

Williams, Roger. "The Nazis and Thalidomide: The Worst Drug Scandal of All Time." *Newsweek*, September 10, 2012.

Wilson, Robin Fretwell. "The Death of Jesse Gelsinger: New Evidence of the Influence of Money and Prestige in Human Research." *American Journal of Law and Medicine* 36 (2010): 295-325.

Yu, Junying, Maxim A. Vodyanik, Kim Smuga-Otto, Jessica Antosiewicz-Bourget, Jennifer L. Frane, Shulan Tian, Jeff Nie, Gudrun A. Jonsdottir, Victor Ruotti, Ron Stewart, Igor I. Slukvin, and James A. Thomson. "Induced Pluripotent Stem Cell Lines Derived from Human Somatic Cells." *Science* 318, no. 5858 (December 2007): 1917-1920.

Zimmer, Carl. *She Has Her Mother's Laugh: The Powers, Perversions, and Potential of Heredity*. New York: Dutton, 2018.

찾아보기

ㄱ

ㅁ

ㅂ

ㅅ

ㅇ

ㅈ

ㅊ

ㅋ

ㅌ

ㅍ

파우치, 앤서니 378
파인, 라시 34

ㅎ

기타

죽기는 싫으면서 천국엔 가고 싶은

생명윤리학의 쟁점들

1판 1쇄 | 2021년 9월 27일

지은이 | 에이미 거트먼·조너선 D. 모레노
옮긴이 | 박종주

펴낸이 | 정민용
편집장 | 안중철
책임편집 | 강소영
편집 | 윤상훈, 이진실, 최미정

펴낸곳 | 후마니타스(주)
등록 | 2002년 2월 19일 제2002-000481호
주소 | 서울 마포구 신촌로14안길 17, 2층 (04057)
전화 | 편집_02.739.9929/9930 영업_02.722.9960 팩스_0505.333.9960

블로그 | humabook.blog.me
트위터, 페이스북, 인스타그램 | @humanitasbook
이메일 | humanitasbooks@gmail.com

인쇄 | 천일문화사_031.955.8083
제본 | 일진제책사_031.908.1407

값 22,000원
ISBN 978-89-6437-384-2 03190